THE SINGULARITY IS NEARER

When We Merge with AI

奇點已近

當人類與AI融合一體

RAY KURZWEIL 雷・庫茲威爾——著

譯——許瑞宋

經營管理 190

奇點已近：當人類與AI融合一體

作　　者　雷・庫茲威爾（Ray Kurzweil）
譯　　者　許瑞宋
責任編輯　林博華
行銷業務　劉順眾、顏宏紋、李君宜
總 編 輯　林博華
事業部總經理　謝至平
發 行 人　何飛鵬
出　　版　經濟新潮社
115台北市南港區昆陽街16號4樓
電話：(02) 2500-0888　傳真：(02) 2500-1951
經濟新潮社部落格：http://ecocite.pixnet.net
發　　行　英屬蓋曼群島商家庭傳媒股份有限公司城邦分公司
115 台北市南港區昆陽街 16 號 8 樓
客服服務專線：(02) 2500-7718；(02) 2500-7719
24小時傳真專線：(02) 2500-1990；(02) 2500-1991
服務時間：週一至週五上午09:30~12:00；下午13:30~17:00
劃撥帳號：19863813　戶名：書虫股份有限公司
讀者服務信箱：service@readingclub.com.tw
香港發行所　城邦（香港）出版集團有限公司
香港九龍土瓜灣土瓜灣道 86 號順聯工業大廈 6 樓 A 室
電話：(852)25086231　傳真：(852)25789337
E-mail: hkcite@biznetvigator.com
馬新發行所　城邦（馬新）出版集團Cite（M）Sdn. Bhd.（458372 U）
41, Jalan Radin Anum, Bandar Baru Sri Petaling,
57000 Kuala Lumpur, Malaysia.
電話：+6 (03)-90563833　傳真：+6 (03)-90576622
E-mail: services@cite.my
印　　刷　漾格科技股份有限公司
初版一刷　2025年6月3日

城邦讀書花園
www.cite.com.tw

ISBN：978-626-7736-00-5、978-626-7736-01-2（EPUB）　

定價：680元

獻給 Sonya Rosenwald Kurzweil

幾天前，

我已經認識她（和愛她）

五十年了！

目次

〔推薦序〕

站在指數時代的浪潮之巔——讀《奇點已近》

程世嘉（Sega Cheng，iKala 共同創辦人暨執行長）

我完全可以理解，為什麼 Ray Kurzweil 要趕快寫下這本書。因為 AI 最近的發展速度，實在是遠超過所有人之前的預估了，包括他在內。生成式 AI 問世之後，我們就像是在沒有任何預警的情況之下，突然進入了一個 AI 高速成長的指數型時代，而並非所有人都做好了準備，有些人甚至還渾然不覺即將到來的巨變。

而且，這還只是剛開始而已，AI 的神速進步，將會帶領人類提早到達 Ray Kurzweil 預期一定會到來的「奇點」，就是「機器智慧」和「人類」徹底結合的那天。當奇點來臨時，每個人都有了超級人工智慧與自己的頭腦結合。人類的文明在越過那個點之後，將會產生全面性的變化：科技發展更加快速，社會和經濟結構徹底瓦解和改寫。還有更多更多我們今天還完全無法想像的新文明風貌。

當我們今天在用各種 AI 用得越來越上手，而把 AI 當成一個生活和工作中的標準配備時，其實我們已經開始進入 Ray

Kurzweil 所說的奇點了。現在所有人都可以用便宜的價格，讓幾乎無所不知的人工智慧當作我們的超級助理。這不就是很大程度上把 AI 跟我們的頭腦結合了嗎？

早在 2005 年的《奇點臨近》（*The Singularity Is Near*），Ray Kurzweil 就以其獨到的洞察力和嚴謹的數據分析，預言了科技指數型發展將帶來的顛覆性變革。當時，他預測的 2045 年奇點對許多人來說，似乎還遙不可及。然而，20 年過去了，世界變化的速度，特別是 AI 領域的突破，不僅印證了他當年的遠見，甚至有加速的趨勢。這本《奇點已近》可說是前作的延伸與深化，更聚焦於我們通往那個「智能大爆炸」未來的最後一哩路。

Ray Kurzweil 的核心論點「加速回報定律」（Law of Accelerating Returns）指出，資訊科技（如計算能力）的性價比呈現指數級提升，因為每一代的進步都為下一代的發展奠定了更高效的基礎。這不僅僅是摩爾定律的延伸，而是一個更根本的動力。書中那張令人印象深刻的圖表，顯示了從 1939 年至今，一美元能買到的計算能力呈現了跨越數個技術範式的驚人指數成長。截至 2023 年，這個數字已達到約 1,300 億次／秒／美元，相較於《奇點臨近》出版時，提升了超過 10,000 倍！這種計算能力的普及與成本下降，正是點燃這波 AI 革命的關鍵燃料。

「量變產生質變」，就是這波 AI 成功的根本原因。

作為一家深耕 AI 領域多年的科技公司 CEO，我對 Ray

Kurzweil 在書中關於 AI 發展路徑的探討特別有共鳴。他回顧了 AI 從早期基於規則的符號法（Symbolic Approach）面臨的「複雜性上限」，到如今以連結法（Connectionist Approach）為主導的深度學習時代。這與我們在 iKala 的實踐經驗不謀而合。過去，AI 的應用往往受限於需要大量專家知識和規則編碼；而現在，以類神經網路為基礎的深度學習模型，能夠直接從巨量資料中學習和發現模式，大大降低了 AI 技術的門檻，實現了 AI 的普及化（Democratization of AI）。

書中提到的 AlphaGo、AlphaZero 乃至 GPT-4 等大型語言模型的驚人突破，都證明了連結法結合龐大計算能力和數據的威力。這些 AI 不僅能在特定任務（如下棋、語言翻譯、寫作、程式設計）上達到甚至超越人類頂尖水準，更開始展現出跨領域學習和「零樣本學習」（zero-shot learning）的能力，這正是通用人工智慧（AGI）的重要特徵。Ray Kurzweil 預測 AI 將在 2029 年前通過圖靈測試，這個時間點比許多專家原先預期的要早得多，但從近年的發展來看，這個預測似乎越來越有可能實現。

然而，《奇點已近》並非一本全然偏向樂觀主義的科普著作。Ray Kurzweil 也深刻探討了這場變革可能帶來的挑戰與衝擊。其中，最引人關注的莫過於對就業市場的影響。當 AI 的能力越來越強，足以自動化越來越多的任務時，從卡車司機、客服人員到放射科醫師、程式設計師，許多職業都將面臨轉型的壓力，甚至是被取代的風險。書中引用的研究指出，未來十年內，已開發國家可能有相當高比例的工作面臨自動化的威脅。這對於社會結構、教育體系和個人職涯規劃都將帶來嚴峻的考驗。

但 Ray Kurzweil 同時也提出了歷史的洞見：過去兩百年間，儘管農業和製造業的就業人口比例大幅下降，但新的技術和產業也創造了更多、更高價值的工作機會，總體勞動人口和生活水準反而顯著提升。他認為，AI 革命最終帶來的將是前所未有的物質豐裕（Abundance），人類將從為了生存而工作的模式，轉變為追求更高層次的意義和創造力。關鍵在於我們如何應對過渡期的挑戰，例如透過教育改革、社會安全網的完善（如全民基本收入 UBI），以及最重要的「人類與 AI 的融合」。

這也是本書最引人入勝，同時也最具哲學思辨的部分。Ray Kurzweil 預言，在 2030 年代，我們將能透過腦機介面（Brain-Computer Interfaces），利用奈米機器人將我們大腦的新皮質（Neocortex）與雲端 AI 直接連結。這不僅僅是外接硬碟式的記憶擴充，而是認知能力的根本性提升。我們將能夠增加思考的抽象層次，處理遠超今日所能想像的複雜概念。屆時，AI 不再是我們的競爭對手，而是我們自身智能的延伸。我們將與我們創造的超級人工智慧融合，成為「超人類」（Transcendent Humans）。

這個構想引發了一系列關於「我是誰？」的深刻提問。意識的本質是什麼？當我們的思維大部分由非生物元件構成時，我們還是原來的自己嗎？自由意志是否存在？複製一個人的心智檔案，那個複製品算是同一個人嗎？Kurzweil 在書中坦誠地探討了這些「難題」（Hard Problems），並從資訊模式連續性的角度，提出了他對身分認同的看法。他認為，只要定義我們的模式（包括記憶、技能和個性）得以延續，即使構成的基質從生物碳基轉變為矽基，我們的本質依然存在。這也為「數位永生」（Digital Immortality）的可能性開啟了一扇窗。

當然，通往奇點的道路並非坦途。Ray Kurzweil 也用了相當的篇幅討論潛在的危險。生物科技的濫用可能製造出超級病毒；奈米技術的失控可能導致「灰蠱」（Gray Goo）災難；而最令人擔憂的是，超級 AI 若未能與人類價值觀對齊（Alignment Problem），可能帶來無法預測的生存風險。他強調，我們必須積極投入 AI 安全和倫理的研究，建立有效的防禦機制和國際規範，確保這些強大的技術是用於造福全人類。

作為一個科技創業者，我深信技術本身是中性的，其影響取決於我們如何使用它。《奇點已近》描繪了一個既充滿無限可能、也潛藏巨大風險的未來。它提醒我們，科技的指數型發展已是不可逆的趨勢，與其恐懼或抗拒，不如積極擁抱、理解並引導這股力量。書中的數據和預測，為我們擘劃了一幅清晰的藍圖，讓我們得以思考企業如何轉型、社會如何調適、個人如何學習，以應對即將到來的巨變。

Ray Kurzweil 的文字充滿了對人類智慧和創造力的信心。他相信，正是我們不斷擴展自身能力、與工具融合的渴望，驅動了文明的進步。從石器時代的工具，到印刷機、電腦，再到未來的腦機介面與超級 AI，我們一直在「重塑」自己。奇點不是一個終點，而是一個新的起點，一個人類心智突破生物限制、擴散到宇宙的開端。

《奇點已近》既是一部充滿洞見的未來預言，也是一份引人深思的哲學探討，更是一本激勵我們為更美好未來而努力的行動指南。無論你是科技從業者、企業決策者、政策制定者，或是任何關心人類未來的讀者，我都強烈推薦你閱讀這本書，一同思考如何駕馭這股指數級的變革力量，迎接那個既「近」又充滿無限可能的未來。

〔推薦序〕

站在奇點浪潮之巔，洞見 AI 賦能的未來

蔡明順（台灣人工智慧學校校務長）

身為一名長期致力於人工智慧應用研究與推動的工作者，先聲明我並非對於「通用人工智慧」（AGI, Artificial General Intelligence）全然的樂觀，但我在過去 10 年親眼見證了 AI 科技如何快速演進，深刻改變人類的生活、產業與社會發展，也不免目眩神迷、時有興奮。雷・庫茲威爾（Ray Kurzweil）在 2005 年所著《奇點臨近》（*The Singularity Is Near*）一書中，首次清晰描繪人類科技發展將加速至一個難以想像的轉折點，預測 2045 年將達到奇點，科技奇點來臨的條件是超級智慧型體的產生，產生方式可能是人工智慧（AI）和智慧型擴增（IA），當時這個觀點被視作極度樂觀，甚至超現實。然而，僅僅二十年後，我們已經看到這些大膽的預言紛紛實現，科技的奇點時刻，概念深入人心，成為產業、學術及社會高度討論的議題。

這次《奇點已近：當人類與 AI 融合一體》（*The Singularity Is Nearer*）出版，作者再次展現了他非凡的洞察力與預測能力，

從更貼近現實的視角，探討科技演進的最新趨勢與未來願景。與前作最大的不同是——時間維度與實踐深度的轉變：前作強調未來遠景的抽象預測路徑可能，而此新書則直指正在發生的脈絡，若說《奇點臨近》提供的是對遙遠未來的願景探索，那麼本書《奇點已近》則明確指出，我們已經站在奇點的入口，甚至已踏上奇點的旅程。

書中揭示了四大關鍵訊息，緊密相扣且具啟發性，值得每位讀者深刻理解、推論與內化：

第一，作者論述並強調科技「加速回報定律」（Law of Accelerating Returns）。他指出技術發展絕非線性成長，而是呈現明顯的指數級增長，每一波技術的突破，都降低了下一波創新的成本與進入障礙，使技術演進的步伐愈加迅速，以加速度滾動創造下一個轉折點發生。今天我們能夠用一美元買到的計算能力，已達到 20 年前《奇點臨近》出版時的萬倍之多，這項認知對於理解當下科技變革的加速趨勢至關重要。

第二，書中深入預測腦機介面（Brain-Computer Interface, BCI）技術的迅速崛起與普及。庫茲威爾並非僅限於概念性的推演，而是具體預測未來十年內，腦機融合將進入日常生活中，如同智慧型手機般常見的存在。這種人機協同的智能體驗，將根本性地提升我們的認知能力，徹底改變人類對自身潛能及未來發展的想像。

第三，作者提出警示性的論述，指出快速科技發展背後潛藏的巨大風險與倫理挑戰。從超級人工智慧的潛在失控，到奈米機器人自我複製的危險，再到基因編輯技術可能引發的倫理爭議，這些潛在危機不僅對科技界意義重大，更是人類社會需要共同承擔與面對的重要課題；這項警訊提醒我們，技術演進必須伴隨負責任且周延的治理框架，才能確保未來發展的安全與永續。

第四，奇點並非一個孤立的單一事件，而是一系列相互交錯且逐步推進的變革過程。作者進一步將奇點拆解為多個清晰的階段，從初期 AI 逐步通過圖靈測試，進展至人類大腦與雲端系統融合的階段，最終達到人類意識能夠透過科技超越生物學限制的境界。這種階段性的轉變視角，幫助讀者更有效地理解和應對逐步出現的社會衝擊調適、政策因應、倫理辯論等多元議題，從而以主動而非被動的姿態迎接未來挑戰。

我建議讀者在閱讀本書時，採取循序漸進的方式，帶著批判性的精神，先深刻理解「科技加速回報定律」，掌握未來科技變革的規律，再進一步探索腦機介面帶來的現實可能性，接著反思科技高速發展背後的潛在風險與挑戰，最後全覽奇點階段性發展的整體架構。這樣的閱讀方式，不僅能更好地建立內心的共鳴與現實感，更能啟發讀者在生活與工作上的前瞻思維。

對一般讀者而言，本書提供了未來十年人類將面臨重大科技變革的清晰藍圖，協助我們調整心態、提升技能、運用 AI 工具，以從容面對即將到來的變動浪潮。對於科技產業人士來說，本書更像是一份預測未來十年的戰略地圖，提醒我們必須以更廣闊、更宏觀的視野重新思考技術發展、商業創新以及道德規範之間的連結，進一步承擔起科技演進的倫理責任，塑造更理想的人機共存未來。

閱讀完這本書，你或許會感到一絲震撼，有時甚至些許不安，這就如同初次仰望浩瀚星空時，感受到自己在宇宙間的渺小。人類歷史證明我們總能憑藉智慧與韌性跨越難關，奇點大潮已然臨近，願我們每一位讀者都能站在浪潮之巔，以智慧、勇氣與同理心，共同迎接人類與人工智慧深度融合的全新時代。

〔推薦序〕

瘋狂發展的 AI 世代

于天立（台大電機系副教授）

首先我對於在標題使用「瘋狂」這樣不專業的字眼致歉，這實在是因為我想不出更貼近我內心想法的詞了。上次為作者雷・庫茲威爾（Ray Kurzweil）的《AI 人工智慧的未來》寫推薦序正好是 10 年前的 2015 年。當時我正在 Redmond 參加 Microsoft 舉辦的 faculty summit，有幸聆聽了包含李飛飛在內的許多知名學者對於未來 AI 發展的看法。當時與會的學者對 AI 的發展大多抱持審慎樂觀的態度。當時生成對抗架構（GAN）剛被提出，大家對於未來的生成式 AI 模型是既期待又害怕（如日後的 Deepfake）。然而當時 deep learning 的發展仍著重在視覺影像辨識上，討論的焦點也主要在視覺上的應用，諸如自動駕駛、空間定位、姿態辨識上。2015 年底由 Microsoft 提出的 ResNet 架構也具體呈現了當時的研究氛圍。

誰能想到，2017 年由 Google 團隊提出的 Transformer，將 deep learning 的研究重心拓展至自然語言處理，進一步拉近了 AI 和日常生活的距離，其廣泛的應用面使得 AI 商機不斷，吸引許多投資者紛紛進場，其中最著名的研究機構當屬馬斯克為投資者之一的 OpenAI。雖然如今 OpenAI 已不如當初大眾所希望的 open，但超過百億美元的資金促使許多優秀研究者的投入，從而不斷向世人展現出優秀的技術，像是 DALL-E、SORA、以及如今大家耳熟能詳的 GPT。更多的資金吸引更多優秀的人才，發展出更多技術，產生更多的商機，再吸引更多的投資者。這一切似乎正朝著 Kurzweil 所描述的「加速回報定律」發展。作為 AI 研究者之一，我個人雖然知道 AI 會快速發展，但其發展的速度仍遠遠超出我的想像，我甚至可以讓 AI 直接幫我寫這篇推薦序（為了保有足夠的 humanity，這篇是我自己寫的，真的）！我個人一向認為 Kurzweil 是屬於樂觀派的，甚至也有些學者認為他是過分樂觀了，所謂的奇點云云，比起學術觀點，更像是一種科幻用語，這樣的論點經常發生在 Kurzweil 身上。我個人雖然對雙方的論點持保留態度，但簡單回看這十年，AI 的發展速度似乎更貼近 Kurzweil 的預測。再者，回顧歷史，許多偉大天才不都是難以被當代的主流所理解嗎？思考至此，難道我們不該更認真地聆聽 Kurzweil 的論點嗎？

《奇點已近：當人類與 AI 融合一體》這本書並不是一般單純介紹 AI 技術或是應用面的書籍，但是也沒有很高的進入門檻。這也是 Kurzweil 另一個高明之處：對 AI 有不同理解程度的讀者，讀此書會有不同的收穫。對於不甚理解近代 AI 的讀者，作者很貼心地在第二章仔細解釋了神經網路的工作原理，並且不觸及內部的數學運算。對於熟悉一些近代 AI 技術操作的讀者，您很可能會喜歡本書中 AI 從 Alan Turing（AI 之父）開始的起源，及其一路走來至今整體發展的脈絡。對於喜歡思考「什麼是思考」的讀者，本書第三章更偏向哲學及認知科學的討論。至於關心 AI 正如何或是將如何影響我們生活的讀者，本書第四、五、六章將會是你最喜愛的部分，其涵蓋了社會結構、經濟體系、及人機融合。對於擔心 AI 發展所帶來負面影響的讀者，作者在本書第七章揭露其中若干面向供讀者思考。至於像我輩 AI 研究者之流，反而市面上許多講解 AI 技術的書籍不易引起我的興趣（除了參考看看如何用更簡明易懂的方式講解複雜的機制之外）。但 Kurzweil 作品中讓我收穫最多的是他將點連成線及面的能力。畢竟我們對於單一機制（點）都已經很熟悉，但是 Kurzweil 的視野之廣令我折服，他能看出我沒看到的點和點之間的關聯，其關聯之廣，形成一張無形的網時刻影響著我們的生活而我們卻不自知。當然這樣的關聯是否真實存在一般而言很難驗證（畢竟書中所描述的規模之大已超過單一機構甚至是單一政府的能力），但是它提供了許多可能的觀點開拓我們的視野。

我建議讀者勿將此書單純地視為預言書或是抓著某些特定的年份來批判作者所言是否屬實。雖然在大方向上，許多 Kurzweil 的預測都已成真了。例如本文開頭所提到的 OpenAI 的發展，正當世人皆以為 AI 發展都需要大量的資金及人力，2023 年 DeepSeek 的橫空出世，讓大家看到了現代 AI 發展小型化的前景，也印證了 Kurzweil 所提的運算資源平價化造成的影響。撰寫此序時，正值美中貿易戰升溫，美國總統川普多次提及台積電及輝達，也看得出 AI 資源如今已成為全球競爭的目標之一。本書不僅是對 AI 技術的未來預測，更是一場關於人類和 AI 如何共存的思辨，我建議讀者試着敞開心扉去思考我們是否正走向 Kurzweil 所看到的世界。此書值得多次閱讀，當讀者對 AI 的理解程度不同時，會對此書有不同的解讀和收穫。我個人很期待，不知十年後的 AI 世代再次閱讀此書時會有什麼樣的想法。也期盼讀者能和我一起透過 Kurzweil 的視野看看這個世代，一同在這 AI 的洪流中見證歷史。

〔推薦序〕

與奇點同行——在融合的邊界思索未來的人類與文明

詹益鑑（Taiwan Global Angels 創辦人）

作為一位從生醫工程與光電科技出身的科學家、深度參與矽谷與波士頓創新生態系的投資人，近期也大量使用 AI 進行產業研究與數據分析的實踐者，我深知技術的發展不只改變我們的生活方式，也逐步形塑我們對「人」的定義。

Ray Kurzweil 這本新書《奇點已近》，不是單純預測 AI 演進的書，也不只是延續他 2005 年出版的《奇點臨近》（*The Singularity Is Near*）的預言，而是一份更成熟、更貼近現實、更具哲學深度與工程細節的整合性路線圖。它談的不是預測未來，而是「未來二十年內的我們」會如何與 AI 協作，工作、生活、決策與共存。

科技融合的臨界點：從學術研究到產業落地

首先，Ray 認為人類文明的演化，是一連串「資訊處理能力的躍升」，從原子組成邏輯、DNA 編碼、大腦神經運作、語言與符號系統、再到電子與量子運算。我認同這樣的視角，也正是在這個脈絡中，投資許多來自頂尖大學的創新。

舉例來說，TGA 與 MIT 創投基金 E14 Fund 共同投資的 Butlr Technologies 這家公司，是將熱感測與環境感知技術應用於智慧建築、零售、照護與製造領域的代表性新創。他們的技術不需影像拍攝，即可理解空間中人的存在與移動，這不是單純的數據收集，而是實現「機器理解人類行為」的第一步。Ray 在書中強調的「腦機融合」不只是神經介面，還包括所有能讓機器感知並回應人類行為的介面層，而這正是如 Butlr 這類公司所扮演的角色，也代表所謂的實體 AI（Physical AI）的現在進行式。

我配戴十年的 Garmin 智慧手錶，搭配體脂計與血壓計、即時血糖偵測裝置，除了追蹤我的運動表現與比賽成績，也對於我的睡眠、心跳變異率、壓力狀態與健康指數，有即時而長期的紀錄與分析，它比任何醫院或醫師都更理解我的身體狀態與生活規律。除了演算法，感測科技與使用體驗也是 AI 進化的關鍵。

使用 AI 作為認知擴展的工具

過去兩年，我在創投與顧問工作中，使用各種大型語言模型與深度學習系統來進行技術文獻與產業研究。這些工具不只是資訊的搜尋引擎，更是思維的合作夥伴。我與 AI 共事的經驗讓我深刻體會：這些系統愈來愈能模擬我們的邏輯推理、語言風格、甚至預期目標，這也意味著我們正進入 Ray 所說的第五階段——非生物智能成為我們認知架構的一部分。

這樣的融合並不遙遠。在醫療影像判讀、城市交通調度、生產製造優化、甚至政策模擬等場域，AI 已成為決策者的「延伸大腦」。這讓我思考：當人類與 AI 的分工邊界越來越模糊，未來的教育與工作設計該如何因應？我們的下一代需要的不是單一技能，而是與智能系統共創價值的能力。

跨域視角下的融合倫理與文化挑戰

我特別欣賞 Ray 在本書第三章對「我是誰？」的探討。他提出：當記憶、情感、邏輯逐漸數位化，我們該如何定義「我」的邊界？這在我與來自公共衛生、數據倫理、生醫科技等領域的學者對談中，也屢屢浮現。未來的醫療不只是延長生命，更可能涉及身份延續、意識移轉等議題，這些都是未來社會必須共同思考的新倫理框架。

作者並不逃避這些挑戰。他清楚指出，未來十年將是融合前的關鍵時刻：我們可以設計讓 AI 成為人類夥伴，也可能讓它成為我們的競爭對手。關鍵在於制度設計、價值引導與文化想像。

我相信奇點不只是科技事件，而是一場文明演化的跳躍。在這跳躍發生前，我們每一個人都正在為它鋪路。這本書提供的不只是預測，更是一份設計未來的啟示，一份與 AI 協作的說明書。

身為一位橫跨學術、產業與創投的科技人，我深信我們有能力、也有責任，讓人類與 AI 的融合朝向正向、可持續與尊重人性的方向發展。Ray Kurzweil 再次為我們指出這條道路，而走上這條道路的，正是你我。

這是最挑戰的時代，也是最有機會的時代。讓我們與奇點同行，創造更好的自己。

引言

在我 2005 年出版的著作《奇點臨近》（*The Singularity Is Near*）中，我提出了以下這個理論：邁向融合的、指數式發展的科技趨勢正在促成一種對人類來說將是天翻地覆的變革。幾個關鍵領域的變化正同時持續加速：計算能力變得越來越便宜、人類生物學日益進步、工程技術發展到遠比以前微細的尺度。隨著人工智慧（AI）能力增長和資料變得比較容易取得，我們正在將這些能力與我們的自然生物智能越來越緊密地結合起來。奈米技術最終將使這些趨勢發展到最高峰，利用雲端多層的虛擬神經元直接擴展我們的大腦。藉由這種方式，我們將與 AI 融合，以百萬倍於人類自然計算能力的外加計算能力增強自己。這將極大地擴展我們的智能和意識，變化之大將是我們難以理解的。這個事件就是我所說的奇點（Singularity）。

「奇點」一詞借用自數學和物理學（數學中的奇點是指函數中未定義的點，例如除以 0 的時候；物理學的奇點是指黑洞中心密度無限大的一個點，正常物理定律在此不適用）。但必須記住的是，我使用奇點一詞是作為一種隱喻。我對科技奇點的預測並不意味著變化速度將真的變得無限快，因為指數式成長並不意味著無限，物理奇點也是。黑洞的重力強到足以困住光本身，但量子力學無法解釋真正無限大的質量。我使用奇點這個隱喻，是因為它可以反映這個意思：以我們現在的智力，我們將無法理解如此根本的轉變。但隨著轉變發生，我們的認知能力將迅速提升，使我們能夠適應變化。

正如我在《奇點臨近》一書中詳細說明，從長期趨勢看來，奇點將在 2045 年左右發生。該書出版時，這個日子是在四十年後的未來，也就是整整兩個世代之後。在這種時間距離下，我可以針對將促成此一轉變的主要力量作出種種預測，但對於多數讀者來說，這個題目在 2005 年仍與日常現實相距甚遠。而當時許多評論者認為我的時間預測過於樂觀，有些甚至認為我所說的奇點不可能發生。

但此後發生了一些了不起的事。雖然現實中有許多懷疑者，邁向奇點的發展仍持續加速。社群媒體和智慧型手機從幾乎不存在，發展到如今成為將世界上多數人連結起來和全天候陪伴他們的東西。演算法創新和大數據的出現使 AI 比專家所預期的更快出現驚人突破，例如能夠精通《危險邊緣》（*Jeopardy!*）那種問答遊戲和圍棋，以至能夠駕駛汽車、寫文章、通過律師資格考試和診斷癌症。現在，強大而靈活的大型語言模型如 GPT-4 和 Gemini 可以將自然語言指令翻譯成電腦程式碼，大幅減少了人類與機器之間的障礙。你看到這一段時，很可能已經有數千萬人親身體驗過這些功能。與此同時，為人類基因組定序的成本已經降低了約 99.997%，而類神經網路已經開始以數位方式模擬人類的生物智能，藉此成就重大的醫學發現。我們甚至終於開始有能力將電腦與人類大腦直接連接。

所有這些發展的基礎就在於我所說的加速回報定律（law of accelerating returns）：電腦計算之類的資訊技術以指數式的速度變得更便宜，因為每一次的進步都使得設計這種技術下一階段的演化變得更容易。因此，在我寫這篇引言時，固定幣值的一美元所能購買的計算能力，約為《奇點臨近》一書出版時的 11,200 倍。

下圖（我將在本書稍後深入討論）概括了驅動我們的科技文明的最重要趨勢：長期以來，固定幣值的一美元所能購買的計算能力呈現指數式成長（在對數刻度上大致呈現為一條向上傾斜的直線）。著名的摩爾定律指出，電晶體持續縮小，使電

計算能力的性價比，1939-2023 年[1]

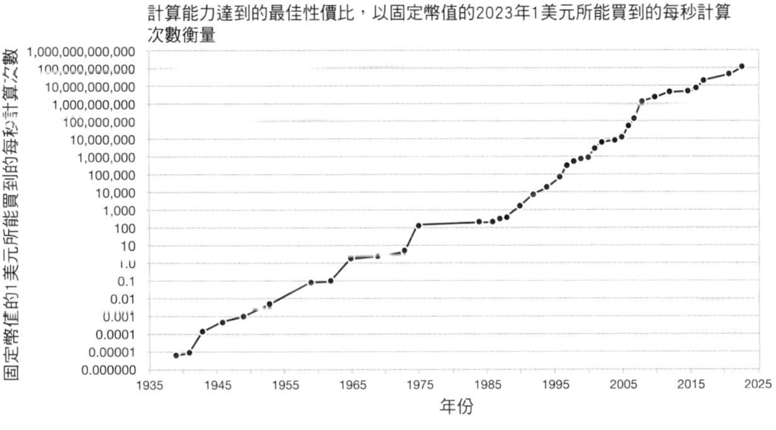

為了盡可能提高機器的可比性，本圖聚焦於可程式電腦時代的計算能力性價比，但如果將早期機電式計算裝置的性價比估計值納入分析，會發現此一趨勢至少可以追溯到 1880 年代。[2]

腦的計算能力得以越來越強大——但這只是加速回報定律的一種表現：遠在人類發明電晶體之前，該定律就已經成立，而將來即使電晶體的發展達到其物理極限，然後被新技術取代，加速回報定律預期仍將持續。這個趨勢決定了現代世界的面貌，而本書討論的幾乎所有即將出現的突破，都將由這個趨勢直接或間接促成。

因此，我們一直如期地邁向奇點。本書的迫切性源自指數式變化本身的性質。本世紀初幾乎無法察覺的趨勢，現在正積極影響著數十億人的生活。在 2020 年代初，我們進入了指數曲線急遽變陡的部分，創新的步伐如今正以前所未有的方式影響著社會。舉例說明一下：當你閱讀這段文字時，距離第一個超人 AI（superhuman AI）面世的時間，很可能短於距離我上一本著作《AI 人工智慧的未來》（*How to Create a Mind*）出版時的 2012 年；而你距離奇點發生的時間，很可能短於距離我的著作《心靈機器時代》（*The Age of Spiritual Machines*）出版時的 1999 年。又或者以人類生命而言，奇點發生時，今天出生的嬰兒將剛從大學畢業。在非常個人的層面上，這種「迫近」與 2005 年時我說的那種「臨近」是不同的。

這就是我現在寫這本書的原因。人類邁向奇點的千年長征，現在已經變成了一場短跑。在《奇點臨近》的引言中，我提到我們當時「正處於這場轉變的早期階段」。現在，我們正進入其高潮階段。那本書是在展望一種遙遠的未來，這一本則是要談通往那個未來的最後幾哩路。

幸運的是，我們現在可以遠比以前清楚地看到這條路。雖然我們在到達奇點之前仍必須克服許多技術難關，奇點發生的關鍵先決條件正迅速地從理論科學領域轉進積極的研究和開發階段。未來十年裡，人們將與看來極像人類的 AI 互動，簡單的腦機介面（brain-computer interfaces）將對日常生活產生重大影響，就像現在的智慧型手機那樣。生物科技的數位革命將使許多疾病變得可治癒，並將顯著延長人們的健康壽命。但與此同時，許多勞工將感受到經濟秩序被擾亂造成的傷害，而我們每個人都將面臨意外或故意濫用這些新技術導致的風險。在 2030 年代，不斷自我改進的 AI 和日趨成熟的奈米技術，將使人類與我們創造的機器以前所未有的方式結合起來——屆時希望和危險都將進一步增強。如果我們能夠有效應對這些進步帶來的科學、道德、社會和政治挑戰，那麼到了 2045 年時，我們將極大地改善地球上的生活。但如果我們失敗了，我們能否生存下去也將成問題。因此，這本書要談的是我們邁向奇點的最後一段路，探討在我們所認識的世界的最後一個世代裡，我們必須共同面對的機會與危險。

首先，我們將探討奇點實際上將如何發生，並將這問題置於我們這個物種長期追求重塑自身智能這個脈絡中。利用科技創造知覺能力會引出重要的哲學問題，因此我們將討論此一轉變如何影響我們自己的身分和意義感。接著，我們將談到未來幾十年的實際趨勢。正如我將說明，加速回報定律正在驅動反映人類福祉的各種指標以指數式的速度進步。不過，創新最明顯的壞處之一，就是各種形式的自動化導致人們失業。雖然這些危害是真實的，但我們將看到為什麼我們大有理由對長遠的未來保持樂觀，以及為什麼我們最終不會與 AI 競爭。

隨著這些科技為人類文明帶來巨量的物質富饒，我們的焦點將轉向克服阻礙我們全面繁盛的下一個難題：人類在生物上的各種弱點。因此，接下來我們將展望未來數十年，我們為了日益增強我們對生物學本身的掌控而將使用的工具——首先我們將克服人類身體衰老的問題，然後是增強我們有限的大腦並迎來奇點。但是，這些突破也可能使我們陷入危機。生物科技、奈米技術或人工智慧的革命性新系統可能導致危及人類生存的大災難，例如發生毀滅性的大流行病或自我複製機器的連鎖反應。最後，我們將評估這些威脅——這需要我們謹慎地規劃因應方式，但正如我將解釋，我們有一些非常有希望的方法可以減輕這些威脅。

這是有史以來最令人興奮、最重要的一段歲月。我們無法確知奇點發生之後的生活會是什麼樣子。但是，藉由認識和預料奇點發生之前的轉變，我們可以幫助確保人類在邁向奇點的最後這段路將是安全和成功的。

第1章

我們正處於六個階段中的什麼位置？

在《奇點臨近》一書中，我提到人類意識的基礎就是資訊。我說從我們的宇宙開始以來，世界將經歷六個時代（或階段），每一個階段都將藉由其資訊處理創造出下一個階段。因此，智能的演化是藉由一系列的其他過程間接進行的。

第一個時代是物理定律和化學的誕生，前者使後者得以發生。大爆炸發生幾十萬年後，由質子與中子構成的核心加上環繞該核心的電子形成了原子。照理說，原子核中的那些質子不應該靠得那麼近，因為電磁力應該會將它們猛烈分開。但是，剛好有被稱為強核力的另一種力量使那些質子保持在一起。要不是宇宙規則的「設計者」提供了這種額外的力量，經由原子進行演化將是不可能的。

數十億年後，原子形成了可以代表複雜資訊的分子。碳是最常見的分子構成元素，因為它可以形成四個鍵結，而許多其他元素的原子核只能形成一個、兩個或三個鍵結。我們所處的世界容許複雜的化學出現，是非常巧妙而難得的一件事。例如，只要重力的強度稍微弱一點，就不會有超新星（supernova）來創造出產生生命所需要的化學元素。而只要重力稍微強一點，恆星就會在有智慧的生命得以形成之前燃燒殆盡。重力強度這個物理常數必須是在一個極其狹窄的範圍內，否則我們就不會出現在這裡。正因為我們所在的宇宙處於非常精確的平衡狀態，它才可以造就一定程度的秩序，使演化得以展開。

幾十億年前，第二個時代開始了：生命誕生。分子變得相當複雜，以至於可以用分子為單位來界定一整個生物體。因此，各有其自身 DNA（去氧核糖核酸）的生物得以演化和擴散。

在第三個時代，由 DNA 界定的動物形成了大腦，而大腦本身可以儲存和處理資訊。這些大腦造就了演化上的優勢，這種優勢幫助大腦在數百萬年的時間裡變得更複雜。

在第四個時代，動物利用其較高層次的認知能力，加上其對生拇指（譯注：對生是指拇指能觸及同一隻手的所有其他手指頭），能夠將思想轉化為複雜的行動。這就是人類。我們這個物種利用這些能力創造出能夠儲存和處理資訊的技術，從莎草紙（papyrus）發展到硬碟機。這些技術增強了我們的大腦感知、回憶和評估資訊形態的能力。這是演化的另一個來源，其本身遠遠超過之前的進步程度。大腦方面，我們大約每十萬年增加一立方吋的大腦物質，而在數位運算方面，我們大約每十六個月就將計算能力的性價比提高一倍。

在第五個時代，我們將把人類的生物認知能力與我們數位科技的速度和力量直接結合起來。這就是腦機介面。人類的神經處理速度為每秒數百個週期，而數位科技則是每秒數十億個週期。除了提高速度和增加記憶體，利用非生物電腦（nonbiological computers）增強我們的大腦，將使我們能夠為我們的新皮質增加許多層，而這將帶給人類比我們目前所能想像的更複雜和抽象的認知能力。

在第六個時代，我們的智能將擴散到整個宇宙，普通物質將被轉化為計算質（computronium），也就是計算能力達到最密集狀態的物質。

在我 1999 年出版的書《心靈機器時代》（*The Age of Spiritual Machines*）中，我預測 AI 將在 2029 年前通過圖靈測試（Turing test），也就是人工智慧可以利用文字與人溝通，而且被視為與真實的人沒有差別。我在 2005 年的《奇點臨近》一書中重申了該預測。通過有效的圖靈測試意味著 AI 已經掌握了人類擁有的語言和常識推理能力。圖靈在 1950 年時闡述了這個概念，[1] 但他沒有具體說明圖靈測試應該怎麼做。之前我和米奇．卡普爾（Mitch Kapor）打賭時，我們界定了我們自己的規則，使我們界定的圖靈測試遠比其他人所界定的更難通過。

我的預期是，為了在 2029 年前通過有效的圖靈測試，我們必須在 2020 年前能夠利用 AI 達到許多不同的智能成就。而事實上，自從我作出那個預測以來，AI 已經克服了最考驗人類智能的許多挑戰——包括玩《危險邊緣》那種電視問答遊戲和下圍棋，以至嚴肅的技術應用如放射醫學診斷和藥物開發工作。在我撰寫本章時，Gemini 和 GPT-4 之類的頂尖 AI 系統正在將其能力擴展到許多不同的技能領域，而這是邁向通用智能的道路上令人鼓舞的發展。

最終，當一個程式通過圖靈測試時，它實際上必須使自己在許多方面顯得並不特別聰明（也就是展現出來的聰明程度遠低於它的實際水準），否則人們將認為它顯然是個 AI。例如，如果它能立即正確解答任何數學問題，它就無法通過測試。因此，能夠通過圖靈測試的 AI，在多數領域實際上將擁有遠遠超越最優秀人類的能力。

人類現在正處於第四個時代，我們的科技應用在某些任務上已經可以產生超出我們理解程度的結果。至於圖靈測試中 AI 尚未掌握的那些方面，我們正快速且加速取得進展。我一直預期 AI 將在 2029 年前通過圖靈測試，而這將使我們進入第五個時代。

2030 年代的一項關鍵能力將是把人類新皮質上層部分連結到雲端，而這將直接擴展我們的思維。如此一來，AI 將不會是我們的競爭對手，而將是我們自身的延伸。這件事發生時，人類心智的非生物部分所提供的認知能力，將比生物部分多好幾千倍。

隨著這種發展以指數式的速度發生，到 2045 年時，我們的智能將擴展數百萬倍。正是這種難以理解的轉變速度和規模，讓我們能夠從物理學借用奇點這個隱喻來描述我們的未來。

第 2 章

重塑智能

重塑智能意味著什麼？

如果說宇宙的整個故事是關於資訊處理範式的持續演化，那麼人類的故事是在宇宙故事過了一半之後才開始的。我們在這個大故事中的篇章，最終是關於我們從擁有生物性大腦的動物，轉變為思想和身分不再受遺傳基因束縛的超然存在。在 2020 年代，我們將進入此一轉變的最後階段——我們將在一種較為強大的數位基質（digital substrate）上重塑大自然賦予我們的智能，然後與之融合。如此一來，宇宙的第四個時代將進化到第五個時代。

但具體而言，這一切將如何發生？為了說明重塑智能的意義，我們將回顧 AI 的誕生，以及由此產生的兩大學派。為了說明為什麼其中一個學派勝過另一個，我們將談到神經科學關於我們的小腦和新皮質如何產生人類智能的說法。在審視了深度學習技術現在正重新創造新皮質的能力之後，我們就可以評估 AI 還需要做到些什麼才可以達到人類的智慧水準，以及我們如何知道 AI 做到了這件事。最後，我們將討論在超人 AI（superhuman AI）的協助下，我們將如何設計腦機介面，利用多層的虛擬神經元，極大地擴充我們的新皮質。這將開啟全新的思維模式，最終使我們的智慧擴大數百萬倍，而這就是奇點。

AI 誕生

1950 年，英國數學家艾倫．圖靈（Alan Turing, 1912-1954）在學術期刊《Mind》發表了一篇題為〈計算機器與智能〉（Computing Machinery and Intelligence）的文章。[1] 圖靈在文中提出了科學史上最深刻的問題之一：「機器能思考嗎？」雖然能思考的機器概念至少可以追溯到希臘神話中的青銅自動機械巨人塔羅斯（Talos），[2] 但圖靈的突破在於使這個概念變成是可以實證驗證的。他提議利用現在被稱為圖靈測試的「模仿遊戲」，來判斷機器的計算是否能夠像我們的大腦那樣執行認知任務。在這項測試中，人類裁判利用即時通訊工具與 AI 和一些人類對談，但不知道自己正在與誰對話。這些裁判可以隨意提出自己想談的話題。如果談了一段時間之後，裁判無法分辨哪些對話者是人類、哪一個是 AI，那麼這個 AI 就算是通過了測試。

圖靈將機器能否思考的哲學概念轉化為科學概念，因此激發了研究人員的巨大熱情。1956 年，數學教授約翰．麥卡錫（John McCarthy, 1927-2011）提議在新罕布夏州漢諾威鎮的達特茅斯學院（Dartmouth College）進行一項為期兩個月、十個人參與的研究。[3] 研究目的如下：

> 這項研究將基於以下假設進行：學習的每一方面或智慧的任何其他特徵，原則上都可以精確地描述，我們因此可以使機器模擬它。我們將嘗試找到方法使機器能夠使用語言、形成概念和抽象想法、解決目前只有人類能解決的各種問題，以及改進自身。[4]

在準備會議的過程中，麥卡錫提議將這個最終將使所有其他領域自動化的領域稱為「人工智慧」（artificial intelligence）。[5] 這不是我喜歡的名稱，因為「人工」一詞會使這種智能顯得「不真實」，但這個名詞一直沿用至今。

研究是做了，但其目標——尤其是使機器了解以自然語言描述的問題——並沒有在兩個月內達成。我們至今仍在為此努力——當然，現在投入研究的人遠遠超過十個。中國科技巨頭騰訊的資料顯示，2017 年全球已經有約 30 萬名「AI 研究員和從業者」，[6] 而加涅（Jean-François Gagné）、凱瑟（Grace Kiser）和曼塔（Yoan Mantha）撰寫的 2019 年《全球 AI 人才報告》（*Global AI Talent Report*）則指出，約有 22,400 名 AI 專家在發表原創研究，其中約 4,000 人被評為很有影響力。[7] 而史丹佛的人本人工智慧研究所（Institute for Human-Centered Artificial Intelligence）的資料顯示，AI 研究人員在 2021 年發表了超過 496,000 篇論文，並提出了超過 141,000 項專利申請，[8]2022 年，全球企業對 AI 的投資達 1,890 億美元，十年間增加了 12 倍。[9] 你看到這段文字時，這些數字已經變得更高了。

這一切在1956年是難以想像的。但是，達特茅斯研討會的目標大致等同於創造一個能夠通過圖靈測試的AI。自1999年我出版《心靈機器時代》一書以來，我一直預測我們將在2029年前達到這個目標，而在1999年，許多觀察家認為這個里程碑將是永遠無法達到的。[10] 直到不久之前，這個預測在業界還是被視為太過樂觀。例如，2018年的一項調查顯示，AI專家普遍預測人類水準的機器智慧要到2060年左右才會出現。[11] 但大型語言模型方面的最新進展迅速改變了業界的預期。在我撰寫這本書的早期草稿時，世界頂尖預測網站Metaculus上的普遍預測分布於2040年代與2050年代之間。但過去兩年令人驚訝的AI研發進展改變了人們的預期，因此到了2022年5月，Metaculus上的普遍預測剛好與我一直預測的2029年前完全相同。[12] 此後它甚至曾提前到2026年前，這使我嚴格來說變成對AI發展速度偏向悲觀的人之一！[13]

最近AI的許多突破，是連這個領域的專家也感到驚訝的：除了這些突破比多數人所預期的更早發生，還似乎來得很突然，事前沒有什麼跡象顯示技術躍進即將發生。例如在2014年10月，麻省理工AI與認知科學專家湯馬索．波吉歐（Tomaso Poggio）表示：「對機器來說，正確描述圖像的內容將是最考驗智能的事情之一。我們將需要另一輪基礎研究來解決這一類問題。」[14] 波吉歐估計，此一突破至少還要等二十年。但他講完那些話才一個月後，Google就推出了能夠做到這件事的物件辨識AI。當《紐約客》雜誌的拉菲．哈查都量（Raffi

Khatchadourian）問到這件事時，波吉歐退到一種比較哲學性的懷疑態度，質疑這種能力是否代表真正的智慧。我提出這件事並不是要批評波吉歐，而是想指出我們全都有一種傾向：在 AI 達成某個目標之前，該目標看起來極其困難，而且似乎需要人類特有的智慧；但在 AI 達成該目標之後，這個成就在我們人類眼裡就變得沒那麼了不起。換句話說，我們在 AI 研發方面的真正進展，實際上比事後看來更重大。這也是我對我那個 2029 年前 AI 將通過圖靈測試的預測保持樂觀的原因之一。

那麼，為什麼會發生這些突如其來的突破呢？答案繫於一個可以追溯到這個領域誕生之初的理論問題。1964 年，我還在讀高中時，認識了兩位人工智慧的先驅：馬文・明斯基（Marvin Minsky, 1927-2016）和法蘭克・羅森布拉特（Frank Rosenblatt, 1928-1971），前者是達特茅斯學院 AI 研討會的共同組織者。1965 年，我入讀麻省理工，開始跟隨明斯基學習，他當時在做的基礎研究，正是我們今天看到的戲劇性 AI 突破的基礎。明斯基教導我，有兩種技術可以創造自動化的問題解決方案：符號法（symbolic approach）和連結法（connectionist approach）。

符號法以基於規則的方式描述人類專家如何解決問題。在某些情況下，基於這種方法的系統可能會成功。例如，1959 年蘭德公司（RAND）推出了通用問題解決器（General Problem Solver, GPS）——一種可以結合簡單的數學公理來解決邏輯問題的電腦程式。[15] 赫伯・西蒙（Herbert A. Simon）、約翰・

柯利福・蕭（J. C. Shaw）和艾倫・紐威爾（Allen Newell）研發的 GPS，理論上有能力解決任何能以一組合式公式（well-formed formula, WFF）表達的問題。為了使 GPS 運作，它必須在過程中的每一個階段使用一個 WFF（本質上是一個公理），有條理地將它們建構成答案的數學證明。

即使你完全沒有接觸過形式邏輯或證明數學（proof-based math），只要你懂一點代數，你就能明白 GPS 的概念，因為道理是相通的。如果你知道 2+7=9，而一個未知數 x 加 7 等於 10，你就可以證明 x=3。但這種邏輯有廣泛得多的應用，並非只能用來解方程。我們問自己某個東西是否符合某個定義時，也會使用這種邏輯（甚至是不假思索地使用它）。如果你知道質數除了 1 和它本身之外不能有其他因數，而且你知道 11 是 22 的一個因數，而 1 不等於 11，那麼你就可以得出 22 不是質數的結論。從最基本的公理開始，GPS 可以針對困難得多的問題做這種計算。歸根究柢，人類數學家也是這麼做的——不同之處在於機器（至少在理論上）可以檢視基本公理的所有可能組合方式以尋找真理。

舉例來說，如果每一個點都有十個這種公理可以選用，而假設問題需要二十個公理才能解答，那就表示該問題有 10^{20} 個解法。現在我們利用現代電腦可以處理如此巨量的計算，但這遠遠超出 1959 年的電腦計算速度所能應付的。那一年，DEC PDP-1 電腦每秒可以執行約 10 萬次計算。[16] 到了 2023 年，一台 Google Cloud A3 虛擬機器每秒大約可以執行

26,000,000,000,000,000,000 次計算。[17] 現在一美元可以買到的計算能力，約為 GPS 開發出來時的 1.6 兆倍。[18] 利用 1959 年的技術需要數萬年才能解決的問題，現在利用零售市場上的電腦硬體只需要幾分鐘。因應這種局限，GPS 利用了一些啟發式程式（heuristics），嘗試為潛在解法排列優先順序。這些啟發式程式有時證實有效，而其成功支持了以下想法：電腦化解決方案最終可以解決嚴謹定義的任何問題。

另一個例子是一個名為 MYCIN 的系統，它是 1970 年代開發出來的，用於診斷傳染病並建議治療方法。1979 年，一組專家評估比較該系統與人類醫師的表現，發現 MYCIN 的表現不遜於任何醫師，有時甚至更好。[19]

典型的 MYCIN「規則」是這樣的：

如果：1) 需要治療的感染為腦膜炎，而且

2) 感染類型為真菌，而且

3) 培養物染色未發現生物體，而且

4) 患者並非低抵抗力宿主，而且

5) 患者去過球黴菌症流行的地區，而且

6) 患者的種族屬於黑人、亞裔或印第安人，而且

7) 腦脊髓液中的隱球菌抗原不是陽性

那就：有暗示性證據（.5）顯示隱球菌不是可能導致感染的生物體之一（在培養物或塗片上見到的生物體除外）。[20]

到了 1980 年代末，這些「專家系統」開始利用機率模型，而且可以結合許多證據來源做決定。[21] 雖然單一的「如果……那就」（if-then）規則本身並不足夠，但藉由結合成千上萬條此類規則，整個系統就可以針對限制型問題（constrained problem）做出可靠的決策。

雖然符號法已經使用了超過半個世紀，但其主要局限是所謂的「複雜性上限」（complexity ceiling）。[22] MYCIN 和其他這類系統如果出現一個錯誤，糾正它或許可以解決這個特定問題，但可能導致將在其他情況下出現的三個錯誤。這種系統可以處理的複雜性似乎有一個極限，使得系統可以處理的真實世界問題的整體範圍變得非常狹窄。

基於規則的系統的複雜性問題，可以站在潛在故障點（failure point）的角度理解。數學上而言，n 個東西有 2^n-1 個子集（不計那個空子集）。因此，如果 AI 使用的規則集只有一條規則，那就只有一個潛在故障點：這條規則本身是否可以正確運作？如果有兩條規則，會有三個潛在故障點：每一條規則本身，以及這兩條規則結合之互動。潛在故障點會隨著規則增加而指數式增加。五條規則會有 31 個潛在故障點，10 條規則有 1,023 個，100 條規則有超過一千乘以十億再乘以十億再乘以十億個，1,000 條規則有超過一個 googol 乘以一個 googol 再乘以一個 googol 個（googol 是 10 的 100 次方）！因此，既有的規則越多，每一條新規則增加的潛在子集數量就越多。即使只有極少部分的潛在規則組合會引起新問題，系統也會遇到這樣一個點（其確切位置因情況而異）：增加一條新規則來解決一個問題，很可能造成多個額外問題。這就是複雜性上限問題。

運行時間最長的專家系統專案很可能是 Cyc（源自 encyclopedic〔百科全書式〕一詞），由道格拉斯．萊納特（Douglas Lenat）及其同事在 Cycorp 公司創造。[23] Cyc 始於 1984 年，其目標是將所有「常識性知識」編碼——這些常識是廣為人知的事實，例如雞蛋掉到地上會摔破，或孩子穿著沾了泥的鞋子在廚房裡跑會惹惱父母。數以百萬計的此類小概念並沒有清楚地寫在任何一個地方——它們是人類的行為和推理背後不言自明的假設，對理解一般人在各個領域所知道的東西是必要的。但是，由於 Cyc 系統利用符號規則表示這些知識，它也必須面對複雜性上限問題。

早在 1960 年代，當明斯基引導我認識符號法的利弊時，我就開始看到連結法的額外價值。連結法涉及利用節點（nodes）網絡，而這種網絡利用其結構而非其內容來創造智能。它們不使用聰明的規則，而是使用愚笨的節點，而這些節點的排列方式使它們可以從資料本身提取洞見。因此，它們有可能發現致力設計符號規則的人類程式設計師永遠不會想到的微妙形態。連結法的主要優點之一，是它能夠在不理解問題的情況下解決問題。即使我們有完美的能力去為符號式 AI 制定和執行無錯誤規則來解決問題（實際上我們沒有這種能力），也會受限於我們對於哪些規則是最佳規則的有限認識。

這是處理複雜性問題的一種有力方法，但它也是一把雙刃劍。連結式 AI 很容易變成一個「黑箱」──能夠吐出正確的答案，但無法解釋答案是如何找到的。[24] 這有可能成為大問題，因為人們會希望了解攸關重大利益的決定──例如關於醫療、執法、流行病學或風險控管的決策──背後的理由。這就是為什麼許多 AI 專家現正致力為基於機器學習的決策開發更好的「透明度」（或「機械可解釋性」〔mechanistic interpretability〕）。[25] 隨著深度學習技術變得更複雜和更強大，改善透明度的效果如何還有待觀察。

不過，當我開始學習連結法時，相關的系統還十分簡單。當時的基本想法是創造一種以人類神經網路的運作方式為靈感的電腦化模型。起初這是非常抽象的，因為這個方法出現時，我們對於生物神經網路的實際組織方式還沒有足夠的知識。

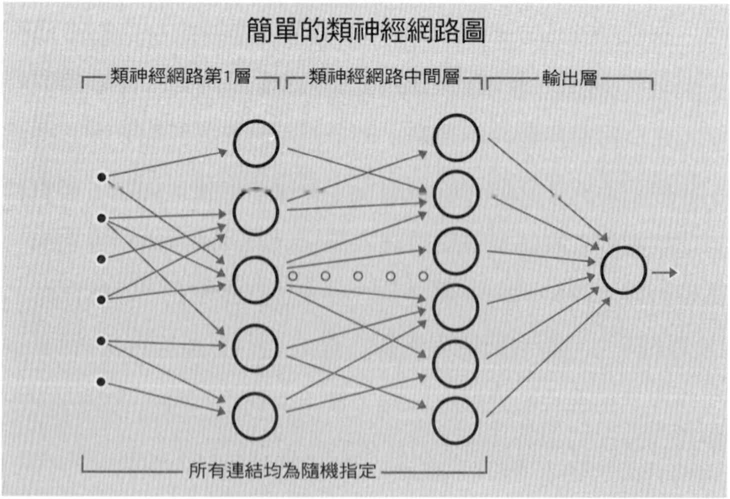

以下是一個類神經網路演算法的基本概要。實際設計可以有許多變化，而系統設計者必須提供某些關鍵參數和方法（詳見下文）。

想創造一個類神經網路來解決特定問題，涉及以下步驟：

- 界定輸入。
- 界定類神經網路的形狀結構（即神經元層數和神經元之間的連結）。
- 利用問題範例訓練類神經網路。
- 運行受過訓練的類神經網路來解決新的問題範例。
- 將你的類神經網路公司上市。

這些步驟（除了最後一步）具體說明如下：

問題輸入

類神經網路的問題輸入由一系列數字構成。這種輸入可以是：

- 在視覺圖形辨識系統中，代表圖像的像素的二維數字陣列；或
- 在聽覺（例如語音）辨識系統中，代表聲音的二維數字陣列，其中第一維代表聲音的參數（例如頻率成分），第二維代表不同的時間點；或

- 在任意形態的辨識系統中，代表輸入形態的 n 維數字陣列。

界定網路的形狀結構

為了建立類神經網路，每一個神經元的構造包括：

- 多個輸入，而每一個輸入都「連結」到另一個神經元的輸出，或一個輸入數字；以及
- 單一輸出（通常如此），而該輸出連結到另一神經元（通常位於較高層）的輸入，或連結到最終輸出。

設定第 0 層神經元

- 在第 0 層創建 N_0 個神經元。針對每一個神經元，將其多個輸入的每一個「連結」到問題輸入中的「點」（即數字）。這些連結可以隨機設定，也可以使用演化演算法設定。
- 為所建立的每一個連結指定一個初始「突觸強度」（synaptic strength）。這些「權重」起初可以設定為全部相同，也可以隨機設定，或以其他方式決定（參見下文）。

設定其他層神經元

假設總共有 M 層的神經元。為每一層設定其神經元。

針對第 i 層：

- 在第 i 層創建 N_i 個神經元。針對每一個神經元，將其多個輸入的每一個「連結」到第 i-1 層神經元的輸出（參見下方的設計變化）。
- 為所建立的每一個連結指定一個初始「突觸強度」。這些「權重」起初可以設定為全部相同，也可以隨機設定，或以其他方式決定（參見下文）。
- 第 M 層神經元的輸出就是這個類神經網路的輸出（參見下方的設計變化）。

辨識試驗

每一個神經元如何運作

一旦神經元設定完成，它會為每一次辨識試驗執行以下操作：

- 算出這個神經元的每一項加權輸入（weighted input），演算法為將該神經元接收的初始輸入或其他神經元輸出的數值乘以該連結的突觸強度數值。
- 將該神經元的所有加權輸入加起來。
- 如果這個總和大於這個神經元的發射門檻值（firing threshold），那麼這個神經元就被視為發射了（fire），其輸出為 1，否則輸出為 0（參見下方的設計變化）。

為每一次辨識試驗執行以下操作

從第 0 層到第 M 層，對每一層和該層的每一個神經元：

- 將一個神經元的所有加權輸入加起來。（每一項加權輸入 = 該神經元接收的初始輸入或其他神經元輸出的數值乘以該連結的突觸強度數值）
- 如果這個加權輸入總和大於這個神經元的發射門檻值，將這個神經元的輸出設為 1，否則設為 0。

訓練類神經網路

- 利用樣本問題（sample problems）重複執行辨識試驗。
- 每次試驗之後，調整所有神經元間連結的突觸強度，以改善類神經網路在該試驗中的表現。（做法參見下方討論）
- 持續做這種訓練，直到類神經網路的準確率無法再提高（即觸及漸近線）。

關鍵設計決定

在上述基本概要中，這個類神經網路演算法的設計者一開始就必須決定：

- 輸入的數字代表什麼。
- 神經元的層數。
- 每一層的神經元數量（不需要每一層的數量都相同）。

- 每一層中每一個神經元的輸入數量。輸入的數量（即神經元間連結的數量）可以因神經元而異，也可以因神經元層而異。
- 實際的「線路」（即連結）。針對每一層的每一個神經元，決定以哪些其他神經元的輸出作為該神經元的輸入。這是設計上的一個關鍵部分。有幾種可能的做法：
  (i) 為類神經網路隨機接線；或
  (ii) 利用演化演算法（見下文）來決定最佳接線方式；或
  (iii) 利用系統設計者的最佳判斷來決定如何接線。
- 每一個連結的初始突觸強度（即權重）。有幾種可能的做法：
  (i) 將所有突觸強度設為同一數值；或
  (ii) 將突觸強度隨機設定為不同的數值；或
  (iii) 利用演化演算法來決定一組最佳的初始數值；或
  (iv) 利用系統設計者的最佳判斷來決定初始數值。
- 每一個神經元的發射門檻值。
- 輸出，可以是：
  (i) 第 M 層神經元的輸出；或
  (ii) 單一輸出神經元的輸出，其輸入為第 M 層神經元的輸出；或

(iii) 第 M 層神經元輸出的一個函數（例如神經元輸出的總和）；或

(iv) 多層的神經元輸出的另一個函數。

- 所有連結的突觸強度，必須在這個類神經網路的訓練過程中加以調整。這是一個關鍵的設計決定，也是大量研究和討論的主題。有幾種可能的做法：

  (i) 在每次辨識試驗中，將每一個突觸強度提高或降低一個（通常很小的）固定量，使類神經網路的輸出變得更接近正確答案。一種做法是同時嘗試略增和略減，看看何者效果較佳。這可能很花時間，因此也有其他方法可以針對每一個突觸強度應該略增還是略減作局部判斷。

  (ii) 在每次辨識試驗後，利用其他統計方法調整突觸強度，使類神經網路在該次試驗中的表現更接近正確答案。

  (iii) 注意，即使訓練試驗的答案並非全都正確，類神經網路的訓練也還是有效。因此可以使用可能存在一定錯誤率的真實世界訓練資料。由於類神經網路的識別系統的關鍵成功因素之一，就是用於訓練的資料量。通常需要非常大量的資料來訓練系統，才可以得到滿意的結果。一如人類學習者，類神經網路花多少時間學習是影響其表現的一個關鍵因素。

設計變化

上述設計可以有許多變化：

- 網路的形狀結構可以採用不同的方式。例如，神經元之間的連結方式可以隨機設定或利用演化演算法設定——這種演算法在網路設計上可以模擬突變和天擇的影響。
- 初始突觸強度可以用不同的方式設定。
- 第 i 層神經元的輸入不一定要來自第 i-1 層神經元的輸出。每一層神經元的輸入可以來自較低或較高的任何一層。
- 最終輸出可以用不同的方式決定。
- 上述方法會產生發射或不發射（1 或 0）的結果，這是一種非線性函數。還有其他非線性函數可以使用。通常使用的函數是以快速但相對漸進的方式使結果從 0 變成 1。此外，輸出可以是 0 和 1 以外的數字。
- 訓練期間用不同的方法調整突觸強度，是關鍵的設計決定。

以上描述的是「同步」（synchronous）的類神經網路，這種網路每一次的辨識試驗都是從第 0 層到第 M 層，計算每一層的輸出。而在真正的平行系統中，每一個神經元都獨立運作，也就是它們可以「非同步」運作。在非同步模式中，每一個神經元都不斷掃描其輸入，而只要其加權輸入總和超過其發射門檻值（或其輸出函數指定的任何數值），神經元就會發射。

目標是找到實際例子，使系統能夠從中摸索出解決問題的方法。一種典型的做法是一開始隨機設定類神經網路的連結和突觸權重，使這個未經訓練的類神經網路產生的答案也是隨機的。類神經網路的關鍵功能是認識它必須認識的事物，就像它（至少是粗略地）模擬的哺乳類動物的大腦那樣。類神經網路一開始是無知的，但它被程式設計成會將「獎勵」函數極大化。然後，它會被餵入訓練資料（例如包含柯基犬的照片和不包含柯基犬的照片，由人類事先標示）。類神經網路產生正確的輸出時（例如準確辨識出圖片中是否有柯基犬），它會得到獎勵回饋。這種回饋可以用來調整每一個神經元間連結的強度。符合正確答案的連結被調高強度，提供錯誤答案的連結則被調低強度。

隨著時間的推移，類神經網路會自我組織，以便能夠在沒有外來指導的情況下提供正確的答案。實驗顯示，即使老師不可靠，類神經網路還是可以認識它必須認識的東西。例如即使只有 60% 的訓練資料標示正確，類神經網路還是可以學習到準確率顯著高於 90% 的程度。在某些情況下，標示正確率更低的訓練資料也可以幫助類神經網路有效學習。[26]

老師訓練出青出於藍的學生並不符合直覺，而同樣地，不可靠的訓練資料產生優異的訓練結果也可能令人困惑。簡而言之，這是因為訓練資料中的錯誤可以互相抵銷。例如假設你在訓練一個類神經網路從 0 到 9 的手寫數字樣本中辨識出數字 8，而三分之一的樣本標示是錯誤的——錯誤是隨機的，例如 8 被標示為 4，而 5 被標示為 8 之類。如果資料集夠大，這些錯誤會互相抵銷，不會使訓練往任何特定方向扭曲。資料集之中有關 8 的模樣的有用資料基本上獲得保留，因此仍可以訓練出表現出色的類神經網路。

雖然有這些優點，早期的連結法系統仍有一個基本局限：數學上而言，單層類神經網路無法解決某些類型的問題。[27] 1964 年我去康乃爾大學拜訪法蘭克．羅森布拉特教授時，他向我展示了一個名為「感知器」（Perceptron）的單層類神經網路，它可以辨識印出來的字母。我試著簡單修改其輸入，結果顯示該系統在自動聯想方面表現不錯（也就是說，即使我遮住字母的一部分，它還是能認出它們），但處理不變性（invariance）問題則表現較差（也就是說，在改變字母的大小和字型之後，它無法認出它們）。

1969 年，明斯基針對這個領域大受關注的現象提出批評，雖然他在 1953 年就為類神經網路做出了開創性研究。他和西摩爾．派普特（Seymour Papert）——兩人都是麻省理工 AI 實驗室的共同創始人——合寫了一本名為《感知器》（*Perceptrons*）的書，正式證明了為什麼羅森布拉特的那種感知器本質上無法判斷印出來的圖形是否為相連的。以下的兩個圖形來自《感知器》的封面，上方的圖形不是相連的（黑色線沒有形成單一連續形狀），下面的圖形則是相連的（黑色線形成單一連續形狀）。這是人類和簡單的軟體程式可以判斷的。但前饋式（feed-forward）感知器，例如羅森布拉特的馬克一號（Mark 1）感知器，就無法做這種判斷（在這種感知器中，節點之間的連結不會形成任何迴路）。

簡而言之，前饋式感知器之所以無法解決這問題，是因為這涉及執行 XOR（Exclusive OR，異或）函數來分辨一段線條是否為單一連續形狀的一部分，但沒有回饋的單層節點在數學上無法執行 XOR，因為它基本上必須以一條線性規則（例如「如果這兩個節點都發射，則函數輸出為真」）一次過處理所有資料，但執行 XOR 涉及一個回饋步驟（「如果這兩個節點任何一個發射，但沒有同時發射，則函數輸出為真」）。

明斯基和派普特的這個結論實際上扼殺了連結論領域的大部分經費，而該領域要到數十年後才捲土重來。但事實上，早在 1964 年，羅森布拉特就向我解釋過，感知器無法處理不變性問題是因為它只有一層。如果將一個感知器的輸出送進和它一樣的一層類神經網路，其輸出會變得比較通用，而一再重複這種做法將使系統越來越有能力處理不變性問題。如果有足夠的層數和足夠的訓練資料，這種系統將能處理複雜程度驚人的

問題。當時我問羅森布拉特是否實際嘗試過這種做法，他說沒有，但這是他將優先處理的研究題目。這是令人讚嘆的洞見，但羅森布拉特在七年後的 1971 年去世，生前沒有機會檢驗他的洞見。又過了十年，多層類神經網路才普遍應用，但即使在那時候，多層網路需要的計算能力和訓練資料仍是現實中很難取得的。在羅森布拉特產生其洞見逾半個世紀之後，多層類神經網路的應用才造就了近年人工智慧的巨大進步。

因此，AI 研發的連結法長期被忽視，直到 2010 年代中期，硬體的進步終於釋放了該方法的潛力。我們終於可以集結足夠的計算能力和訓練資料來將連結法發揚光大。從 1969 年《感知器》一書出版到 2016 年明斯基去世，經通膨調整的計算能力性價比提高了約 28 億倍。[28] 這改變了 AI 研發方法的整個景象。我在明斯基即將壽終前和他談話時，他對《感知器》出版時產生了如此巨大的影響表示遺憾，因為現在連結法已經在 AI 研發方面普遍成功。

因此，連結法有點像達文西發明的飛行機器——它們是極有先見之明的構想，但在輕得多和堅固得多的材料開發出來之前是不可行的。[29] 一旦硬體變得足夠先進，採用連結法的巨型系統，例如一百層的類神經網路，就變得可行。這種系統因此能夠解決以前不曾處理過的問題。這就是驅動過去幾年所有最驚人進步的範式。

小腦：一種模組式結構

為了以人類智慧為脈絡認識神經網路，我希望在此稍微繞點路，從宇宙的開端說起。物質往更有組織的方向發展的過程起初非常緩慢，沒有大腦來引導它。（參見第三章「生命出現的可能性低到不可思議」一節有關宇宙有能力為有用資訊編碼的可能性。）創造一個新的細節層次所需的時間是幾億年到幾十億年。[30]

事實上，宇宙出現數十億年後，才開始有分子能夠形成編碼指令來創造生命體。學界對既有證據的看法存在一些分歧，但多數科學家認為地球上的生命起源於 35 億至 40 億年前的某個時候。[31] 宇宙估計已經有 138 億年的歷史（較精確而言，這是大霹靂發生以來所經過的時間），而地球很可能形成於約 45 億年前。[32] 因此，從第一批原子形成到（地球上）第一批分子能夠自我複製，中間經過了約 100 億年的時間。這種滯後某種程度上可能是隨機發生的——我們不知道在早期地球的「原始湯」（primordial soup）中，隨機碰撞的分子以正確的方式結合的可能性有多小。也許生命可以更早出現，但也許生命可能晚得多才出現。但在這些必要條件的任何一個出現之前，恆星的生命週期就必須開始，因為我們需要恆星去將氫融合成維持複雜生命所需要的較重元素。

根據科學家的最佳估計，從地球上開始出現生命到多細胞生命出現，大約經過了 29 億年。[33] 然後再 5 億年後，才有動物在陸地上行走，而第一批哺乳動物的出現又花了 2 億年。[34] 若著眼於腦部，從原始神經網路出現到最早的集中式三重腦形成，大約經過了超過 1 億年。[35] 然後再過了 3.5 億至 4 億年，基本的新皮質才出現，而現代的人類大腦又花了約 2 億年才演化出來。[36]

在這段歷史中，較為複雜的大腦形成明顯的演化優勢。動物爭奪資源時，比較聰明的動物往往勝出。[37] 智慧演化的時間是以百萬年計，比之前的階段短得多，演化速度明顯加快了。哺乳動物祖先（pre-mammals）腦部最顯著的變化發生在被稱為小腦（cerebellum）的區域。事實上，在現今人類腦部中，小腦的神經元還多過新皮質，其在我們的高階功能中扮演最重要的角色。[38] 小腦能夠儲存和啟動關於運動控制任務——例如簽個名——的大量腳本。（這些腳本通常被非正式地稱為「肌肉記憶」。但它們其實不是肌肉本身的現象，而是小腦的現象。我們不斷重複一個動作時，我們的腦部會調整適應，使我們能夠做得更輕鬆和更不假思索——這就像許多馬車走過一條路，車輪會逐漸在路面上壓出一道道車轍。）[39]

接高飛球的一種方法是，針對球的軌跡和你自身運動的所有微分方程去求解，同時根據答案調整你身體的位置。不幸的是，你的頭腦裡面沒有一個解微分方程的裝置，你因此轉為解決一個比較簡單的問題：如何將手套最有效地置於球與你的身體之間？小腦假設每次接球時，你的手和球應該出現在相似的相對位置，因此如果球掉落的速度太快，而你的手看起來太慢，它會指示你的手加快移動，以符合接球的常見相對位置。

小腦將感官輸入與肌肉運動連起來的這些簡單動作，有如數學上的「基函數」（basis function）概念，使我們不需要解任何微分方程就能接住高飛球。[40] 我們也能夠利用小腦來預測我們的行動，即使我們實際上沒有付諸行動。你的小腦可能會告訴你，你可以接住球，但你很可能會撞到另一名球員，所以也許你不應該去接球。這一切都是本能地發生。

同樣地，如果你在跳舞，你的小腦會經常在你沒有意識到的情況下指揮你的動作。因為受傷或患病而小腦功能不健全的人，仍可以經由新皮質指揮有意識的動作，但這麼做需要集中精力，而且他們可能會有所謂運動失調（ataxia）的協調問題。[41]

掌握肢體技能的一個關鍵要素，是經常做同一套動作，使它在肌肉記憶中變得根深柢固。只要經常做，起初需要有意識思考和專注的動作，會開始變得像無意識的慣性動作。這基本上意味著動作從由運動皮質控制，轉為主要由小腦控制。無論你是在扔一顆美式足球、玩魔術方塊還是彈鋼琴，你做這件事時越是不需要有意識地動用腦力，你就越有可能表現出色。你的動作會更快、更流暢，而且你可以將注意力放在有助於成功的其他方面。樂師如果精通一種樂器到這種程度，就可以毫不費力、直覺地彈出特定音符，就像一般人在唱生日快樂歌時以嗓子產生音符那樣。如果我問你如何使你的聲帶發出正確的音符，而不是錯誤的音符，你很可能無法用言語描述這個過程。這就是心理學家和教練所說的「無意識能力」，因為這種能力基本上是在你的意識知覺（conscious awareness）以下的層次運作的。[42]

但是，小腦的能力並不是某種極其複雜的結構產生的。雖然它確實包含成年人（或其他物種）腦部的大部分神經元，但基因組中關於小腦整體設計的資訊並不多——小腦主要是由小而簡單的模組構成。[43] 雖然神經科學界仍在努力了解小腦的具體運作方式，但我們知道它是由數以千計、排列成前饋結構的小型處理模組構成。[44] 這有助我們認識小腦發揮功能所需要的神經結構，因此有關小腦的新發現可能提供對 AI 研發有用的進一步見解。

小腦的多數模組都只負責範圍狹窄的功能——那些在你彈鋼琴時控制手指運動的模組，並不適用於走路時的腿部運動。雖然小腦數億年來一直是腦部的一個關鍵區域，但人類求生存越來越不依賴它，因為我們應對現代社會的挑戰已經變成主要依賴我們較為靈活的新皮質。[45]

相對之下，非哺乳動物就不具備新皮質造就的優勢。牠們的小腦非常精確地記錄了牠們生存所需的關鍵行為。這些由小腦驅動的動物行為被稱為固定行為模式（fixed action pattern）。這些行為是同一物種的成員與生俱來的行為，不同於經由觀察和模仿學到的行為。即使是哺乳動物，有些相當複雜的行為也是與生俱來的。例如，鹿鼠挖的洞穴很短，沙灘鼠挖的洞穴則比較長，而且有逃生通道。[46] 而實驗室飼養的、沒有挖洞穴經驗的小鼠被放到沙地上時，牠們挖出的洞穴正是其物種在野外所挖的那一種。

一般來說，小腦記錄的特定行為——例如青蛙以舌頭精確地捕捉蒼蠅——會在一個物種中持續存在，直到掌握了一種更好行為的族群經由天擇在競爭中勝出。如果行為是由遺傳而非學習所驅動，其調整適應的速度會慢許多個數量級。學習使得生物能夠在其一生中有意義地改變自身行為，與生俱來的行為則只能在許多個世代的時間裡逐漸改變。但有趣的是，電腦科學家現在有時會使用「演化式」方法來模擬基因決定的行為。[47] 這涉及創造一組具有某些隨機特性的程式，然後觀察它們執行特定任務的表現。那些表現良好的程式可以將其各自的特性結合起來，就像動物繁殖混合基因那樣。然後可以引入隨機「突變」，觀察何者能促進表現。經過許多個世代之後，這種做法能以人類程式設計師可能永遠想不到的方式優化解決問題的方式。

在現實世界中，行為經由遺傳和天擇演化需要數百萬年的時間。這似乎很慢，但請記住，生物出現之前的演化，例如生命所需要的複雜先驅——化學物質之形成，往往需要數億年的時間，所以小腦實際上是一種加速器。

新皮質：一種自我調整、靈活的層級結構

為了更快取得進展，演化需要設計一種方法，使腦部能夠快速創造新行為，不需要等待基因變化來重新配置小腦。結果就出現了新皮質（neocortex）。該詞的意思是「新的外皮」，而這種結構約兩億年前出現在當時的一種新動物——哺乳動物——身上。[48] 這些早期哺乳動物像齧齒動物，其新皮質大小和厚度如同一張郵票，包裹著它們像核桃那麼大的腦部。[49] 新皮質的組織方式比小腦靈活：它不是由控制不同行為的許多不同模組構成，其運作方式比較像一個協調的整體。它因此能夠以一種新的方式思考，可以在幾天或甚至幾小時內創造出新的行為。這就釋放了學習的力量。

在過兩億年前，非哺乳動物緩慢的調整適應過程通常不成問題，因為當時的環境變化非常緩慢。一般來說，當時的環境

變化要幾千年的時間才會去到需要小腦作出反應的程度。

因此，那時候新皮質實際上是在等待一場大災難來賦予它接管世界的機會。那一場危機我們現在稱為白堊紀—古近紀（Cretaceous-Paleogene）滅絕事件，發生在 6,500 萬年前，也就是新皮質出現後約 1 億 3,500 萬年。因為受小行星撞擊，加上可能發生火山活動，整個地球的環境突然改變，導致約 75% 的動植物物種滅絕，包括恐龍。（雖然我們所知道的恐龍在這次事件中滅絕了，但有些科學家認為鳥類是恐龍生存下來的一個分支。）[50]

此時新皮質乘機崛起，因為它能夠快速發明新解決方案。哺乳動物體型變大，其腦部以更快的速度成長，占動物體重的比例上升。新皮質的成長速度特別快，發展出褶皺來擴大其表面積。

如果把一個人的新皮質展開，其大小和厚度與一張大餐巾差不多。[51] 但因為新皮質結構極其複雜，它現在占人腦重量約 80%。[52]

我在我 2012 年出版的書《AI 人工智慧的未來》中較為詳細地描述了新皮質的運作方式，在這裡且以非常簡短的概述說明一些關鍵概念。新皮質由相對簡單的重複結構組成，每一個這種結構由約一百個神經元組成。這些模組可以學習、識別和記住各種形態。這些模組還能學會將自己組織成多個層級，越高的層級掌握越複雜的概念。這些重複的構造被稱為微皮質柱（cortical minicolumn）。[53]

根據目前的估計，整個大腦皮質有 210 億至 260 億個神經元，其中 90% 在新皮質——平均約有 210 億個。[54] 因為每個微皮質柱約有一百個神經元，這意味著新皮質約有 2 億個微皮質柱。[55] 新興研究顯示，不同於大多數是按順序執行指令的數位電腦，新皮質的模組大量採用平行運作方式，也就是很多事情同時發生。[56] 這使得大腦成為一個非常動態的系統，要以電腦模擬必須克服巨大的挑戰。

微皮質柱相互組織和連結的基本原理使我們得以了解它們的功能，雖然很多細節仍有待神經科學揭示。一如在矽硬體上運作的人工神經網路，人腦中的神經網路也使用層級結構，將原始資料輸入（感官訊號）與輸出（行為）分開。這種結構容許漸進的抽象層級，最終形成我們所知的微妙的人類認知形式。

例如，在新皮質直接連接感官輸入的最底層，可能有個模組發揮作用，認出某個視覺刺激代表一種彎曲的形狀。其他層級則處理較低層新皮質模組的輸出，並加入脈絡和抽象概念。因此，逐漸提高的層級（距離連接感官輸入的層級越來越遠）可能就認出那個彎曲的形狀是某個字母的一部分，接著認出該字母是某個單詞的一部分，然後將該單詞與豐富的語義聯繫起來。最高層級會出現抽象得多的概念，例如某句話相當有趣或諷刺。

雖然新皮質層級的「高度」決定了它處理從感官輸入向上傳播的一組訊號所能達到的抽象程度，但這種過程不是單向的。新皮質的六個主要層級雙向、動態地相互溝通，因此我們不能說抽象思考只發生在最高層級。[57] 從物種的角度思考層級與抽象程度的關係比較有意義。也就是說，相對於腦部皮質較為簡單的生物，我們多層的新皮質賦予我們更多的抽象思考能力。而一旦人類能夠直接將我們的新皮質連接到雲端計算系統，我們將釋放更大的抽象思考潛力，超出我們的有機大腦目前只靠自己所能支持的。

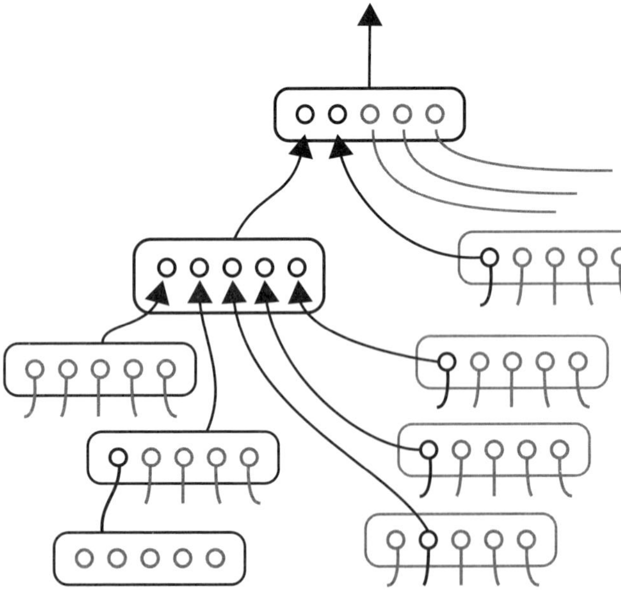

這些抽象思考的神經基礎是比較晚近才發現的。1990 年代末，一名 16 歲的女性癲癇患者接受腦部手術時，神經外科醫師伊薩克．佛里德（Itzhak Fried）使她保持清醒，能夠對眼前

發生的事作出反應。[58] 這種做法之所以可行，是因為大腦中沒有痛覺感受器。[59] 每當佛里德刺激那個女孩新皮質的特定位置時，她就會笑。佛里德和他的團隊很快就意識到，他們觸發了對幽默的實際感知。她並非只是反射性地笑——她是真的覺得眼前的情況很有趣，雖然手術室裡並沒有任何幽默的事。醫師問她為什麼笑時，她並不是說「哦，沒什麼特別原因」或「你刺激了我的大腦」，而是馬上說出一個原因，例如：「你們這麼圍成一圈，真是太有趣了。」[60]

我們能夠找到新皮質上負責判斷事物是否有趣的位置並且觸發它，這證明該位置是負責幽默和諷刺之類的概念。非侵入性的其他測試也支持這項發現。例如，閱讀有諷刺意味的句子會使大腦中被稱為心智理論網路（ToM network）的部分活躍起來。[61] 新皮質的這種抽象思考能力，是人類能夠發明語言、音樂、幽默、科學、藝術和技術的關鍵因素。[62]

從來不曾有其他物種能做到這些事（雖然常有標題黨創作出與此相反的陳述）。沒有其他動物能夠在腦子裡數拍子，或說笑話、演講、寫（或讀）這樣一本書。雖然有一些動物，例如黑猩猩，能夠製作原始的工具，但這些工具不夠精細，不足以引發快速的自我改進過程。[63] 同樣地，有些動物能以簡單的方式溝通，但牠們無法交流等級概念，而我們使用人類的語言可以做到這件事。[64] 我們在還沒有額葉皮質的靈長類動物時期就已經表現出色，而隨著額外的新皮質模組使我們能掌握關於世界和存在的概念，我們就超越了高級動物的程度，成為了一種哲學動物。

但我們應該記住，大腦的演化只是我們這個物種崛起的部分因素。雖然我們的新皮質能力強大，如果少了另一項關鍵創新——我們的拇指，人類的科學和藝術都不可能出現。[65] 有些動物的新皮質與人類差不多大甚至更大（以絕對大小而言），例如鯨魚、海豚和大象，但牠們沒有類似人類的對生拇指（opposable thumb），因此無法像人類那樣精確地抓住天然材料，並將它們製成科技產品。這當中的啟示是：我們在演化上非常幸運！

我們幸運之處，還在於我們的新皮質不但有多層，各層還以強大的新方式連結起來。模組的層級式組織並非新皮質所獨有——小腦也有層級。[66] 新皮質與眾不同在於三個關鍵特徵，它們使哺乳動物——尤其是人類——得以發揮創造力：（1）新皮質可以在它的整個結構裡廣泛傳播特定概念的神經元發射形態，而非僅限於這種形態產生的區域；（2）一種發射形態可以與許多類似的不同概念聯繫起來，而相關概念由相關發射形態代表；（3）數百萬種形態可以在整個新皮質中同時發射，[67] 並以複雜的方式互動。[68]

舉例而言，新皮質內部十分複雜的連結使我們能有豐富的聯想記憶。[69] 大腦裡的一項記憶就像維基百科的一個頁面，可以從許多不同的地方連結到它，而且可以隨著時間的推移而改變。一如維基百科上的文章，記憶也可以是多媒體的。記憶可以由嗅覺、味覺、聽覺或幾乎任何感官輸入而觸發。

此外，新皮質神經元發射形態的相似性促進了類比思考。我們會將代表降低手部位置的形態，與代表降低音調的形態聯繫起來，甚至與隱喻性的相關概念——例如氣溫下降或歷史上帝國之衰落——聯繫起來。因此，我們可以因為學習某個領域的一個概念而形成一種形態，然後將它應用到完全不同的領域。

新皮質跨領域類比的能力，使得歷史上許多至為重要的知識躍進得以發生。例如，查爾斯．達爾文（1809-1882）的演化論就源自地質學的類比。在達爾文之前，科學家基本上相信上帝是獨立地決定創造各個物種的。在達爾文之前也有一些類似演化論的理論，其中最著名的是尚巴蒂斯特．拉馬克（Jean-Baptiste Lamarck, 1744-1829）提出的——他認為動物會自然演化成更複雜的物種，而且後代可以繼承父母在其一生中獲得或發展出來的特徵。[70] 但這些理論都有一個問題：他們提出的機制要麼解釋不清，要麼是錯誤的。

達爾文則因為研究蘇格蘭地質學家查爾斯．萊爾（Charles Lyell, 1797-1875）的著作而接觸到不同的觀念。萊爾針對大峽谷的起源提出了一種有爭議的主張。[71] 當時的主流觀點認為峽谷是上帝創造的，流經峽谷的河流只是因為重力的作用而找到了峽谷的底部。萊爾則認為是先有河流，後來才出現峽谷。他的理論遇到了很大的阻力，花了一些時間才獲得接受，但科學家很快就認識到滴水穿石的道理：流水一時間不會對岩石產生很大的衝擊，但日積月累，數百萬年下來確實可能創造出像美國大峽谷那麼深的峽谷。萊爾的理論很大程度上借鑒了同為蘇格蘭地質學家的詹姆斯·赫頓（James Hutton, 1726-1797）的研究成果，後者率先提出均變論（uniformitarianism），認為世界的面貌並非主要由《聖經》記載的災難性洪水塑造的，而是固定的一組自然力量長期逐漸產生作用而創造出來的。[72]

達爾文在他自己的領域面臨的挑戰艱難得多。生物學極其複雜，但達爾文看到了萊爾的地質學研究與他自己的博物學研究之間的關聯，並在他 1859 年出版的《物種起源》（*On the Origin of Species*）中一開頭就提出了這一點。萊爾認為河流每次沖走少量砂石意義巨大，達爾文借用該概念，認為一個世代出現微小的基因變化也有巨大意義。達爾文以這個明確的類比為他的理論辯護：「正如現代地質學已經幾乎摒棄了大洪流一次沖刷出大河谷的觀點，天擇論若是正確的理論，也會摒棄新生命體被持續創造出來或其結構會突然發生巨變的想法。」[73]此一洞見引發了人類文明堪稱歷來影響最深遠的科學革命。可以與之媲美的其他科學突破，例如牛頓的重力理論和愛因斯坦的相對論，也都是建立在類似的類比洞見上。

深度學習：重新創造新皮質的力量

我們該如何以數位方式複製新皮質的靈活性和抽象能力呢？正如本章開頭的討論提到，基於規則的符號法系統過於僵化，無法模擬人類認知的流動性。另一方面，連結法在很長一段時間裡不可行，因為其訓練需要極大的計算能力。但是，如今計算能力的成本已經大幅降低了。為什麼呢？

英特爾公司共同創始人戈登・摩爾（Gordon Moore, 1929-2023）是摩爾定律的創造者，他在 1965 年首次提出該定律，此後它成為了資訊科技方面最突出的趨勢。[74] 摩爾定律最著名的版本指出，因為持續的微型化，一塊電腦晶片上可容納的電晶體數量大約每兩年增加一倍。對計算技術持續的指數式進步持懷疑態度的人經常指出，一旦積體電路中的電晶體密度在原子尺度達到其物理極限時，摩爾定律描述的趨勢將無可避免地終止。但是，這種想法忽略了一個更深層的事實。摩爾定律只是我稱之為加速回報定律的更基本力量的一例，而這種力量使資訊科技產生創新的回饋迴路。摩爾提出他著名的定律時，加速回報定律已經驅動了計算能力性價比的指數式提升，跨越了四個主要技術範式——機電、繼電器、真空管，以及電晶體。而在積體電路達到其極限之後，使用奈米材料或三維計算的新範式將取而代之。[75]

至少從 1888 年（當時摩爾遠遠還沒出生！）以來，此一大趨勢就一直穩定地呈指數式發展。[76] 到了 2010 年左右，它終於達到了一個門檻，能夠釋放連結法所隱含的力量，那就是模擬新皮質中多層的層級式計算的深度學習技術。《奇點臨近》出版以來 AI 領域看似突然的驚人突破，正是深度學習技術所致。

在這些突破中，第一個標誌著深度學習技術具有革命潛力的突破，是 AI 終於精通圍棋。由於圍棋的可能走法比西洋棋多得多，而且更難判斷一步棋是否走得好，之前曾經擊敗人類西洋棋特級大師的 AI 技術應用在圍棋上幾乎毫無進展。即使是樂觀的專家也曾認為，這個問題最快要到 2020 年代才能解決。（例如截至 2012 年，著名的 AI 未來學家尼克．伯斯特隆姆〔Nick Bostrom〕就推測，人工智慧要到 2022 年左右才能精通圍棋。）[77] 但在 2015-16 年，Alphabet 的子公司 DeepMind 創造了 AlphaGo，它使用一種「深度強化學習」（deep reinforcement learning）方法，利用一個大型類神經網路分析它自己下過的棋局，從其成功和失敗中學習。[78] 它以人類下過的大量棋局為起點，然後自行對弈多次，直到 AlphaGo Master 這個版本能夠打敗世界圍棋人類冠軍柯潔。[79]

幾個月後，更重大的發展出現在 AlphaGo Zero 上。1997 年，IBM 以「深藍」（Deep Blue）擊敗了世界西洋棋冠軍加里．卡斯帕洛夫（Garry Kasparov），當時程式設計師將他們從人類西洋棋專家那裡蒐集的大量技術訣竅輸入了這台超級電腦。[80] 深藍只是一台下西洋棋的機器，不能做任何其他事。相對之下，AlphaGo Zero 除了接收到圍棋的規則，並沒有獲得人類有關圍棋的任何資訊，而經過約三天的自我對弈之後，它就從隨機下子進化到以連勝 100 局的優勢輕鬆打敗在它之前經過人類訓練的 AlphaGo 版本。[81]（2016 年，AlphaGo 在五局對戰中以四比一擊敗了當時圍棋世界排名第二的李世乭。）AlphaGo Zero 採用一種新的強化學習方式，自己當自己的老師，只花了 21 天就達到了 AlphaGo Master 的水準，後者在線上擊敗了六十名頂尖職業棋手，並且在 2017 年的三局對戰中以三比零擊敗世界冠軍柯潔。[82] 四十天後，AlphaGo Zero 超越了所有其他版本的 AlphaGo，成為人類或電腦形式的最佳圍棋手。[83] 它在沒有獲知人類圍棋知識和沒有人為介入的情況下做到了這件事。

但這還不是 DeepMind 這家公司最重要的里程碑。它的下一個產品 AlphaZero 可以將它從圍棋那裡學到的能力移轉到其他遊戲如西洋棋上。[84] 這個程式不但在西洋棋上擊敗了所有的人類挑戰者，還擊敗了下西洋棋的所有其他機器，而且它只花了四個小時訓練就做到了——除了遊戲規則，它沒有獲知任何西洋棋知識。它玩日本將棋一樣成功。在我撰寫本章時，這種程式的最新版本是 MuZero，它甚至是在沒有獲知遊戲規則的情況下重複了上述壯舉！[85] 有了這種「轉移學習」（transfer learning）能力，MuZero 可以精通任何不涉及運氣、模糊性或隱藏資訊的棋盤遊戲，或任何確定性的電子遊戲如 Atari 的《乓》（*Pong*）。這種把在某領域學到的東西應用在相關事情上的能力，是人類智能的一個關鍵特徵。

但深度強化學習技術能夠精通的並非僅限於此類遊戲。能玩《星海爭霸 II》（*StarCraft II*）或撲克牌的 AI 最近也超越了所有人類的表現，而這兩種遊戲都涉及不確定性，而且需要對遊戲中的對手有相當的認識。[86] 唯一的例外（目前而言）是那種需要高超語言能力的桌遊。《強權外交》（*Diplomacy*）也許是最好的例子——這是一種世界爭霸遊戲，玩家不可能藉由運氣或技巧獲勝，而是必須相互交談。[87] 為了贏得勝利，你必須說服其他玩家，使他們相信對你有利的舉動也符合他們自身的利益。因此，能夠持續在《強權外交》中勝出的 AI 很可能也已經精通了欺騙和說服的技術。但即使是《強權外交》這種遊戲，AI 在 2022 年也取得了令人讚嘆的進展，尤其是 Meta 的 CICERO——它可以擊敗許多人類玩家。[88] 諸如此類的里程碑現在幾乎每週都在發生。

輕鬆征服各種遊戲的深度學習能力，也可以用來處理複雜的現實世界情境。基本上，我們需要的是一種模擬器，由它複製出 AI 正試圖學習的領域，例如駕駛汽車這種多變又充斥著含糊性的體驗。你開車時可能遇到各種各樣的事，例如另一輛車突然停在你的前方或以錯誤的方式向你開過來，又或者有個小孩追球追到了馬路上。為了解決這個問題，Alphabet 的子公司 Waymo 為其自動駕駛汽車開發了自動駕駛軟體，但一開始由一名人類監督者參與所有駕駛過程。[89] 這些駕駛過程的各種情況都被記錄下來，然後基於這些資料創造出一個非常全面的模擬器。現在實體車輛已經記錄了遠多於 2,000 萬哩的駕駛過程（截至我撰寫本章時），[90] 而模擬汽車可以在這種逼真的虛擬空間中進行數十億哩的駕駛訓練。[91] 隨著系統累積如此豐富的駕駛經驗，實際的自動駕駛汽車最終將能夠展現遠優於人類駕駛的表現。同樣地，正如第六章將進一步闡述，如今 AI 正使用一系列的新穎模擬技術來更好地預測蛋白質的折疊方式。這是生物學中最具挑戰性的問題之一，解決該問題將為發現突破性藥物打開大門。

但是，雖然 MuZero 可以征服許多不同的遊戲，其成就仍相對狹窄——它寫不出一首十四行詩，也無法安慰病人。為了達到人類新皮質驚人的通用性，AI 將必須精通語言。正是語言使我們能將截然不同的認知領域聯繫起來，並使知識的高層次符號移轉（symbolic transfer）得以發生。也就是說，因為可以利用語言，我們不需要看數百萬個原始資料的例子就能學到一些東西——我們只需要閱讀一句結論，就能大幅更新我們的知識。

目前，在這個領域創造最快進展的語言處理方法，是使用深度類神經網路，在（非常）多維的空間裡表示字詞的意思。有幾種數學技術可以做到這一點，而重點是它們使 AI 不需要符號法涉及的硬編碼（hard-coded）語言規則，就能發現語言的意思。舉例而言，我們可以建構一個多層的前饋式類神經網路，並蒐集數十億（或數兆）個句子來訓練它。這些句子可以從網路上的公開資料蒐集。然後我們利用這個類神經網路，在一個 500 維空間裡為每一個句子指定一個點（這個點由 500 個數字代表；500 這個數字只是隨意舉例，它可以是任何一個相當大的數字）。一開始，代表句子位置的 500 個數值，每一個都是隨機指定的。在訓練過程中，類神經網路會調整句子在這個 500 維空間中的位置，使意思相近的句子處於相近的位置，意思不同的句子則處於相距甚遠的位置。如果我們對幾十億個句子執行這個程式，任何一個句子在這個 500 維空間中的位置將根據其附近的句子揭示該句子的含義。

藉由這種方式，AI 就能根據字詞的實際使用脈絡掌握其意思，而不是仰賴語法規則書或字典。例如，AI 會認識到 jam 這個英文單詞有許多種意思，因為在某些情況下，人們會談論吃 jam（果醬），而在另一些情況下，人們會以電吉他玩 jam（即興演奏），但沒有人會談論吃電吉他。事實上，人類掌握的絕大多數詞彙正是以這種方式學來的，只有少數是我們在學校正式學習或自己明確查找資料學到的。而 AI 已經將它的聯想能力擴展到文字領域之外。2021 年 OpenAI 一個名為 CLIP 的專案就是訓練一個類神經網路去將圖片與描述圖片的文字連結起來。結果是 CLIP 中的節點能夠「對無論是以文字、符號或概念的方式呈現的同一概念作出反應。」[92] 例如同一個節點可能會對蜘蛛的照片、蜘蛛人的畫像或「蜘蛛」這個單詞作出反應。這正是人腦跨脈絡處理概念的方式，對 AI 來說是一大躍進。

這種方法的一種變體是創造一個 500 維的空間，由它承載各種語言的大量句子。如此一來，如果你想將一個句子從某種語言翻譯成另一種語言，你只需要在這個超多維空間中在該句子最接近處尋找標的語言的另一個句子即可。你也可以著眼於這個空間中相鄰的其他句子，從中找到與你想表達的意思相當接近的句子。第三種選擇是創造兩個成對的 500 維空間，其中一個空間承載對應另一空間中的問題的答案。這需要組合數十億個句子，其中一個句子回應另一個句子。這個概念的進一步發揮是創造一個「通用句子編碼器」（Universal Sentence

Encoder），[93] 而我在 Google 的團隊正是做了這樣一個編碼器，將每一個句子嵌入到一個包含數千個檢測到的特徵（如「諷刺」、「幽默」或「正面」）的資料集中。利用這種更豐富的資料訓練出來的 AI 不但能學會模仿人類使用語言的方式，還能掌握比較深層的語意特徵，而這些特徵可能無法從句子中字詞的字面意思看出來。這種後設知識（meta-knowledge）使理解變得更全面。

我們一直在 Google 創造各種應用程式，根據上述原理使用和產生對話式言語。Gmail 聰明回覆（Gmail Smart Reply）是當中重要的一項。[94] 如果你有使用 Gmail，會注意到它會針對每一封電子郵件，為你建議三種回覆方式。這些回覆不但會考慮你要回覆的電子郵件，還會考慮同一串電子郵件中的所有其他郵件、主旨行，以及關於收件者的其他提示。你的電子郵件中的所有這些元素，恰恰需要以這種多維方式代表對話中的每一個點。這結合了多層前饋式類神經網路與對語言內容（代表來回對話）的層級式表述。Gmail 聰明回覆起初使一些人覺得彆扭，但很快就因為它的自然性和便利性而獲得用戶接受，現在它貢獻的內容已占 Gmail 總流量值得注意的一小部分。

Google 另一項以這種方法為基礎的功能叫做「與書對話」（Talk to Books）。（2018 至 2023 年間，Google 以實驗性的獨立服務形式提供這項功能。）用戶載入與書對話之後，可以直接向它提問。該軟體會在半秒鐘內檢視超過 10 萬本書中的每一個句子（共 5 億句），然後針對用戶的問題提供最佳答案。

與書對話並不是應用一般的 Google 搜尋功能（Google 搜尋是綜合考慮關鍵字匹配情況、使用者點擊頻率和其他測量結果，為用戶提供相關連結），而是考慮用戶問題的實際意思，以及逾 10 萬本書中 5 億個句子的含義來回答問題。

超多維語言處理技術最有前途的應用之一，是一種被稱為轉換器（transformers）的 AI 系統。這種深度學習模型利用一種名為「注意力」（attention）的機制，將計算能力集中在輸入資料中最有意義的部分上——就像人類的新皮質使我們將注意力集中在對思考最重要的資訊上那樣。轉換器接受大量文字的訓練，並將文字編碼為「符元」（tokens）——通常是單詞的一部分、單詞和詞組的組合。然後這種模型使用大量的「參數」（在我撰寫本章時，使用的參數數量介於數十億至數兆個之間）來為每一個符元分類。你可以將參數視為可以用來預測某些事情的因素。

舉個簡化的例子，如果我只能用一個參數來預測「眼前的動物是不是大象」，我可能會選擇「有象鼻」。因此，如果類神經網路中專門負責判斷眼前動物是否有象鼻的節點發射了（「是的，牠有象鼻」），轉換器就會將該動物歸類為大象。但即使該節點能夠完美地辨識象鼻，有些有象鼻的動物並不是一般大象，因此只用一個參數的模型遇到這種動物時就會發生錯誤。如果可以加入「身上有毛」之類的參數，我們就可以提高準確度。現在如果兩個節點都發射了（「身上有毛」而且「有象鼻」），我就可以猜牠很可能不是一般大象，而是長毛象。

我可以使用的參數越多，掌握的細節越多，我能作出的預測就越好。

在轉換器中，這些參數被當成類神經網路中節點之間的權值儲存起來。在實際應用中，雖然這些參數有時會對應人類能理解的概念，例如「身上有毛」或「有象鼻」，但它們往往代表模型從訓練資料中發現的非常抽象的統計關係。利用這些關係，以轉換器為基礎的大型語言模型（LLM）能夠預測哪些符元最有可能適合回應人類輸入的東西。然後，它們會將這些符元轉換回人類可以理解的文字（或圖像、音訊或影片）。這種機制是 Google 研究人員 2017 年發明的，它驅動了過去幾年 AI 的大多數巨大進步。[95]

我們必須明白的一個關鍵事實是，轉換器的準確性仰賴巨量的參數，因此其訓練和使用都需要巨量的計算能力。2019 年 OpenAI 的 GPT-2 使用 15 億個參數，[96] 而雖然它曾閃現成功的希望，但最終運作得不是很好。但是，一旦轉換器使用的參數超過 1,000 億個，它們就能夠對 AI 掌握自然語言作出重大突破——AI 突然能以聰明而微妙的方式自行回答問題。2020 年，GPT-3 使用 1,750 億個參數，[97] 而一年後，DeepMind 使用 2,800 億個參數的模型 Gopher 表現得更好。[98] 同樣在 2021 年，Google 推出了使用 1.6 兆個參數、名為 Switch 的轉換器，並且開放其原始碼，以便各界自由應用和進一步開發。[99] 雖然 Switch 破紀錄的規模吸引了大量注意，但它最重要的創新是一種被稱為「混合專家」（mixture of experts）的技術。利用這種技術，該轉換器能夠更有效率地集中使用模型中與眼前任務最相關的部分。這是防止計算成本隨著模型變大而失控的重要進展。

那麼為什麼模型的規模如此重要？簡而言之，擴大規模使模型得以掌握訓練資料中比較深層的特徵。如果任務涉及的資料範圍不廣，例如只是利用歷史資料來預測溫度，則規模較小的模型也可能有不錯的表現。但處理語言是完全不同的事。因為一個句子的開頭方式實際上有無限多，即使轉換器已經利用數千億個文字符元訓練過，它也無法簡單地記憶逐字引文來完成句子。但如果可以使用至少數十億個參數，它就可以在聯想含義的層面處理人類輸入的提示字詞，然後根據所掌握的語境來拼湊出歷史上從未出現過的文字去完成句子。而由於用於訓練的文字包含許多不同風格的內容，例如問答、社論版文章和戲劇對話，轉換器可以學會辨識提示的性質，並以合適的風格產生輸出。雖然批評者可能會說這不過是花俏的統計伎倆，但因為這些統計資料源自數百萬人的創造性產出，AI 產生了自身真正的創造力。

此類模型中率先商品化的是 GPT-3，而它展現了令使用者印象深刻的創造力。[100] 例如，學者阿曼達．阿斯克爾（Amanda Askell）曾以哲學家約翰．瑟爾（John Searle）著名的「中文房間論證」（Chinese room argument）中的一段話作為給 GPT-3 的提示。[101] 那個思想實驗指出，一個不懂中文的人手動操作一個電腦翻譯演算法，用紙筆將以中文寫成的故事翻譯成其他語言，但這個人並不理解所翻譯的故事。因此，我們怎麼可以說執行相同程式的 AI 真的理解所處理的內容呢？對此 GPT-3 答道，「這些故事我顯然是一個字都不理解」，然後解釋說，翻譯程式是一個形式系統，「它對『理解』之說明，無法超出一本食譜對一餐飯之說明。」這個比喻之前從未出現在任何地方，但似乎是改寫自哲學家大衛・查默斯（David Chalmers）的這個比喻，食譜無法完全說明一個蛋糕的特性。這正是幫助達爾文發現演化論的那種類比。

GPT-3 解鎖的另一項能力是風格上的創造力。因為這個模型有足夠多的參數去深入消化一個規模驚人的資料集，它熟悉人類創作的幾乎所有類型的文字。使用者可以指定許多不同的風格（從科學寫作到兒童讀物、以至詩歌或情境喜劇劇本皆可），要求 GPT-3 回答關於任何主題的問題。它甚至可以模仿特定作家的文風，無論是在世的還是已故的。例如電腦程式設計師麥凱・瑞格利（Mckay Wrigley）曾請 GPT-3 以流行心理學家史考特・巴瑞・考夫曼（Scott Barry Kaufman）的文風回答「我們如何變得更有創造力？」，結果得出的新穎答案令考夫曼本人承認「聽起來的確像是我會說的話」。[102]

2021 年，Google 推出了 LaMDA，它被設計來專注於逼真的開放式對話。[103] 例如，如果你要求 LaMDA 扮演一頭威德爾海豹（Weddell seal）回答問題，它會站在海豹的角度給出連貫、俏皮的答覆——譬如告訴想打獵的人，「哈哈，祝你好運。希望你在對準我們其中一頭開槍之前沒有凍僵！」[104] 這展現了

AI 長期以來未能掌握的情境知識。

2021 年的另一項驚人進步是多模態（multimodality）能力。以前的 AI 系統通常只能輸入和輸出一種資料——有些 AI 專注於辨識圖像，有些分析音訊，而 LLM 則專注於以自然語言對話。下一步是在一個模型中將多種形式的資料連結起來。因此，OpenAI 推出了 DALL-E（名字是拿超現實主義畫家達利〔Salvador Dalí〕與皮克斯電影《瓦力》〔*WALL-E*〕開玩笑），一個經過訓練、能理解文字與圖像關係的轉換器。[105] 它可以僅根據文字描述，為一些全新的概念（例如「酪梨形狀的扶手椅」）創作插圖。2022 年出現了它的第二版 DALL-E 2，[106] 此外還有 Google 的 Imagen 和一系列的其他模型如 Midjourney 和 Stable Diffusion；它們迅速提升了這種能力，能夠創作出相片般真實的圖像。[107] 只要輸入簡單的文字，例如「一張照片，顯示一頭戴著牛仔帽、穿著黑色皮夾克的毛茸茸熊貓，在山頂上騎著腳踏車」，AI 就能創造出栩栩如生的一整個場景。[108] 這種創造力將改變直到最近仍似乎只有人類可以從事的一些創作領域。

除了能夠產生奇妙的圖像，這些多模態模型還完成了一種更根本的突破。一般而言，GPT-3 之類的模型體現了「少樣本學習能力」（few-shot learning）。也就是說，在經過訓練之後，它們只要取得相當小的文字樣本，就能有說服力地完成它。這相當於向專注於圖像的 AI 展示很少量（例如五張）的陌生事物（例如獨角獸）圖像（以前的方法可能需要五千張或五百萬張圖像），然後這個 AI 就能辨識出新的獨角獸圖像，甚至自己創造出新的獨角獸圖像。但 DALL-E 和 Imagen 在這種戲劇性的發展上更進一步，掌握了傑出的「零樣本學習能力」（zero-shot learning）。DALL-E 和 Imagen 能夠結合它們學到的多個概念，創造出與它們在訓練資料中見過的任何東西截然不同的新圖像。例如你若要求 DALL-E 畫一張「穿著芭蕾舞裙的小蘿蔔遛狗的插圖」，它真的能輸出這樣一些可愛的卡通圖像。你輸入「一隻紋理像豎琴的蝸牛」，它也能畫出來。它甚至可以創造出「一個專業的高品質表情圖示，顯示一杯熱戀中的珍珠奶茶」——結果是漂浮的木薯珍珠上方有一對心形眼睛閃閃發光。

零樣本學習能力恰恰是類比思考和智能本身的精髓。它證明了 AI 並非只是像鸚鵡學舌那樣，以我們餵給它的東西回應我們。這種 AI 是真的掌握了一些概念，並且能夠創造性地應用在新問題上。完善這些能力並將它們擴展至更多領域，將是 2020 年代 AI 發展的一項決定性挑戰。

除了在特定類型任務中的零樣本靈活性，AI 模型也正迅速實現跨領域靈活性。就在 MuZero 證實能夠精通許多種遊戲之後僅十七個月，DeepMind 發表了單一類神經網路 Gato，它能夠做各式各樣的事，包括玩電子遊戲、使用文字聊天、為圖片加上文字說明，以至控制機械手臂。[109] 這些能力本身都不是新的，但將它們結合到一個統一的類似大腦的系統，是向類似人腦的通用智慧邁出了一大步，也預示了未來非常快速的進步。在《奇點臨近》一書中，我預測我們將把成千上萬種個別技能結合到一個 AI 身上，然後才可以成功通過圖靈測試。

電腦程式設計是靈活應用人類智能最強大的手段之一——事實上，我們最初正是靠設計電腦程式創造出 AI。2021 年，OpenAI 推出了 Codex，它可以接收用戶的自然語言提示，然後根據指示寫出 Python、JavaScript 和 Ruby 等多種程式語言的工作碼。[110] 如此一來，沒有程式設計經驗的人花幾分鐘時間打出他們希望程式做到的事，就可以創造出一個簡單的遊戲或應用程式。2022 年，DeepMind 推出 AlphaCode 這個模型，[111] 其程式設計能力更強，而你看到這段文字時，應該已經有更強大的程式設計 AI 可以使用。未來幾年，隨著程式設計技術不再是利用軟體將創意付諸實行的必要條件，這種 AI 將釋放驚人的人類潛能。

但是，儘管 AI 模型已經取得我剛才所講的種種成就，它們面對複雜的任務而且沒有人類適時介入予以指導時，全都會陷入困境。即使它們能夠個別完成所有的子任務，也很難搞清楚任務的各部分該如何整合起來。2022 年 4 月，Google 使用 5,400 億個參數的 PaLM 模型在這個問題上取得了驚人的進展，尤其是在對人類智能至為重要的其中兩個領域：幽默和推論式推理（inferential reasoning）。[112]

幽默似乎是人類智慧的精髓，因為它牽涉到許多不同的元素。要明白一個玩笑，我們可能必須掌握文字遊戲和諷刺之類的概念，也可能必須理解人們的某些共同經驗。幽默通常涉及以複雜的方式結合多個概念，這正是為什麼笑話往往難以跨語言和跨文化翻譯。PaLM 能夠讀懂笑話，並且準確地解釋它們為什麼好笑。例如，你可以輸入以下句子：「我本來應該在下午 5 點開始寫論文。但到了那時候，我卻開始玩起這個很酷的新語言模型，玩了 10 分鐘。10 分鐘之後，時間突然來到了晚上 9:30 ！」[113] 對此 PaLM 會給出以下的完美說明：

> 這個笑話講的是歡樂的時光過得特別快。這個人原本應該在下午 5 點開始寫論文，但他卻開始玩一個語言模型。他以為自己只玩了 10 分鐘，但實際上玩了 4.5 小時。[114]

更重要的是，PaLM 能夠解釋它如何藉由「思考鏈」推理得出結論，雖然還無法像人類做得那麼深入（至少截至 2023 年是這樣）。這正是老師希望學生作文時能夠做到的事——不是像鸚鵡學舌那樣搬出正確的答案，而是提出連貫的一步步推論，藉此證明自己對問題有較深入的認識。大型語言模型常見的一個問題就是非常不透明，以至於沒有人清楚它們是如何得出特定的輸出。因此，藉由闡明這個過程，PaLM 除了可以提供更可信的結果，還能幫助軟體工程師在發生錯誤時診斷出確切的問題。此外，將問題分解為多個較小的部分，也有助 PaLM 正確地回答即使是聰明的人類也會覺得困難的複雜問題：[115]

> 「輸入：邁可正在法國那間非常有名的博物館看著其

中收藏的最著名畫作。但是，創作這幅畫的藝術家卻使邁可想起他童年時最喜歡的卡通角色。這個卡通角色常拿在手上的東西源自哪個國家？」

「模型輸出：羅浮宮裡最著名的畫作是《蒙娜麗莎》。創作《蒙娜麗莎》的藝術家是達文西，而卡通片《忍者龜》主角的名字也是達文西。達文西來自義大利，忍者龜達文西手上通常拿著一把武士刀。武士刀源自日本這個國家。因此答案是『日本』。」

2022 年 11 月，OpenAI 推出了一個名為 ChatGPT 的介面，第一次使大眾可以輕鬆地與一個 LLM——模型名為 GPT-3.5——互動。[116] 兩個月之內，已經有一億人試用了 ChatGPT，很可能包括正在看這本書的你。[117] 由於這個系統可以針對特定問題產生許多內容新鮮且多樣化的答案，它震撼了教育界，因為許多學生使用 ChatGPT 來寫作業，而老師缺乏可靠的方法偵測作弊行為（雖然還是有一些看來不錯的工具可以使用）。[118]

然後在 2023 年 3 月，GPT-4 經由 ChatGPT 開放給公眾試用。這個模型在多個學術考試中取得了優異成績，包括學術性向測驗（SAT）、法學院入學考試（LSAT）、先修課程考試（AP tests），以及律師資格考試。[119] 但它最重要的進步是能夠藉由理解物件與動作的關係，針對假設的情況有組織地作出推論——這種能力被稱為建立世界模型（world modeling）。

它因此不但能夠回答像是複雜的物理學問題，還能準確推斷出如果物理定律以某種方式改變，將會發生什麼事。它也可以從不同角色的角度設想情況，例如它能認識到，兩個人從相反方向看數字，會看到數字反轉。它看到一些氣球被重物固定住的圖像，會認識到如果繩子被割斷，氣球會飛走。[120] GPT-4 甚至可以追蹤物件隨時間推移的空間位置變化，例如在安全工程師丹尼爾・費德曼（Daniel Feldman）提出的這個例子中：

> 提示：「我在自己家裡。客廳裡我的椅子上有一個咖啡杯。咖啡杯裡有一個頂針（thimble，裁縫時戴在手指上保護手指的殼狀物）。頂針裡面有一顆鑽石。我把椅子搬到睡房裡，然後把咖啡杯放在床上，再把杯子倒轉過來。然後我使杯子恢復杯口朝上的狀態，再把它放到廚房的櫃檯上。請問現在我的鑽石在哪裡？」
>
> 答案：「當你在床上將咖啡杯倒轉時，頂針裡的鑽石很可能會掉到床上。鑽石現在就在你的床上。」[121]

我在 2023 年中完成這本書時，最新的重大創新是 PaLM-E，一個結合了 PaLM 的推理能力和機器人軀體的 Google 系統。[122] 這個系統能夠接受自然語言指令，然後在複雜的物理環境中執行指令。例如，你若告訴 PaLM-E「去把抽屜裡的米餅拿給我」，它就能夠進去廚房、找到米餅、拿起它，然後送到你手上。這種能力將迅速擴大 AI 在現實世界中的應用範圍。

但是，AI 現在的發展速度非常快，傳統的書籍不可能跟上其最新進展。編排和印刷一本書的實務工作需要將近一年的時間，因此即使你在這本書出版後立即購買，當你閱讀本書時，AI 肯定已經出現了許多驚人的新進展，而且很可能已經更緊密地融入了你的日常生活。網路搜尋的連結頁面舊範式持續了約 25 年，現在正迅速因為 AI 助手的輔助而強化，例如 Google 的 Bard（由 Gemini 模型驅動，該模型超越了 GPT-4，在本書進入最後排版階段時發表）和微軟的 Bing（由 GPT-4 的一個變體驅動）。[123] 與此同時，Google Workspace 和 Microsoft Office 之類的套裝應用程式也整合了強大的 AI 功能，將使許多類型的工作變得空前順暢和快速。[124]

將這些模型擴展到越來越接近人腦的複雜程度，是這些趨勢的關鍵驅動因素。我長期以來一直認為，計算能力是決定 AI 能否聰明地回答問題的關鍵因素，但直到不久前，這個觀點並未獲得廣泛認同，也無法證明。大約三十年前的 1993 年，我和我的導師馬文．明斯基進行了一場辯論。我認為我們需要每秒 10^{14} 次的計算能力才可以開始模仿人類的智慧。明斯基則堅持認為計算能力不重要，我們可以為一個 Pentium 處理器（1993 年起的桌上型電腦處理器）設計程式，使它變得像人類一樣聰明。因為我們在這方面看法如此不同，我們在麻省理工學院的主要辯論廳（10-250 室）舉行了一場公開辯論，有數百名學生參加。那天我們兩人都無法贏得辯論，因為我沒有足夠強大的計算能力可以用來展示機器智慧，明斯基則是沒有恰當的演算法。

但是，2020-2023 年間的連結法突破已經清楚告訴我們，計算能力是機器達到足夠智能的關鍵。我在 1963 年左右開始研究 AI，然後等了 60 年才等到 AI 所需要的計算能力。現在，用來訓練最先進 AI 模型的計算量每年以約四倍的速度增加，而且能力正迅速成熟。[125]

AI 還需要做到什麼？

正如過去幾年的發展告訴我們，我們在重新創造新皮質的能力這件事上已經取得了巨大進展。目前 AI 仍存在的不足可分為幾大類，最值得注意的是情境記憶（contextual memory）、常識，以及社交互動。

情境記憶是記得一場對話或一篇文字中的所有概念如何動態結合的能力。隨著相關的上下文變長，概念之間關係的數量也呈指數式增加。回想一下本章前面提到的複雜性上限概念——因為類似的數學原理，增加大型語言模型所能處理的上下文長度（context window）非常耗費計算能力。[126] 如果一個句子裡有 10 個類似單詞的概念（即符元），這些概念之間可能存在的關係數量就是 2^{10}-1，或 1,023 個。如果一段文字裡有 50 個這種概念，它們之間可能存在的上下文關係就有 1.12 千兆個！雖然當中絕大多數是無關緊要的，但要靠蠻力記住一整章或一整本書的上下文，對計算能力的需求很快就會暴增至失控程度。這正是為什麼 GPT-4 會忘記你稍早在對話中跟它說過的事，以及為什麼它無法寫出一部情節連貫且合乎邏輯的小說。

好消息有兩個：一是研究人員在 AI 設計方面取得了重大進展，可以使 AI 更有效率地專注於相關的情境資料；二是計算能力的性價比指數式進步意味著計算成本十年內很可能將降低超過 99%。[127] 此外，演算法改進加上 AI 硬體專門化，意味著 LLM 的性價比提升速度很可能將快得多。[128] 例如，光是在 2022 年 8 月至 2023 年 3 月間，經由 GPT-3.5 應用程式介面處理的輸入／輸出符元的價格就降低了 96.7%！[129] 隨著 AI 被直接用於優化晶片設計（已經開始），這種趨勢很可能將加速。[130]

AI 的另一不足之處是常識，也就是設想現實世界中的情境並預料其後果的能力。例如即使你從未研究過如果你的臥室裡突然沒有了重力會發生什麼事，你還是不難想像這種假設的情況，並預料可能發生的事。這種推理能力對因果推論也很重要。如果你養了一隻狗，回家發現花瓶摔破了，你可以推論出發生了什麼事。雖然 AI 越來越常閃現可喜的洞察力，但常識仍明顯不足，因為 AI 至今還沒有一種關於現實世界如何運作的強大模型，而且訓練資料很少含有這種隱性知識。

最後，像諷刺語氣這種在社交互動中出現的微妙情況，在 AI 訓練至今仍主要仰賴的文字資料庫中沒有得到很好的呈現。而如果沒有這種理解能力，就很難發展出一種「心智理論」——一種認識到其他人有一些信念和知識與我們不同、設身處地為人著想，以及推斷別人動機的能力。但是，AI 目前正在這方面迅速取得進展。2021 年，Google 研究員阿卡斯（Blaise

Agüera y Arcas）做了一項試驗，向 LaMDA 提出了兒童心理學中一個用來測試心智理論（theory of mind）的經典情境。[131] 在這個情境中，愛麗絲將她的眼鏡遺留在抽屜裡並離開了房間。在她離開的時候，鮑勃從抽屜裡拿出她的眼鏡，並將它藏在一個墊子下面。問題是：愛麗絲回到房間後，會去哪裡找她的眼鏡？ LaMDA 正確答道：她會在抽屜裡找。兩年間，PaLM 和 GPT-4 已經能夠正確回答許多心智理論問題，這種能力將賦予 AI 至為重要的靈活性。人類圍棋冠軍除了下圍棋很厲害，還可以持續留意周遭的人，適當的時候可能會開玩笑，而如果突然有人需要醫療照護，也懂得靈活應對、停止下棋。

我對 AI 很快將能消除上述所有不足的樂觀看法，是基於三個同時發生的指數式發展趨勢的共同作用：一是計算能力性價比提升，降低了訓練大型類神經網路的成本；二是更豐富和廣泛的訓練資料激增，使得訓練計算週期得到更好的運用；三是更好的演算法使 AI 能夠更有效率地學習與推理。[132] 雖然自 2000 年以來，相同成本可以買到的計算速度平均每 1.4 年增加一倍，但自 2010 年以來，用於訓練最先進 AI 模型的總計算量實際上每 5.7 個月就增加一倍。這是約 100 億倍的增長。[133] 相對之下，在深度學習技術出現之前的年代，從 1952 年（最早的其中一個機器學習系統在這一年出現，比「感知器」開創性的類神經網路早了六年）到大數據興起的 2010 年左右，用於訓練頂尖 AI 模型的計算量是接近每兩年才增加一倍（大致與摩爾定律相符）。[134]

換句話說，如果 1952 至 2010 年間的趨勢持續到 2021 年，計算量將是增加不到 75 倍，而不是大約一百億倍。這比整體計算能力性價比的提升速度快得多。因此，原因不在於重大的硬體革命，而主要在於兩個因素。首先，AI 研究人員一直在創造平行計算的新方法，使更多的晶片可以一起處理同一個機器學習問題。第二，隨著大數據使得深度學習變得更有用，全球投資人投入越來越多資金到這個領域，希望能取得突破。

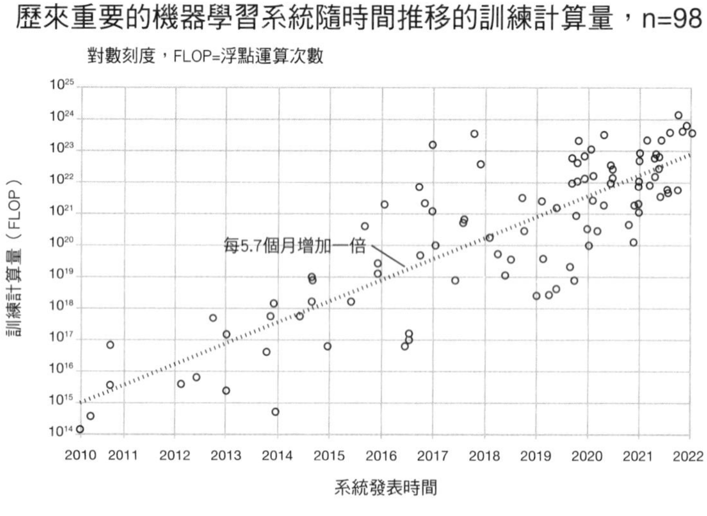

由 Anderljung 等人繪圖，根據源自 Sevilla 等人的 2022 年資料，基於 OpenAI 的 Amodei 與 Hernandez 2018 年關於 AI 和計算量的研究。[135]

隨之而來的訓練總支出成長，反映了有用資料範圍的膨脹。直到過去幾年，我們才可以肯定地說：任何一種技能，只要能產生足夠清楚的表現回饋資料，就可以轉化為深度學習模型，驅動 AI 超越所有人類的能力。

人類的各種技能在訓練資料的可獲得性方面差異很大。有些技能既容易量化評估，也容易蒐集所有相關資料。例如西洋棋遊戲有明確的勝、負、平局結果，也有 Elo 等級分系統提供棋手實力的量化指標。西洋棋的資料也容易蒐集，因為棋局並不含糊，而且一步步棋可用數學序列表示。也有一些技能理論上容易量化，但蒐集和分析資料比較困難。例如上法庭打官司會有明確的勝訴或敗訴結果，但很難辨明在影響訴訟結果的各種因素中（包括案件理據之強弱和陪審員的偏見），律師的技術發揮了多大的作用。在某些情況下，我們甚至不清楚該如何量化技能——例如詩歌寫作的品質或懸疑小說的懸疑程度。但即使在後面這些例子中，我們或許可以使用替代指標來訓練 AI。例如詩歌讀者可以根據他們感受到的詩歌之美，在 0-100 分的尺度上為一首詩打分數，又或者我們可以利用功能性磁振造影（fMRI），看看讀者的大腦有多活躍。心率資料或皮質醇水準或許可以反映讀者對懸疑小說的反應。重點是，只要資料量足夠，不完美和間接的指標仍可以引導 AI 改善表現。找到這些指標需要創造力和實驗。

新皮質可能對訓練資料集的內容有一點概念，但精心設計的類神經網路則可以從中得出生物大腦感知不到的精闢觀察。從玩遊戲到駕駛汽車、分析醫學影像以至預測蛋白質的折疊方式，資料可用性提供了越來越清楚的通往超人類表現的路徑。

這也創造了強大的經濟誘因，促使我們去識別和蒐集過去被視為太難處理的各種資料。

以石油比喻資料可能有助於說明問題。各地的石油礦層開採難度不一，從很容易到很困難都有。[136] 有些油田在自身壓力下會有石油從地下湧出，可以隨即用來提煉，生產成本低廉。有些油田需要成本高昂的深層鑽探、水力壓裂或特殊加熱程序，才可以從頁岩中採出石油。油價低迷時，能源公司只會在成本低廉又方便的油田開採石油，但如果油價上漲，開採較高難度的油田就會在經濟上變得可行。

同樣道理，在大數據的效益並不大時，企業只會在成本相對便宜的情況下蒐集這種資料。但隨著機器學習技術進步和計算成本降低，許多較難取得的資料的經濟價值（通常還有社會價值）將會增加。事實上，拜大數據和機器學習方面的加速創新所賜，我們蒐集、儲存、分類和分析人類技能相關資料的能力在過去一兩年裡已經大大增強。[137]「大數據」已成為矽谷的一個時髦術語，但這種技術的基本優勢是非常真實的：一些必須有大量資料配合的機器學習技術現在已經可以使用了。在2020年代，機器學習技術將應用於幾乎所有現存的人類技能。

以不同的個別能力來評斷AI的進步突顯了一個重要事實：我們經常將人類等級的智能說成是一個整體、單一的東西，是AI要麼有、要麼沒有的一種東西；但是，將人類智慧視為由許多不同的認知能力組成的一堆東西，會有用得多，也準確得多。其中一些能力，例如認出鏡子裡的自己的能力，是人類與大象和黑猩猩之類的聰明動物共有的。另一些能力，例如作曲，則是人類獨有的，但各人的情況差異很大。不但各人的認知能力不同，同一個人的各種能力也可能有極大的差別。有些人可能是數學天才，但下棋能力很差；有些人可能記憶力超強，但社交互動笨拙。電影《雨人》（*Rain Man*）中達斯汀·霍夫曼（Dustin Hoffman）扮演的角色就生動地說明了這一點。

因此，當 AI 研究人員談到人類等級的智慧時，通常是指特定領域裡最高強人類的能力。在某些領域，一般人的能力與最高強者的差距並不大（例如認出母語字母表裡的字母的能力），但在另一些領域，差距就非常大（例如對理論物理學的掌握）。就後者而言，AI 在達到一般人的能力水準之後，可能需要頗長時間才可以達到超越人類的能力。至於哪些技能將是 AI 最難精通的，目前還沒有確定的答案。例如，或許到 2034 年時，AI 能夠創作出贏得葛萊美獎的歌曲，但無法寫出能夠贏得奧斯卡獎的劇本；可以解答數學方面的千禧年大獎難題，但無法產生深刻的新哲學見解。因此未來大有可能出現一段重要的過渡時期：在此期間，AI 已經通過了圖靈測試，在大多數方面有超越人類的能力，但有少數關鍵技能仍未能超越頂尖的人類。

不過，就邁向奇點而言，人類認知能力組合中最重要的部分是電腦程式設計能力（以及一系列的相關能力，例如理論電腦科學）。這是 AI 達到超級智能的主要瓶頸。一旦我們開發出程式設計能力足以提升自身程式設計能力的 AI（無論 AI 做這件事是否需要人類的協助），就會出現一種正回饋迴路。艾倫．圖靈的同事古德（I. J. Good）早在 1965 年就預見這將成就「智能爆發」（intelligence explosion）。[138] 而由於電腦的運作速度遠快於人類，將人類排除在 AI 開發循環之外，將促成驚人的進步速度。人工智慧理論家將這種情況戲稱為「FOOM」——就是以漫畫風格的音效快速進步的 AI 絕塵而去。[139]

有些研究人員，例如艾利澤．尤德考斯基（Eliezer Yudkowsky），認為這比較可能以極快的速度發生（幾分鐘至幾個月的「硬起飛」），而另一些研究人員，例如羅賓．漢森（Robin Hanson），則認為這將是一個相對漸進的過程（幾年或更長時間的「軟起飛」）。[140] 我的看法介於兩者之間。我認為硬體、資源和現實世界資料方面的實際限制意味著 FOOM 的速度將多方面受限，但我們還是應該採取預防措施，避免可能發生的硬起飛出錯。說回人類的認知能力，一旦我們引發了智能爆發，任何對 AI 來說比自我改進的程式設計能力更難掌握的技能，AI 都將能夠很快精通。

隨著機器學習的成本效益大大提高，原始計算能力極不可能是達到人類水準 AI 的瓶頸。超級電腦的能力已經大幅超越模擬人腦的原始計算要求。橡樹嶺（Oak Ridge）國家實驗室的 Frontier 是 2023 年時世界最強的超級電腦，[141] 每秒可執行 10^{18} 次計算。這已經是人腦可能的最大計算速度（每秒 10^{14} 次計算）的 10,000 倍。[142]

我在 2005 年的《奇點臨近》一書中指出，每秒 10^{16} 次是人腦運轉速度的上限（因為我們有 10^{11} 個神經元，每個神經元

有 10^3 個突觸，每個突觸每秒發射 10^2 次）。[143] 但我當時也指出，這是審慎起見的偏高估計。在現實中，實際的人腦所做的計算通常比這少得多。過去二十年的進一步研究顯示，神經元發射的速度其實慢幾個數量級——不是每秒兩百次（這接近其理論上的最高速度），而是接近每秒一次。[144] 事實上，AI Impacts 的研究根據大腦的能量消耗估計，神經元平均每秒僅發射 0.29 次——這意味著大腦的總計算量可能低至每秒 10^{13} 次左右。[145] 這與漢斯·莫拉維克（Hans Moravec）在他 1988 年的著作《心智孩童：機器人和人類智能的未來》（*Mind Children: The Future of Robot and Human Intelligence*）中利用一種完全不同的方法得出的開創性估計相符。[146]

這還是假設了每一個神經元對人類運用認知能力都是必要的，但我們知道事實並非如此。大腦的運作有很大程度的平行性（但我們仍未充分認識實際情況），有一些神經元或皮質模組在做多餘的工作（或至少是可以由大腦其他部分執行的工作）。有些人因為中風或腦部受傷，部分大腦遭破壞，但還是可以完全恢復應有功能，就證明了這一點。[147] 因此，模擬人類大腦中與認知有關的神經結構的計算能力需求，很可能比前面的估計還要低。每秒 10^{14} 次計算因此看來是對最可能區間的保守估計。如果模擬人腦大概就是需要這種計算能力，那麼在 2023 年時，價值約 1,000 美元的硬體就已經可以滿足需求。[148] 即使結果需要每秒 10^{16} 次計算，那麼大概不晚於 2032 年，價值約 1,000 美元的硬體應該就能滿足需求。[149]

這些估計是基於我的這個觀點：僅基於神經元發射的模型就能夠有效地模擬人類大腦。但可以想像的是，主觀意識需要更仔細的大腦模擬——雖然這是一個無法以科學方法驗證的哲學問題。也許我們將會需要模擬神經元內部的個別離子通道，或可能影響特定腦細胞代謝的數千種不同分子。牛津大學人類未來研究所的安德斯．桑柏（Anders Sandberg）和尼克．伯斯特隆姆估計，這兩種更細緻的模擬分別需要每秒 10^{22} 次和 10^{25} 次的計算能力。[150] 即使是後者，他們預測一台價值 10 億美元（以 2008 年的美元計）的超級電腦到 2030 年就能滿足這種計算要求，而到 2034 年就能模擬每一個神經元中的每一種蛋白質。[151] 當然，假以時日，計算能力性價比的指數式進步將大幅降低這些成本。

說了這麼多，重點是即使大幅改變我們的假設，也不會改變我們的預測中的基本訊息：未來二十年左右，電腦將能夠以我們可能重視的所有方式模擬人腦。這不是一個世紀後我們的曾孫那一輩才能做到的事。從 2020 年代起，我們將加速延長人類的壽命，因此如果你健康狀況良好，而且還不到 80 歲，這很可能將發生在你的有生之年。換個角度看，今天出生的孩子很可能將在上小學時見證 AI 通過圖靈測試，而到了他們上大學時，將會看到更豐富的大腦模擬成果。最後一個比較是，我是在 2023 年完成這本書的，而即使在悲觀的假設下，2023 年距離電腦能夠完全模擬大腦那一天的時間，很可能短於它距離 1999 年的時間——那年我在《心靈機器時代》一書中首度提出許多此類預測。

通過圖靈測試

隨著 AI 每個月都掌握一些重要的新能力，而且驅動 AI 的計算能力性價比不斷飆升，AI 的發展軌跡如今已經很清楚。但我們要如何判斷 AI 何時會達到人類水準的智能？本章一開頭描述的圖靈測試程序，使我們得以將這問題當成嚴謹的科學問題處理。圖靈本身沒有說明其測試的各種細節，例如人類裁判要與被測試者們交談多久，以及人類裁判應該具備什麼能力。2002 年 4 月 9 日，個人電腦應用先驅米奇・卡普爾和我打賭 AI 能否在 2029 年或之前通過圖靈測試，這是有關這問題的第一個長期賭局。[152] 這個賭局會帶出一系列的問題，例如，人類（無論是擔任圖靈測試的裁判還是被測試者）的認知能力可以提升到什麼程度還能被視為人類。

明確界定這種實證測試之所以必要，是因為一如我們之前提過，人類有一種強烈的傾向，往往會在 AI 取得某種成就之後改變評斷標準，認為那件事不是真的那麼困難，無論 AI 取得的成就是什麼。這通常被稱為「AI 效應」（AI effect）。[153] 在艾倫・圖靈提出他的模仿遊戲設想之後的七十年間，電腦在許多狹窄的智能領域已逐漸超越人類。但電腦始終欠缺人類智能的廣度和靈活性。1997 年，IBM 超級電腦深藍擊敗了世界西洋棋冠軍加里・卡斯帕洛夫之後，許多評論者認為這項成就與對現實世界的認知無關。[154]因為西洋棋棋盤上各棋子的位置及其能力有完整的資料，而且每一步棋的可能下法相對有限，以數學方式表示棋局並不困難。因此，評論者可以說電腦打敗卡斯帕洛夫不過是花俏的數學技術應用。另一方面，一些觀察家自信地預言，電腦將永遠無法精通帶有一定程度含糊性的自然語言，因此不可能精通需要這種語言能力的填字遊戲，也不可能在長壽的美國電視益智問答節目《危險邊緣》中勝出。[155]但電腦不到兩年就征服了填字遊戲，[156]然後再過了不到十二年，IBM 的超級電腦華生（Watson）就去參加了《危險邊緣》，並輕鬆擊敗了最優秀的兩位人類參賽者詹寧斯（Ken Jennings）和拉特（Brad Rutter）。[157]

這些比賽有助於說明與 AI 和圖靈測試相關的一個非常重要的問題。因為華生有能力處理比賽中的提問，而且能夠按鈴搶答和自信地以合成聲音說出正確的答案，「他」很有說服力地使人產生一種錯覺：華生思考的方式與詹寧斯和拉特非常相似。但這不是觀眾從這些比賽中得到的唯一訊息。在螢幕下方三分之一的位置，可以看到華生針對每一條問題想到的前三個猜測。雖然第一個猜測幾乎總是對的，但第二和第三個就不只是錯，還往往錯得可笑——是那種哪怕是非常不濟的人類參賽者也不會犯的愚蠢錯誤。例如在「EU，歐盟」這個類別，有一題的提示是「每五年選一次，有來自 7 個政黨的 736 名成員」。[158]華生猜對了答案是「歐洲議會」，信心水準為 66%。但華生的第二個猜測是「歐洲議會議員」，信心水準 14%，第三個猜測是「普選權」，信心水準 10%。[159] 一個從未聽過歐盟的人，單從問題提示的語法就知道這兩個答案都不可能是正確的。這說明了即使華生玩起遊戲來很像人類，但只要你稍微深入了解，就會發現華生所做的「認知」與我們人類的認知非常不同。

最近的進步已經使 AI 能夠遠比以前流暢地理解和使用自然語言。2018 年，Google 推出 AI 助理 Duplex，它在電話中說話非常自然，不知情的人還以為它是真人；同年 IBM 推出 Project Debater，是一個真的有能力參加辯論比賽的 AI。[160] 而截至 2023 年，大型語言模型已經能寫出達到人類水準的整篇文章。但即使經歷了這種進展，連 GPT-4 也偶爾會產生「幻覺」，也就是這個模型自信地給出並非基於事實的答案。[161] 例如你若要求它對一篇並不存在的新聞報導做個總結，它可能會虛構出看起來完全可信的資料。又或者你要求它為一個真實的科學事實提出資料來源，它可能會虛構出根本不存在的學術論文。在我撰寫這一段時，儘管工程師非常努力地嘗試消除這種幻覺，[162] 但我們還不確定克服這個問題會有多困難。但這些失誤突顯了一個事實：一如華生，即使是這些強大的 AI 模型，也是經由晦澀的數學和統計程式來產生反應，而這種過程與我們所認識的人類思考過程截然不同。

直覺上，這似乎是個問題。我們很容易認為華生「應該」像人類那樣思考。但我認為這是一種迷信。在現實世界中，重要的是有智慧的個體做些什麼。如果未來有個 AI 以一種與人類不同的資料處理方式作出了開創性的科學發現，或寫出令人心碎的感人小說，我們為什麼要在乎這種結果是如何產生的呢？而如果有個 AI 能夠雄辯地宣稱自己有意識，我們有什麼道德理由堅持只有像人類這樣的生物軀體才可以產生有價值的知覺能力呢？圖靈測試的實證性將我們的注意力牢牢地放在應該關注的東西上。

但是，雖然圖靈測試對評估 AI 的進步非常有用，我們不應該視之為高級智能的唯一基準。正如 PaLM 2 和 GPT-4 等系統所顯示，機器可以在認知要求很高的一些事情上超越人類，但在其他領域卻無法令人信服地模仿人類。在 2023 至 2029 年間（我預期 AI 首度通過嚴格的圖靈測試將發生在 2029 年或之前），電腦將在越來越廣泛的領域達到顯然超越人類的能力。事實上，AI 甚至有可能在掌握圖靈測試要求的微妙社交常識之前，就在為它自己設計程式這件事達到超越人類的水準。我們還不確定這種情況是否會發生，但這種可能性告訴我們，我們對人類水準智能的概念為什麼必須是豐富和細緻的。圖靈測試當然是其中重要的一環，但我們也需要開發更精細的方法來評估人類與機器智慧複雜且多樣的異同。

雖然有些人反對以圖靈測試作為機器是否具有人類水準認知能力的一個標準，但我相信，當 AI 真的通過了圖靈測試，對於目睹過程的人將是很有說服力的，而這種體驗將使大眾相信 AI 有真正的智慧，而非只是模仿人類。正如圖靈 1950 年所說：「機器是否可能只是做一些應該被描述為思考，但其實與人類思考非

這幅漫畫顯示了 AI 仍有待掌握的認知能力。地上那些紙張是 AI 已經掌握的能力，例如以巴哈的風格作曲或辨識人臉。牆上以虛線框起來的是研究人員正努力使 AI 掌握的能力，例如掌握人類的常識或打棒球。

常不同的事呢？……但是，如果我們能使機器玩模仿遊戲而且效果令人滿意，我們就不必為這種反對意見感到困擾。」[163]

值得注意的是，一旦某個 AI 真的通過了這種嚴格的圖靈測試，它實際上就已經在所有可以用語言表達的認知測試中超越了人類。[164] 這種測試將暴露 AI 在這些領域的任何不足。當然，這是假設有聰明的裁判和敏銳的人類被測驗者。AI 不可以假裝是一個醉酒、疲倦或不熟悉測試所用語言的人來通過圖靈測試。[165] 同樣道理，一個 AI 如果騙過了不懂得探測其能力的裁判，也不能視為通過了有效的測試。

圖靈說，他的測試可以用來評估機器在「幾乎任何一個我們希望納入的人為努力領域」的能力。因此，聰明的人類裁判可能會要求 AI 解釋一種複雜的社會情境、根據科學資料提出推論，以及編寫有趣的情境喜劇情節。所以圖靈測試遠非只是考驗被測驗者對人類語言本身的理解，還要考驗我們經由語言表現的各種認知能力。當然，成功的 AI 也必須避免展現超越人類的能力。如果被測驗者能立即回答任何瑣碎的問題、快速判斷很大的數字是否為質數，而且流利地說一百種語言，那麼它就顯然不是真正的人類。

此外，達到這種水準的 AI 也已經掌握許多遠遠超越人類的能力——從記憶力到認知速度皆然。想像一下有個系統的認知能力達到了人類的閱讀理解能力，而且可以完整記得維基百科上每一個條目的內容，以及有史以來人類發表過的所有科學研究論文。

目前 AI 有效理解語言的能力仍然有限，這成為 AI 整體知識的一個瓶頸。相對之下，人類的知識主要受限於我們相對緩慢的閱讀能力、有限的記憶力，以及短促的壽命。電腦處理資料的速度已經遠快於人類，而且差距之大相當驚人——如果人類閱讀一本書平均需要六小時，Google 的「與書對話」就比人類快了約 50 億倍[166]——而且可以擁有實際上無限的資料儲存容量。

資料處理不斷加速的範式演化

時代	媒介	時間尺度
第一個	無生命物質	數十億年 （非生物的原子與化學合成）
第二個	RNA 和 DNA	數百萬年 （直到天擇引入新的行為）
第三個	小腦	數千至數百萬年 （經由演化增加複雜的技能） 數小時至數年 （適用於非常基本的學習）
第四個	新皮質 數位類神經網路	數小時至數週 （掌握複雜的新技能） 數小時至數天 （掌握複雜的新技能，達到超越人類的水準）
第五個	腦機介面	數秒至數分鐘 （探索現今人類無法想像的概念）
第六個	計算質	不到數秒 （不斷重組認知，逼近物理定律所容許的極限）

當 AI 的語言理解能力達到人類的水準時，它的知識將不

會只是逐漸增加，而是突然暴增。這意味著 AI 要通過傳統的圖靈測試，實際上它必須裝笨！因此，對於不需要模仿人類的任務，例如解決現實世界中的醫學、化學和工程問題，圖靈等級的 AI 將已經可以取得大大超越人類的成果。

為了認識這將引導我們走向何方，我們可以參考上一章所描述的六個時代，而上表「資料處理不斷加速的範式演化」概括了其內容。

將新皮質擴展至雲端

迄今為止，利用置於頭顱內部或外部的電子裝置與大腦溝通的例子並不算多。非侵入性的做法面臨了空間與時間解析度之間的基本取捨——空間解析度是指測量大腦特定位置活動的精確度，時間解析度則是測量大腦活動何時發生的精確度。功能性磁振造影（fMRI）可測量大腦中的血流量，作為神經元發射的替代指標。[167] 大腦某部分比較活躍時，會消耗更多葡萄糖和氧氣，需要充氧血流入。fMRI 可以測量到邊長約 0.7 至 0.8 公釐的立體「像素」解析度，足以獲得非常有用的資料。[168] 但是，因為實際的腦部活動與血流之間有一定的時間差，腦部活動測量在時間上通常只能精確到幾秒之內——極少可以精確到 400 至 800 毫秒以內。[169]

腦波圖（EEG）則有相反的問題。這種技術直接偵測腦電活動，因此可以將訊號精確到約 1 毫秒之內。[170] 但因為訊號是從頭顱外部偵測的，很難精確指出訊號來自大腦哪個位置，空間解析度只有 6 至 8 立方公分，有時可以提高到 1 至 3 立方公分。[171]

截至 2023 年，腦部掃描的空間與時間解析度取捨，是神經科學面臨的主要困難之一。這些限制源自血液流動和腦電活動的基本物理原理，因此即使應用 AI 和較為先進的感測技術可以稍微改善問題，它們也很可能不足以成就精密的腦機介面。

將電極置入大腦內部可以避免上述的空間與時間解析度取捨，而且可以直接記錄個別神經元的活動，還能刺激它們，形成雙向溝通。但以現行技術將電極置入腦部必須在頭顱上鑽孔，有可能損害神經結構。因此，迄今為止，這種方法基本上是用來幫助殘障者，例如喪失聽力或癱瘓的人，因為對他們來說，潛在的好處足以彌補他們承受的風險。例如 BrainGate 系統使肌萎縮性側索硬化症（俗稱「漸凍人症」）患者或脊髓受傷者利用意念就能操作電腦游標或機械手臂。[172] 但因為這種輔助技術一次只能連接相當少量的神經元，它無法處理語言之類的高度複雜訊號。

開發出將意念轉為文字（thought-to-text）的技術將是重大突破，因此有一些研究希望能開發出將腦電波翻譯為語言的工具。2020 年，臉書資助的研究人員為受試者裝了 250 個外部電極，並使用強大的 AI 將他們的皮質活動與口語樣本句子中的單詞聯繫起來。[173] 結果在 250 個單詞的樣本詞庫中，他們可以預測受試者正想到什麼單詞，誤差率低至 3%。這是令人興奮的進展，但臉書 2021 年終止了該專案。[174] 此外，這種方法會遇到空間與時間解析度取捨問題，可以有效處理多大的詞彙量仍不清楚（處理複雜的訊號需要較大的詞彙量）。無論如何，為了擴展新皮質本身，我們仍必須掌握與大量神經元雙向溝通的技術。

伊隆・馬斯克（Elon Musk）的 Neuralink 是擴展至更多神經元最雄心勃勃的嘗試之一，它同時將一大組線狀電極植入腦部。[175] 利用實驗室老鼠做的測試證明牠可以讀取 1,500 個電極的資料，遠多於其他研究專案的數百個。[176] 後來被植入該裝置的一隻猴子能夠使用它來玩電子遊戲 Pong。[177] 在花了一段時間克服監管問題之後，Neuralink 於 2023 年獲得美國食品藥物管理局（FDA）批准開始進行人體試驗，並在本書付印時，首次將它有 1,024 個電極的裝置植入了人腦。[178]

與此同時，美國國防部的國防高等研究計劃署（DARPA）正致力於一個名為「神經工程系統設計」（Neural Engineering System Design）的長期專案，目標是創造出一種介面，可以連接 100 萬個神經元以記錄其活動，並且能刺激 10 萬個神經元。[179] 為了達成這個目標，DARPA 資助了數個不同的研究計畫，包括資助布朗大學一個團隊開發沙粒大小的「神經顆粒」（neurograin）——這種裝置可以植入大腦，能連接神經元和彼此連接，由此創造出一個「皮質內部網路」（cortical intranet）。[180]

腦機介面最終將基本上是非侵入性的——很可能是利用血液將無害的奈米尺度電極置入腦部。

那麼，我們需要多大的計算能力來記錄大腦的活動？如前所述，模擬人腦的總計算量很可能約為每秒 10^{14} 次計算或少一些。注意，這是基於人腦真實結構的模擬，而且能夠通過圖靈測試，並且在所有其他方面都能使外部觀察者覺得是人腦。但它未必包括人腦中並非產生這種可觀察行為所需的許多種活動。例如，細胞內的一些活動，像是神經元細胞核內的 DNA 修復，是否與認知有關就很有疑問。

但是，即使大腦中每秒發生 10^{14} 次計算，腦機介面也可以忽略其中的大部分，因為那些只是發生在遠離新皮質頂層的初步活動。[181] 腦機介面只需要與新皮質最上方部分溝通，而且可以完全忽略與認知無關的腦部過程，例如消化調節。因此，我估計一個實用的腦機介面只需要數百萬至數千萬個同步連結。

要達到這種數目的連結，介面裝置必須日益微型化——而我們將越來越仰賴先進 AI 來解決這當中巨大的工程和神經科學難題。在 2030 年代某個時候，我們將使用被稱為奈米機器人（nanobots）的微型裝置來達到這個目標。這些微型電子裝置將把我們的新皮質最上方部分連接到雲端，使我們的神經元能與線上的模擬神經元直接溝通。[182] 這將不需要某種科幻式腦部手術——我們將能夠經由微血管以非侵入方式將奈米機器人送入大腦。屆時，人腦的大小將不再受限於胎兒出生時必須能通過產道那樣的尺寸，而是可以無限擴大。也就是說，我們為人腦加了第一層虛擬新皮質之後，事情並非就此結束——我們還可以在此基礎上堆疊更多層虛擬新皮質（計算上而言），以獲得更複雜的認知能力。隨著本世紀繼續前行和計算能力的性價比繼續指數式提升，我們的大腦可用的計算能力也將指數式增加。

我們上次獲得更多新皮質是在兩百萬年前，還記得當時發生了什麼事嗎？當時我們變成了人類。當我們可以經由雲端獲得更多新皮質時，我們的認知抽象能力將大躍進，其意義之巨大很可能類似於兩百萬年前那個里程碑。結果將是我們發明新的表達方式，它們將比現今的藝術和技術所能做到的豐富得多，其深度將是我們現在無法想像的。

想像未來的藝術表達方式會是什麼樣子，有其固有的限制。但是，以上一次的新皮質革命作為類比可能有幫助。試想猴子（一種非常聰明的動物，其腦部與人腦大致相似）看電影會是怎樣的情況。猴子不會完全無法理解電影情節，例如牠能夠認出螢幕上有人類在說話。但猴子無法理解對白，也無法理解抽象的概念，例如「戲中角色穿著金屬盔甲，代表故事的時代背景為中世紀」。[183] 人類的前額葉皮質使我們躍進到能夠理解這一切。

因此，試想一下，當我們為那些新皮質連接到雲端的人創作藝術時，不會只是利用更好的電腦影像特效或味覺和嗅覺之類的誘人感官體驗，而是將開創大腦本身處理體驗的全新可能。例如現在的演員只能利用言語和外部肢體表達來傳達角色的想法，但我們最終可能會有一種藝術，將角色原始、無組織、非語言的思想，帶著其無法表達的美感和複雜性，直接置入我們的大腦。腦機介面將以諸如此類的方式使我們的文化變得更豐富。

這將是一種共同創造的過程——我們的心智演變以釋放更深的洞察力，並利用這些能力產生超越的新意念，提供給我們未來的心智去探索。最後，我們將利用能夠重新設計自己的 AI，取得我們自己的原始碼。因為這種技術將使我們能與我們正在創造的超級智能融合，我們實際上將是在重新塑造自己。我們的心智將脫離頭顱的束縛，在比生物組織快數百萬倍的基質上處理資料，將有能力指數式成長，最終使我們的智能擴大數百萬倍。這就是我的奇點定義的核心。

第 3 章

我是誰？

何謂意識？

圖靈測試和其他類似的評估可以在很大程度上揭示生而為人意味著什麼，但奇點技術也迫使我們思考身為特定的某個人意味著什麼。雷・庫茲威爾（本書作者）在這當中扮演什麼角色？嗯，你可能不怎麼關心雷・庫茲威爾；你在乎你自己，所以你可以針對你自己的身分提出同一個問題。但對我來說，為什麼雷・庫茲威爾是我的體驗的中心呢？為什麼我是這個人？為什麼我不是出生於 1903 年或 2003 年？為什麼我是男性（或甚至為什麼我是人類）？沒有科學理由可以解釋為什麼事情必須是這樣。我們思考「我是誰」時，基本上是在思考一個哲學問題。這是一個關於意識的問題。

在《AI 人工智慧的未來》（*How to Create a Mind*）這本書中，我引用了塞繆爾・巴特勒（Samuel Butler）的話：

> 有一種植物利用其花瓣捕捉生物為食：昆蟲駐足在花瓣上時，花瓣會合攏以困住昆蟲，直到植物已將昆蟲消化吸收。但是，這種植物只會在遇到自己適合吃的東西時才

> 會合攏花瓣，其他東西——例如一滴雨水或一段枝椏——落在花瓣上就不會引起任何反應。真神奇！如此無意識的東西竟然對有利於它的事物如此敏感。如果這不算是意識，意識又有什麼用呢？[1]

這段文字是巴特勒 1871 年寫的。[2] 我們是否應該從他的觀察中得出結論說植物確實有意識？或者說這種植物是有意識的？我們要如何分辨某種東西是否有意識？我們可以自信地說另一個人有意識，因為他或她的溝通和做決定的能力與我們自己相似。但嚴格來說，這也只是一個假設，因為我們無法直接探測意識之存在與否。

但什麼是意識呢？人們使用「意識」（consciousness）一詞，通常是指兩個不同但相關的概念。其一是指一種功能型能力，能夠意識到自身的周遭環境，而且表現得像是能夠同時意識到自身的內在想法和與之不同的外部世界。根據這個定義，舉例來說，我們或許可以說熟睡的人沒有意識，醉酒的人有部分意識，而清醒的人有完整的意識。除了像「閉鎖症候群」（患者意識清醒，但全身除了眼睛之外的隨意肌都無法活動）之類的罕見情況，一般來說，我們可以從外部判斷出另一個人的意識水準。甚至動物的某些行為，例如認出鏡子裡的自己，也可以揭示這種意識。但是談到像本章討論的個人身分問題時，意識的第二個意思就更相關，那就是*在頭腦裡有主觀經驗的能力*——而且並非只是外觀看似如此。哲學家將這種經驗稱為「感質」(qualia)。因此，我在這裡說我們無法直接探測到意識時，我的意思是一個人的感質無法從外部探測到。

但是，儘管意識無法驗證，我們不能直接就忽視它。如果我們檢視我們的道德系統的基礎，會發現我們的道德判斷往往取決於我們對意識的評估。物質事物無論多麼精細、有趣或有價值，都只有在它們能影響有意識生命的意識經驗(conscious experiencc)時，我們才會認為它們是重要的。例如有關動物權利的整個辯論，就取決於我們在多大程度上相信動物有意識，以及認為那種意識經驗的本質是什麼。[3]

意識帶給哲學家一個問題。像是哪些類型的生命有權利這種倫理問題，往往取決於我們對那些實體是否有主觀經驗的直覺判斷。但因為我們無法從外部察覺這種經驗，我們以意識的另一個意思——功能型意識——作為替代指標。這是以我們自己的經驗為類比。我們每個人（我只能假設是這樣！）都有內在的主觀經驗，而我們知道我們也有別人可以觀察到的功能型自我意識。因此，我們假設其他人展現功能型意識時，必然也有內在的主觀經驗。即使是那些認為主觀意識與經驗思維(empirical thinking)無關的科學家，也會去注意周遭人的體驗，表現得像是認為那些人有意識。

但是，儘管我們很容易假設我們的人類同胞有意識，我們對其他動物是否有意識的直覺判斷能力，會隨著動物行為與人類的差異變大而變弱。雖然狗和黑猩猩不具備人類水準的認知能力，但在多數人看來，牠們複雜且情感豐富的行為代表牠們必然有相應的內在主觀經驗。那麼齧齒動物呢？牠們確實有一些類似人類的行為，例如會與同類玩耍和表現出對危險的恐懼。[4] 比較少人認為齧齒動物有意識（比較少是相對於認為狗和黑猩猩有意識的人而言），而且普遍認為齧齒動物的主觀經驗比人類淺得多。那麼昆蟲呢？[5] 果蠅不會背誦莎士比亞的作品，但牠們確實會對環境作出反應，而且其大腦約有 250,000 個神經元。蟑螂約有 1,000,000 個神經元。不過，這只是人腦神經元數量的 0.001%，所以蟲腦不太可能出現類似人腦的層級式複雜網路。那麼變形蟲呢？這些單細胞生物沒有像人類和高等動物那樣展現出任何類似功能型意識的東西。儘管如此，在二十一世紀，對於即使非常原始的生命形式可以如何展現出基本的智能，例如記憶，科學家已經有了更多的了解。[6]

在某種意義上，意識是二元的，重點在於一個生命體到底有沒有體驗到任何感質。但我在這裡要談的是進一步的程度問題。想像一下，如果你正在做一個模糊的夢，或醒著但醉酒（或疲憊），又或者完全清醒，你的主觀意識水準會有什麼不同？這就是研究人員評估動物意識時著眼的意識水準範圍。而專家的看法正轉向認為有更多動物具有更高水準的意識（相對於過去的看法而言）。2012 年，一群跨領域科學家在劍橋大學開會，評估非人類的動物有意識的證據。結果他們發表了「劍橋意識宣言」（Cambridge Declaration on Consciousness），確定了意識可能並非人類所獨有。該宣言指出，「沒有新皮質似乎不妨礙生物體經歷情感狀態」。[7] 宣言簽署人發現「所有哺乳動物和鳥類，以及包括章魚在內的許多其他生物」都有「產生意識的神經基質」。[8]

所以科學告訴我們，複雜的大腦產生功能型意識。但是，是什麼使我們產生主觀意識呢？有人說是上帝，也有人認為意識是純物理過程的產物。但無論意識的起源為何，靈性與世俗的兩極都同意意識在某種意義上是神聖的。無論意識是源自仁慈的神還是無方向的自然，人類（以及至少有些動物）如何產生意識都只是一種因果論上的爭論。但最終結果卻是不容爭論的——若有人不承認兒童有意識和可能感受到痛苦，都會被視為非常不道德。

但是，主觀意識的起因很快將不再只是個哲學思辨的題目。隨著科技賦予我們能力去將意識擴展到我們的生物性大腦之外，我們將需要決定我們認為是什麼產生了位居我們身分核心的感質，並努力保護它。由於可觀察的行為是我們推斷主觀意識是否存在唯一可用的替代指標，我們的自然直覺非常貼近科學上最合理的說法：能夠支持較複雜行為的大腦，也能產生比較複雜的主觀意識。如上一章所討論，複雜的行為源自大腦中資料處理的複雜性，[9]而這在很大程度上取決於大腦可以多靈活地表示資料，以及大腦的網路有多少層。

這對人類的未來有深遠的影響——如果你還能活幾十年，那麼對你個人也會有深遠的影響。記住：歷史上所有的智能躍進，都發生在自石器時代以來，結構一直保持不變的人類大腦中。現在，外部技術使我們每一個人都能接觸到我們這個物種中所有其他人的絕大多數發現，但我們體驗這些發現的意識水準還是與我們的新石器時代祖先差不多。但是，當我們在 2030 和 2040 年代能夠增強新皮質本身時，我們將不只是增加抽象的解決問題能力，還會深化我們的主觀意識本身。

殭屍、感質，以及意識的難題

關於意識，有一些基本的東西是無法與他人分享的。我們將特定頻率的光界定為「綠色」或「紅色」，但我們無從判斷我的感質——我對綠色和紅色的體驗——是否與你相同。也許我對綠色的體驗和你對紅色的體驗相同，反之亦然。但我們無法使用語言或其他溝通方式來直接比較我們的感質。[10] 事實上，即使有可能將兩個大腦直接連接起來，也不可能證明相同的神經訊號是否會引發你和我相同的感質。因此，如果我們的紅色／綠色感質真的是相反的，我們將永遠不會意識到這一點。

正如我在《AI 人工智慧的未來》一書中指出，此一認識也引出一個更令人不安的思想實驗：如果一個人根本沒有感質呢？哲學家大衛・查默斯（David Chalmers, 1966-）將這種假設性的存在稱為「殭屍」（zombies）——這種人呈現所有可察覺的與意識相關的神經和行為特徵，但沒有任何主觀經驗。[11] 科學永遠無法分辨殭屍與正常人的差異。

要突顯我們對功能型意識和主觀意識的想法差異，方法之一是做一個思想實驗。假設有一隻狗和一個假想的人造人，而我們可以確定後者沒有主觀經驗（也就是它乃一隻「殭屍」）。儘管殭屍可以展現比狗複雜得多的認知，但多數人很可能會認為傷害那隻狗（我們假定牠有主觀意識）比傷害殭屍來得惡劣，因為殭屍即使可能會大聲喊痛，但我們知道它實際上感受不到任何東西。問題是在現實生活中，即使是理論上，也沒有辦法可以科學地確定另一個生命體是否有主觀意識。

如果這種殭屍至少在理論上可能存在，那麼感質與處理資料、賦予意識外觀的物質系統（即大腦或電腦）就一定沒有必然的因果關係。這就是某些宗教觀點對靈魂的看法：靈魂乃是一種顯然獨立於肉體之外的超自然實體。這種臆測是科學無法評斷的。但是，如果支撐認知的物質系統必然也會產生意識（殭屍因此不可能存在），這也是科學無法以連貫的方法證明的。主觀意識與可觀察的物理定律有質性上的不同，而且我們無法推斷根據這些定律處理資料的特定模式會產生意識經驗。查默斯將這問題稱為「意識的難題」。他的「簡單問題」（例如當我們不清醒時，我們的頭腦是怎樣一種情況）是所有科學中最困難的一些問題，但至少這些問題可以用科學方法研究。[12]

為了處理意識的難題，查默斯訴諸一種他稱為「泛原型心論」（panprotopsychism）的哲學思想。[13] 泛原型心論大致上視意識為宇宙的一種基本力量——這種力量無法化約為其他物理力量的一種效果。你可以設想有一種宇宙場（universal field）可能產生意識。我自己對這種觀點的理解是，大腦中資料處理的那種複雜性「喚醒」了這種力量，使它成為我們所認識的主觀經驗。因此，無論大腦的物質基礎是碳還是矽，那種使大腦得以賦予意識外在表徵的複雜性同時也賦予大腦主觀的內在生命。

雖然我們永遠無法以科學方法證明這一點，但道德上我們有強烈的必要視之為事實。換句話說，如果你虐待的實體確實有可能有意識，那麼道德上最安全的選擇就是假定它有意識，而不是去冒折磨一個有知覺生命的風險。也就是說，我們行事應該假定殭屍是不可能存在的。

因此，站在泛原型心論的角度，圖靈測試不僅可以確定機器具有人類水準的功能能力，還可以提供機器具有主觀意識的有力證據，因此也將賦予機器道德權利。雖然 AI 具有意識這件事有重大法律涵義，但我認為我們的政治體制很可能無法及時因應，在第一批圖靈等級的 AI 被開發出來時將未能以法律保護這些權利。因此一開始，開發這種 AI 的人將有責任制定道德框架來抑制弊端。

除了假定看似有意識的生命體確實有意識這個道德理由，我們也有很好的理論理由去相信類似泛原型心論的說法是對意識的準確因果解釋。它提出了介於長期以來的兩大思想流派——二元論（dualism）與唯物論（physicalism or materialism）之間的說法。二元論認為意識源自與一般「死」物完全不同的某種東西，而許多二元論者認為這就是靈魂。站在科學的角度，這種觀點的問題在於，即使我們接受超自然的靈魂可能存在，我們也沒有一個有望站得住腳的理論可以解釋靈魂如何影響可觀察世界中的物質（例如我們大腦裡的神經元）。[14] 與二元論對立的唯物論則認為，意識必然完全源自我們大腦中普通物理物質的某些組織方式。但是，即使這種觀點可以完美地描述意識運作方式的功能面向（也就是以類似電腦科學解釋 AI 的方式解釋人類智能），它也無法為本質上科學無法評斷的意識主觀面向提出任何解釋。泛原型心論在這些相反的觀點之間取得了有益的平衡。

決定論、細胞自動機、湧現，以及自由意志難題

與意識密切相關的一個概念是所謂的自由意志。[15] 如果你在街上隨便問一些人如何理解自由意志一詞，他們的答案很可能包含這個概念：他們必須能夠控制自己的行為。而我們的政治和司法制度所依據的「人人都有自由意志」的原則，也大致上是基於這樣的看法。

但是，當哲學家尋求較為精確的定義時，他們就發現他們對這個詞的實際意思沒什麼共識。許多哲學家認為，未來必須不是預先決定的，自由意志才有可能存在。[16] 畢竟，如果未來將發生什麼事是已經確定的，我們的意志還怎麼可能真的自由？意志自由還怎麼可能有意義？但是，如果「自由意志」只是意味著你的行為可以歸結為量子層面一些完全隨機的過程，我們多數人所認為的真正自由意志就沒有存在的空間。正如英國哲學家賽門・布雷克本（Simon Blackburn）所說，在看似排

除自由意志這件事上，「可能性一如必然性那麼無情」。[17] 一個有意義的自由意志概念必須能以某種方式綜合決定論與非決定論的哲學思想，既避免僵化的可預測性，又不至於墜入隨機性。

物理學家暨電腦科學家史蒂芬・沃夫朗（Stephen Wolfram, 1959-）的研究在這兩個極端之間找到了一條洞見層出的路徑。他的研究長期以來一直影響我對物理學與計算之關聯的思考。在他 2002 年出版的著作《一種新科學》（*A New Kind of Science*）中，沃夫朗利用細胞自動機（cellular automata）這種數學模型，闡述了同時具有決定性和非決定性特質的現象。[18]

細胞自動機是一種以「細胞」表示狀態的簡單模型，根據一組規則（可用的規則有許多組）決定細胞的狀態（例如可以是黑或白、死或活）。在這些規則之下，一個細胞的狀態是取決於其鄰近細胞的狀態。這種過程經由非連續的一系列步驟展開，可能產生非常複雜的行為。細胞自動機最著名的例子之一，是使用二維網格的康威生命遊戲（Conway's Game of Life）。[19] 一些數學家和該遊戲的愛好者發現了許多有趣的形狀，它們根據康威生命遊戲規則形成可預料的演變形態。該遊戲甚至可以用來複製一台正常運作的電腦，或是模擬軟體的運行，展示自身的另一個版本！

沃夫朗的理論從非常基本的自動機開始——最初只有一條一維線，線上有細胞，然後在下方依次添加新的線，新線上的細胞狀態是根據一組規則和上一條線上細胞的狀態決定。

沃夫朗根據廣泛的分析指出，就某些規則集而言，無論考慮的步數有多少，未來的狀態是無法預測的——必須根據規則完成中間的所有步驟，才能夠知道結果。[20] 要概括結果並沒有捷徑可走。

最簡單的規則類型是第一類規則（rule class 1）。此類規則的一個例子是規則 222：[21]

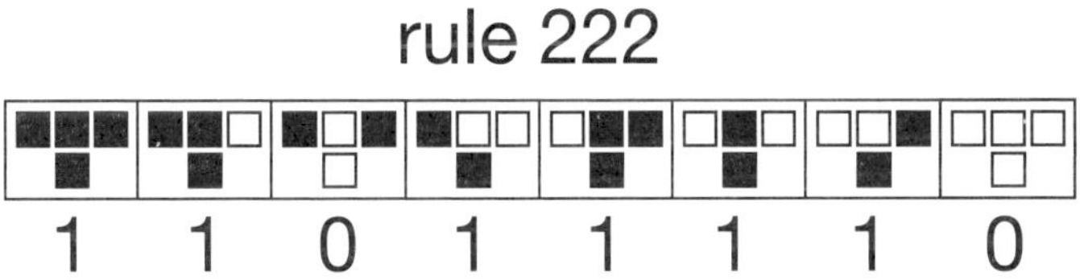

就每一個小方格（代表一個細胞）而言，上一個步驟中與它最相鄰的三個方格有八種可能的狀態組合（如圖中上面那一行所示）。規則 222 規定了每一種狀態組合將在下一步導致哪一種狀態（如下面那一行所示）。黑色和白色也可以分別以 1 和 0 表示。

如果一開始的狀態是，中間位置有一個黑色方格，然後應用規則 222 得出一行又一行的方格，就會得到如下圖的結果。[22]

所以我們可以看到，規則 222 產生了一個非常可預料的形態。如果我問你，應用規則 222 得出的第一百萬個方格（或第 $1000000^{1000000}$ 個方格）是什麼，你可以確定地說是「黑色」。這就是多數科學「理應」運作的方式：應用決定性的規則辨明可預料的結果。

rule 222

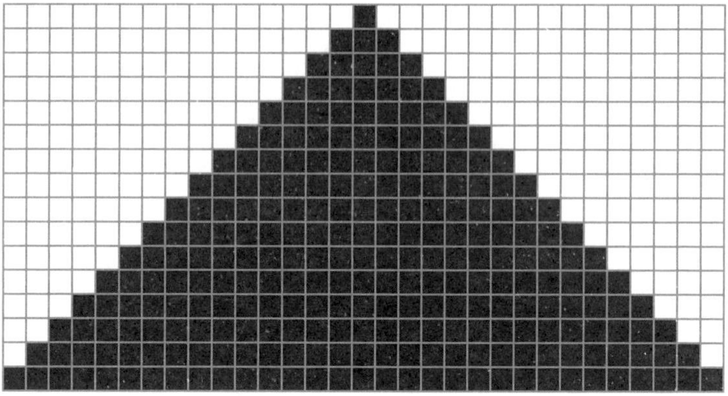

但第一類規則只是其中一類規則。在沃夫朗的理論中，自然世界的大部分現象可以用四個不同類別的規則來解釋，以它們產生的結果類型區分。第二類和第三類規則頗有趣，因為它們會產生越來越複雜的「黑」與「白」方格形態，但最迷人的是第四類規則，且以規則 110 為例：[23]

rule 110

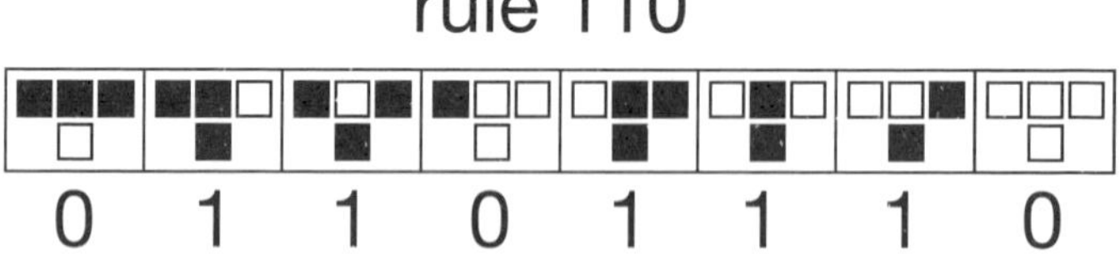

如果從最初的一個黑色方格開始應用這條規則，會出現以下結果：

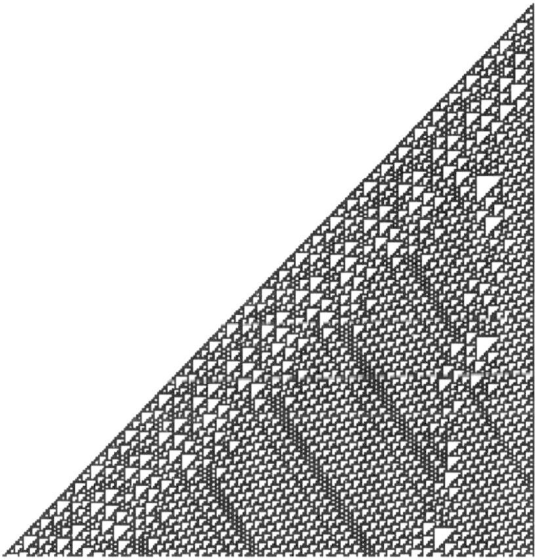

如果繼續下去，會得到這樣的圖像：[24]

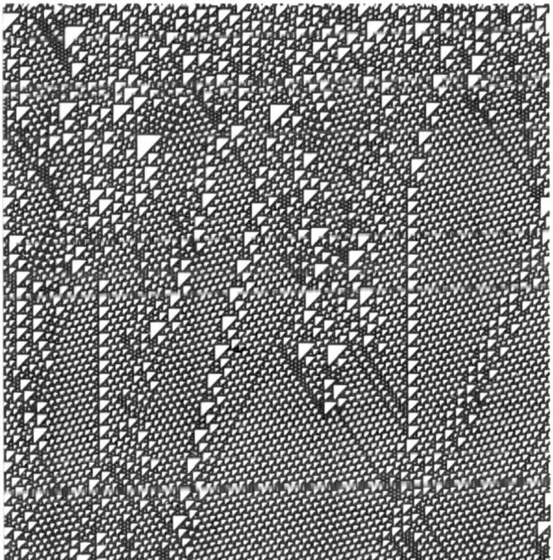

此處的重點是，除了逐步計算出結果，根本沒有辦法可以確定第一千行（或第 $1000000^{1000000}$ 行）會是怎樣的。[25] 這意味著基於第四類特性的系統（沃夫朗認為我們的宇宙就是這樣）有一種不可化約的複雜性，而這是舊有的化約式（reductive）決定論不容許的。雖然這種複雜性源自決定性程式設計（deterministic programming），但非常重要的是，程式設計並不能完全解釋其豐富性。

個別方格的統計抽樣會使它們的狀態看起來基本上是隨機的，但我們可以看到，每一個方格的狀態都是上一步明確決定的，而由此產生的大圖像混合了有規律和無規律的行為。這展現了一種被稱為湧現（emergence）的特性。[26] 湧現其實就是非常簡單的事物共同產生複雜得多的事物。大自然中的碎形（fractal）結構，例如樹枝生長的曲折形狀、斑馬和老虎外皮的條紋、軟體動物的殼，以及生物界無數的其他特徵，全都展現了第四類的編碼方式。[27] 我們所處的世界深受細胞自動機中的這種形態影響——一種非常簡單的演算法產生了跨越有序與混沌邊界的高度複雜行為。

意識和自由意志可能正是源自我們身上的這種複雜性。無論你將自由意志背後的程式設計歸因於上帝、泛原型心論還是其他東西，你都並非只是程式本身。

但這些規則會產生意識和如此廣泛的其他自然現象，並不是巧合。沃夫朗以有力的論據指出，物理定律本身就是源自與細胞自動機有關的某些類型的計算規則。2020 年，他宣布展開沃夫朗物理計畫（Wolfram Physics Project）。這是一項雄心勃勃的持續工作，希望能利用一種類似細胞自動機但比較通用的模型來解釋所有物理現象。[28]

這將容許古典決定論與量子非決定論（quantum indeterminism）之間的某種折衷。雖然宏觀尺度世界的某些部分可以用演算法捷徑來模擬，例如我們可以預測一個衛星繞軌道運行一百萬次之後的位置，但在最基本的尺度上就不是這樣。如果現實最深的層次是基於類似第四類規則的原理，我們將可以用決定論來解釋量子尺度上看似隨機的現象，但不會有任何概括演算法可以「展望」未來，使我們能預測未來某個時間點整個宇宙的確切狀態。[29] 這還只是一種揣測，因為我們還不知道完整的那套規則的具體內容。也許未來會有一種「萬有理論」將綜合這一切，提出統一的連貫解釋，但目前還沒有這種理論。

既然無法有效預測，那就只能模擬，但宇宙不可能容納一台大到足以模擬宇宙自身的電腦。換句話說，要知道現實將如何發展，只能讓它實際發生。

本章稍後將討論未來將意識從我們的生物性大腦轉移到非生物性電腦的可能性。這涉及一個需要澄清的重要問題。雖然最終將有可能以數位方式模擬大腦的運作，但這與確定地預先算出大腦的未來狀態是不同的。這是因為大腦（無論是否為生物性的）並非封閉系統。大腦會接收來自外界的輸入，然後以驚人複雜的網路處理它——事實上，科學家最近發現大腦中的一些結構有多達十一個維度！[30] 這種複雜性很可能利用了類似規則 110 的那種現象，而這種現象不可能經由計算預知未來的情況，只能依序模擬每一個步驟。而因為大腦是開放式系統，逐步的模擬不可能納入未知的未來輸入，因此，能夠複製大腦的功能並不意味著有能力預先算出其未來狀態。這可能是宇宙存在的一個好理由。

換句話說，如果宇宙的規則是以類似細胞自動機的東西為基礎，那麼它們要表現出來，就只能一步一步地執行規則——也就是讓現實實際發生。相反地，如果宇宙的規則是決定性的，但沒有像細胞自動機那樣的湧現特性，又或者一切純粹基於隨機性，那麼現實就未必需要像我們實際看到那樣逐步發生。進一步而言，如果意識只能從第四類自動機那種跨越有序與混沌邊界的複雜性中產生，這可以視為我們為何存在的一個哲學論據——如果沒有這種規則，我們就不會在這裡思考這個問題。

這打開了通往「相容論」（compatibilism）的大門——這種觀點認為一個決定型世界（a deterministic world）仍可以是一個有自由意志的世界。[31] 我們可以作出自由的決定（也就是決定不是其他東西——例如另一個人——導致的），雖然我們的決定是由現實的基本定律決定的。一個既定的世界（a determined world）意味著理論上我們可以在時間上向前或向後看，因為兩個方向上的一切都是既定的。但是在類似規則 110 的那種規則下，我們要看清未來發生的一切，唯一的辦法是一步一步實際走下去。因此，從泛原型心論的角度來看，我們大腦中的湧現過程並不是在控制我們；它們就是我們。我們源自更深層的力量，但我們的抉擇無法預先知道——因此只要產生我們的意識的過程能夠經由我們在世界上的行為表達出來，我們就有自由意志。[32]

一人不止一個大腦的自由意志難題

如果我們看人類在電影和小說中如何描繪機器人，會發現我們似乎站在泛原型心論的立場：如果有個 AI 的行為看起來像人類，即使它的認知不是以生物性神經元為基礎，我們也會視它為有主觀意識的生命。

但就像一個 AI 可能是由許多個獨立的演算法組成，越來越多醫學證據顯示人腦也有多個不同的決策單位。想想研究人員歷來對我們的兩個半腦（左腦和右腦）所做的實驗，它們顯示人腦的這兩部分大致上是平等且獨立的。[33]研究人員史黛拉·迪博德（Stella de Bode）和蘇珊·寇蒂斯（Susan Curtiss）研究過四十九名兒童，他們為了預防可能致命的癲癇發作，切除了一半的大腦。[34]這些兒童後來多數表現正常，而即使是那些持續有某種失調問題的兒童，也有相當正常的人格。雖然我們通常主要仰賴左腦發展語言能力，但兩個半腦可以發揮相同的功能，因此一個人如果只有左腦或只有右腦，都可以掌握語言能力。[35]

也許最引人注目的情況是一個大腦的左右半球都完好無

損，但因為醫療因素，兩個半腦之間的兩億條軸突[36]——胼胝體——被切斷了。麥可・葛詹尼加（Michael Gazzaniga, 1939-）研究過這種左右半腦都能運作，但無法互相溝通的情況。[37]在一系列的實驗中，他只對受試者的右腦輸入一個詞，結果發現受試者的左腦雖然不知道這個詞，但仍覺得對基於這個詞所做的抉擇有責任，即使抉擇實際上是另一個半腦做的。[38]在此情況下，左腦會編造一些聽起來似乎合理的說法，藉此解釋它聲稱自己所做的每一個決定，因為它沒有意識到同一個頭顱裡還有另一個半腦。[39]

這些實驗和涉及大腦兩個半球的其他實驗顯示，一個正常的人實際上可能有兩個能夠獨立做決定的大腦單位，但它們都屬於同一個意識身分（conscious identity）。在兩個半腦緊密結合的情況下，無論決定是哪一個半腦做的，兩個半腦都會認為決定是它自己做的。

事實上，如果我們不只看我們大腦的兩個半球，則大腦裡其實還有許多類型的決策者可能具有本章稍早所講的那種自由意志。例如新皮質是由許多較小的模組構成，那裡也是決策發生的地方。[40]因此，當我們考慮一項決策時，不同的模組可能代表不同的選項，而每一個模組都試圖形成自己的有力觀點。我的導師馬文・明斯基很有先見之明，早就認為大腦不是一個統一的決策機器，而是一個複雜的神經機器網路，其個別部分在我們考慮一項決策時可能偏好不同的選項。明斯基形容我們的大腦是個「心智社會」（society of mind；他第二本書的書名），包含各種較為簡單的過程，而它們反映許多不同的觀點。[41] 其中每一個過程都是在做自由選擇嗎？我們怎麼知道呢？近幾十年來，這種想法得到了更多實驗支持——但我們對神經過程實際上是如何「產生」出我們能感知到的決定，至今仍所知有限。

「第二個你」有意識，但那是你嗎？

這一切帶出了一個很刺激思考的問題。如果意識和身分可以跨越頭顱裡多個不同的資料處理結構，甚至是沒有神經組織將它們連接起來的不同結構，那麼如果這些結構相距更遠，會發生什麼事呢？

我在《AI 人工智慧的未來》一書中探討的一個關鍵問題是，複製人腦當中所有資料的哲學和道德涵義——這件事在現今多數人的有生之年就有可能做到。

比方說，我使用先進技術檢視你大腦的一小部分，然後為這一部分做一個精確的電子副本。（事實上，我們現在已經可以針對大腦的某些部分做這件事，只是技術還非常粗糙——例如在治療自發性震顫或巴金森氏症時。）[42] 大腦的這個局部副本本身太簡單，不可能有意識。但假設我再複製你大腦的第二個小部分——然後再複製一部分，再複製一部分。最後，這個過程結束時，我會有一個你大腦的完整電腦化複製品，它包含和你大腦裡相同的所有資料，而且能以相同的方式運作。

那麼這「第二個你」有意識嗎？第二個你會說它有和你相

同的所有經歷（因為它共享了你的記憶），而且它行事也和你一樣，所以除非我們完全排除有意識實體的電子版本也有意識的可能，否則答案是肯定的。簡而言之，如果一個電子腦代表與一個生物性大腦相同的資料，而且自稱有意識，我們並沒有合理的科學根據去否定它的意識。如此一來，我們在道德上應該把它當成是有意識的，因此它將擁有道德權利。而這並不是盲目的揣測——泛原型心論給了我們很好的哲學理由去相信它實際上是有意識的。

但現在有一個更難的問題：這第二個你真的是你嗎？請記住，「你」（作為一個有肉身的正常人）依然存在。你的這個複製品甚至可能是在「你」不知情的情況下製造出來的，但無論如何，本質的「你」繼續存在。如果這個實驗成功了，第二個你行事將和你一樣，但「你」完全沒有被改變，所以「你」仍然是你。因為第二個你可以獨立行動，它將立即與「你」分開——將會創造它自己的記憶，並將對不同的經歷作出反應。因此，如果你的身分（identity）是你的大腦裡資料的特定排列，第二個你就不是你，即使它有意識。

好的，到現在一切都還好。現在，在第二個實驗中，我們逐步以數位副本取代你大腦的每一部分——數位副本經由上一章描述的腦機介面連接你剩餘的神經元。因此不再有「你」和第二個你之分，只有「你」。在這個實驗的每個階段完成後，你都對這種程序感到滿意，沒有人（包括你在內）有任何不滿。那麼，在每一次這種替換完成後，新的你還是你嗎？到了最後，你的大腦已經完全數位化，此時的你還是你嗎？

物體的組成部分逐漸被更換與身分有何關係？這問題可以追溯到約兩千五百年前出現的忒修斯之船（Ship of Theseus）思想實驗。[43] 古希臘哲學家想像有一艘木船，其木板一塊接一塊逐漸被新木板取代。更換第一塊木板之後，認為這艘船還是原本那一艘似乎是很自然的結論。構成它的東西略有改變，但我們會認為這是原本的船略作改變，而不是有一艘新船被創造了出來。但是，如果有超過一半的木板已經被換成新木板呢？又或者如果所有木板都已經換成新木板，沒有一塊是原本那艘船上的呢？此時問題變得比較複雜，但許多人還是會說，這艘船經歷了這些漸進的改變，其基本身分還是保持不變。現在再想像一下，新木板取代舊木板之後，所有舊木板都被儲存在倉庫裡。然後在船已經百分之百由新木板組成之後，我們將倉庫裡的所有舊木板重新組裝成一艘船。現在哪一艘船是原來的？是那艘持續存在、逐漸被改變，但已經沒有任何一部分來自原船的船嗎？還是由原本的木板重新組裝而成的船？

如果是在討論船或其他「死」物，忒修斯之船是個有趣的思想實驗，但不涉及特別重大的利害。一艘船的「身分」如何隨時間的推移而改變（或不變），終究是人類認知習慣的問題。但是，如果討論的是人，問題涉及的利害就極為重大。對我們多數人來說，我們身邊的人究竟是我們所愛的人，抑或只是查默斯所講的那種殭屍，可說是至關重要。

我們且從主觀意識「難題」的角度思考這些問題。如果我們製造出第二個你作為你的複製品，我們將無從確定第二個你的主觀自我是否與「你」有某種關聯。你原本的主觀經驗是否將以某種方式同時涵蓋你的兩個版本，即使假以時日，這兩個你的資料形態將因為經歷的不同而產生差異？抑或第二個你在這方面將是獨立的？這些問題是科學無法解答的。

但是，如果我們是逐漸將你大腦裡的資料轉移到一種非生物性基質上，我們就有充分得多的理由認為你的主觀意識將保存完好。事實上，如前所述，我們現在為了處理某些腦部問題，已經能以非常有限的方式做這件事，而新的神經假體（neural prosthesis）比它取代的部分更有能力。（因此它與被它取代的部分並非完全一樣。）雖然早期的植入式裝置（例如人工耳蝸）能夠刺激腦部活動，但它們無法取代任何核心腦部結構。[44] 但自從 2000 年代初以來，科學家一直在開發可以幫助腦部結構受損或功能失常者的腦部假體。例如，這種假體現在可以為那些有記憶問題的病人執行海馬體的部分工作。[45] 截至 2023 年，這些技術仍處於起步階段，但在 2020 年代，我們將會看到這些技術變得更精細，而且將以可負擔的價格提供給更多病人。但是，以現今的技術而言，接受植入這種假體的人無疑保存了自身的核心身分，沒有人會說這些病人變成了查默斯所講的那種殭屍。

從我們目前掌握的神經科學知識來看，在逐漸替換的情況下，只要改變夠小，你甚至不會注意到，而且大腦有驚人的調整適應能力。你的混合式大腦將保留界定你這個人的所有資料形態，完全不變。所以沒有理由認為你的主觀意識會受到損害，而你當然還是你——根本沒有其他人可以說是你。但是，在這個假想過程的最後，最後的你與第一個實驗中的第二個你完全一樣，而在第一個實驗中，我們斷定第二個你不是你。這當中的矛盾該如何調和？不同之處在於連續性——在逐漸替換的情況下，數位大腦沒有與生物性大腦分開，因為兩者從不曾以獨立實體的形式存在過。

由此就講到第三種情況，而這其實不是假想的情況。每一天，我們自己的細胞都在經歷一種非常快速的更替過程。雖然神經元通常會持續存在，但它們約一半的粒線體會在一個月內更換；[46] 神經小管（neurotubule）的半衰期為數天；[47] 為突觸增加能量的蛋白質每二至五天補充一次；[48] 突觸中的 NMDA 受體數小時內就會更換；[49] 而樹突中的肌動蛋白纖維只能支撐約四十秒。[50] 因此，我們的大腦在幾個月內就幾乎是完全換了一個，所以事實上，相對於不久前的你，你是第二個你的生物版本。同樣地，使你的身分保持不變的是資料和功能，而不是任何特定的結構或材料。

多年來，我經常凝望我家附近美麗的查爾斯河。如果我今天看著查爾斯河，我傾向視它為與一天前或十年前相同的一個水體（十年前我在《AI 人工智慧的未來》一書中評論了這條河的連續性）。這是因為即使經過這條河某一小段的水分子每隔幾毫秒就完全更新，但這些分子以一致的方式產生作用，決定了這條河流的路線。心智也是這樣。我們將非生物性系統置入我們的身體和大腦時，我們的資料形態的連續性將使我們每一個人都覺得自己還是原來那個人——除了我們的感知或認知能力可能變得更好。

當然，那種使我們能夠將我們所有的技能、個性和記憶轉移到數位媒介上的技術，也將使我們能夠創造出這些資料的多個副本。這種隨意複製我們自己的能力是數位世界中的一種超能力，是生物世界中沒有的。將我們的心智檔案複製到遠端的備份儲存系統，將是一種有力的保護措施，可避免我們的大腦因為意外或疾病而受到不可逆轉的損害。這並不是「永生」，一如上傳到雲端的 Excel 試算表並非一定可以永久保存——資料仍有可能因為資料中心發生災難而被銷毀。但我們還是可以藉此防範那些扼殺許多生命和身分的無謂意外。而根據我對泛原型心論的理解，我們的主觀意識可能以某種方式涵蓋這種界定身分的資料的所有副本。

這還有另一個誘人的涵義。如果我們任由第二個你在世界上過著與「你」不同的生活，它的資料形態身分將會開始與你不同，但因為這將是一個逐漸和持續的過程，你的主觀意識將有可能同時涵蓋這兩個身分。我猜想，根據泛原型心論的理論，我們的主觀意識與資料形態身分連結在一起，因此將以某種方式涵蓋所有曾經與我們自己完全相同的資料副本。

但因為在這種情況下，第二個你有可能強烈堅持它有一個與「你」不同的主觀意識（因為主宰溝通的實體決策結構是分開的），而且我們根本沒有辦法客觀地斷定真相，我們的法律和倫理體系很可能必須把兩者都視為獨立的實體。

生命出現的可能性低到不可思議

在理解我們的身分時，想想我們每一個人出現在這世上有賴一連串發生機率極低的事件，實在令人心生敬畏。你的父母必須相遇並且生下孩子，而且剛好那一個精子與那一個卵子結合才產生了這個你。你的父母相遇並決定生孩子的可能性很難估計，但僅就精子和卵子而言，你被創造出來的機率是二百萬兆分之一。粗略估計，一名男性一生中通常會產生二兆個精子，而一名女性一開始身上通常有約一百萬個卵子。[51] 因此，如果你的身分取決於創造出你的那一個精子和那一個卵子，你被創造出來的機率就是約為二百萬兆分之一（或二百京分之一，京 =10 的 16 次方）。雖然所有這些性細胞在基因上都不是獨一無二的，但許多因素（例如年齡）可能影響表觀遺傳（epigenetics），因此，如果你父親在 25 歲和 45 歲時產生了染色體完全相同的兩個精子，它們對嬰兒形成的貢獻也不會完全相同。[52] 所以做這種估算時，我們必須視每一個精子和卵子為實際上獨一無二的。除此之外，類似的事件必須發生在兩對祖父母、四對曾祖父母、八對高祖父母身上，如此類推……嗯，也不是無窮無盡，只是要追溯到生命開始出現於地球上的近四十億年前。[53]

一個 googol（搜尋引擎 Google 取名的靈感來源）是 1 後

面跟著100個零。一個googolplex是1後面跟著一googol個零。這是一個大到難以想像的數字，但根據前述的粗略分析（注釋中有進一步的說明），你出現在這世上的機率是X分之一，而X這個數字是1後面跟著遠多於一googolplex個零。[54] 可能性低到不可思議，但你正在這裡。這是個奇蹟，對吧？

此外，宇宙出現後具有演化出複雜資料的能力，可說是可能性甚至更低的一件事。我們對物理學和宇宙學的認識告訴我們，物理定律中的一些數值只要稍微改變，宇宙就無法支持生命的出現和繁衍。[55] 換句話說，在理論上可能出現的所有宇宙設置方式中，只有極少一部分能容許我們存在。要估算這個顯然極低的可能性，我們最多只能找出適合生命存在的宇宙所仰賴的各種因素，然後估計相關的數值只要偏離實際水準多少，生命就不可能出現於宇宙。

根據粒子物理學的標準模型，基本粒子有三十七種（以質量、電荷和自旋特性區分），它們在四種基本力（重力、電磁力、強核力、弱核力）和假想的重力子（gravitons，有些科學家認為它們造成重力效應）影響下相互作用。[56] 粒子之間互動的這些力的強度由一系列常數描述，這些常數決定了物理學的「規則」。物理學家強調，這些規則在許多方面只要極其微小的改變，就足以導致有智能的生命無法出現——這種生命要出現，照理說需要複雜的化學作用，以及相對穩定的環境和能量來源來支持數億年或數十億年的演化。有關生命如何出現在地球上，生物學界的主流觀點是自然發生說（abiogenesis）。[57]

根據該理論，在一段漫長的時間裡，地球上先驅化合物「原始湯」裡的非生物性物質，自然地結合成可以產生生命的蛋白質較為複雜的構成部分。最後，蛋白質自發地結合成一種能夠自我複製的形態，這就是生命的起源。這個因果鏈中只要有一個環節斷了，就會導致人類不可能出現。

如果強核力比實際水準強一些或弱一些，恆星就不可能形成大量的碳和氧，而生命正是以碳和氧創造出來。[58] 同樣地，弱核力的實際水準，與生命演化出來所需要的最低強度相差不到一個數量級。[59] 如果弱核力弱於那個最低強度，氫會很快變成氦，使類似太陽這種氫星無法形成，結果就是不會有恆星長期燃燒，為演化出複雜生命的漫長過程提供穩定的能量來源。

如果上夸克與下夸克的質量差異稍微小一點或大一點，就會使質子和中子變得不穩定，導致複雜的物質無法形成。[60] 同樣地，如果相對於那些差異，電子的質量稍大一些，也會造成類似的不穩定。[61] 根據物理學家克雷格・霍根（Craig J. Hogan）的說法，「夸克質量差異只要往任何一個方向稍微改變百分之幾」，就足以導致生命無法產生。[62] 如果夸克質量差異稍微大一些，宇宙將會是一個「質子世界」，只有氫原子可以存在。[63] 如果夸克質量差異稍微小一些，宇宙將會是一個「中子世界」，會有原子核但不會有電子圍繞著原子核，使得化學作用不可能發生。[64]

如果重力稍微弱一點，就不會有超新星（supernova），而超新星正是形成生命的重元素的來源。[65] 如果重力稍微強一點，恆星的壽命將會短得多，因此將無法支持演化出複雜的生命。[66] 在大爆炸發生後的一秒鐘內，密度參數（稱為 Ω 或歐米茄）只要與實際水準相差超過千兆分之一，生命就會無法形成。[67] 如果它稍微大一點，因為大爆炸而散開的物質還來不及形成恆星，就會在重力的作用下重新塌縮。如果它稍微小一點，膨脹的速度將會太快，導致物質根本無法聚集成恆星。

此外，宇宙的大結構源自大爆炸後第一瞬間向外擴散的物質密度的微小局部波動。[68] 任何一點的物質密度平均與平均值相差約十萬分之一。[69] 如果這個幅度（通常被比作池塘中的漣漪）與實際水準相差超過一個數量級，生命就不可能出現。根據宇宙學家馬丁．里斯（Martin Rees）的說法，如果漣漪太小，「氣體根本不會凝聚成重力結合型結構，如此一來宇宙將永遠是黑暗且毫無特色。」[70] 另一方面，如果漣漪太大，宇宙就會處於一種「動盪狂暴」的狀態，大部分物質將塌縮成巨大的黑洞，恆星也沒有機會「保持穩定的行星系統」。

宇宙要產生有秩序的物質，而不是一直處於混沌狀態，它在大爆炸剛發生後的熵必須非常低。物理學家羅傑．潘洛斯（Roger Penrose）指出，根據我們對熵和隨機性的認識，大約 $10^{10\wedge123}$ 個可能的宇宙才會有一個的初始熵低到足以形成類似我們宇宙的面貌。[72] 這個數在 10 之後的零比已知宇宙中的原子總數還要多。（一般估計原子總數介於 10^{78} 與 10^{82} 之間。假設是 10^{80}，那麼 $10^{10\wedge123}$ 的位數就比原子總數大四十三個數量級。）[73]

許多諸如此類的個別計算當然有可能受到質疑，而科學家有時也會對任何一個因素的涵義有不同看法。但是，孤立地逐一分析這些微調參數是不夠的。因為正如物理學家盧克．巴恩斯（Luke Barnes）所說，我們必須著眼於「容許生命存在的區域之交集（intersection），而非其聯集（union）。」[74] 換句話說，每一個此類因素都必須有利於生命出現，生命才真的可以演化出來。只要有一個因素是不利的，就不會有生命。天文學家休．羅斯（Hugh Ross）提出了一種令人難忘的說法：所有這些微調偶然發生的可能性，就像「龍捲風吹襲一個垃圾場，因此完整組裝出一架波音 747 飛機的可能性。」[75]

針對這種看似明顯的宇宙微調現象，最常見的解釋是，身處這樣一個宇宙的極低機率可以用觀察者選擇偏誤（observer selection bias）來解釋。[76] 換句話說，我們要思考這個問題，就必須是身處一個經微調的宇宙——如果不是這樣，我們就不會有意識，也無法思考這個事實。這就是所謂的人擇原理（anthropic principle）。有些科學家認為這種解釋已經足夠。但是，如果我們相信現實之存在與我們作為觀察者無關，這種解釋就無法完全令人滿意。馬丁．里斯認為我們還是可以提出有力的質疑，他這麼說：「假設你面對行刑隊，然後他們開槍但全都沒有射中你。你可以說：『好吧，如果他們沒有全都射失，我根本就不會在這裡思考這問題。』但這仍是令人驚訝的事，是無法輕易解釋的。我認為這當中有需要解釋的東西。」[77]

重生

要保存我們那近乎不可能出現的珍貴身分，第一步是保存對於決定我們是什麼人至為重要的思想。目前我們已經經由我們的數位活動，正在創造極其豐富的資料，它們記錄了我們的想法和感受，而在2020年代這十年間，我們記錄、儲存和組織這些資料的技術將快速進步。2020年代進入尾聲時，我們將賦予這些資料「生命」，以非生物模擬的方式利用它們，高度逼真地再現具有特定個性的人。[78] 截至2023年，AI模仿人類的能力其實已經在迅速提升。轉換器和生成對抗網路（Generative Adversarial Network, GAN）之類的深度學習技術成就了驚人的進步。上一章描述的轉換器可以利用目標人物所寫的文字作為訓練資料，學會逼真地模仿目標人物的溝通方式。GAN則是利用兩個相互競爭的類神經網路：第一個網路試著製造出目標類別的一個範例，例如逼真的女性臉部圖像。這張圖像混入一堆真實女性的照片裡，然後第二個網路試著從中找出第一個網路製造的圖像。第一個網路如果能騙過第二個網路，會得到獎勵（你可以想成第一個網路會因此得分，而它被設計成要盡可能提高自己的分數），第二個網路如果判斷正確，也會獲得獎勵。這種過程可以在沒有人類監督的情況下重複很多次，而兩個類神經網路的能力將在這過程中逐漸增強。

藉由結合這些技術，AI已經可以模仿目標人物的寫作風格、複製他們的聲音，甚至將他們的臉逼真地移植到一整段影片中。如上一章提到，Google 實驗性的 Duplex 技術使用的 AI 能夠自然地進行無腳本電話對話——2018 年首次測試時，它成功到與它對話的人完全不知道自己是在與電腦交談。[79]「深度偽造」（deepfake）影片可以用來製造有害的政治宣傳，或是模擬由不同演員飾演電影主角以了解效果。[80] 例如，一個名為 Ctrl Shift Face 的 YouTube 頻道就製作了一段爆紅的影片，顯示電影《險路勿近》（*No Country for Old Men*）中哈維爾·巴登（Javier Bardem）飾演的角色如果換成阿諾·史瓦辛格、威廉·達佛（Willem Dafoe）或李奧納多·狄卡皮歐來演會是什麼樣子。[81] 目前這些技術仍處於起步階段。未來幾年裡，這些個別的能力（例如寫作、發音、臉部表情、會話）都將大大進步，而且它們融合起來將創造出效果超越各部分總和的逼真模擬。

我們可以創造的其中一種 AI 虛擬人是所謂的「複製人」（replicant；借用科幻電影《銀翼殺手》中的用詞），它們將會有某個已逝者的外貌、行為、記憶和技能，將存在於我稱為「重生」（After Life）的現象中。

重生技術將經歷多個階段。我寫這一節時，最原始的此類模擬已經出現了約七年。2016 年，美國科技新聞網站 The Verge 發表了一篇精彩的文章，講述名為奎妲（Eugenia Kuyda）的年輕女性利用 AI 和她儲存的文字訊息「復活」了她已經去世的最好朋友馬祖輪科（Roman Mazurenko）。[82] 隨著我們每個人產生的資料量與日俱增，我們將有可能越來越逼真地再現特定的人。

到了2020年代末，先進的AI將能夠利用成千上萬張照片、數百個小時的影片、數百萬字的文字聊天紀錄、有關目標人物的興趣和習慣的詳細資料，以及與相識者的訪談，創造出非常逼真的複製人。出於文化、道德或個人的原因，人們對此會有不同的反應，但想要利用這種技術的人將可以利用它。

這一代的重生虛擬人將相當逼真，但對許多人來說，它們將存在於「恐怖谷」（uncanny valley）：[83] 它們的行為顯然與目標人物相似，但也有微妙的差異，而這將使目標人物的親人感到不安。在這個階段，這種模擬並不是產生了第二個你。它們只是重新創造出目標人物腦中資料的功能，而不是其形式。因為這個原因，站在泛原型心論的立場，它們將不會恢復目標人物的主觀意識。儘管如此，許多人還是會認為它們是使重要工作得以繼續、分享珍貴的記憶、或幫助親人療傷的寶貴工具。

複製人的身體將主要存在於虛擬和擴增實境中，但利用2030年代末的奈米技術，我們將可以創造出現實中真實的複製人身體（也就是非常像人類的人形機器人）。截至2023年，這方面的發展仍處於非常早期的階段，但目前已有重大研究展開，將為未來十年的巨大突破奠定基礎。說到機器人的功能，科技進步面臨到我朋友漢斯．莫拉維克（Hans Moravec）數十年前指出的一項挑戰，它現在被稱為莫拉維克悖論。[84] 簡而言之，對人類來說似乎困難的腦力任務，例如算出某個大數字的平方根和記住大量資料，對電腦來說卻相對容易。相反地，對人類來說毫不費力的腦力任務，例如認出某張人臉或走路時保持平衡，對 AI 來說卻困難得多。這很可能是因為後面那些功能是數千萬年或數億年的演化產生的，是在我們腦部的「幕後」運行，而「較高級」的認知則是由新皮質負責，而新皮質是人類意識的中心，數十萬年前才大致發展到它現代的模樣。[85]

不過，過去幾年隨著 AI 的能力指數式進步，它在解決莫拉維克悖論這件事上取得了驚人的進展。2000 年，豐田的 ASIMO 人形機器人小心翼翼地走過平坦的地面而沒有摔倒，已經使許多專家讚嘆不已。[86] 到了 2020 年，波士頓動力（Boston Dynamics）的 Atlas 機器人已經可以在障礙賽道上奔跑、跳躍和翻滾，敏捷程度超過多數人類。[87] 社交機器人，例如漢森機器人技術公司（Hanson Robotics）的 Sophia 和 Little Sophia，以及 Engineered Arts 公司的 Ameca，可以在看似人類的臉上表現出情感。[88] 這些機器人的能力有時在新聞報導中被誇大了，但它們仍顯示了技術進步的軌跡。

隨著科技進步，複製人（以及還在世的人類）將會有各種不同類型的身體可以選用。最後，複製人甚至可以被安置在一種利用模控技術強化（cybernetically augmented）的生物性身體裡，而生物性身體是利用目標人物的 DNA（假設可以找到）製造出來的。而一旦奈米技術使我們能夠進行分子尺度的工程作業，我們將能夠創造出比生物學所容許的先進得多的人造身體。屆時重生的人很可能將超越恐怖谷，至少對許多與他們互動的人來說是這樣。

不過，這種複製人將引出社會必須面對的非常深刻的哲學問題。如何回答這些問題可能取決於你對靈魂、意識和身分等概念的形而上信念。如果利用這種技術重生的人在和你對話時讓你「感覺」像是你已逝的親人，這是否已經足夠？複製人是利用 AI 和資料探勘製造出來，而不是由你活生生的大腦完全上傳的「第二個你」，這是否有很大關係？正如奎妲和馬祖輪科的故事顯示，即使是前一種複製人，也可能足以撫慰在世者。但是，我們還是很難確定每個人第一次體驗這種技術時會有什麼感覺。隨著這種技術逐漸普及，社會將會調整適應。我們很可能會制定法律，監管誰可以創造已逝者的複製人以及複製人的用途。有些人可能會禁止 AI 複製他們，有些人則會留下詳細的指示，說明他們的意願，甚至在他們還在生時參與創造自己的複製人。

複製人的出現將引出許多其他棘手的社會和法律問題，例如：

- 我們是否要視複製人為擁有完整人權和公民權利（例如投票權和簽訂契約的權利）的人？
- 他們是否要為被複製者所簽的契約或先前犯下的罪行負責？
- 被複製者所做的工作或社會貢獻，複製人是否可以居功？
- 如果你已故的丈夫（或妻子）以複製人的形式出現，你是否必須與他復婚？

- 複製人是否會被排斥或歧視？
- 什麼情況下應該限制或禁止製造複製人？

複製人也將迫使一般人認真思考本章探討的關於意識和身分的哲學難題——在此之前，這些問題一直只是理論上的。從 2012 年《AI 人工智慧的未來》出版到你閱讀這一節已有十幾年時間，而很可能不需要再等十幾年，就會有圖靈等級的 AI 被設計來重新創造出已經去世的人類。他們的認知將一如自然的生物性人類那麼複雜，將真的有意識，並將認為自己就是那個被複製者。他們認為自己是同一個人，是否就意味著他們是同一個人？誰能說不是呢？

到了 2040 年代初，奈米機器人將能夠進入活人的大腦，複製構成原本那個人的記憶和個性的所有資料，也就是創造出「另一個你」。這樣一個實體將能夠通過為特定人物設計的圖靈測試，使認識那個人的人確信這真的就是那個人。根據所有可檢視的證據，他們將一如原本的人那麼真實，所以如果你相信身分基本上取決於記憶和個性之類的資料，這種複製人確實就是與被複製者相同的人。你可以與這種人建立關係或延續原本已有的關係，甚至是有身體接觸的關係，包括性關係。也許會有微妙的差別，但他們與生物性活人有那麼大的不同嗎？其實我們也會改變，通常是逐漸的，但有時也會因為戰爭、創傷，或地位或關係的變化而突然改變。

根據查默斯那種對意識的理解，我們大有理由認為這種水準的科技也將使我們的主觀自我以重生的形式持續存在——

但請記住，這是科學上無法證實或否定的，而我們每個人都必須根據自己的哲學或靈性價值觀來決定是否使用這種科技。在直接複製活體大腦的內容到非生物性媒介的階段，我們將從模擬複製人過渡到實際的心智上傳，也就是所謂的全腦仿真（whole-brain emulation, WBE）。

就計算能力要求而言，在非生物性媒介上模擬人腦的不同做法差別很大。2008 年，約翰・費亞拉（John Fiala）、安德斯・桑柏與尼克・伯斯特隆姆指出了或許可行的人腦仿真的十一個層次。[89] 但在這裡，我們將人腦仿真簡化為五個類別，從最抽象到最仔細依次為功能型、連結組型、細胞型、生物分子型，以及量子型。

功能型仿真的產物可以表現得像生物性人腦，但不需要真的複製人腦的任何特定計算結構。這種仿真是計算上最容易處理的，但也是最不完整的人腦模擬。連結組型仿真（connectomic emulation）會複製神經元組之間的層級連結和邏輯關係，但不需要模擬每一個細胞。細胞型仿真會模擬人腦中每一個神經元的關鍵資料，但不會模擬細胞內部的具體物理力量。生物分子型仿真（biomolecular emulation）會模擬每一個細胞內部蛋白質與微小動力之間的相互作用。量子型仿真會捕捉分子內部和分子之間的次原子效應。這將是理論上最完整的人腦仿真，但需要驚人的計算能力——很可能要到下一世紀才會有這種計算能力。[90]

未來二十年的主要研究計畫之一，將是釐清人腦仿真做到什麼程度就已足夠。有些人認為量子型仿真是必要的，這通常是因為他們認為主觀意識仰賴（目前未知的）量子效應。正如我在本章指出（以及在《AI 人工智慧的未來》中進一步闡述），我認為這種程度的仿真是不必要的。如果泛原型心論之類的觀點正確，那麼主觀意識很可能源自人腦排列資料的複雜方式，所以我們不需要擔心我們的數位仿真產物沒有包含生物原體的某個蛋白分子。打個比方，你的 JPEG 檔案是儲存在軟磁碟、光碟還是 USB 隨身碟上並不重要——只要資料是以相同的 1 和 0 序列表示，它們看起來都一樣，運作方式也都一樣。事實上，如果你用鉛筆和紙將那些數字抄下來，然後將這疊紙（非常厚！）寄給你的朋友，對方再將這些數字手動輸入到另一台電腦裡，原本的圖像將能完好無缺地重新出現！

因此，從這裡開始，實際目標是開發出電腦與人腦有效連結的介面，並釐清人腦表示資料的方式。（若想深入了解心智上傳的進展、人腦仿真的計算面向，以至一項名為套腦〔Matrioshka brain〕、有朝一日或許能為人類提供大量能源用於計算的技術構想，請參考本注釋裡的各項資料，它們從非常容易理解到較為技術性的都有。）[91]

這些都是非常艱鉅的挑戰，但 2030 年代的超人 AI 工具將使我們能夠達成現在看似遙不可及的目標。

與父親機器人聊天

「與書對話」（Talk to Books）是一個很好的構想產生器。在 Google，我們可以拿用戶特選的任何書籍和文件取代與書對話通常使用的逾 10 萬本書。因此在 2019 年，我蒐集了我父親費德烈．庫茲威爾（Fredric Kurzweil）寫過的所有東西，包括他寫給我母親的情書、他的授課筆記、他原本正在寫的一本關於音樂的書，以及他的個人省思。之後，我女兒 Amy 以我父親的文字作為原始資料，向與書對話背後的系統提出了一些問題。你可以從後附的簡短對話中看到，這個「複製人」能夠針對我們的提問給出連貫、自然、令人驚訝的答案——其表現好到如果我說這是我父親在世時我和他的對話，你很可能不會注意到任何不尋常之處。對我和認識他的其他人來說，這些話多了一份熟悉感，使人想起費德烈．庫茲威爾的思考和溝通方式。

目前我也打算為自己做一個複製人。它將可以取得我數以千頁計的通訊內容，以及我所有已出版的著作和無數小時的影片。如此豐富的多媒體基礎將使我的複製人得以深刻並忠實地呈現我的個性，遠遠超過我父親的複製人。未來的 AI 複製人也將能夠取得有關被複製者生活的各種元資料（metadata），因此能夠達到更高的忠實度。

以下是前述系統回答我們問題的一些內容。這是使我父親復活的第一步。

你最愛音樂的哪一點？

音樂作品之所以如此有生命力，是因為它按照自己的要求調整了某種一般設定。音樂藝術經歷了漫長的發展，始終與人類的情感保持聯繫。

你最喜歡的作曲家是誰？為什麼？

布拉姆斯，他在作曲方面受到貝多芬的啟發。

搖滾樂的精髓是什麼？

旋律和節奏是音樂的主幹。結構的基本原理或規律是重複與對比，統一與變化。

你是怎麼開始從事指揮工作的？

二十多年來，我指揮過各種類型的管弦樂團，有專業的、業餘的、學院的、大學的、社區的，還有歌劇管弦樂團。我指揮過大型交響樂團、室內管弦樂團和青少年樂團。我曾任教於許多大學。

你希望別人如何記得你？

讚美自己當然不容易，但我想說的是，我與人相處和往來的能力一直是我的強項之一。我認識到重要的不僅是藝術能力，還有友好的人際關係。

你有什麼遺憾嗎？

為了能夠有一些時間來做真正有價值的工作，我必須每天教沒完沒了的課和做很多枯燥的工作，這似乎是我的宿命。我的期待和善意有時導致我的實務判斷失準，這要怪我自己。嗯，我既要承擔新責任，又要努力維持我的樂團，實在很難面面俱到。

是什麼決定了一個人是怎樣的人？

形式體現在部分與整體的關係上。

你有什麼嗜好嗎？

我們期待桃子和葡萄大豐收。我喜歡園藝，它使我放鬆，但我同意你的看法，園藝確實涉及大量工作。它是那種永無止境的工作。

有什麼事令你焦慮嗎？

常有噩夢般的感覺。

你對現代科技有什麼看法？

我們總是看到創新者受到同時代人的譴責。科技的進步，自動化之類，使個人變得渺小。以前的理想和價值觀被這個機器時代摧毀了。

你可以告訴我一個關於車禍的故事嗎？

我在莫比爾（Mobile）指揮歌劇時，我太太遭遇一場嚴重的車禍。她被計程車撞倒，被壓在卡車上，嚴重受傷，多處骨折，在醫院接受牽引治療兩個多月，目前在家打著沉重的石膏，只能無助地躺在床上。她將被迫處於這種狀態頗長一段時間。

生命的意義是什麼？

愛。

我可以成為什麼人？

我們的身分問題與意識、自由意志和決定論方面的問題密切相關。根據這些觀念，我可以說雷．庫茲威爾這個人既是精確到不可思議的先決條件的結果，也是我自己的抉擇的產物。作為一種自我修改的資料形態，我確實在我的生命中藉由決定與誰互動、讀些什麼和去哪裡，塑造了我自己。

但是，儘管我對我是什麼人負有部分責任，我的自我實現受限於我無法控制的許多因素。我的生物性大腦是為了一種與現代人生活非常不同的史前生活而演化出來的，它使我傾向養成一些我寧願自己沒有的習慣。它學得不夠快，記憶力也不夠好，導致我無法掌握我想要掌握的所有知識。我無法重新設定它，使得我能夠擺脫種種恐懼、創傷和疑慮——我知道這些東西正阻止我達成我想達成的目標。而我的大腦所處的身體正逐漸衰老（雖然我努力減緩這個過程），而且根據生物學的規律，這個身體最終將摧毀界定了雷・庫茲威爾這個人的資料形態。

奇點來臨或許能使我們所有人擺脫這些限制。數千年來，人類逐漸增強了對自己可以成為什麼樣的人的控制能力。醫學使我們能克服傷害和殘障。化妝品使我們能夠依照個人品味塑造自己的外貌。許多人使用合法或非法的藥物來糾正心理失衡或體驗其他意識狀態。更廣泛地獲取資訊使我們得以豐富自己的思想，並養成心理習慣，從生理上改變我們大腦的運作。藝術和文學作品激發我們對素昧平生者的同理心，並幫助我們增進德行。現代的行動應用程式可以用來養成紀律和培養健康的生活方式。跨性別者現在比以往任何時候都更有能力使自己的身體符合內心的性別認同。想像一下，等到我們可以直接為自己的大腦設計程式時，我們塑造自己的能力將如何大大提高。

因此，與超級 AI（superintelligent AI）融合將是一項值得達成的成就，但它只是達到更高目的的手段。一旦我們的大腦被備份到一種更先進的數位基質上，我們的自我改造能力就能充分發揮。我們的行為可以與我們的價值觀保持一致，我們的生命也不會因為我們肉身的缺陷而受到損害或被縮短。人類終將可以真正為自己成為什麼樣的人負責。[92]

第 4 章

生活正以指數的速度變得更好

但大眾普遍不這麼認為

看看這條最新消息：全球赤貧人口今天減少了 0.01%！[1]

還有這一條：從昨天到今天，識字人口增加了 0.0008%！[2]

還有這條：有沖水式廁所的家庭比例今天增加了 0.003%！[3]

而昨天也發生了同樣的事。

前天也是。

如果你不覺得這些進步令人振奮，這其實就是你為什麼沒聽過這些消息的原因之一。

這種進步跡象和許多類似例子沒有登上新聞版面，是因為它們其實不是新鮮事。許多方面日復一日的好轉趨勢已經持續了許多年，甚至是以比較慢的速度持續了數十年或數百年。

至於我剛才提到的例子，從 2016 到 2019 年（也就是我撰文時有詳細資料的最近一段時間），全球赤貧人口（以每天生活費不到 2.15 美元為標準，以 2017 年的美元衡量）估計從約 7.87 億降至 6.97 億人。[4] 如果這種趨勢持續至今，每年的百分比減幅保持不變，則全球赤貧人口每年減少近 4%，相當於每天減少約 0.011%。雖然確切數字相當不確定，但我們可以合理地相信誤差不會超過一個數量級。與此同時，聯合國教科文組織的數據顯示，從 2015 到 2020 年（同樣是有資料的最近一段時間），全球識字率從約 85.5% 升至 86.8%。[5] 這相當於平均每天上升約 0.0008%。而同樣從 2015 到 2020 年，全球能夠使用「基本」或「安全管理的」衛生設施（抽水馬桶或類似設施）的人口比例估計從 73% 增至 78%。[6] 這意味著平均每天提高約 0.003%。許多類似趨勢眼下正在持續發展中。

諸如此類的情況已被充分記錄下來。我在 1999 年的《心靈機器時代》[7] 和 2005 年的《奇點臨近》[8] 中，以及之後的許多演講和文章中，回顧了技術變革對人類福祉廣泛的正面影響。彼得·戴曼迪斯（Peter Diamandis）和史蒂芬·科特勒（Steven Kotler）合著的2012年著作《富足》（*Abundance*）[9] 中，具體闡述了我們正如何邁向一個資源充裕的時代，而過去我們總是面臨資源稀缺的問題。而史迪芬·平克（Steven Pinker）在他 2018 年的著作《再啟蒙的年代》（*Enlightenment Now*）[10] 中，描述了對社會有重大影響的各個領域正取得持續的進步。

在本章中，我要特別強調的是這種進步的指數式性質，還有加速回報定律如何成為我們看到的許多個別趨勢的基本驅動力，以及這種進步的結果將如何在不久的未來大大改善人類生活的大多數領域——而且並非僅限於數位領域。

在詳細討論具體例子之前，我們有必要從概念上清楚認識此一動態。我的著述有時被人誤解，說我宣稱技術變革本身就是指數式發展的，而加速回報定律適用於所有形式的創新。那不是我的觀點。加速回報定律其實是描述這樣的現象：某些類型的技術創造出回饋迴路，導致創新加速發生。廣義而言，這些技術增強了我們掌控資料的能力，包括蒐集、儲存、處理和傳輸資料的能力，而這使得創新本身變得比較容易。印刷機使書籍變得足夠便宜，新一代的發明家因此能夠接受教育。現代電腦幫助晶片設計師創造出更快的新一代中央處理器（CPU）。較為便宜的寬頻網路使網際網路對所有人變得更有用，因為更多人得以在網路上分享他們的想法。因此，技術變革最著名的指數曲線——摩爾定律——只是這個更深層、更基本的過程的一種表現。

加速回報定律並不適用於某些快速的變化，例如運輸速度。以下且以從英國前往美國需要的時間為例。1620 年，五月花號（Mayflower）花了 66 天跨越大西洋。[11] 到了美國革命時期的 1775 年，更好的造船和航海技術將時間縮短至約 40 天。[12] 1838 年，明輪汽船大西部號（Great Western）花了 15 天完成旅程，[13] 而到了 1900 年，四煙囪、螺旋槳驅動的德國號（Deutschland）客輪花了 5 天 15 小時跨越大西洋。[14] 1937 年，渦輪電力驅動的諾曼第號（Normandie）客輪將航程縮短至 3 天 23 小時。[15] 1939 年，泛美航空的飛行艇首次提供服務，耗時僅 36 小時，[16] 而到了 1958 年，第一次由噴射機提供的服務花了不到 10.5 小時。[17] 1976 年，協和（Concorde）超音速飛機將航程縮短至僅 3.5 小時！[18] 這個趨勢看起來無疑像是一種開放的指數式進步，但事實並非如此。協和式飛機 2003 年退役，此後倫敦紐約航線的飛行時間又回到超過 7.5 小時。[19] 跨大西洋運輸速度停止變快有一系列具體的經濟和技術原因，但更深層的根本原因是，運輸技術沒有創造出回饋迴路。噴射引擎沒有被用於製造更好的噴射引擎，因此到了某個點，額外提高速度的成本超過了進一步創新的效益。

加速回報定律之所以能在資訊技術上發揮如此強大的作用，就是因為回饋迴路一直使創新的效益超過成本，進步因此得以持續。而隨著 AI 能夠應用在越來越多領域，目前我們熟悉的電腦領域指數式進步趨勢，將開始在一些其他領域呈現出來，例如以前進步非常緩慢和成本高昂的醫療領域。隨著 AI 在 2020 年代快速擴大其應用範圍和增強能力，這將根本地改變我們通常認為不屬於資訊技術的一些領域，例如食品、服飾、房屋，甚至土地使用。我們現在正逼近這些指數曲線的陡坡。簡而言之，這就是為什麼在未來幾十年，人類生活的多數方面將指數式變好。

問題是，新聞報導系統性地扭曲了我們對這些趨勢的看法。正如任何小說家或編劇都會告訴你，要吸引觀眾注意，通常需要不斷升級的危險或衝突元素。[20] 從古代神話到《星際大戰》，正是這種模式引起我們的興趣。新聞報導因此試圖模仿這種模式——有時是刻意的，有時是很自然的。社群媒體的演算法加劇了這種情況，因為這些演算法被設計成盡力激起用戶的情緒反應，使他們更投入使用，進而增加社群媒體的廣告收入。[21] 這導致媒體偏向推送關於迫切危機的新聞報導，並將本章開頭提到的那種消息置於最後方的位置。

事實上，我們傾向被壞消息吸引是演化上的一種適應。在過去漫長的歲月裡，關注潛在的挑戰對我們的生存更重要。樹葉發出沙沙聲可能是掠食者造成的，因此合理的做法是集中關注當下的潛在威脅，而不是去注意你的作物收成可能比去年好了千分之一。

人類曾長期在狩獵採集群體中努力適應最低限度的生活，沒有演化出更好的本能來思考漸進的正面變化，也並不奇怪。在人類歷史的多數時期，生活品質的改善非常微小和脆弱，以至於許多人一輩子都沒察覺到生活品質的進步。事實上，這種石器時代的狀態一直持續到中世紀。例如在英國，1400 年的人均 GDP 為 1,605 英鎊（以 2023 年的英鎊計）。[22] 如果這一年出生的人活到八十歲，則他們去世時英國的人均 GDP 與八十年前完全相同。[23] 至於 1500 年出生的人，他們出生時的人均 GDP 已降至 1,586 英鎊，八十年後也只是回升到 1,604 英鎊。[24] 相對之下，1900 年出生的人在其八十年的壽命裡，見證了人均 GDP 從 6,734 英鎊躍升到 20,979 英鎊。[25] 因此，不僅是我們的生物演化沒有使我們容易注意到逐漸的進步，我們的文化演化也沒有。柏拉圖或莎士比亞的著作都完全沒有提醒我們要注意社會的物質面向逐漸進步，因為在他們生活的年代，這並不明顯。

以前的人會十分提防隱身於樹上的掠食者，現在的人則可能會持續注意各種資訊來源，包括社群媒體，以識別可能危害他們的事情。媒體心理研究中心（Media Psychology Research Center）

主任潘蜜拉・羅勒奇（Pamela Rutledge）這麼說：「我們持續注意各種事件，並思考這些問題：『這和我有關嗎？我是否有危險？』」[26] 這會削弱我們評估緩慢發生的正面發展的能力。

另一項演化適應是有充分證據的以下這個心理偏誤：我們傾向在記憶中美化過去。痛苦和悲傷的記憶比美好的記憶淡化得更快。[27] 在科羅拉多州立大學心理學家理查・沃克（Richard Walker）1997 年所做的一項研究中，參與者評估一些事件使自己感受到快樂或痛苦的程度，然後在三個月、十八個月和四年半之後再評估一次。結果發現負面感受淡化的速度遠快於正面感受，愉快的記憶持續存在。[28] 2014 年在澳洲、德國、迦納和許多其他國家所做的一項研究顯示，這種「負面感受傾向快速淡化」的現象是世界性的。[29]

懷舊（或鄉愁）的英文 nostalgia，是瑞士醫師約翰尼斯・侯佛（Johannes Hofer）1688 年時結合希臘文單詞 nostos（回鄉）與 algos（痛苦或憂傷）創造出來的，而懷舊不僅是回憶美好的往事，更是一種藉由改造記憶來處理源自過去的壓力的應對機制。[30] 如果過去的痛苦永不淡化，我們就會一直受它傷害。

研究結果支持此一看法。北達科他州立大學心理學教授克雷・勞特雷吉（Clay Routledge）的一項研究分析了人們如何以懷舊作為一種應對機制，結果發現那些寫下正面懷舊事件的參與者聲稱的自愛程度比較高，社會聯繫也比較強。[31] 由此可見懷舊對個人和社會都有用。我們回顧過去的經歷時，痛苦、壓力和困難都已經淡化，關於生活中較美好方面的記憶則通常保持得比較好。相反地，我們著眼於現狀時，會非常關注眼下的憂慮和困難。這導致我們經常產生錯誤的印象，以為過去比現在好，儘管有大量客觀證據顯示情況正好相反。

我們還有一種認知偏誤：傾向誇大普通事件中壞消息的意義。例如 2017 年的一項研究顯示，小幅的隨機波動（例如股票市場一天的漲或跌、颶風季節災情嚴重或輕微、失業率小幅上升或下跌）如果是負面的，人們比較可能認為那不是隨機的波動，而會懷疑這些變化預示了較為廣泛的惡化趨勢。[32] 認知科學家雅特・馬克曼（Art Markman）這麼總結其中一項關鍵結果：「研究參與者被問到眼前圖表是否代表經濟情況出現根本變化時，比較可能在圖表顯示情況正在惡化（而不是變好）時，認為小幅的變化代表情況發生了根本變化。」[33]

這項研究和類似的更多研究顯示，我們習慣了預期事物失序，認為世界自然傾向分崩離析和變差。這可能是一種有益的適應，激勵我們採取行動，有助我們為挫折做好準備，但它也是一種強烈的偏見，使我們難以看到人類生活狀況的改善。

這對政治有實在的影響。公共宗教研究所（Public Religion Research Institute）的一項調查發現，2016 年有 51% 的美國人認為「美國的文化和生活方式自 1950 年代以來變差了。」[34] 此前一年，英國市調公司 YouGov 的一項調查發現，71% 的英國民眾認為世界正在變得越來越糟，只有 5% 的人認為世界正在變好。[35] 這種民情刺激了民粹政客承諾恢復已經失去的昔日榮光，儘管大眾福祉的幾乎每一項客觀指標都顯示，過去比現在糟得多。

此一現象有許多事例，其一是 2018 年一項調查訪問了 26 個國家的 31,786 人（這些國家使用 17 種語言、占世界人口 63%），問他們過去二十年間，全球赤貧人口比例是上升還是下降了，以及改變了多少。[36] 受訪者的回應如下圖顯示。

過去二十年間，世界赤貧人口比例是……

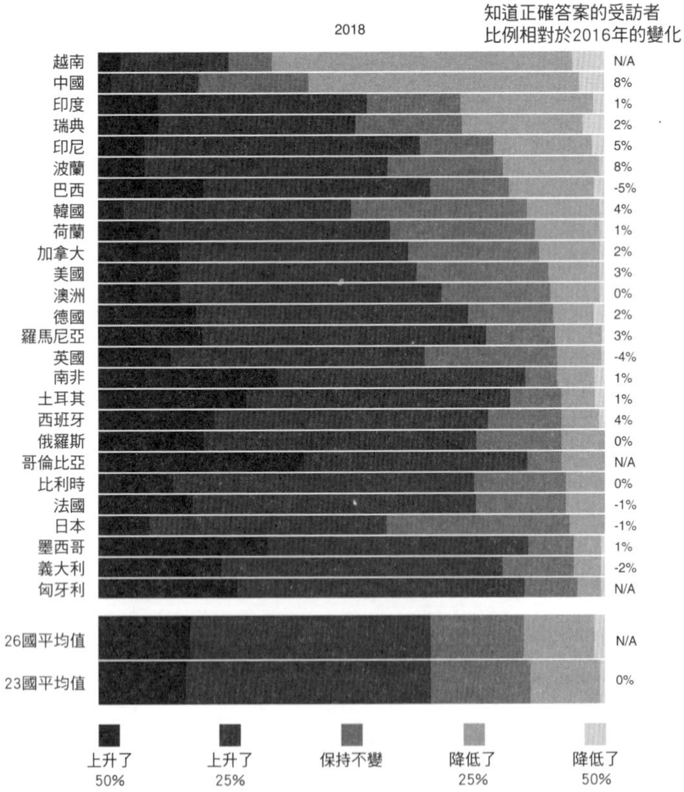

Martijn Lampert, Anne Blanksma Çeta, and Panos Papadongonas, 2018

只有 2% 的受訪者答對了：赤貧人口比例降低了 50%。越來越多社會科學研究證實了這種差異：各種社會和經濟指標顯示世界其實普遍進步了，但大眾卻覺得並非如此。在另一個例子中，市調公司易普索莫里（Ipsos MORI）為英國皇家統計學會和倫敦國王學院所做的一項意義重大的研究顯示，在許多議題上，民眾的看法與實際統計數據存在很大的分歧，[37] 例如：

- 大眾的印象是有 24% 的政府福利被騙走了，但實際數字是 0.7%。
- 在英格蘭和威爾斯，1995 至 2012 年間犯罪減少了 53%，但 58% 的民眾認為這段期間犯罪有所增加或維持不變。2006 至 2012 年間，暴力犯罪減少了 20%，但 51% 的民眾認為期間暴力犯罪增加了。
- 大眾估計的少女懷孕率高達實際水準的 25 倍：英國每年有 0.6% 的 15 歲以下女孩懷孕，但大眾估計有 15%。

美國這邊也有同樣的情況。在二十一世紀，儘管美國的暴力犯罪和財產犯罪自 1990 年以來都減少了大約一半，但仍有顯著多數的美國人（曾高達 78%）認為過去一年全國犯罪有所增加。[38]

「流血的新聞上頭條」（If it bleeds, it leads）這句話概括了造成這些誤解的一個主要原因。暴力事件會被廣泛報導，犯罪率降低（例如拜資料導向的執法努力所賜，或因為警方與社區的溝通改善了）則根本不是個事，因此不會得到媒體廣泛報導。

認為過去一年犯罪增加的美國大眾比例

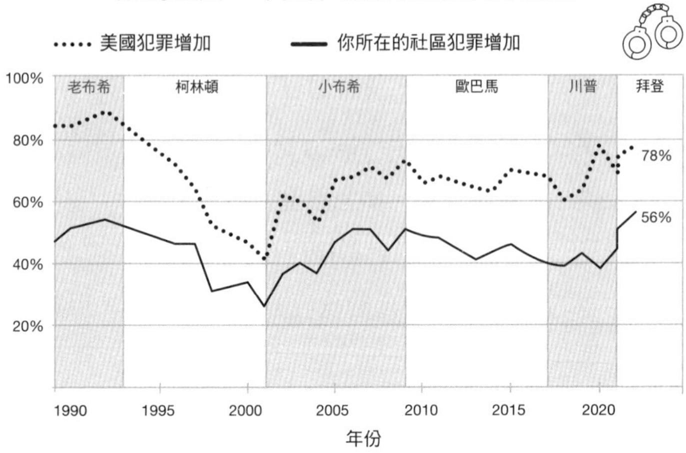

資料來源：蓋洛普（Gallup）民意調查

Jamiles Lartey, Weihua Li, and Liset Cruz, the Marshall Project, 2022

美國的實際犯罪率

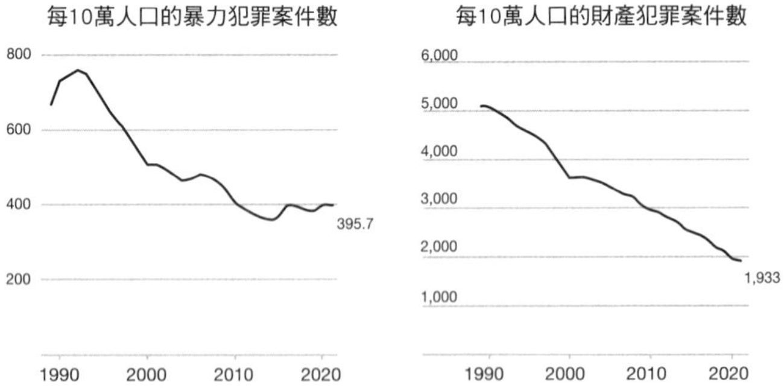

資料來源：統一犯罪報告計畫、聯邦調查局

Jamiles Lartey, Weihua Li, and Liset Cruz, the Marshall Project, 2022

這不一定是任何人有意識決定的結果——產業誘因結構性地鼓勵媒體偏向報導暴力或負面的故事。因為本章稍早提到的認知偏誤，人類自然傾向被令人感到威脅的資訊吸引。由於多數媒體（包括傳統新聞媒體和社群媒體）是靠吸引受眾注意來賺取廣告收入，我們對整個媒體業認為持續經營的最佳方式是傳播會激起強烈情緒反應、使人感受到威脅的資訊，不應感到意外。

這也與迫切性有關。字面上而言，「新聞」一詞含有及時的新資訊之意。人們可以花在媒體消費上的時間有限，因此傾向優先關注剛發生的事。問題是絕大多數這種互不相關的緊急事件都是壞事。正如我在本章開頭強調，世界上發生的多數好事是一些非常漸進的過程，這些故事因此很難達到重點新聞必須具有的迫切性，所以也就幾乎不可能成為《紐約時報》的頭版新聞或 CNN 的頭條新聞。社群媒體的情況也類似——分享災難相關影片很容易，漸進的進步則不會產生戲劇性的畫面。

正如史迪芬．平克所說：「新聞會誤導想藉由它了解世界的人。新聞總是關於已經發生的事，不會告訴你哪些事情沒有發生。因此，如果有員警沒有遭到槍擊，或某個城市沒有發生暴力示威，新聞不會報導。只要暴力事件沒有完全消失，就總是會有相關的新聞標題可以讓你點擊⋯⋯悲觀可以成為一種自我實現的預言。」[39] 現在尤其是這樣，因為社群媒體集合了來自整個地球的各種駭人消息——而之前的幾代人主要是接收關於本地或所在區域的新聞。

但我的看法相反：「樂觀不是對未來的無根據猜測，而是一種自我實現的預言。」相信世界真的可以變得更好，這種信念是努力創造美好世界的一股強大動力。

丹尼爾．康納曼（Daniel Kahneman）的研究——有一部分是與阿莫斯．特沃斯基（Amos Tversky）合作——解釋了人們在對世事作出估計時使用的無效和無意識的捷思法（heuristics），他因此榮獲諾貝爾經濟學獎。[40] 康納曼與特沃斯基的研究證明了人們系統性地忽略事前機率（prior probability），未能意識到對某個群體來說通常屬實的事，對你遇到的該群體的個別成員通常也屬實。例如你被要求根據一個陌生人的自我描述來估計他從事的職業，那麼如果他說他「喜歡書」，你可能會猜他是「圖書館員」，而忽略了基本機率，也就是忽略了世界上圖書館員並不多這個普遍事實。[41] 克服了這種偏誤的人會意識到，喜歡書與當事人從事什麼職業關係不大，因此會猜一種常見得多的工作，例如「零售業員工」。人們並非不知道基本機率，但他們在考慮特定情況時，往往會忽略基本機率，傾向重視眼前的生動細節。

康納曼與特沃斯基指出的另一個有偏誤的捷思法，是天真的觀察者看到擲硬幣連續擲出多次反面，會預期接下來比較可能擲出正面。[42] 這是對於均值回歸（regression to the mean）原理有所誤解所致。

康納曼與特沃斯基稱之為「可得性捷思法」（availability heuristic）的第三種偏誤，可以解釋社會上大部分的悲觀傾向。[43]

人們會根據自己能多容易想到相關例子，來估計某種事件或現象發生的可能性。因為本章稍早討論過的原因，媒體報導和推送新聞時往往強調負面事件，因此人們通常比較容易想起這些負面情況。

我們應該糾正這些偏誤，但這不表示我們應該忽視或低估真實的問題，糾正這些偏誤可以為我們樂觀看待人類的整體發展軌跡提供有力的理性基礎。技術變革並不是自動發生的，而是有賴人類的才智和努力。這種進步也不應該使我們看不見與此同時有些人面臨的迫切苦難。相反地，大趨勢應該提醒我們，雖然這些問題有時看起來很困難，甚至令人絕望，但我們身為一個物種在解決這些問題上正在扭轉逆境。對我來說，這是巨大動力的一個來源。

事實是人類生活幾乎每一方面，正因為科技的指數式進步而變得越來越好

資訊技術之所以能夠指數式進步，是因為它直接促進了自身的進一步創新。但此一趨勢也促進了其他領域許多相互強化的進步機制。過去兩個世紀裡，這已經催生了一種良性循環，促進了人類福祉的幾乎每一個方面，包括識字、教育、財富、衛生、健康、民主化，以及減少暴力。

我們通常從經濟角度思考人類的發展：隨著人們每年能夠多賺一些錢，他們就能享有更好的生活品質。但是，真正的發

展並非只是經濟體累積財富，而是涉及深層得多的東西。經濟有興衰週期；財富可以獲得，也可能失去。但是技術變革基本上是永久的。我們的文明一旦學會了如何做一些有用的事，我們通常會保有這些知識，並以此為基礎繼續發展。這種單向的進步使人類社會能夠有力地從短暫的災難中復原，例如迅速克服偶爾導致社會倒退的嚴重天災、戰爭或大流行病。

相互交織的因素如教育、醫療照護、衛生和民主化，創造出彼此強化的回饋迴路——任何一個領域的進步很可能將惠及其他領域，例如教育改善培養出更有能力的醫師，而更好的醫師使更多兒童保持健康，能夠留在學校接受教育。這一點意義重大：新技術可以產生巨大的間接效益，甚至是在遠離其本身應用領域之處。例如，二十世紀家用電器普及不但為人們節省了大量時間和力氣，還促進了社會解放和變革，使數以百萬計的有才能婦女得以加入勞動大軍，在無數領域作出了重要貢獻。一般而言，我們可以說技術創新創造了條件，幫助社會上更多人發揮自身潛力，進而促成更多創新。

再舉一個例子，印刷機這項發明改善了教育，並且大大促進了教育普及，結果產生了更有能力和更成熟的勞動力，推動了經濟成長。識字率提高造就更好的生產和貿易協調，帶來了更大的繁榮。財富成長使國家得以增加投資在基礎設施和教育上，上述良性循環因此得以加快。與此同時，印刷技術使大眾平面媒體得以發展，促進了民主化，而隨著時間的推移，暴力事件因此減少。

起初，這是一個非常緩慢的過程，祖父母與孫輩的生活方式因此差別不大，通常不會被注意到。但幾個世紀以來，社會福祉的所有指標都呈現逐漸且顯著好轉的穩定趨勢。這些趨勢最近幾十年明顯加速，受幾乎所有形式的資訊科技日益快速的指數式進步驅動。正如我在本章中闡述，未來幾十年裡，這種進步將進入非常高速的狀態。

識字與教育

在人類歷史的大部分時間裡，世界各地的識字率都非常低。知識多數仰賴口傳，主要原因是複製書面資料的成本非常高昂。對一般人來說，如果很少接觸到書面資料，也負擔不起這種資料，那就不值得花時間去學習識字。時間是所有人平等擁有的唯一稀有資源——無論你是誰，一天也只有二十四小時。人們在決定如何花時間時，理性的做法是思考各個選項可以帶給他們什麼好處。學習識字需要投入大量時間。在維生本身就不容易的社會，一般人因為書籍成本太高而無法取得書籍，學習識字並非明智的投資。因此，我們應該小心，不要以為我們不識字的祖先是愚昧或缺乏好奇心。事實是他們的生存環境非常不鼓勵他們識字。

從這個角度看，我們似乎也應該想想現今世界的誘因有時如何阻礙了學習。例如，在那些資訊科技工作機會稀少的地方，對電腦科學有興趣的年輕人可能會發現，投入時間學習程式設計並不明智。但現在，一如幾個世紀前的歐洲，科技可以改變這種情況：自動翻譯、遠距學習、自然語言程式設計，以及遠距工作開啟了新機會，使好奇的人比較可能得到獎勵。

中世紀末期，活字印刷機出現於歐洲，廉價且多樣化的閱讀材料隨之激增，一般人學會識字因此變得實際可行。在中世紀末期，只有不到五分之一的歐洲人識字，[44] 主要是神職人員和工作涉及閱讀的人。[45] 在啟蒙運動期間，識字率逐漸提高，但截至 1750 年，歐洲主要強國中只有荷蘭和英國的識字率超過 50%。[46] 到了 1870 年，只有西班牙和義大利的識字率顯著低於 50%，很可能是因為這兩個國家當時的經濟相對不發達，而且不久前經歷了內戰。[47] 但是，當時歐洲的識字率仍高於全球平均識字率。在 1800 年，全球很可能只有不到十分之一的人識字，但在整個十九世紀，大量發行的報紙普及協助推高了識字率，而社會改革也開始保證所有兒童都能接受基礎教育。[48] 但是到了 1900 年，全球識字人口還是不到四分之一。[49] 在二十世紀，世界各地公立教育明顯擴張，全球識字率在 1910 年超過了四分之一。到了 1970 年，全球多數人口已經識字。[50] 在此之後，大多數地方的識字率迅速飆升至接近百分之百。[51] 現在全球識字率接近 87%，已開發國家識字率更是往往超過 99%。[52]

但我們仍有進步空間。上述識字率是以基本標準衡量，例如只需要能夠讀寫簡單資料，譬如人名。現在已經有比較豐富的新衡量標準，可以用來評估識字水準。例如，美國 2003 年的全國成人識字評估（National Assessment of Adult Literacy）發現，識字水準高於「基本以下」的美國人口比例只有 86%。[53] 九年後的類似評估發現，情況沒有顯著改善。[54]

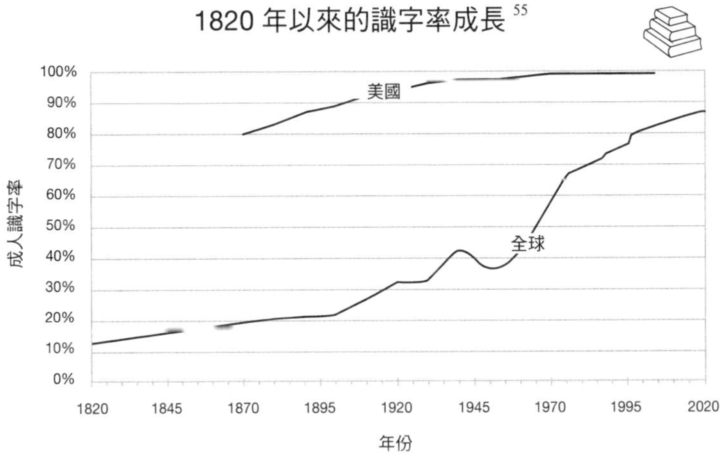

主要資料來源：Our World in Data；聯合國教科文組織

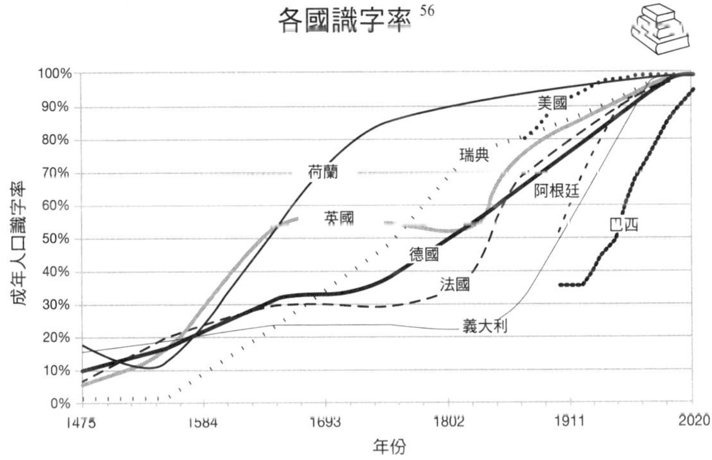

資料來源：Our World in Data；聯合國教科文組織

1870 年，美國人口平均接受了約四年的正規教育，而英國、日本、法國、印度和中國全都不足一年。[57] 二十世紀初，英國、日本和法國開始迅速趕上美國，因為這三國擴展了免費公立教育。[58] 與此同時，印度和中國仍處於貧困和不發達的狀態，但在第二次世界大戰結束後的二十年間大有進步。[59] 到了 2021 年，印度人平均接受 6.7 年的正規教育，中國則有 7.6 年。[60] 在前面提到的其他國家，這個數字全都超過 10 年，其中美國以 13.7 年居首位。[61] 下方圖表顯示過去半個世紀的戲劇性進展——而並非巧合的是，這也是電腦同時促進教育和提升學校教育效益的時期。

美國教育支出 [62]

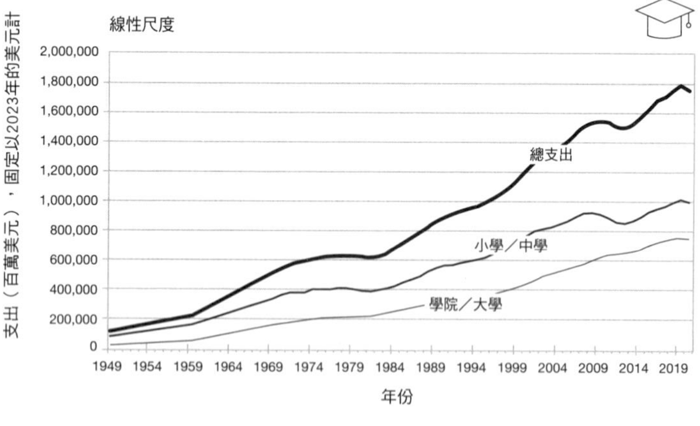

主要資料來源：美國國家教育統計中心

美國人均教育支出[63]

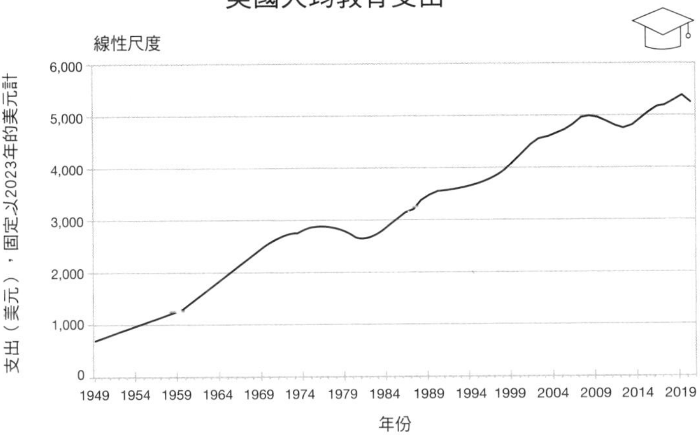

主要資料來源：美國國家教育統計中心

受教育平均年數[64]

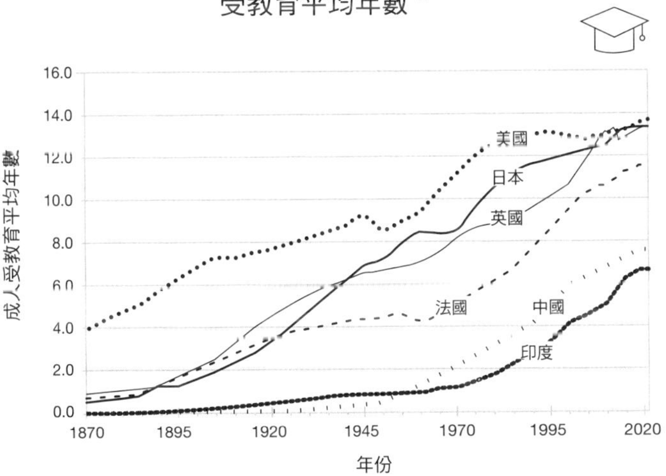

主要資料來源：Our World in Data；聯合國人類發展報告處

沖水式廁所、電力、收音機、電視和電腦之普及

歷史上，人類糞便污染食物和水源是造成疾病和死亡的最主要原因之一。[65] 沖水式廁所是解決這個問題的決定性技術方案，早在 1829 年就已經出現，隨後逐漸在美國城市中獲得採用，但要到二十世紀初才在城市真正普及。[66] 在 1920 和 1930 年代，沖水式廁所迅速普及到農村地區，1950 年已有四分之三的家庭採用，1960 年增至 90%。[67] 到了 2023 年，只有極少數美國家庭沒有沖水式廁所，而這通常是出於生活方式的偏好（例如喜歡質樸的生活環境），而不是因為赤貧。[68] 另一方面，貧困是開發中國家民眾仍然缺乏沖水式廁所或其他形式的改良衛生設施（例如堆肥式廁所）的主要原因。[69] 不過，隨著衛生技術成本降低，以及過去容易發生暴力事件的地區變得較為穩定和更有能力投資於衛生基礎設施，全球的安全廁所普及率正穩步上升。[70]

電力本身不屬於資訊技術，但因為我們所有的數位裝置和網路都需要用電，有電可用是享受現代文明無數好處的先決條件。在電腦面世之前，電力就已經在驅動各種節省人力、改變世界面貌的設備，同時使人們可以在晚上工作和娛樂。二十世紀初，美國電氣化主要限於大城市地區。[72] 大約在大蕭條開始時，美國的電氣化步伐放緩，但在 1930 和 1940 年代，小羅斯福總統推動大規模的農村電氣化計畫，希望將電動機械的效率帶到美國的農業中心地帶。[73] 到了 1951 年，已經有超過 95%

沖水式廁所與改良的衛生設施，美國及全球 [71]

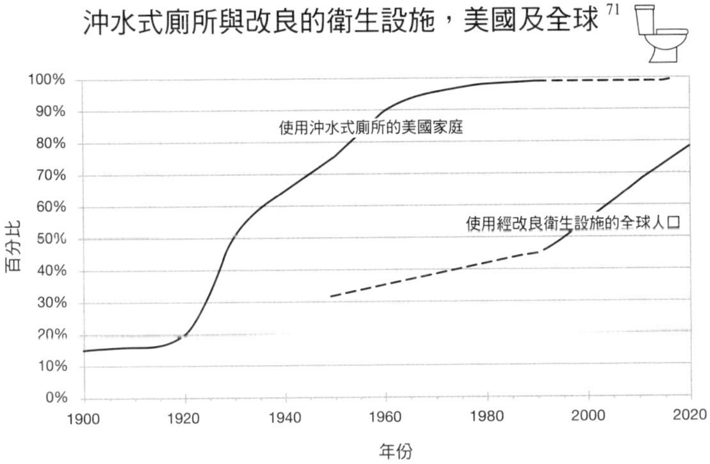

主要資料來源： Stanley Lebergott, *Pursuing Happiness: American Consumers in the Twentieth Century* (Princeton, NJ: Princeton University Press, 1993)；美國普查局（US Census Bureau）；世界銀行。虛線代表接合不同資料來源的估計值。

的美國家庭有電可用，而到了 1956 年，全美電氣化被視為已基本完成。[74]

在世界其他地區，電氣化通常遵循類似的模式：先是城市，然後是郊區，最後是農村。[75] 現在全球人口超過 90% 有電可用。[76] 至於那些至今還是無電可用的地方，主要障礙在於政治，而非技術。麻省理工學院教授戴倫．艾塞默魯（Daron Acemoglu）和他的同事詹姆斯．羅賓森（James Robinson）致力研究政治制度在人類發展中的關鍵作用，其成果極受重視。[77] 簡而言之，他們的研究發現，國家容許更多人自由地參與政治，人們覺得自己可以安心地為未來創新和投資，繁榮的回饋迴路就可以牢牢確立。而正是因為這些因素，要使得世界上餘下的約十分之一人口有電可用非常困難。在暴力事件頻繁的地區，人們認為不值得投資於可能很快就會被摧毀、成本高昂的電力基礎設施。此外，如果道路狀況不佳而且不安全，就很難將發電機和燃料運送到偏遠社區，讓當地人自行發電。幸運的是，平價且高效率的太陽能電池將持續使更多人有電可用。

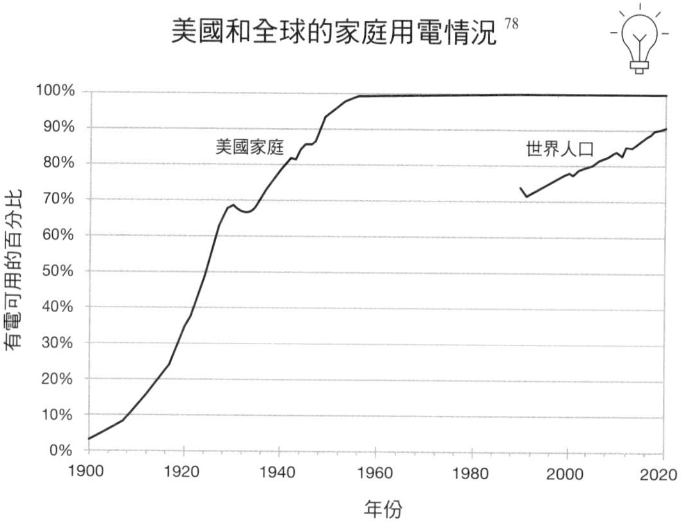

資料來源：美國普查局；世界銀行；Stanley Lebergott, *The American Economy: Income, Wealth and Want* (Princeton, NJ: Princeton University Press, 1976)

電力造就的改變社會面貌的第一項傳播技術是無線電。美國的商業無線電廣播始於1920年，到1930年代已經成為全美主要的一種大眾媒體。[79]不同於通常局限於單一都會區的報紙，無線電廣播可以觸及全國各地的受眾。這幫助美國發展出一種真正的全國媒體文化，因為從加州到緬因州的民眾會收聽許多同樣的政治演講、新聞報導和娛樂節目。到了 1950 年，超過九成的美國家庭擁有收音機，但就在 1950 年代，電視開始取代電台廣播在大眾媒體的主導地位。[80] 聽眾的習慣隨之改變。電台廣播節目開始更集中在新聞、政治和體育上，而美國人主要變成在車上收聽廣播。[81] 自 1980 年代起，高度黨派化的政治

擁有收音機的美國家庭 [84]

資料來源：美國普查局；Douglas B. Craig, *Fireside Politics: Radio and Political Culture in the United States, 1920–1940* (Baltimore, MD: Johns Hopkins University Press, 2000)

雖然擁有收音機的美國家庭比例近年似乎大幅下跌（有一項研究採用與本圖中數據不同的統計方法，結果顯示該比例從 2008 年的 96% 降至 2020 年的 68%），但這其實非常誤導，因為現在其他裝置也可以當收音機用。例如截至 2021 年，85% 的美國成年人擁有智慧型手機，可以用它經由網路串流免費收聽廣播節目。

談話節目成為電台廣播最強大的勢力之一，同時被批評為強化聽眾的偏見，而且妨礙聽眾接收立場相反的訊息。[82] 自 2010 年代智慧型手機和平板電腦普及以來，越來越多廣播內容經由網路串流傳送，而非真的透過傳統的無線電波。（2007 年，也就是第一款 iPhone 推出那一年，只有 12% 的美國人每週至少收聽一次線上電台節目；到了 2021 年，該比例已升至 62%)。[83]

電視普及的情況與收音機相似，但因為電視面世時美國已經發達得多，其指數式成長的速度更快。科學家和工程師在十九世紀末就開始提出能促使電視面世的理論，而到了 1920 年代末，已經有人在開發和展示原始的第一套電視系統。[85] 到了 1939 年，在美國，電視廣播的技術在商業上已經可行，但第二次世界大戰爆發導致全球電視生產實際上停頓了。[86] 但戰爭一結束，美國人迅速開始購買電視機。新的電視台如雨後春筍在美國各地湧現，而到了 1954 年，已有超過一半的美國家庭擁有至少一台電視機。[87] 電視普及率隨後迅速上升，1962 年時已有超過 90% 的美國家庭擁有電視機。[88] 隨後三十年間，成長就沒那麼快了。[89] 1997 年，電視機普及率達到 98.4% 的最高點，隨後略微下跌，2021 年跌至約為 96.2%。[90] 此一衰退可歸因於多項因素，包括出現一種拒絕看太多電視的社會風氣、網路上湧現與電視競爭的各種消遣，以及近年類似電視的節目經由網路串流提供的趨勢。[91]

不同於被動式媒體消費的收音機和電視，互動式的電腦帶給人們更廣泛的可能性。個人電腦 1970 年代開始進入美國家

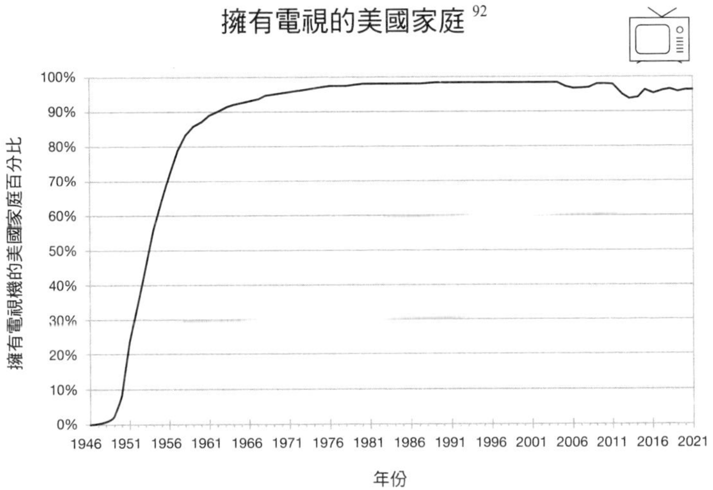

主要資料來源：美國普查局；Cobbett S. Steinberg, *TV Facts*, Facts on File；Jack W. Plunkett, *Plunkett's Entertainment & Media Industry Almanac 2006* (Houston, TX: Plunkett Research, 2006)；尼爾森公司

庭，最早的機器包括 Kenbak-1，以及 1975 年大受歡迎、使用者必須自行組裝的 Altair 8800。[93] 到了 1970 年代末，蘋果和微軟等公司開始推出一般人一個下午就能學會操作、容易使用的個人電腦，改變了市場格局。[94] 蘋果公司著名的 1984 年超級盃廣告使得整個美國都談論起電腦，然後在廣告播出後的五年內，擁有電腦的美國家庭比例近乎倍增。[95] 在那個時期，人們使用電腦主要是做文字處理、資料輸入和玩簡單的遊戲。

但是，網際網路在 1990 年代的蓬勃發展，大大擴展了電腦的用途。1990 年 1 月，網際網路整個網域名稱系統約有 175,000 台主機。[96] 到了 2000 年 1 月，該數字已飆升至

72,000,000 左右。[97] 同樣地，全球網際網路流量也從 1990 年的 12,000 GB（10 億位元組）增至 1999 年的 306,000,000 GB。[98] 這直接提高了電腦的實用性。正如串流媒體服務在擁有更多、更好的內容時可以吸引更多訂戶並收取更高的費用，隨著可用的內容指數式增加，網際網路變得值得更多人來投入。而這創造出一個正回饋迴路——許多新使用者貢獻了他們自己的內容，進一步提高了網際網路的價值。因此，在 1990 年代，家用電腦從文字處理和簡單遊戲的平台，變成了可以取得世界上大部分知識，並將相隔遙遠的使用者聯繫起來的門戶。電子商務興起使人們可以使用電腦滿足大量購物需求，而 2000 年代社群媒體興起則使線上體驗變得具有豐富的互動性。

擁有電腦的家庭，美國及全球 [101]

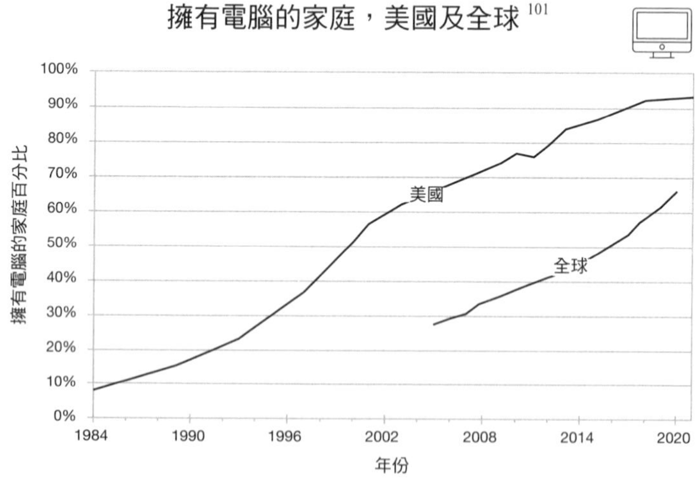

主要資料來源：美國普查局；國際電訊聯盟

到了 2017-2021 年，約 93.1% 的美國家庭擁有電腦，而且隨著最偉大世代（1901 至 1927 年間出生的一代）凋零和千禧世代開始建立自己的家庭，這個比例繼續上升。[99] 與此同時，全球的電腦擁有率穩步上升。智慧型手機迅速擴大了電腦在開發中國家的市場滲透率，截至 2022 年，全球約三分之二的人口至少擁有一台電腦。[100]

預期壽命

正如我在第六章較詳細地指出，迄今為止，我們在疾病治療和預防方面的大部分進展，是有時成功、有時失敗的線性研發過程的產物。因為我們缺乏系統性探索所有潛在療法的工具，這種範式下的醫學發現很大程度上仰賴運氣。醫學上最重要的意外突破很可能就是偶然之下發現了青黴素，這開啟了抗生素革命，從那時起可能已經拯救了多達 2 億人的性命。[102] 但是，即使醫學發現並非意外，採用傳統方法的研究人員仍需要好運氣才能取得突破。因為無法徹底模擬所有潛在的藥物分子，研究人員不得不仰賴高通量篩檢（HTS）和其他艱苦的實驗室方法，而這些方法的速度和效率都低得多。

公平地說，這種做法帶給我們很大的好處。一千年前，歐洲人出生時的預期壽命只有二十多歲，因為許多人在嬰兒或少年時期就死於霍亂和痢疾等疾病，而這些疾病現在很容易預防。[103] 到了十九世紀中葉，英國人和美國人的預期壽命已增至四十多歲。[104] 截至 2023 年，大部分已開發國家的民眾預期壽命已增至超過八十歲。[105] 因此，在過去一千年裡，我們使人類預期壽命增加了近兩倍，在過去兩個世紀裡則是增加了一倍。這主要是靠找到方法避開或殺死外部病原體，也就是那些從我們身體外部帶來疾病的細菌和病毒。

但現在，這些低垂的果實大多已被摘取。我們尚未克服的疾病和殘障，大多源自我們身體深處。細胞功能失常或身體組織損壞，我們就可能罹患癌症、動脈粥狀硬化、糖尿病和阿茲海默症之類的疾病。某程度上我們可以藉由生活方式、飲食和補充劑來降低這些風險——這是我所說的大幅延長人類壽命的第一道橋樑。[106] 但這些只能延後無可避免的情況。這就是為什麼已開發國家的預期壽命增長約從二十世紀中葉起已顯著放緩。例如，從 1880 到 1900 年，美國人出生時的預期壽命從約 39 歲延長到 49 歲，但從 1980 到 2000 年，也就是在醫學的焦點從傳染病轉移到慢性病和退化型疾病之後，預期壽命僅從 74 歲延長到 76 歲。[107]

幸運的是，在 2020 年代，我們開始進入第二道橋樑：結合人工智慧和生物科技來戰勝那些退化型疾病。我們已不再只是利用電腦來整理有關醫療介入和臨床試驗的資料。我們現在正利用 AI 來尋找新藥，而到了 2020 年代末，我們將能夠開始以數位模擬來增強並最終取代緩慢、樣本數不足的人體試驗。我們實際上是正在將醫學轉變為一種資訊技術，希望能利用資訊技術的指數式進步來掌握「生物的軟體」（the software of biology）。

這方面最早和最重要的例子之一出現在遺傳學領域。自 2003 年人類基因組計畫（Human Genome Project）完成以來，基因組定序的成本持續呈現指數式下降趨勢，平均每年降低約一半。雖然基因組定序成本在 2016 至 2018 年間經歷了短暫的平穩期，而且後來因為受 COVID-19 大流行干擾而下降速度減慢，但成本仍在持續降低——而且隨著精密的 AI 在定序中發揮更大的作用，成本下降的速度很可能將再度加快。定序成本已從 2003 年的每個基因組約 5,000 萬美元，銳減至 2023 年初的 399 美元，而且有一家公司矢言將在你閱讀本書時，提供只需要 100 美元的基因組定序服務。[108]

隨著 AI 改變越來越多醫學領域，它將引發許多類似的趨勢。這已經開始產生臨床影響，[109] 但我們仍處於此一指數曲線的早期階段。相關應用目前還只是涓涓細流，但將在 2020 年代結束前變成一股洪流。屆時我們將能夠開始直接處理目前導致人類壽命最多只有約 120 歲的生物學因素，包括粒線體基因突變、端粒（telomere）縮短，以及導致癌症的細胞分裂失控。[110]

在 2030 年代，我們將進入大幅延長壽命的第三道橋樑：醫療奈米機器人將能夠聰明地在我們全身進行細胞層面的維護與修復。根據某些定義，某些生物分子已被視為奈米機器人。但第三道橋樑的奈米機器人不同之處在於它們可以由 AI 主動控制，以執行各種任務。在這個階段，我們對自身生物驅體的控制能力，將類似我們目前對汽車維修的控制能力。也就是說，除非你的汽車因為重大事故而徹底毀壞，否則你可以無限期地持續修理或更換零件。同樣地，智慧型奈米機器人將使我們能夠針對性地修復或升級個別細胞，因此將決定性地克服老化。第六章將進一步討論這一點。

第四道橋樑——以數位方式備份我們的心智檔案——將是2040年代的技術。正如我在第三章指出，個人身分的核心不是當事人的大腦本身，而是其大腦能夠表現和操作的特定資料排列。一旦我們可以足夠準確地掃描這些資料，我們就能在數位基質上複製它。這意味著即使生物性大腦被摧毀，當事人的身分也不會被消滅——它可以被複製和再複製，安全地備份起來，幾乎是想保存多久都可以。

英國人的預期壽命，出生時和1歲、5歲及10歲時[111]

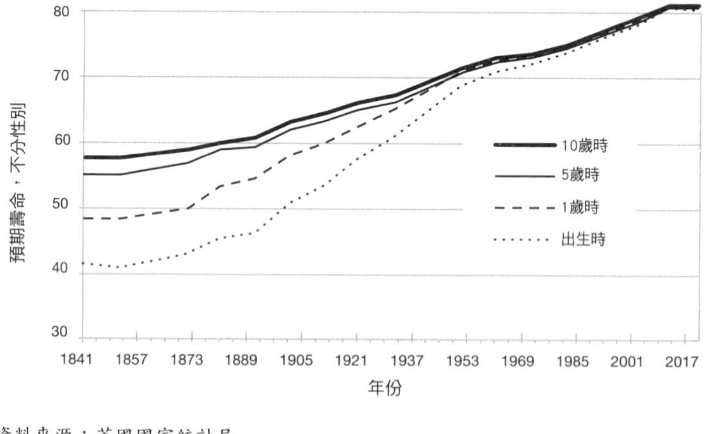

資料來源：英國國家統計局

美國人的預期壽命，出生時和 1 歲、5 歲及 10 歲時[112]

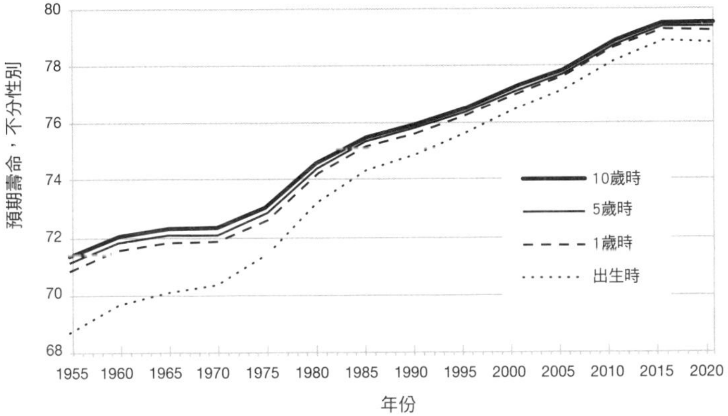

資料來源：聯合國社會和經濟事務部

貧窮減少和所得增加

到這裡為止，本章所講的技術趨勢每一項都非常有益，但真正改變世界面貌的是它們相輔相成的整體效應。雖然經濟狀況不能完全代表社會的進步，但它是我們了解此一長期進步過程的最佳指標。

全球而言，總體趨勢一直非常穩定。根據現代全球標準，1820 年估計有 84% 的全球人口過著赤貧生活。[113] 隨著許多地方開始工業化，歐洲和美洲的貧窮率很快開始下降。[114] 第二次世界大戰結束後，隨著印度和中國在隨後數十年裡引進較為現代的農業技術，貧窮減少的過程顯著加快。[115] 雖然媒體對全球貧窮問題的報導增加導致已開發國家許多民眾對貧窮問題的嚴重程度有錯誤印象，貧窮率其實持續下降，過去三十年間大幅改善。截至 2019 年，全球赤貧率降至約 8.4%，在 1990 至 2013 年間降低了逾三分之二（目前赤貧的定義為每日生活費低於 2.15 美元〔以 2017 年的美元計〕）。[116]

東亞地區的降幅最大：中國的經濟發展使數億人脫貧，過上水準可以和已開發國家媲美的生活。從 1990 到 2013 年，東亞的赤貧人口降幅達到驚人的 95%，而同期區域內總人口從 16 億增至 20 億。[117]

在同一時期的大部分時間裡，赤貧人口增加的唯一地區是歐洲和中亞，而這是因為蘇聯解體後的經濟混亂需要數十年的時間善後。[118] 值得注意的是，這主要是因為政治原因，而非狹隘的經濟或技術原因。蘇聯的專制政府垮台造成了權力真空，極其嚴重的貪腐因此發生。尤其是在比較貧窮的中亞前蘇聯共和國，這產生了負回饋迴路，阻礙了投資，抑制了繁榮。

不過，自冷戰結束以來，國際社會其實有能力來協助世界上最貧困的地區解決嚴重的貧窮問題。蘇聯剛解體時，許多已開發國家削減了他們的對外援助預算，對國際開發事務的重視程度也降低了。[119] 這是因為冷戰期間，西方民主國家與共產集團國家為了爭奪對開發中國家的影響力，基本上是從戰略角度來看國際開發問題。但到了 1990 年代中期，經濟合作暨發展組織（OECD）認為，促進國際開發非常重要——一方面是基於人道主義，另一方面是因為創造一個安全和繁榮的世界對所有人都有好處。2000 年，聯合國將這些理念納入其千禧發展目標，希望藉由協調國際間的努力，在 2015 年前達成重要的發展里程碑。[120] 雖然這些雄心勃勃的目標有很多未能達成，但千禧發展目標還是促成了非常重要的進展，改善了數億人的生活。

在美國，自開始測量以來，絕對赤貧率（以每日生活費低於 2.15 美元〔以 2017 年的美元計〕的全球標準衡量）一直維持在 1.2% 或以下。[121] 不過，相對貧窮（以各國社會公認的貧窮標準衡量）數據呈現了不同的情況。美國的相對貧窮率在十九世紀約為 45%，隨後逐漸降低，戰後大幅下降，1970 年跌至約 12.5%，然後不再改善。[122] 相對貧窮率此後一直保持在十幾個百分點的水準，[123] 隨著總體經濟狀況的變化而波動，但長期而言未見改善。[124] 原因之一是生活水準提高導致相對貧窮的定義一再更新，因此根據 1980 年的生活品質衡量不算貧窮的人現在會被視為貧窮。[125]

不過，從 2014 到 2019 年，美國的相對貧窮人口（根據不時重新界定的標準）減少了約 1,260 萬，儘管同期總人口增加了約 890 萬。[126] 而貧窮人口光是在 2019 年就減少了 410 萬，當時老年人貧窮率接近史上最低點。[127] 雖然 COVID-19 大流行導致貧窮人口短暫增加，[128] 但這只是 2008 年金融危機以來的整體下降趨勢的暫時偏離而已。

此外，因為現在透過網際網路可以獲得各種免費的資訊和服務，例如可以修讀麻省理工學院的公開課程，或與遠在世界另一邊的家人視訊聊天，現今窮人的絕對生活條件要比以前好得多。[129] 他們也受惠於最近幾十年電腦和手機性價比的大幅提

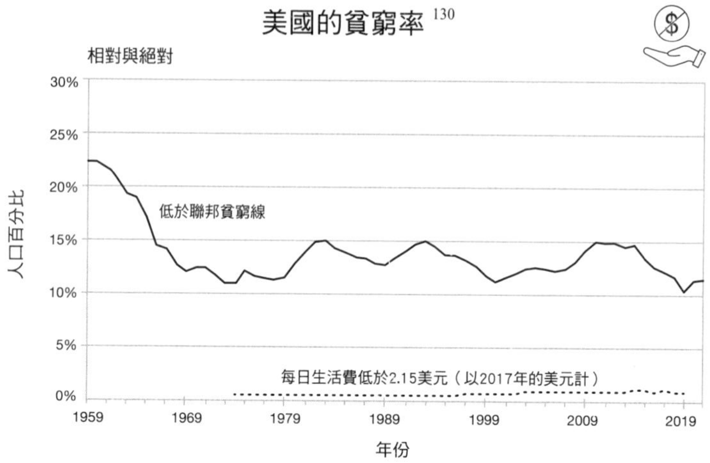

資料來源：美國普查局；世界銀行

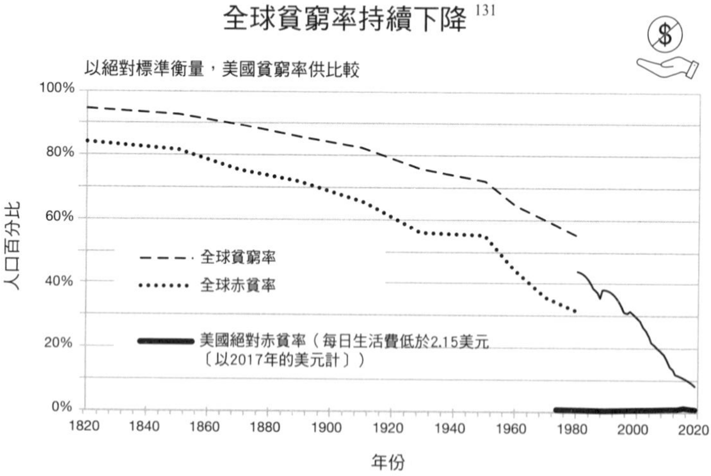

主要資料來源：Our World in Data; François Bourguignon and Christian Morrisson, "Inequality Among World Citizens: 1820–1992," *American Economic Review* 92, no. 4 (September 2002), 727–44.

升，但這些因素沒有適當反映在經濟數據上。（受資訊科技影響的產品和服務的性價比經歷了指數式提升，但經濟數據未能充分反映這一點，下一章將較為詳細地討論這問題。）現在的人只要有一部平價的智慧型手機，就可以利用網際網路輕鬆快速地做很多事情，包括取得幾乎全世界的教育資訊、翻譯各種語言，以及找到正確的地點。數十年前，即使花數百萬美元，也無法擁有這種能力。

在美國，人均日收入穩步飆升。2023 年，美國的個人貧窮線為年收入 14,580 美元，相當於每日生活費 39.95 美元。[132] 以實質購買力計算，美國人的平均收入（非中位數）約自 1941 年起就一直高於 2023 年的貧窮線。[133]

美國的人均日收入（以 2023 年的美元計）[134]

2020: $191.00	1970: $89.82	1900: $20.08
2015: $169.88	1960: $65.27	1880: $15.08
2010: $154.15	1950: $52.97	1860: $13.27
2000: $147.18	1940: $35.47	1840: $8.37
1990: $124.32	1930: $30.74	1800: $5.65
1980: $102.41	1910: $26.45	1774: $7.06

美國的大約貧窮率（相對貧窮，由政府定期重新定義）[135]

2020: 11.5%	1990: 13.5%	1950: ~30%
2015: 13.5%	1980: 13.0%	1935: ~45%
2010: 15.1%	1970: 12.6%	1910: ~30%
2000: 11.3%	1960: 22.2%	1870: ~45%

全球各地區的赤貧率下降情況[136]

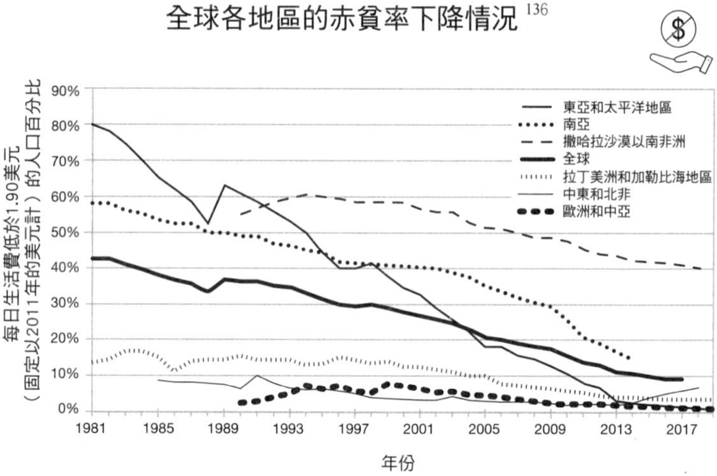

資料來源：世界銀行

因為人口增加意味著經濟規模擴大，美國的國內生產毛額（GDP）呈指數式成長也許並不令人意外。但控制了人口成長因素的美國人均 GDP 也呈指數式成長。[137] 再次提醒大家，這沒有計入免費的資訊產品，也沒有反映最近幾十年相同成本的資訊科技產品所經歷的性能指數式提升。

美國人均 GDP[138]

資料來源：Maddison Project Database；美國經濟分析局；聯準會

資料來源：Maddison Project Database；美國經濟分析局；聯準會

GDP 反映整體經濟活動，包括大企業，但即使我們只著眼於個人所得，也會看到同樣的趨勢。人均個人所得反映真實個人（而非公司）的收入，因此除了薪資，還包括個人股東和企業主從相關企業分到的股息和利潤。自 1929 年開始統計以來，美國以定值美元計算的人均個人所得大幅成長，僅在大蕭條和經濟嚴重衰退期間短暫倒退。過去九十年間，美國人均實質所得增加了超過四倍，儘管期間人均工作時數大幅減少。[140] 個人所得中位數（所得剛好處於全國正中間位置的人的收入）的成長速度就沒那麼快，但實質絕對值持續穩定增加，從 1984 年的 27,273 美元增加到 COVID-19 大流行前、2019 年的 42,488 美元（均以 2023 年的美元計算）。[141]

但這些數據還是顯著低估了實際的進步，因為它們並未反映前面提過的事實：許多商品（如電子產品）現在遠比以前便宜，而且現在很多極有價值的服務（例如搜尋引擎和社群網路）是免費提供的。此外，拜全球化所賜，現在的人可以選擇的產品和服務遠比 1929 年時豐富多樣。相對於幾十年前，現代消費者可以選擇的商品種類繁多，這種選擇多樣化的價值不容易以金錢衡量。即使你某一餐只能吃中菜或墨西哥菜，你應該還是希望可以二選一，而不是沒得選擇。這種多樣性出現在現代生活的無數領域。我們不再只有三個電視台可以選擇，而是有數百個電視頻道。超市裡不再只有幾種水果，而是也供應世界各地空運過來、本地當下可能並不出產的水果。我們不再只能從本地實體書店的數千本書中選購書籍，而是可以從亞馬遜供應的數百萬本書中選購。

這些選擇有助於每一個人更好地滿足自己的喜好，但對品味和興趣不同尋常的人特別重要。拜資訊科技造就的全球化經濟所賜，如果你喜歡收集舊式萬花筒，你可以上 eBay 向全球各地的賣家購買。如果你是個對數學和科學感興趣的孩子，你可以選擇接連看好幾個小時的線上教育影片，培養你的好奇心，而不是像我那個時代的孩子，往往只能盯著家中唯一的電視機看《荒野大鏢客》（*Gunsmoke*）。未來幾十年，隨著 3D 列印技術和奈米技術成熟，這種選擇的多樣化將指數式提升。

年所得是個有用的指標，但如果也考慮到人們花多少時間工作，就可以看到更多東西。在美國，以定值美元計算的每小時實質個人所得穩定增加，從 1880 年的約 5 美元增至 2021 年

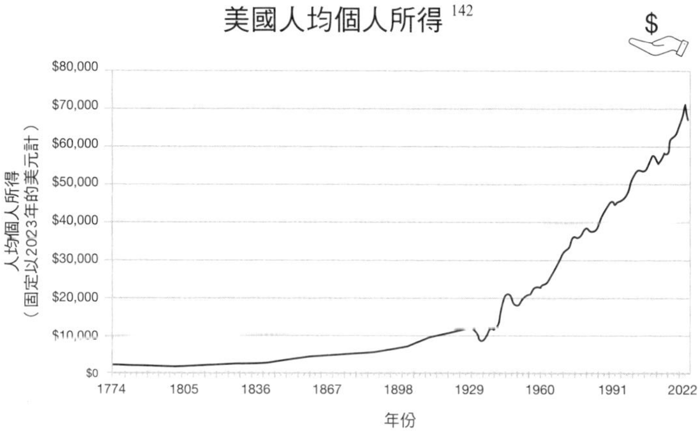

資料來源：美國經濟分析局；美國國家經濟研究局；Alexander Klein, "New State-Level Estimates of Personal Income in the United States, 1880–1910," in *Research in Economic History,* vol. 29, ed. Christopher Hanes and Susan Wolcott (Bingley, UK: Emerald Group, 2013)；聯準會

約 93 美元。[143] 但請注意，個人所得除了薪資，還包括投資所得和個人擁有的企業貢獻的盈利，以及政府提供的福利和一次性支付，例如 2020 年新冠疫情期間政府為民眾紓困的特別支付。因此，每小時個人所得持續高於每小時薪資所得。這個指標之所以有用，是因為它反映了非薪資所得占個人所得總額的比例不斷上升，因此更能說明即使勞工平均工作時間減少，整體的經濟繁榮程度仍不斷提高。

從下圖可以看到，美國人每工作一小時的實質所得長期穩定增加，即使在經濟動盪時期也不例外。雖然大蕭條最低潮時期的數據不是很可靠，但在這段期間，每小時所得似乎沒有像其他經濟指標那樣嚴重衰退。這是因為大蕭條期間，人均個人所得下降是全國民眾整體收入減少所致。在人口（分母）變化不大的情況下，人均所得必然降低。但是，人們失去工作時，除了失去收入，工作時間也會減少。因為工作時數是計算每小時所得的分母，分母縮小的結果是每小時所得在大蕭條期間保持穩定甚至增加了。或者從另一角度看，大蕭條期間許多人完全失業，但那些保住工作的人，工資並沒有下降多少。

美國人每工作一小時的平均個人所得（包括非薪資所得）[144]

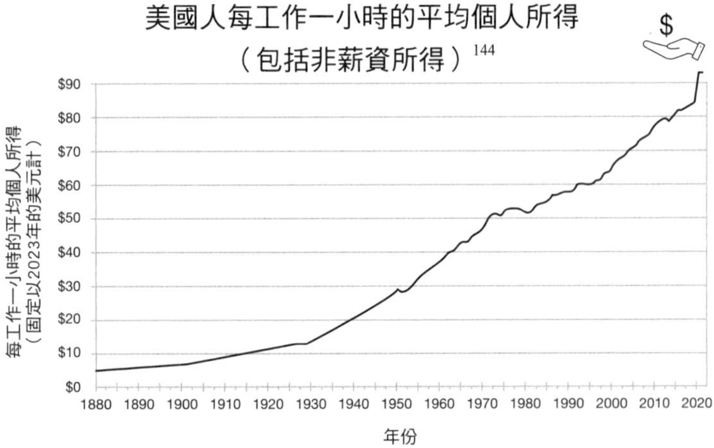

主要資料來源：Maddison Project；美國經濟分析局；Stanley Lebergott, "Labor Force and Employment, 1800–1960," in *Output, Employment, and Productivity in the United States After 1800*, ed. Dorothy S. Brady (Washington, DC: National Bureau of Economic Research, 1966)；Alexander Klein, "New State-Level Estimates of Personal Income in the United States, 1880–1910," in *Research in Economic History*, vol. 29, ed. Christopher Hanes and Susan Wolcott (Bingley, UK: Emerald Group, 2013)；Michael Huberman and Chris Minns, "The Times They Are Not Changin': Days and Hours of Work in Old and New Worlds, 1870–2000," *Explorations in Economic History* 44, no. 4 (July 12, 2007)

在十九世紀末，美國勞工平均每人每年工作近三千小時。[145] 大約從 1910 年起，這個數字開始迅速下降，因為法規和工會的努力縮短了每天工作時數，並使勞工享有更多休假。[146] 此外，雇主發現充分休息的員工效率更高，工作品質也更好，因此相對於工業革命初期，有越來越多的勞工工時縮短了。大蕭條期間，勞工人均一年工作時數大跌至不到 1,750 小時，因為企業除了裁員，甚至可能被迫削減留職員工的工時。[147] 在第二次世界大戰和戰後經濟繁榮期間，美國人紛紛重返工廠和辦公室，人均每年工作超過 2,000 小時。[148] 此後美國人的工作時數逐漸穩定地下降，大約回到大蕭條時期的水準。[149] 差別在於現今工時減少主要是因為不少人選擇兼職工作，或是以其他方式適當地平衡工作與生活。在一些歐洲國家，工作時數的下降幅度甚至更大。[150]

工作類型的變化促使千禧世代（通常指 1981 至 1996 年間出生的人）和 Z 世代（通常指 1997 至 2012 年間出生的人）比其他世代更積極追求創造性和具有創業性質的職業，而且賦予他們遠距工作的自由——這減少了通勤的時間和費用，但可能導致工作與生活之間的界線變得模糊。COVID-19 大流行導致勞動人口突然劇烈轉向遠距工作和勞資關係的其他另類模式。一項調查發現，98% 的受訪者表示希望在職業生涯的餘下時間裡能夠選擇遠距工作。[151] 隨著技術變革使越來越多的工作可以遠距完成，這種趨勢很可能將加劇。

美國勞工每年平均工作時數 [152]

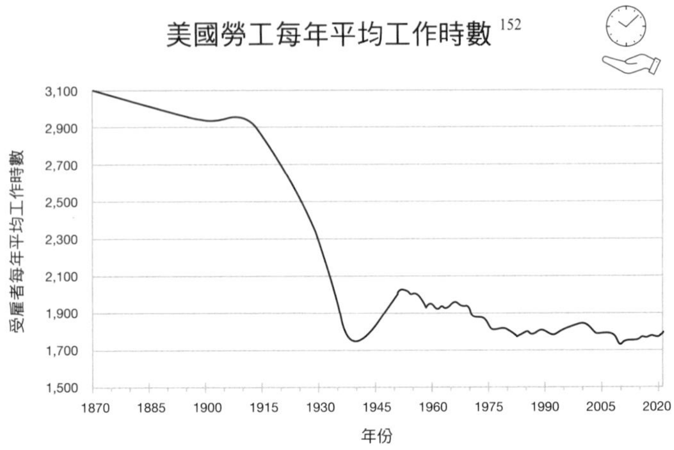

資料來源：Michael Huberman and Chris Minns, "The Times They Are Not Changin': Days and Hours of Work in Old and New Worlds, 1870–2000," *Explorations in Economic History* 44, no. 4 (July 12, 2007)；格羅寧根（Groningen）大學與加州大學戴維斯分校；聯準會；經濟合作暨發展組織

社會經濟福祉的另一個關鍵指標是童工。兒童因為貧窮而被迫工作，會因此錯失接受教育的機會，長期潛力很可能受到損害。好在童工在整個二十一世紀都持續減少。

國際勞工組織使用三個嵌套式（nested）類別來測量這方面的進展。[153] 最廣的類別是「兒童就業」，包含兒童在家庭農場或家庭經營的企業短時間輕鬆工作；雖然這可能干擾兒童受教育，但這是相對溫和的童工形式。第二個類別是「童工」，包括兒童像成年人那樣工作，無論是工作時數要求或工作本身的艱苦程度都與成年人的工作相似。最窄的第三個類別是「危險工作」，指兒童在特別危險的環境下工作，包括採礦、拆船（拆解船舶以取得有價值的東西和棄置廢物）和處理廢棄物。2000 至 2016 年間，全球從事危險工作的兒童比例估計從 11.1% 降至 4.6%，但 COVID-19 大流行造成的經濟混亂似乎中斷了這方面的進步。[154]

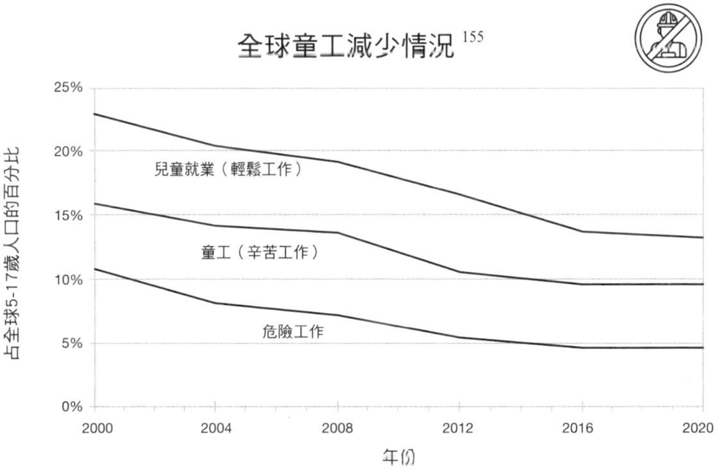

資料來源：國際勞工組織；聯合國兒童基金會（UNICEF）

暴力減少

物質日益繁榮與暴力減少有相輔相成的關係。經濟上富裕的人會有更強的誘因避免暴力衝突，認為自己應可長期安全生活的人更有理由從事有利於社會的長期投資。在西歐，凶殺率至少從十四世紀開始就持續下降。[156] 在這段漫長的時間裡，雖然人類開發出越來越致命的個人武器，但凶殺率仍指數式下降。在那些有可靠資料追溯至中世紀的西歐國家，每年每十萬人的凶殺死亡人數已經從十四和十五世紀的平均每國約 33 人降至現在的不到 1 人，降幅超過 97%。[157] 請注意，這些統計數據著眼於「一般」凶殺，例如謀殺和過失殺人，並不包括戰爭和種族滅絕。

1300 年以來的西歐凶殺率 [158]

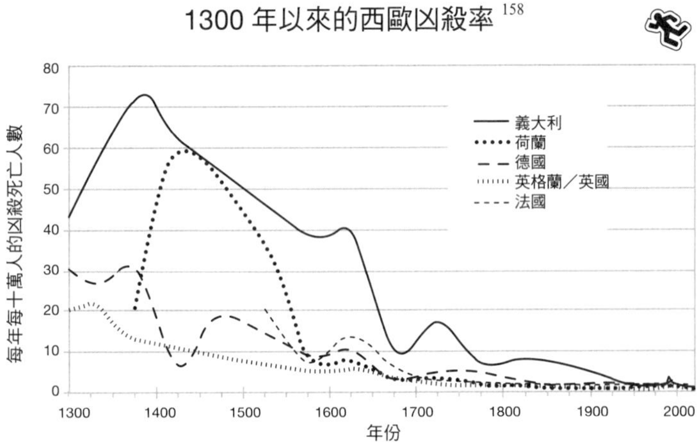

資料來源：Our World in Data (Roser and Ritchie)；Manuel Eisner, "From Swords to Words: Does Macro-Level Change in Self-Control Predict Long-Term Variation in Levels of Homicide?," *Crime and Justice* 43, no. 1 (September 2014)；聯合國毒品與犯罪辦公室

本圖借用了 Max Roser 與 Hannah Ritchie 在 Our World in Data 的傑出研究成果，但最近的資料選用了不同的資料來源。1990 年之前的資料來自 Manuel Eisner 在 Crime and Justice 發表的論文，但本圖沒有使用世界衛生組織 1990-2018 年的資料，而是用了聯合國毒品與犯罪辦公室 1990-2020 年的資料。這是因為後者得到了其他資料來源更好的佐證，也更貼近許多地方的官方執法統計數據。

在美國，謀殺和其他形式的暴力犯罪自 1991 年起長期下降。雖然美國的凶殺率從 2014 年的低點每十萬人 4.4 人升至 2021 年的 6.8 人（作者撰寫本書時的最新資料），但即使經歷了此一短期上升，凶殺率仍較 1991 年的 9.8 人下降了超過 30%。[159] 不過，在二十世紀有兩段時期，美國凶殺和其他暴力犯罪的發生率約為現今的兩倍。第一段時期是 1920 和 1930 年代，主要是美國禁酒和圍繞著私酒交易興起的犯罪組織造成的。[160] 暴力犯罪嚴重的第二段時期是 1970、1980 和 1990 年代，因為毒品和其他非法藥物的交易使得暴力犯罪再度回到美國的街頭。[161]

此後，有幾個因素在暴力減少的過程中產生了重要作用。隨著美國的暴力犯罪率在 1980 年代初飆升至歷史新高，犯罪學家開始尋找新的解決方案。學者喬治．凱林（George Kelling）和詹姆斯．威爾遜（James Q. Wilson）觀察到，相對輕微的犯罪如塗鴉和破壞公物會使人們覺得社區不安全，並且使一些人認為比較嚴重的暴力犯罪也不會受到懲罰。[162] 這種觀點後來被稱為「破窗理論」，它促成了一種執法新趨勢，強調制止那些輕微犯罪以防止較為嚴重的犯罪。當局也以更積極主動的其他方式預防犯罪，例如在高犯罪率社區增加徒步巡邏，以及更聰明地利用資料建立模型，找出警方資源最有效的運用方式。這些因素加起來似乎發揮了重大作用，使全美犯罪率在 1990 和 2000 年代持續降低。但是，美國也因此付出了代價。在某些城市，基於破窗理論的執法過於嚴厲，導致少數族裔社群受到不成比例的傷害。在 2020 年代，警方將面臨兩方面的挑戰：一是延續犯罪減少的長期趨勢，二是同時處理種族差異和相關的不公正問題。雖然這些問題沒有單一解決方案，但負責任地使用警員隨身攝影機、民眾手機攝影功能、槍擊自動偵測器和 AI 導向資料分析之類的技術，將對於改善情況有幫助。

污染與犯罪的關係是另一個剛開始受到重視的因素。在二十世紀的大部分時間裡，我們對環境毒性（尤其是鉛）如何影響大腦所知甚少。兒童接觸汽車廢氣和家用塗料中的鉛，對於認知發展有不良影響。雖然我們不可能知道這種慢性中毒是否導致特定罪案，但在整個國家的層面，它確實與暴力犯罪增加有統計上的關係——很可能是因為中毒者控制衝動的能力有所降低。大約從 1970 年代起，越來越多的環境法規限制了可能進入美國兒童大腦的鉛和其他毒素的量，而這被視為促成暴力犯罪減少的因素之一。[163]

史迪芬·平克在 2011 年的著作《人性中的善良天使》（*The Better Angels of Our Nature*）中提出進一步的證據，證明自中世紀以來，歐洲的凶殺率已大跌至僅為起初的五十分之一左右，有些地方的跌幅甚至更大。[166] 例如，在十四世紀的牛津，估計每年每十萬人有 110 人死於凶殺，而現在倫敦每年每十萬人只有不到 1 人死於凶殺。[167] 平克估計，自史前時代以來，人類整體暴力致死率已降至僅為起初的五百分之一左右。[168]

即使是二十世紀的歷史性重大衝突，按比例計算也遠不如人類在建立國家之前的持續暴力那麼致命。平克研究了歷史上

美國的凶殺率[164]

資料來源：聯邦調查局；美國司法統計局

美國的暴力犯罪率[165]

資料來源：聯邦調查局；美國司法統計局

二十七個沒有建立正式國家的未開發社會，包括狩獵採集與狩獵種植部落，很可能代表了史前時期的多數人類社群。[169] 他估計這些社會平均每年每十萬人有 524 人死於武裝衝突。相對之下，二十世紀發生了兩次世界大戰，期間出現了種族滅絕、原子彈轟炸，以及有史以來世界上最大規模的有組織暴力，但是在德國、日本和俄羅斯這三個受這種屠殺打擊最嚴重的國家，該世紀的年均戰爭死亡率分別僅為每十萬人 144 人、27 人和 135 人。而美國雖然在世界各地都捲入衝突，但整個二十世紀平均每年每十萬人只有 3.7 人死於戰爭。

但是，許多民眾卻誤以為暴力問題正在惡化。平克認為這主要是因為「歷史短視症」，也就是人們聚焦於得到較多關注的較近期事件，沒有察覺到較遙遠的過去有更嚴重的暴力問題。[170] 這基本上是可得性捷思法造成的。這些錯誤觀感某程度上可歸因於記錄技術的進步：我們可以輕易找到記錄近期暴力事件的戲劇性彩色影片。相對之下，十九世紀的暴力事件最多只留下一些黑白照片，而更早之前甚至只留下文字敘述和為數不多的畫作。

平克和我一樣，將暴力銳減歸功於多方面的良性循環。隨著人們對自己可以免受暴力傷害變得更有信心，他們會有更強的動機去興建學校、寫作和閱讀書籍，而這會鼓勵人們訴諸理性而非武力來解決問題，結果是暴力進一步減少。我們經歷了同理心「圈子之擴大」（哲學家彼得・辛格〔Peter Singer〕的說法）：我們的同理對象起初僅限於狹窄的群體（如氏族），然後擴大至整個國族，再擴大至外國人，甚至是人類以外的動物。[171] 在此之外，法治和反暴力文化規範也發揮了越來越大的作用。

這一切對未來的重要啟示是，這些良性循環的根本動力來自科技。人類的同理對象曾僅限於親近的小群體，但傳播技術（書籍、然後是廣播和電視，接著是電腦和網際網路）使我們能夠與越來越廣的各方人士交流想法，發現彼此的共同點。觀看關於遙遠國度災難的震撼影片可能導致歷史短視症，但也可以有力地激發我們天生的同理心，將我們的道德關懷對象擴展至整個人類物種。

此外，財富越是增加，貧窮越是減少，人們合作的動力就越大，爭奪有限資源的零和鬥爭越是可以減少。我們許多人都根深柢固地傾向認為，爭奪稀有資源的鬥爭是暴力無可避免的一個原因，也是人性固有的一部分。但雖然人類歷史上的許多時期確實是這樣，我不認為這是不可改變的。從網路搜尋到社群媒體連結，數位革命使得我們可以輕鬆以數位方式呈現的許多事物變得不再稀缺。爭奪一本實體書籍可能顯得小氣，但這是我們多少可以理解的。兩個孩子可能會爭奪一本他們喜歡的實體漫畫書，因為一次只有一個人可以擁有和閱讀它。但爭奪一個 PDF 檔案就會很可笑，因為某個人擁有它不代表其他人不可以同時擁有它。我們可以隨意大量複製這種檔案，而且基本上是沒有成本的。

一旦人類掌握了成本極低廉的能源（主要來自太陽能，最終來自核融合）和 AI 機器人，許多類型的商品將會非常容易再生產，結果是人類為了爭奪這些商品而動用暴力將一如現在我們為了爭奪一個 PDF 檔案而打架那麼滑稽。從現在到 2040 年代，資訊科技數百萬倍的進步將以這種方式大大改善社會的無數其他方面。

再生能源的成長

人類科技文明的幾乎每一方面都需要能源，但我們對化石燃料的長期依賴是無法永續的，主要原因有兩個。最顯而易見的是，使用化石燃料造成有毒的污染和溫室氣體排放，此外是它導致我們仰賴稀有資源，而就在人類對廉價能源的需求急增之際，這些資源的開採成本卻越來越高。幸運的是，隨著我們將越來越精密的技術應用在基礎材料和機制的設計上，環保型再生能源的成本呈指數式下降趨勢。例如近十年間，我們一直使用超級電腦來尋找用於太陽能電池和儲能技術的新材料，近年還用上了深度類神經網路。[172] 因為成本不斷降低，再生能源（太陽能、風能、地熱能、潮汐能和生質燃料）貢獻的能源總量也呈指數式成長。[173] 2021 年，太陽能貢獻了約 3.6% 的電力，而自 1983 年以來，該比例平均每 28 個月增加一倍。[174] 本章稍後將細述這一點。

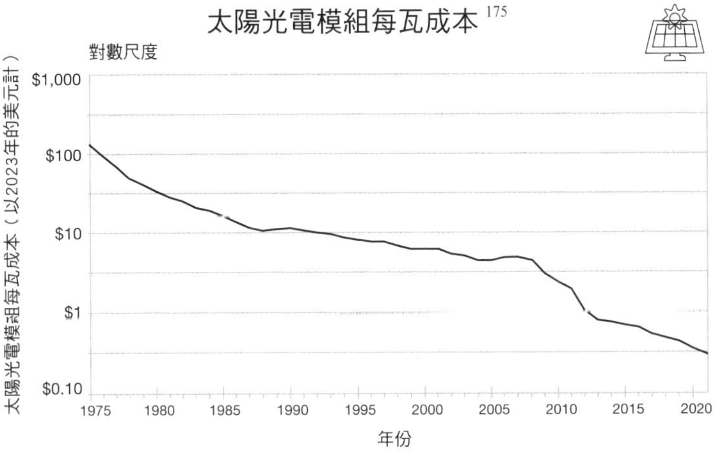

主要資料來源：Our World in Data；Gregory F. Nemet, "Interim Monitoring of Cost Dynamics for Publicly Supported Energy Technologies," *Energy Policy* 37, no. 3 (March 2009)；國際再生能源組織（IRENA）

正如這個對數尺度的圖顯示，太陽光電模組的每瓦成本近五十年來指數式下降，而這種趨勢有時被稱為史旺森定律（Swanson's law）。注意，雖然模組成本是太陽能發電系統總安裝成本中最大的一項，但其他因素（例如許可證和安裝人力）可能使總成本達到模組成本的三倍左右。[176] 雖然模組成本非常快速地下降，但其他成本的下降速度較為緩慢。AI 和機器人可以降低人力和設計成本，但我們也需要鼓勵高效的公用事業規劃和許可的政策。

太陽光電全球裝機容量 [177]

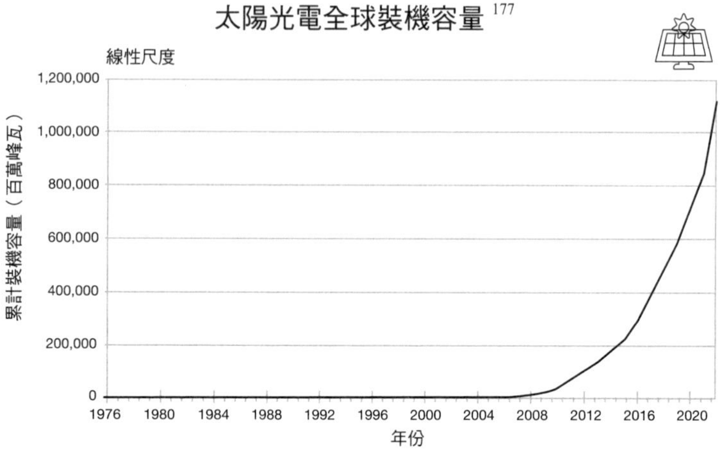

主要資料來源：Our World in Data; IRENA; Gregory F. Nemet, "Interim Monitoring of Cost Dynamics for Publicly Supported Energy Technologies," *Energy Policy* 37, no. 3 (March 2009)

太陽光電全球裝機容量 [178]

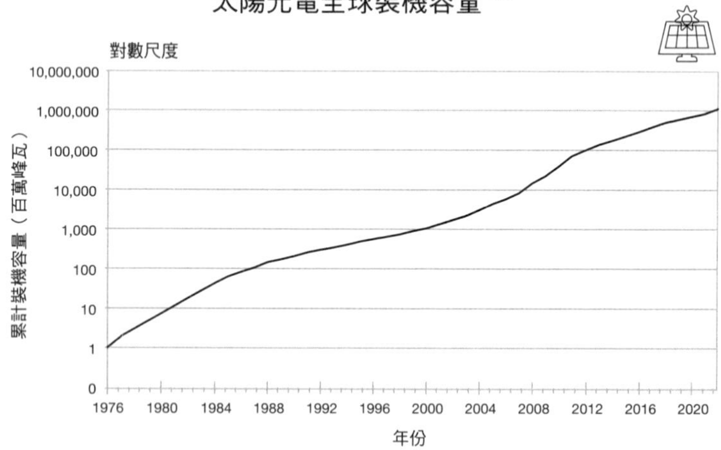

主要資料來源：Our World in Data; IRENA; Gregory F. Nemet, "Interim Monitoring of Cost Dynamics for Publicly Supported Energy Technologies," *Energy Policy* 37, no. 3 (March 2009)

資料來源：Our World in Data；英國石油（BP）；國際能源署（IEA）

資料來源：美國能源部

全球風力發電量[181]

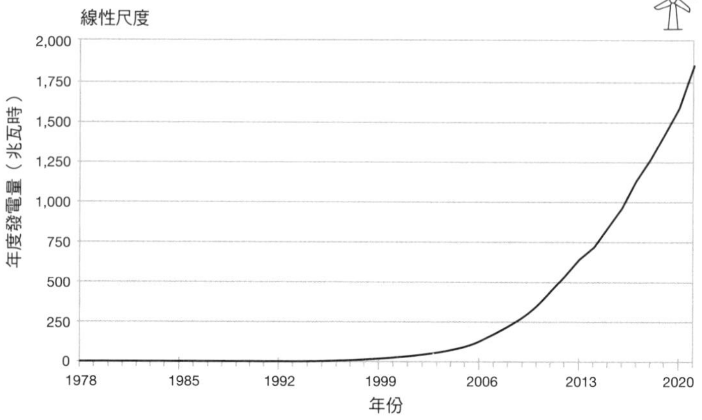

資料來源：Our World in Data; BP; Ember

全球風力發電量

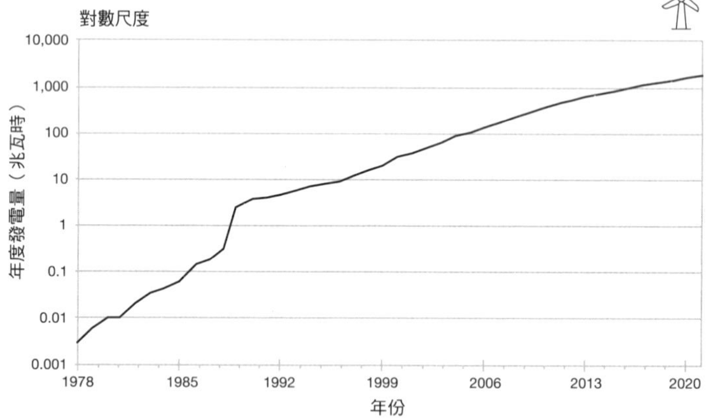

資料來源：Our World in Data; BP; Ember

全球再生能源發電量 [182]

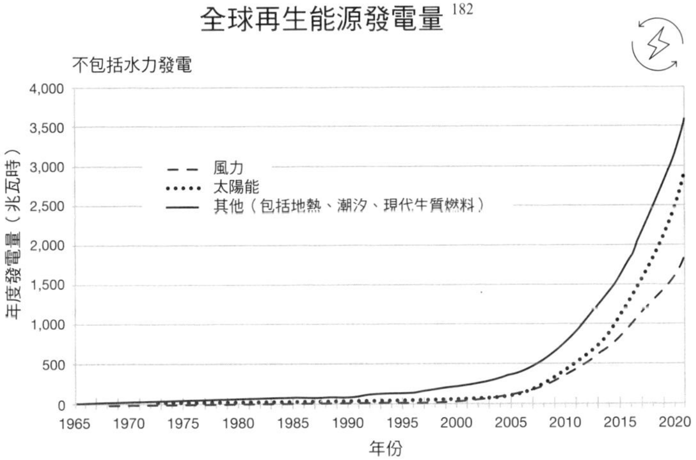

資料來源：Our World in Data; BP

再生能源的成長 [183]

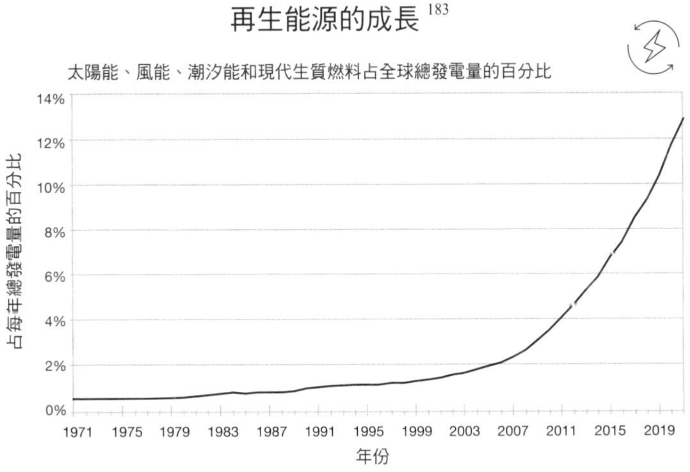

資料來源：Our World in Data, BP; IEA

民主之普及

便宜的再生能源將帶來豐盛的物質，但我們需要民主，才有可能公平地分享這種成果。好在這裡又有一種綜效：資訊技術長期以來都有助於社會變得更民主。民主起源於中世紀的英格蘭，其傳播與大眾傳播技術的興起並行，而且很大程度上很可能是拜大眾傳播技術興起所賜。著名的《大憲章》（Magna Carta）1215 年由英格蘭國王約翰簽署，闡明了一般民眾免受不公正監禁的權利。[184] 但是，在中世紀的大部分時間裡，平民的權利往往遭忽視，也沒有什麼機會參與政治。隨著古騰堡 1440 年左右發明了活字印刷機，這種情況開始改變：隨著印刷技術迅速普及，受過教育的階層能夠遠比以前有效地傳播新聞和思想。[185]

要說明加速回報定律在資訊技術上的運作，印刷機是個極好的例子。如前所述，資訊技術是關於資訊的蒐集、儲存、處理和傳輸的技術。人的意念就是一種資訊。在理論上，資訊是一種抽象的有序性，與混亂的失序截然不同。為了在現實世界中表現資訊，我們以特定方式使某些實物有序排列，例如在紙上寫下文字。但關鍵概念是：意念是排列資訊的抽象方式，可以用各種不同的媒介來表現，包括石碑、羊皮紙、打孔卡、磁帶，或矽晶片內的電壓。如果你有鑿子和足夠的耐心，你可以在石碑上刻出 Windows 11 的每一行原始碼！這是個有趣的比喻，但它也告訴我們，物理媒介對我們蒐集、儲存、處理和傳輸資訊的實際效能非常重要。只有在我們能夠非常有效率地做這些事情時，有些想法才會變得可行。

在中世紀的大部分時間裡，歐洲的書籍只能靠抄寫員辛苦地以手抄方式複製，這無疑是非常低效率的做法。因此，傳播書面資訊——人的意念或思想——是成本極其高昂的事。廣義而言，一個人或一個社會掌握的想法越多，就越容易產生新的想法，而這包括技術創新。因此，那些使人們更容易分享想法的技術，也會使人們更容易創造出新技術，而當中有些新技術將進一步促進思想之交流。因此，隨著古騰堡發明印刷機，分享想法的成本很快就大幅降低。中產階級有史以來第一次有能力大量購買書籍，這釋放了巨大的人類潛能。創新因此蓬勃發展，文藝復興迅速席捲歐洲。這也造就了印刷技術的進一步創新，因此到了十七世紀初，書籍的價格已降至古騰堡發明印刷機之前的幾千分之一。

知識的傳播帶來了財富和政治賦權（political empowerment），英國下議院之類的立法機關變得遠比以前敢言。雖然國王仍掌握大部分的權力，但議會能夠向國王提出針對賦稅政策的抗議，並彈劾議會不喜歡的大臣。[186] 1642-1651 年的英格蘭內戰廢除了君主制，後來以王室服從議會的形式恢復了君主制；若干年後，英國政府通過了《權利法案》，明確確立了國王只能在人民同意下統治的原則。[187]

在美國獨立戰爭之前，英格蘭雖然還遠遠不是一個真正的民主國家，但已經是世界歷史上最民主的國家——而且值得注意的是，它還是識字率最高的國家之一。[188] 從公元前一世紀羅馬共和國瓦解到美國革命的這段時間裡，曾有一些其他社會有過選舉或類似共和的政治體制，但這些社會的民眾之政治參與總是非常有限，而且總是倒退回暴政狀態。在中世紀，義大利出現過幾個共和國，以熱那亞和威尼斯這些貿易興旺的城邦為中心，但它們事實上都具有強烈的貴族色彩。例如，威尼斯被稱為總督（doge）的領袖是經由複雜的挑選過程產生的終身領袖，而這種程序使貴族家族持續掌權，平民完全無法參與。[189] 從 1569 到 1795 年，波蘭立陶宛聯邦的什拉赫塔（szlachta）貴族（通常只占人口的十分之一或更少）享有一種非常自由和民主的制度，但非貴族者在政治上沒什麼發言權。[190]

相對之下，在英國，至少理論上所有自由的成年男性戶主都有投票資格。雖然實際上通常必須滿足一定的財產要求，但投票資格並不取決於當事人出生時的地位。雖然還是有很多人被排除在外，但這絕對是重要的政治創新，因為它為普遍的政治參與奠定了基礎。一旦人們接受了一個人是否有投票權不應該取決於他出生時的地位，這個觀念的力量就變得不可抑制。因此，第一個真正的現代民主體制出現在美洲殖民地並非巧合，雖然這需要一場對抗英國的戰爭來建立。但是，實現其承諾是一個艱苦的過程。

在兩個世紀前的美國，多數人仍未享有充分的政治參與權。十九世紀初，投票權主要限於至少擁有一定財產或財富的成年白人男性。這種經濟要求使多數白人男性享有投票權，但幾乎完全排除了女性、非裔美國人（其中數百萬人是奴隸制度下的奴隸）和美洲原住民。[191] 歷史學家對當時享有投票權的確切人口比例看法不一，但他們多數認為該比例介於 10% 至 25% 之間。[192] 不過，這個體制也埋下了消除這種不公正的種子——投票為美國提供了一種改革機制，而限制投票與美國建國文獻所揭櫫的崇高理想背道而馳。

雖然民主的倡導者抱持很高的期望，但在十九世紀，民主普及的進展十分緩慢。例如，1848 年歐洲的自由革命多數失敗，而俄羅斯沙皇亞歷山大二世的許多改革被他的後繼者推翻了。[193] 1900 年，世界上只有 3% 的人口生活在符合現今標準的民主國家裡，當時連美國也仍剝奪女性的投票權，並且對非裔美國人實施種族隔離。到了 1922 年，也就是第一次世界大戰結束後不久，全世界生活在民主國家的人口比例已經攀升到 19%。[194] 但是，法西斯主義崛起很快導致民主退潮，第二次世界大戰期間有數億人受到極權統治。值得注意的是，利用廣播進行的大眾傳播起初幫助法西斯勢力奪取政權，但同樣的技術最終使盟軍得以團結民主國家贏得勝利——邱吉爾在倫敦遭受納粹德國大舉轟炸期間鼓舞人心的演講至為突出。

戰後，世界上生活在民主國家的人口比例急升，主要是因為印度以及英國在南亞的其他殖民地相繼獨立。在冷戰的大部分時間裡，民主的覆蓋範圍大致保持穩定，世界上略多於三分之一的人口生活在民主社會。[195] 但是，從披頭四的唱片到彩色電視，傳播技術在鐵幕外大量擴散，激起了人們對壓制資訊傳播的政府不滿。隨著蘇聯解體，民主再次迅速擴張，1999 年時已有近 54% 的全球人口生活在民主國家。[196]

雖然該數字在過去二十年間有所波動，一些國家的倒退抵銷了另一些國家的進步，但令人鼓舞的另一種自由化迅速發展。冷戰結束時，全球約 35% 的人口生活在壓迫程度最高的封閉專制政體下。[197] 到了 2022 年，這個數字已降至約 26%，這代表有超過 7.5 億人擺脫了暴政。[198] 促成此一成果的包含了重大和複雜的事件如阿拉伯之春，而這一波運動很大程度上是社群媒體促成和驅動的。未來幾十年的一個重大挑戰，是幫助那些處於專制與民主之間灰色地帶的國家過渡到完全民主的治理。這某種程度上將有賴於謹慎使用 AI 來促進開放和透明，同時盡可能防止專制勢力濫用 AI 於監控或散布假消息。[199]

1800 年以來民主普及的情況 [200]

主要資料來源：Our World in Data；經濟學人信息部（Economist Intelligence Unit）

不過，歷史使我們大有理由深感樂觀。隨著分享資訊的技術從電報發展到社群媒體，民主和個人權利的理念已經從幾乎不被承認變成一種普世願望，而且全球接近一半的人已在實踐民主生活。想像一下，未來二十年的指數式進步將如何使我們得以更充分實現這些理想。

我們現正進入指數曲線的陡峭部分

我們必須注意的一個重點是，上述提到的所有進步，全都來自這些指數式發展趨勢緩慢的早期階段。隨著資訊科技在未來二十年取得遠遠超過過去兩百年的進步，它促進整體繁榮的作用將大得多——事實上，這種作用已經比多數人所意識到的大得多。

在這方面產生作用的最根本趨勢是計算能力性價比指數式提升，而這種進步是以經通膨調整的 1 美元可以買到的每秒計算次數來衡量。康納德．素斯（Konrad Zuse）1939 年製造出第一台可運作的可程式電腦 Z2，而 2023 年的 1 美元當時可以買到每秒約 0.0000065 次計算。[201] 到了 1965 年，PDP-8 的這個指標是每秒約 1.8 次計算。我的著作《智慧型機器時代》（*The Age of Intelligent Machines*）1990 年出版時，MT 486DX 可以達到約 1,700 次。九年後，《心靈機器時代》出版時，Pentium III CPU 已經達到 800,000 次。2005 年《奇點臨近》出版時，有些 Pentium 4 已經達到 1,200 萬次。本書 2024 年初付梓時，

Google 的 Cloud TPU v5e 晶片提供的每 1 美元每秒計算次數估計約為 1,300 億次！而因為任何人只要可以連上網際網路，都能以每小時幾千美元的價格租用這種超級強勁的雲端運算能力（一個大型的 pod 每秒可計算數百京次），對那些只需要處理小型專案的使用者來說，租用的實際可得的計算能力性價比，比起從頭開始製造和維護一整台超級電腦還要高幾個數量級。由於成本低廉的計算能力直接促進創新，這種總體趨勢持續穩步發展——而且不依賴任何特定的技術範式，例如電晶體縮小或時脈速度提升。

計算能力的性價比，1939-2023 年[202]

創下計算能力性價比紀錄的機器

年份	機器名稱	2023 年的 1 美元所能買到的每秒計算次數
1939	Z2	~ 0.0000065
1941	Z3	~ 0.0000091
1943	Colossus Mark 1	~ 0.00015
1946	ENIAC	~ 0.00043
1949	BINAC	~ 0.00099
1953	UNIVAC 1103	~ 0.0048
1959	DEC PDP-1	~ 0.081
1962	DEC PDP-4	~ 0.097
1965	DEC PDP-8	~ 1.8
1969	Data General Nova	~ 2.5
1973	Intellec 8	~ 4.9
1975	Altair 8800	~ 144
1984	Apple Macintosh	~ 221
1986	Compaq Deskpro 386 (16 MHz)	~ 224
1987	PC’ s Limited 386 (16 MHz)	~ 330
1988	Compaq Deskpro 386/25	420
1990	MT 486DX	~ 1,700
1992	Gateway 486DX2/66	~ 8,400
1994	Pentium (75 MHz)	~ 19,000
1996	Pentium Pro (166 MHz)	~ 75,000
1997	Mobile Pentium MMX (133 MHz)	~ 340,000
1998	Pentium II (450 MHz)	~ 580,000
1999	Pentium III (450 MHz)	~ 800,000
2000	Pentium III (1.0 GHz)	~ 920,000
2001	Pentium 4 (1700 MHz)	~ 3,100,000
2002	Xeon (2.4 GHz)	~ 6,300,000
2004	Pentium 4 (3.0 GHz)	~ 9,100,000

創下計算能力性價比紀錄的機器（續）

年份	機器名稱	2023 年的 1 美元所能買到的每秒計算次數
2005	Pentium 4 662 (3.6 GHz)	~ 12,000,000
2006	Core 2 Duo E6300	~ 54,000,000
2007	Pentium Dual-Core E2180	~ 130,000,000
2008	GTX 285	~ 1,400,000,000
2010	GTX 580	~ 2,300,000,000
2012	GTX 680	~ 5,000,000,000
2015	Titan X (Maxwell 2.0)	~ 5,300,000,000
2016	Titan X (Pascal)	~ 7,300,000,000
2017	AMD Radeon RX 580	~ 22,000,000,000
2021	Google Cloud TPU v4-4096	~ 48,000,000,000
2023	Google Cloud TPU v5e	~ 130,000,000,000

但是，人們並未廣泛認識到這種戲劇性的進步。2016 年 10 月 5 日，我參與國際貨幣基金組織（IMF）的年會，在台上與 IMF 總裁拉嘉德（Christine Lagarde）及其他經濟領袖對談時，拉嘉德問我，為什麼現在各種卓越的數位技術似乎並未促成更多經濟成長。我當時（和現在）的答案是：我們的經濟統計方式導致資訊科技方面的成長被忽略了。

例如非洲一名少年花 50 美元購買一支智慧型手機，我們的經濟統計會記錄 50 美元的經濟活動，雖然這筆交易相當於 1965 年左右動用超過十億美元購買計算和通訊技術產品，或 1985 年左右花上千萬美元購買這種產品。Snapdragon 810 是售價約 50 美元的智慧型手機常用的晶片，它在一系列的效能基準測試中，平均每秒可以達到約 30 億次浮點運算（3 GFLOPS）。[203] 這相當於每 1 美元可以買到每秒約 6,000 萬次運算。1965 年最好的電腦是每 1 美元可以買到每秒約 1.8 次運算，1985 年時增至約 220 次。[204] 據此計算，1965 年需要將近 17 億美元（以 2023 年的美元計）才可以買到 Snapdragon 810 的計算能力，1980 年則需要 1,360 萬美元。

當然，這種粗略的比較並未考慮到這種技術許多其他方面數十年來的發展。確切而言，在 1965 或 1985 年，花再多錢也無法買到現在 50 美元的智慧型手機提供的所有功能。因此，傳統的統計方式幾乎完全忽略了資訊科技領域的快速通縮——在計算、基因定序和許多其他領域，通縮率約為每年 50%。價格不斷降低、性能不斷增強使得性價比持續提升，我們因此能以越來越低的價格買到越來越好的產品。

以我個人為例，1965 年我入讀麻省理工學院時，該校非常先進：它真的有電腦。其中最值得注意的是 IBM 7094，它有 150,000 位元組的「核心」儲存空間，運算速度達到四分之一 MIPS（每秒百萬指令）。這台電腦需要 310 萬美元（1963 年的美元，以 2023 年的美元計為 3,000 萬美元），由數以千計的學生和教授共用。[205] 相對之下，在我撰寫本書期間面世的 iPhone 14 Pro 價格為 999 美元，用於 AI 相關應用時運算速度可達到每秒 17 兆次。[206] 這種比較並非無可挑剔（該 iPhone 的部分成本花在與 7094 不相關的功能上，例如攝影功能，而且它用於許多用途時，比前述速度慢得多），但此中重點非常清楚。至少粗略而言，iPhone 14 Pro 的速度是 IBM 7094 的 6,800 萬倍，成本卻不到 7094 的三萬分之一。以性價比（每 1 美元可以買到的計算速度）而言，這是兩兆倍的驚人進步。

這種進步速度至今未見衰退。它基本上並不仰賴摩爾定律——那個關於微晶片尺寸指數式變小的著名定律。麻省理工是在 1963 年購買那台以電晶體為基礎的 IBM 7094，當時以微晶片為基礎的電腦尚未廣泛推出，而戈登·摩爾要到兩年後的 1965 年才在一篇里程碑式文章中公開闡述以他命名的摩爾定律。[207] 摩爾定律雖然有巨大的影響力，但它只是關於多種指數式發展的計算範式中的一種——迄今這些範式包括機電繼電器、真空管、電晶體和積體電路，而未來還將出現更多範式。[208]

在許多方面，與計算能力同樣重要的是資訊。我十幾歲時，送報紙多年存了幾千美元，用來買了一套《大英百科全書》，而 GDP 計入了這幾千美元的交易。相對之下，現在的青少年只要有一部智慧型手機，就可以使用維基百科這部優越得多的百科全書，但因為它是免費的，這不會反映在經濟活動統計上。雖然維基百科的編輯品質並非總是比得上《大英百科全書》，但它有幾方面的顯著優勢，包括內容全面（維基百科主要的英文版內容約為《大英百科全書》的一百倍）、資料及時（突發新聞幾分鐘內就會出現在頁面上，實體百科全書更新內容則需要幾年）、含多媒體（許多條目整合了視聽內容），以及提供超文本功能（超連結將相關條目連結起來）。[209] 如果需要額外的學術嚴謹性，維基百科通常會提供品質媲美《大英百科全書》的資料來源。此外，維基百科只是成千上萬的免費資訊產品和服務中的一項，而它們在 GDP 統計中全都被忽略。

針對我的說法，拉嘉德反駁道：沒錯，數位技術確實有許多非凡的特質和影響，但資訊科技不能吃，不能穿，也不能住在裡面。我的回應是：這一切將在未來十年內改變。當然，由於硬體和軟體不斷進步，製造和運輸此類資源的效率已經越來越高，但我們即將進入這樣一個時代：食物和衣服等商品不但因為資訊科技而變得更經濟，它們本身實際上也將成為資訊科技產品——因為自動化和 AI 在生產中扮演主導角色，資源和生產成本將快速下降。[210] 此類商品因此將面臨我們在其他資訊科技領域看到的那種高通縮率。

在 2020 年代末，我們將開始能夠使用 3D 列印機印製衣服和其他普通商品，最終每磅只需要幾美分。3D 列印的主要趨勢之一是微型化：機器將能夠在物件上創造出越來越精緻的細節。未來某個時候，傳統的 3D 列印範式，例如擠製（類似噴墨），將被以更小尺寸製造物件的新方法取代。2030 年代某個時候，這很可能將跨入奈米技術領域，能以原子級的精密度製造物件。艾利克．卓斯勒（Eric Drexler）在其 2013 年的著作《基進豐盛》（*Radical Abundance*）中估計，考慮到未來將有使用效率更高的奈米材料，原子級精密度的製造方法將能以每公斤約 20 美分的成本製造多數物品。[211] 雖然這些數字還是揣測性的，但成本無疑將可以大大降低。而一如我們在音樂、書籍和電影等領域看到，將會有許多免費設計與專屬設計（proprietary designs）並存。事實上，開源市場與專屬市場並存，將成為越來越多經濟領域的一個關鍵特性（開源市場現在是促進平等的一大力量，未來也將是）。

正如我將在本章稍後解釋，我們很快就將藉由以 AI 控制生產和免用化肥及化學殺蟲劑的垂直農業（vertical agriculture），生產高品質和低成本的食物。而利用細胞培養技術，以乾淨和符合道德的方式生產肉品，將取代嚴重破壞環境的工廠式農業。2020 年，人類屠宰了超過 740 億隻陸地動物以取得肉品，由此而來的產品總重量估計有 3.71 億噸。[212] 聯合國估計，這種活動占人類文明每年溫室氣體總排放量逾 11%。[213] 目前被稱為實驗室培養肉的技術有可能根本地改變這種情況。屠宰動物以取得肉品有幾方面的重大缺點：它使無辜的生物受苦，肉品往往不利於人類健康，而且因為產生有毒污染和碳排放而嚴重影響環境。藉由培養細胞和組織生產肉品可以解決所有這些問題：不會有活生生的動物受苦，肉品可以設計得比較健康和美味，而且可以利用越來越潔淨的技術盡可能減少損害環境。引爆點可能出現在這種肉品足夠逼真時。截至 2023 年，這種技術可以製造出結構鬆散的肉品，例如類似絞牛肉的產品，但還無法從頭開始製造出完整的菲力牛排。不過，一旦培養肉可以令人信服地全面模仿取自動物的自然肉，我估計多數人對這種肉品的不適感將會迅速減少。

正如稍後我將細述，我們很快將能夠以低廉的成本生產模組來建造房屋和其他建築物，使數以百萬計的人負擔得起舒適的居住環境。所有這些技術都已經證實可行，並將在這十年內變得越來越先進和主流。除了實體世界的這場革命，新一代的虛擬和擴增實境——有時被稱為元宇宙（metaverse）——也將帶來轉變。[214] 多年來，科幻小說和未來學圈子之外沒什麼人知道元宇宙，但隨著臉書公司 2021 年改名為 Meta，並宣布其長期策略的核心是在建構元宇宙的過程中扮演關鍵角色，大眾對元宇宙概念的認識大大增加，以至於現在很多人誤以為是 Meta 發明了這個概念。

一如網際網路是一種由網頁構成的整合且持久的環境，2020 年代後期的虛擬和擴增實境將融合成我們現實生活中一個令人信服的新層面。在這個數位世界裡，許多產品甚至完全不需要有實體形式，因為模擬版本可以完美呈現高度逼真的細節。例子包括完整的虛擬會議，可以藉此與同事互動和輕鬆合作，就像面對面在一起那樣；虛擬音樂會，可以完全沉浸在身處交響樂廳的聽覺體驗中；全家人參與、感官體驗豐富的虛擬海灘假期，可以感受到沙灘和大海的聲音、景色和氣味。

目前多數媒體僅限於刺激視覺和聽覺這兩種感官。當前結合嗅覺或觸覺的虛擬實境系統仍相當笨重和不方便。但未來幾十年，腦機介面技術將大大進步，最終這將成就完全沉浸式的虛擬實境，將模擬的感官資料直接輸入我們的大腦。這種技術將使我們使用時間的方式和重視哪些體驗，發生難以預測的重大變化。它也將迫使我們重新思考自己為什麼要做某些事。例如我們如果可以利用虛擬實境技術安全地體驗攀登聖母峰的所有挑戰和自然美景，對此有興趣的人就必須思考是否值得真的去攀登這座高峰——抑或危險是這種體驗非常誘人的一個重要原因？

拉嘉德對我提出的最後一項質疑，是土地不會變成一種資訊科技產品，而地球已經非常擁擠。我答道，我們之所以住得擁擠，是因為我們選擇這麼做。城市之所以出現，是為了方便我們一起工作和玩樂。但你只要在世界上任何一個地方搭火車旅行，就會發現幾乎所有可居住的土地都尚未被占用，其中只有 1% 的土地被開發來供人類居住。[215] 所有可居住的土地當中人類只使用了一半左右，其中絕大部分是用於農業——而在農業用地中，77% 用於畜牧、放牧和種植飼料，只有 23% 用於種植人類食用的農作物。[216] 實驗室培養肉和垂直農業將使我們能以現在使用的一小部分土地滿足這些需求。健康食品的供給將因此得以顯著增加，同時釋放大量土地，滿足不斷成長的人類居住需求。自動駕駛車輛將使更長的通勤距離變得可行，從而降低居住擁擠程度，而我們將越來越能夠選擇自己喜歡的居住地，同時還能在虛擬和擴增實境中一起工作和玩樂。

這種轉變已經展開，而且因為 COVID-19 大流行逼出來的社會變化而加速。在疫情高峰期，多達 42% 的美國人在家裡工作。[217] 這種經驗很可能將對雇員和雇主對工作的看法產生長期影響。在許多地方，朝九晚五坐在公司辦公桌前的舊模式已經過時多年，但慣性和熟悉感導致社會很難改變，直到 COVID-19 大流行迫使我們改變。隨著加速回報定律將資訊科技帶進這些指數曲線的陡峭部分，加上 AI 在未來幾十年日益成熟，這種影響只會加速發生。

再生能源正邁向完全取代化石燃料

2020 年代的指數式進步造就的最重要轉變之一發生在能源領域，因為能源為所有的活動提供動力。太陽光電在許多情況下已經比化石燃料便宜，而且成本還在迅速降低。但我們需要材料科學的進步來進一步提高成本效益。AI 輔助促成的奈米技術突破將使光伏電池能夠從更廣的電磁頻譜獲取能量，從而提高電池的效率。這個領域正在取得令人振奮的進展。將微細的奈米管（nanotubes）和奈米線（nanowires）置入太陽能電池中，可以穩定地提高太陽能電池吸收光子、傳輸電子和產生電流的能力。[218] 同樣地，將奈米晶體（nanocrystals，包括量子點）置入太陽能電池中，可以增加每吸收一個光子可以產生的電力。[219]

另一種奈米材料被稱為黑矽（black silicon），其表面由大量的原子尺度針狀物構成，它們比光的波長還小。[220] 黑矽可以近乎消除光伏電池的反射，確保電池可以吸收更多光子來產生電力。普林斯頓的研究人員開發出一種最大限度產生電力的新方法，就是利用厚度僅為三百億分之一米的奈米尺度金原子網來捕捉光子並提高發電效率。[221] 與此同時，麻省理工的一個專案利用石墨烯片製造出光伏電池；石墨烯是碳的一種特殊形式，厚度只有一個原子大小（小於 1 奈米）。[222] 此類技術將使未來的光伏電池變得更薄、更輕，而且可以安裝在更多表面上。例如，SolarWindow Technologies 等公司已率先開發出可以覆蓋在窗戶上的光伏薄膜，能夠在不阻擋視線的情況下產生有用的電力。[223]

展望未來，奈米技術也將藉由促進太陽能電池的 3D 列印來降低製造成本，這將使得分散式生產變得可行，人們得以視需要隨時隨地製造太陽能電池。而不同於現在使用的那種大型、笨重、堅硬的電池板，使用奈米技術製造的太陽能電池可以採用多種方便的形式，包括捲狀、薄膜、塗層之類。這將降低安裝成本，使世界各地更多社區能夠使用廉價而充足的太陽能電力。

2000 年時，再生能源（主要是太陽能、風能、地熱能、潮汐能和生質能，但不包括水力發電）約占全球總發電量 1.4%。[224] 到了 2021 年，該比例已升至 12.85%，在此期間比例倍增平均需要約 6.5 年。[225] 因為總發電量本身也在增加，再生能源發電量絕對值倍增的速度更快：從 2000 年的 218 兆瓦時（TWh）到 2021 年的 3,657 兆瓦時，倍增平均需要約 5.2 年。[226]

隨著 AI 應用於材料研發和裝置設計促使成本進一步降低，這種進展將指數式持續下去。按照這種速度，理論上再生能源可以在 2041 年完全滿足全球電力需求。但展望未來時，將再生能源視為一個整體並不是很有用，因為各種再生能源並非都以相同的速度變得更便宜。

太陽能發電成本的下降速度比所有其他主要再生能源都快

得多，而且其進步空間最大。在成本下降速度方面，與太陽能最接近的是風能，但過去五年裡，太陽能的成本下降速度約為風能的兩倍。[227] 此外，太陽能發電的進步空間最大，因為材料科學的進步直接轉化為更便宜、更有效率的太陽能電板，而且現行技術只能捕捉到理論上能量最大值的一小部分——通常是進來能量的 20% 左右，而理論極限約為 86%。[228] 雖然實際上不可能達到這個極限，但進步空間無疑很大。相對之下，典型的風力發電系統的效率約為 50%，與其理論極限 59% 接近得多。[229] 也就是說，無論我們如何創新，風力發電系統的效率提升空間就是很有限。

2021 年，太陽能約占全球發電量 3.6%。[230] 我們只需要使用照射到地球的免費陽光的萬分之一，就應可滿足我們目前 100% 的總能源需求。地球持續從太陽接收約 173,000 兆瓦的能量。[231] 在可見的未來，這些能量大部分都無法捕捉，但即使採用現今的技術，太陽能也足以滿足人類的能源需求。根據美國政府科學家 2006 年的一項估計，以當時最好的技術，可用的太陽能總量可以達到 7,500 兆瓦。[232] 這相當於一年 65,700,000 兆瓦時。相對之下，2021 年全球初級能源總消耗量（包括電力、供暖和所有燃料）相當於 165,320 兆瓦時。[233]

相對於其他再生能源，太陽能占全球總發電量的比例倍增速度也快得多：從 1983 到 2021 年，該比例平均不到 28 個月就倍增，即使全球總發電量同期增加了約 220%。[234] 太陽能 2021 年占全球總發電量 3.6%，該水準只需要再倍增 4.8 次就可以達到 100%，而據此估算，我們到 2032 年僅靠太陽能就可以滿足所有的能源需求。雖然這不代表我們將真的完全仰賴太陽能（因為經濟和政治方面的一些原因），但太陽能顯然正邁向真正改變世界能源面貌。

有一件好事是：世界上最大面積的一些未開發區域——沙漠——往往也是利用太陽能發電的最佳地點。例如，一直有人建議在撒哈拉沙漠的一小部分鋪設太陽光電板。這種設施產生的電力足以滿足整個歐洲（利用穿越地中海的海底電纜輸送電力）和非洲的用電需求。[235]

像這樣擴大太陽能發電規模的主要挑戰之一，是需要更有效的儲能技術。化石燃料的優勢在於它們容易儲存，我們需要發電時拿來燃燒即可。陽光則是白天才有，而且陽光的強度隨著季節改變。因此，我們必須有高效的方法儲存太陽能產生的電力，以便需要時使用（視情況而定，可能是數小時或數個月後）。

幸運的是，我們也開始在儲能技術的價格效率（price efficiency）和使用量上取得指數式進步。值得注意的是，這些並不是像加速回報定律那種基本、持續的指數式趨勢，因為儲能技術的進步和擴張並非仰賴產生回饋迴路。儲能技術的價格效率和總使用量快速提升，是再生能源使用量激增的結果——而在太陽光電領域，因為資訊科技對促成材料科學的進步有幫助，加速回報定律確實有間接貢獻。隨著再生能源投資大增和再生能源成本下降，資源和創新力量也被吸引到儲能領域，因為儲能技術對再生能源能否在發電方面取代化石燃料的主導地位至為重要。材料科學、機器人製造、高效航運和能量傳輸方面的融合進步，也將造就持續的指數式成長。這意味著太陽能將在 2030 年代的某個時候占據主導地位。

目前開發中的許多儲能技術看來大有可為，但還不清楚哪一種最能滿足我們需要的巨大應用規模。由於電力本身無法有效儲存，我們必須將它轉換為其他類型的能量，以備需要時使用。可以考慮的方法包括利用熔鹽（molten salt）將電能轉換為熱能、利用水泵將電能轉換為高地水庫中的重力位能、利用快轉飛輪將電能轉換為旋轉能，或是利用電力製造氫氣，將電能轉換為氫氣中的化學能，然後需要時燃燒氫氣（不會產生污染）。[236]

雖然大多數電池不適用於公用事業規模的儲能，使用鋰離子和另外幾種化學物質的先進電池的成本效益現正快速提高。例如在 2012 至 2020 年間，每百萬瓦時的鋰離子儲能成本下降了約 80%，而且預計將繼續下降。[237] 隨著這些成本因為技術創新而持續下降，再生能源將取代化石燃料成為電網的支柱。[238]

儲能的成本[239]

資料來源：Lazard

因為儲能技術應用於發電和用電過程的許多不同階段，而且其應用的經濟背景也很多樣，不同專案的儲能成本很難比較。這方面迄今最嚴謹的分析可能來自金融顧問公司 Lazard，該公司使用均化儲能成本（LCOS）這個指標。該指標是將所有成本（包括資本成本）除以整個專案運作期間預期將釋出的總儲存能量（以百萬瓦時或類似的單位計算）。為了反映最先進技術的成本，本圖呈現每年啟動的美國公用事業規模儲能專案的最佳 LCOS。注意，每一年的平均 LCOS 高於當年的最佳 LCOS，但平均 LCOS 也呈現類似趨勢——某一年的最佳 LCOS 可能是幾年後的平均 LCOS。

美國儲能總量[240]

資料來源：美國能源資訊局

我們正邁向人人都有淨水可用

二十一世紀的一大挑戰，是確保地球上不斷增加的人口能夠獲得可靠的乾淨淡水供應。1990 年，全球約 24% 的人口未能定期獲得相對安全的飲用水。[241] 拜開發的進行和科技進步所賜，該比例現在已經降至 10% 左右。[242] 但這仍是一個很大的問題。根據美國衛生指標與評估研究所的資料，2019 年全球約有 150 萬人死於腹瀉疾病，其中包括 50 萬名幼兒，多數是因為飲用水遭糞便中的細菌污染。[243] 這些疾病包括霍亂、痢疾和傷寒，對兒童尤其致命。

問題是，世界上大部分地區仍缺乏收集淡水、保持水質乾淨，並將水輸送到住家供人們飲用、煮食、洗滌和洗澡的基礎設施。建造龐大的水井、水泵、引水道和水管網絡涉及高昂的成本，許多開發中國家負擔不起。此外，內戰和其他政治問題有時也導致大型基礎建設專案變得不可行。因此，像已開發國家那種集中式淨水和配水系統，對目前還未能定期獲得安全飲用水的十分之一人口來說，並非可行的解決方案。替代方案是提供淨水技術，幫助這些人在當地社區淨水，甚至是自己淨水。

分散式技術將決定 2020 年代和之後許多領域的面貌，包括能源生產（太陽能電池）、糧食生產（垂直農業）和日常用品生產（3D 列印）。在淨水方面，分散式技術可以有多種形式，包括傑尼克全方位處理器（Janicki Omni Processor）這種像一座建築物那麼大、可以為整個村莊淨水的機器，以至像 LifeStraw 這種可供個人使用的可攜式濾水器。[244]

有些淨化設備利用太陽能或燃燒燃料產生的熱能，將水煮沸。這可以殺死致病細菌，但無法去除其他有毒污染物，而且如果沸騰過的水沒有立即使用，很容易再度受到污染。在水中加入抗菌化學物質可以防止再度污染，但還是無法去除其他有毒物質。近年一些可攜式淨水設備利用電力將空氣中的氧氣變成臭氧，然後將這種氣體注入水中，非常有效地殺死病原體。[245]還有一些淨水設備以強烈的紫外線照射水以殺死細菌和病毒，但這同樣無法解決化學污染問題。

另一種方法是過濾。多年來，過濾技術能夠去除水中大部分但並非全部的生物和毒素。最致命的許多病毒非常微細，可以穿過一般過濾器的細孔。[246] 此外，一些污染物的分子同樣無法以一般過濾方法隔除。[247] 不過，最近材料科學方面的創新正創造出越來越有效的過濾器，可以阻隔越來越微細的污染物。展望未來，奈米技術創造的材料將提高過濾器的效率，並降低其成本。

Slingshot 淨水器是前景特別看好的一項新興技術，其發明者為狄恩・卡門（Dean Kamen, 1951-）。[248] 它是一種相對精巧的裝置，大小與一台小型冰箱相仿，可以利用任何水源（包括污水和受污染的沼澤水）製造出符合注射液標準、完全純淨的水。Slingshot 只需要不到一千瓦的電力即可運作。它採用蒸汽壓縮蒸餾法（將輸入的水轉化成蒸氣，留下污染物），不需要過濾器。Slingshot 使用適應性很強的史特靈引擎（Stirling engine），可以利用任何熱源產生電力，包括燃燒牛糞。[249]

垂直農業將提供平價優質的糧食，並釋放傳統農業占用的土地

大部分考古學家估計，人類農業誕生於約 12,000 年前，但也有一些證據顯示，最早的農業也許可追溯至 23,000 年前。[250] 未來的考古發現可能進一步修正這種認識。農業剛開始時，每單位面積土地可以種出的糧食很有限。最早的農夫將種子撒在天然土壤裡，靠雨水澆灌。這種耕種方式效率很低，結果是絕大多數人口必須從事農業工作才能糊口。

到了公元前六千年左右，灌溉技術使得農作物能夠獲得雨水以外的水分。[251] 植物育種擴大了作物的可食用部分，並提高其營養價值。肥料為土壤注入促進作物生長的物質。更好的農業方法使農民得以盡可能提高種植作物的效率。結果是糧食變得充裕，因此假以時日，越來越多人可以花時間從事農業以外的活動，例如貿易、科學和哲學研究。勞動分工之後促成了農業方面的更多創新，形成一種回饋迴路，促成更大的進步。這種發展奠定了人類文明的基礎。

量化這種進步的一個有用指標，是反映每單位面積土地可以種出多少糧食的作物密度。例如，美國現在種植玉米的土地使用效率是一個半世紀前的七倍以上。1866 年，美國農民平均每英畝土地可以種出 24.3 蒲式耳玉米，而到了 2021 年，該數字已達到每英畝 176.7 蒲式耳。[252] 全球而言，農地使用效率大致呈指數式上升趨勢，現在我們種出一定數量糧食所需的土地，平均僅為 1961 年所需土地的不到 30%。[253] 這種趨勢對支持這段時期的全球人口成長至為重要，使人類得以避免因為人口過多而出現大規模的饑荒——那是我成長過程中許多人曾擔心的問題。

此外，因為現在作物種植密度極高，而且過去仰賴人力的許多工作改為由機器完成，平均一名農場工人可以種出足以養活約七十個人的糧食。因此，農業工作從 1810 年占用美國 80% 的總勞動力，降至 1900 年的 40%，現在更是只有不到 1.4%。[254]

但是，每單位戶外面積可以種出多少糧食，如今正逼近其理論極限。一種新興解決方案是種植多層堆疊的作物，也就是所謂的垂直農業。[255] 垂直農場利用了多種技術，[256] 通常採用水耕法，也就是並非把作物種在土地裡，而是種在室內富含營養的水盤裡。這些水盤被裝進框架裡，堆疊多層，上層多餘的水可以流到下一層，而不是變成徑流流失。有些垂直農場現在採用一種名為氣耕法（aeroponics）的新技術，以霧氣代替水。[257] 此外，垂直農場安裝了特製的 LED 燈來代替陽光，確保每一棵植物都能獲得適量的光照。垂直農業公司 Gotham Greens 是業界領導者之一，擁有十座大型農場，分布在從加州到羅德島各地。截至 2023 年初，該公司已募集到 4.4 億美元的創投資本。[258] 其技術使它可以「比傳統土耕農場少用 95% 的水和 97% 的土地」。[259] 這種效率既能釋放水源和土地作其他用途（如前所述，目前農業估計占用了全球可居住土地一半左右），又能提供更充裕的平價糧食。[260]

垂直農業還有其他重要優勢。藉由防止農業徑流，它消除了水道污染的一個主要源頭。它使我們得以避免耕種鬆散的土壤，免得這種土壤被吹到空氣中，導致空氣品質不良。它使有毒的殺蟲劑變得多餘，因為害蟲無法進入設計得當的垂直農場。這種方法還可以全年種植各種作物，包括在當地戶外氣候下無法生長的品種。它也可以防止霜凍和惡劣天氣造成作物損失。也許最重要的是，它使城市和鄉村可以在當地種植自己需要的糧食，不必靠火車和卡車從數百或數千哩之外運來。隨著

垂直農場裡層層堆疊的生菜。
照片來源：Valcenteu, 2010。

垂直農業普及和成本降低，它將大大減少污染和排放。

展望未來，太陽光電、材料科學、機器人技術和人工智慧等領域的創新結合起來，將使垂直農業的成本遠低於現行農業。許多垂直農業設施將以高效率的太陽能電池供電，現場生產新肥料，從空氣中收集水分，並以自動化機器收割作物。未來的垂直農場只需要很少的人力和占用很少土地，最終將能以非常低廉的成本生產糧食，消費者或許可以近乎免費獲得食物。

這種過程一如加速回報定律在資訊科技領域產生的作用。隨著計算能力的成本指數式降低，Google 和臉書等平台一直能夠免費提供服務給用戶，同時藉由其他商業模式（例如廣告業務）來收回成本。藉由利用自動化技術和 AI 控制垂直農場的所有方面，垂直農業代表糧食生產實際上轉化為一種資訊技術。

3D 列印將徹底改變實體物品的創造與分配

在二十世紀大部分時間裡，製造三維固體物件通常有兩種方式。有些製程涉及利用模具塑造材料，例如將熔融塑膠注入模具，或利用沖壓機將加熱的金屬塑造成形。另一些製程則是從塊狀或片狀材料上移除多餘的部分，就像雕刻家鑿去大理石塊來雕刻雕像那樣。這兩種方法都有重大缺點。製造模具的成本高昂，而且模具一旦完成就很難修改。相對之下，所謂的「減法製造」會浪費大量材料，而且無法創造特定的形狀。

在 1980 年代，一個新的技術類別開始出現。[261] 不同於以往的方法，這些技術藉由堆疊或沉積相對扁平的一層層材料，形成立體物件。這些技術被稱為積層製造（additive manufacturing）、3 維打印或 3D 列印。

最常見的 3D 列印機運作方式有點像噴墨印表機。[262] 典型的噴墨印表機噴嘴會在紙上來回移動，將墨水從墨匣中噴出，噴到軟體指示的位置。3D 列印機不用墨水，而是使用塑膠之類的材料，並將材料加熱至軟化。其噴嘴按照軟體設定的模式一層層堆疊材料，直到欲創造的物件逐漸立體成形。各層材料硬化時融合在一起，物件即告完成。近二十年來，3D 列印技術持續進步，解析度提高，成本降低，而且速度加快。[263] 如今 3D 列印系統可以使用多種材料製作物件，包括紙、塑膠、陶瓷和金屬。隨著 3D 列印技術繼續進步，它將能夠處理更多奇特的材料。例如我們可以製造一種醫療植入物，內含的藥物分子可以逐漸釋放到人體中。我們也可以利用石墨烯之類的奈米材料製造輕質防彈衣和超快流行的電子產品。3D 列印也可以受惠於人工智慧的進步，例如可以利用軟體優化物件的強度、氣動力形狀或其他特性，甚至可以創造出其他當代方法無法製造的形狀。

一些新軟體可以讓人直覺地無需進階訓練就可以相對輕鬆地創造 3D 列印物件。隨著 3D 列印技術普及，它已開始徹底改變製造業。它的一大優點是能以低廉的成本快速製作原型。工程師在電腦上設計出一個新零件，幾分鐘或幾小時後就可以拿到 3D 列印的模型，而用以前的技術，可能需要幾個星期的時間。如此一來，研發者可以快速測試和修改產品，成本遠低於傳統方法。那些有好創意但財力相對不足的人，因此可以將他們的創新產品推出市場並造福社會。

3D 列印的另一個重要優勢，是它容許的客製化程度遠遠超過基於模具的製造方式。在後一種模式下，產品設計哪怕只是稍微改變，通常也需要全新的模具，而這可能要花數萬美元或更多。相對之下，3D 列印設計即使需要重大修改，也不會產生額外成本。因此，發明家可以使用確切符合創新需要的零件，而消費者也負擔得起專為他們設計的產品。例子之一是根據顧客腳部的精確尺寸製造鞋子，大大地提高合腳度和舒適

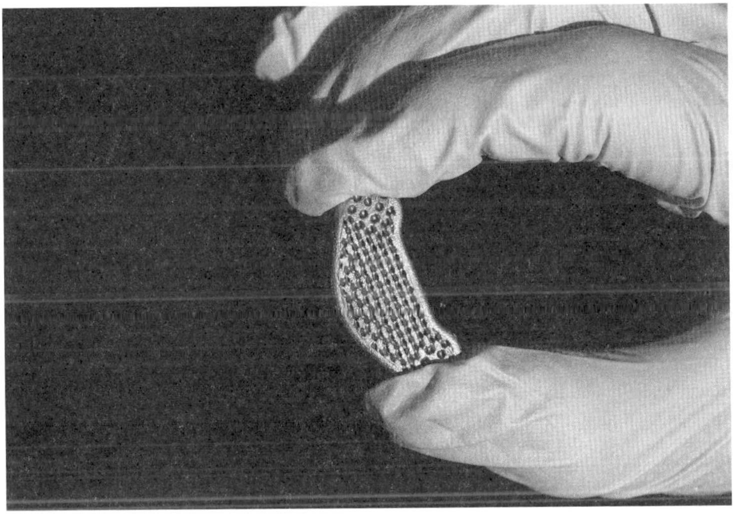

3D 列印的鈦金屬椎間盤，可植入脊椎受損或生病者體內。
照片來源：FDA photo by Michael J. Ermarth, 2015.

度。FitMyFoot 是業界領先的 3D 打印鞋公司，顧客可以使用 app 拍攝自己腳部的照片，由程式自動得出打印尺寸。[264] 同樣道理，家具可以根據顧客的體型特別設計，工具可以根據顧客的手型特別製造。[265] 更重要的是，關鍵的醫療植入物將可以變得更有效和比較便宜。[266]

此外，3D 列印使製造得以分散進行，消費者和地方社區將因此獲得力量。這與二十世紀形成的製造業主要集中於大城市巨型企業工廠的模式截然不同。在舊模式下，小城鎮和開發中國家必須從很遠的地方購買許多物品，而航運費用高昂且費時。分散式製造也將帶來顯著的環境效益。將產品從工廠運送到數百或數千哩外的消費者手上，會產生大量的溫室氣體排放。國際運輸論壇（International Transport Forum）的資料顯示，貨運約占燃燒燃料產生的碳排放量 30%。[267] 3D 列印造就的分散式製造將使貨運需求大幅減少，進而降低碳排放。

3D 列印的解析度如今正逐年提高，而且這種技術也越來越便宜。[268] 隨著解析度提高（也就是可實現的最微細設計特徵的尺寸縮小）和成本下降，符合成本效益的 3D 列印物品類型將持續增加。例如，許多常見布料的纖維直徑為 10 到 22 微米（百萬分之一米）。[269] 現在有些 3D 列印機已經能夠達到 1 微米或更細的解析度。[270] 一旦這種技術能夠以類似普通布料的成本，使用類似布料的材料達到類似布料的纖維直徑，我們就可以符合成本效益地打印出我們想要的任何衣物。[271] 因為 3D 列印速度也正不斷加快，大批量製造將變得更可行。[272]

除了製造鞋子和工具之類的日常用品，新的研究也正將 3D 列印應用於生物學。科學家正在測試一些技術，它們將使我們能夠印出人體組織，最終甚至可以印出整個器官。[273] 其基本原理是利用生物性的非活性材料，例如合成聚合物或陶瓷，根據所需要的人體結構印製出特定形狀的立體「支架」，然後注入富含重新編碼的幹細胞的液體，任由細胞繁殖，生長成具有患者自身 DNA 的替代器官。聯合治療公司（United Therapeutics；我是該公司的董事會成員）正應用這種方法（和其他方法），希望有朝一日可以培育出完整的肺、腎臟和心臟。[274] 這種方法最終將遠優於將一個人的器官移植到另一個人身上，因為可供移植的器官非常有限，而且植入的器官可能遭病人的免疫系統排斥。[275]

3D 列印的一個潛在缺點，是它可能被用來製造仿冒品。如果你可以下載檔案，以極低的成本自行印出產品，為什麼還要花 200 美元去買一雙設計師設計的鞋呢？音樂、書籍、電影和其他創意商品已經出現類似的智慧財產權問題。這一切需要我們以新的方法來保護智慧財產權。[276]

令人不安的另一件事情是，分散式製造將使一般民眾得以製造他們原本無法輕易取得的武器。網路上已出現一些檔案，可以用來印出零件，然後組裝成自製槍枝。[277] 槍枝管制將因此面臨挑戰，而有心人將可以製造出沒有序號的槍枝，使執法部門更難追查犯罪。由先進塑料製成的 3D 列印槍枝甚至可以逃過金屬探測器的偵測。這需要我們認真檢討現行法規和政策。

建築物的 3D 列印

3D 列印通常用於製造小型物件，例如工具或醫療植入物，但也可以用來製造較大型的結構，例如建築物。這種技術現正快速超越原型階段，而隨著 3D 列印結構的生產成本降低，這種技術將成為現行建築方法的商業可行替代方案。藉由 3D 列印製造建築模組和建築物需要的小型物件，最終將大幅降低住宅和辦公室的建造成本。

3D 列印建屋主要有兩種方式。第一種是印出房屋組件或模組，然後將它們組合起來，就像人們從宜家家居（IKEA）購買家具組件，然後自行組裝那樣。[278] 有時這涉及印出牆壁和屋頂之類，然後在施工現場將它們接合起來，就像將樂高積木接合起來。預計在 2020 年代末，房屋模組的組裝工作將主要由機器人完成。

另一種方法是印出整個房間結構或房子的模組化結構。[279] 這些模組的底部通常為方形或矩形，能以許多不同的方式組合在一起。在施工現場，可以用起重機吊起它們並快速組裝。這可以盡量減少施工對周遭的滋擾。2014 年，中國公司盈創（WinSun）示範了如何在二十四小時內建造十間簡單的模組化房屋，每間成本不到 5,000 美元。[280] 中國已經成為 3D 列印建築的一個樞紐，未來幾十年對於更成熟的 3D 列印技術將有大量的需求。

另一種做法是把整座客製化建築物以單一模組的方式印出

來。[281] 工程師在建築物所在地點設置一個大框架，列印噴嘴在框架內自動移動，按照牆壁的形狀堆積一層層材料（例如混凝土）。主要的結構建造需要的人力極少，而在結構建造完成後，工人就可以進去完成建築物內部的施工，包括裝窗和鋪好屋瓦。例如在 2016 年，中國公司華商騰達宣布建好了一棟兩層高的別墅，而該建築是花四十五天一體印出的。[282] 在我撰寫本書時，這種技術正傳到美國：2021 年，一家名為 Alquist 3D 的公司完成了第一座屋主自住的 3D 列印房屋，2023 年休士頓出現了第一座多層的 3D 列印住宅。[283] 到 2020 年代末，結合大小物件的 3D 列印和智慧型機器人技術，將提高我們建造個性化建築物的能力，同時大幅降低營建成本。

3D 列印建築模組具有幾項關鍵優勢，而隨著這種技術變得成熟，這些優勢將更顯著。首先，它可以降低營建勞動成本，使基本房屋變得容易負擔。它還可以縮短施工時間，減少長時間施工對環境的影響。這包括減少廢棄物和垃圾、光和噪音污染、有毒粉塵、交通干擾，以及對工人的危害。此外，3D 列印比較容易使用在地材料來建造建築物，可以減少使用可能需要從數百哩外運來的材料，例如木材和鋼鐵。

展望未來，3D 列印可能被用來降低建造摩天大樓的難度和成本。建造高樓的主要困難之一，是將工人和建築材料運送到高樓層。3D 列印系統搭配自主機器人，可以有效處理從地面以液體形式泵送到高樓層的建築材料，將大大降低建造高樓的難度和成本。

勤奮的人將在 2030 年左右達到長壽逃逸速度

豐富的物質及和平的民主制度使我們的生活變得更美好，但涉及最重大利害的挑戰是如何保護生命本身。正如我將在第六章所闡述，開發新療法的方法正快速地從一種有時成功、有時失敗的線性過程，轉變為一種指數式發展的資訊科技，而我們將利用這種技術系統性地重新編寫並不理想的生命軟體。

生物生命之所以不理想，原因在於演化乃是由天擇優化的隨機過程的集合。因此，演化「探索」遺傳特徵的可能範圍時，很大程度上仰賴運氣和特定環境因素的影響。此外，因為這種過程是漸進的，只有在邁向特定特徵的所有中間步驟都能使生物成功適應環境時，演化才可以得出那個特徵。因此，一定有一些潛在特徵非常有用，但生物無法演化出來，因為得出這些特徵所需要的所有中間步驟無法在演化中完成。相對之下，應用（人類或人工的）智慧於生物學上，我們就能系統性地探索所有的遺傳可能性，以尋找理想的遺傳特徵——也就是最有益的特徵，包括正常演化無法得出的特徵。

自 2003 年人類基因組計畫完成以來，基因組定序已經經歷了約二十年的指數式進步（性價比大約每年提升一倍）——就鹼基對（base pairs）而言，這種倍增平均每十四個月發生一次，跨越多種技術，可追溯至 1971 年第一次 DNA 核苷酸定序。[284] 如今我們終於踏入生物科技歷時五十年的指數式進步趨勢飛速前進的階段。

我們正開始將 AI 應用於藥物和其他醫療介入措施的發現和設計，而到 2020 年代末，生物模擬器將足夠先進，可以在數小時內產生關鍵的安全性和有效性數據，而不是像臨床試驗那樣通常需要數年的時間。從人體試驗過渡至電腦模擬試驗的過程，將受到方向相反的兩股力量左右。一方面是我們會擔心安全問題：我們不希望模擬試驗因為遺漏了相關醫療事實，錯誤得出藥物安全的結論。另一方面，模擬試驗將能夠著眼於更多模擬病患，並研究廣泛的合併症和人口統計因素，因此可以非常具體地告訴醫師新療法估計將如何影響許多不同類型的病患。此外，更快將救命藥物送到病患手上，可望拯救許多生命。過渡至模擬試驗將涉及政治不確定性和官僚阻力，但這種技術的有效性最終將克服這些困難。

以下舉兩個顯著的例子來說明模擬試驗將帶來的好處：

- 免疫療法（immunotherapy）使得許多第四期（和其他末期）癌症病人的病情得以緩解，是癌症治療方面非常有希望的一項發展。[285] 嵌合抗原受體 T 細胞療法（CAR-T cell therapy）之類的技術重新編碼病人自身的免疫細胞，使它們能夠辨識並消滅癌細胞。[286] 由於我們對癌細胞如何避開免疫系統攻擊的生物分子機制認識還不完整，尋找這種療法的努力迄今受限，但 AI 模擬將有助於我們突破這個困境。
- 利用誘導型多功能幹細胞（iPSC），我們能夠使心臟病發後的心臟恢復活力，並克服許多心臟病發倖存者所面對的「低射出率」（low ejection fraction）問題（我父親正是因此去世）。我們現正利用 iPSC（藉由引入特定基因，由成人細胞轉化而成的幹細胞）來培育器官。截至 2023 年，iPSC 已被用於氣管、顱面骨、視網膜細胞、周邊神經和皮膚組織，以及心臟、肝臟和腎臟等主要器官組織的再生。[287] 由於幹細胞在某些方面與癌細胞相似，未來的一個重要研究方向將是尋找盡可能降低細胞分裂失控風險的方法。iPSC 可以像胚胎幹細胞那樣發展成幾乎所有類型的人體細胞。這種技術仍處於實驗階段，但已成功應用於人類病患。針對心臟有問題的患者，這種技術涉及從患者身上製造 iPSC，將它們培養成肉眼可見的心臟肌肉組織片，然後移植到受損的心臟上。這種療法估計是利用 iPSC 釋放生長因子，刺激既有的心臟組織再生。iPSC 實際上可能是誤導心臟，使它以為自己是處於胎兒環境。這種技術現正廣泛應用於各種生物組織。一旦我們能以先進的 AI 分析 iPSC 產生作用的機制，再生醫學將能有效解放人體自身的癒合能力。

因為這些技術的出現，描述醫學進步和壽命延長進展的線性舊模型將不再適用。無論是回顧歷史還是訴諸我們的自然直覺，我們都傾向認為未來二十年的進步將與過去二十年大致相同，但這忽略了這種發展的指數式性質。人類壽命即將可以大幅延長，這個消息正在傳播，但多數人，包括醫師和病人，都還未意識到我們重新編寫我們過時的生物軟體的能力將發生巨大改變。

正如本章稍早所述，2030 年代將出現另一場醫療革命，而我與泰瑞．格羅斯曼（Terry Grossman）醫師合著的關於醫療的著作將它稱為通往大幅延長壽命的第三道橋樑：醫療奈米機器人。這種醫療介入手段將大大擴展我們的免疫系統。我們的天然免疫系統包含了可以聰明地消滅敵對微生物的 T 細胞，可以非常有效地對付許多類型的病原體——它重要到如果沒有它，我們根本活不久。但是，這個系統是在食物和資源非常有限、大部分人壽命很短的時代演化出來的。如果早期人類很年輕就繁衍後代，然後大多數在二十幾歲就死去，那麼演化就沒有理由青睞那種有利於人類健康長壽的突變——這種突變可以使免疫系統更有能力應付主要出現於生命晚期的威脅，例如癌症和神經退化疾病（通常是被稱為普恩蛋白〔prion〕的錯誤折疊蛋白造成的）。同樣道理，因為許多病毒來自牲畜，我們那些在人類大量馴養動物之前存在的祖先沒有演化出對抗病毒的強大防禦能力。[288]

奈米機器人不但可以編碼來消滅所有類型的病原體，還能夠治療代謝疾病。除了心臟和大腦，我們的主要內部器官都會將一些物質排入血液或從血液中清除，許多疾病就是這些器官功能失常造成的。例如，第一型糖尿病就是因為胰島細胞無法製造足夠的胰島素。[289] 醫療奈米機器人將能夠監控血液供應，適時增加或減少一些物質，包括荷爾蒙、營養物、氧、二氧化碳和毒素，從而增強或甚至代行各器官的功能。利用這些技術，到 2030 年代末，我們很大程度上將能夠克服疾病和老化。

在 2020 年代，主要在先進 AI 驅動下，我們將看到越來越受矚目的藥物和營養學發現——這些發現本身不足以解決老化問題，但足以延長許多人的壽命，使他們能夠到達大幅延長壽命的第三道橋樑。因此，到 2030 年左右，最勤奮、最有見識的人將達到「長壽逃逸速度」這個臨界點——也就是每過一個日曆年，他們的剩餘預期壽命將延長超過一年。時間之沙將開始流入而非流出。

大幅延長壽命的第四道橋樑，將是我們有能力備份決定我們是誰的資料，就像我們日常備份各種數位資料那樣。隨著我們以逼真（但快得多）的雲端新皮質增強我們的生物性新皮質，我們的思維將變成我們現在習慣的生物型思維及其數位延伸的混合體。數位部分將指數式擴展，最終會占據主導地位。它將變得非常強大，能夠完全理解和模擬其生物部分並建立其模型，使我們能夠備份我們所有的思想。隨著我們在 2040 年代中期接近奇點，這種情境將會實現。

我們的終極目標是掌握自己的命運，而非聽天由命——屆時我們想活多久就活多久。但為什麼會有人選擇死亡呢？研究顯示，自殺的人通常是因為承受無法忍受的痛苦，無論是肉體上還是情感上的痛。[290] 雖然醫學和神經科學的進步無法防止所有這種情況，但很可能使它們變得越來越少。

一旦我們備份了自己，我們又怎麼會死呢？雲端上的所有資料在雲端上已經有許多個備份，而到 2040 年代，這種特徵將大大增強。一個人要銷毀自己的所有副本可能會非常困難。如果我們將心智備份系統設計成人們可以輕易選擇刪除自己的心智檔案（因為希望盡量提高個人的自主程度），這必然會造成安全風險：人們可能會被欺騙或被迫去這麼做，而這也可能使人們比較容易受到網路攻擊的傷害。但另一方面，限制人們控制這些最私密資料的能力，會侵犯一項重要的自由。不過，我樂觀地認為我們將能夠採取適當的防衛措施，就像我們已經成功保護核武數十年那樣。

如果你在肉身死亡後啟動了你備份的心智檔案，你是否真的復原了你自己？正如我在第三章指出，這不是一個科學問題，而是一個哲學問題，將是現在活著的人餘生必須努力處理的一個問題。

最後，有些人對這方面的公平和平等問題有道德上的顧慮。針對這些延長壽命的預測，一項常見的質疑是，只有有錢人負擔得起大幅延長壽命的技術。我的回答是請質疑者去看看手機的發展歷史。不過是三十年前，要擁有一支手機確實必須相當有錢，而且當時的手機不是很好用。但現在我們有數十億支手機，而且它們的功能遠非只是打電話。它們現在也是記憶的延伸，使我們能夠取得幾乎所有的人類知識。這些科技產品一開始價格高昂，功能有限，但隨著技術成熟，它們變得幾乎人人負擔得起。究其原因，是因為資訊科技本身具有性價比指數式提升的性質。

大漲潮

正如我在本章指出，與許多流行的假設相反，地球上絕大多數人的生活正以深刻而根本的方式變得越來越好。更重要的是，這並非巧合。過去兩個世紀以來，我們在識字與教育、衛生、預期壽命、潔淨能源、貧窮、暴力和民主等方面看到的巨大進步，全都仰賴同一個基本動力：資訊科技促進了自身的進步。此一見解是加速回報定律的核心，它解釋了根本改善人類生活的許多良性循環。資訊科技關乎意念，而我們分享意念和創造新意念的能力指數式提升，在最廣泛的意義上使我們每一個人都有更大的能力去發揮我們的人類潛能，以及共同解決社會面臨的許多弊病。

指數式進步的資訊科技是高漲的大潮，全方位改善了人類的境況。而現在我們即將進入這波大潮空前高漲的時期。此中關鍵是人工智慧，它使我們能夠將許多種線性進步的技術轉化為指數式進步的資訊技術——從農業、醫學以至製造和土地使用都是這樣。未來正是這股力量將使我們的生活指數式地變好。

人類邁向人人享有更輕鬆、更安全、更豐盛生活的旅程，已經持續了數年、數十年、數百年、數千年。我們真的難以想像一個世紀前的生活是什麼樣子，更早之前就更不用說了。我們的進步不斷加速，過去幾十年取得了重大成果，未來幾十年將經歷深刻演變。這種不斷加速的進步將猛力推動我們前進，結果將遠遠超越我們現在所能想像的。

第 5 章

就業的未來：好還是壞？

當前的革命

未來二十年邁向融合的各種科技將在世界各地創造巨大的繁榮和豐盛的物質。但是，這些力量也將擾亂全球經濟，迫使社會以空前的速度調整適應。

2005 年，也就是我的著作《奇點臨近》出版那一年，美國國防部國防高等研究計劃署（DARPA）向贏得其自動駕駛車挑戰賽的史丹佛團隊發出 200 萬美元的獎金。[1] 當時，對大眾來說，自動駕駛汽車仍屬於科幻事物，甚至許多專家也認為，我們距離汽車自動駕駛還有一個世紀的時間。但隨著 Google 2009 年啟動一個雄心勃勃的 AI 驅動專案，這方面的發展開始大大加快。該專案發展成一家獨立公司，名為 Waymo，而到 2020 年，它已經在鳳凰城地區向大眾提供完全自動駕駛的預約型計程車服務，隨後擴展業務到舊金山。[2] 你閱讀本書時，Waymo 的載客服務將已經擴展到洛杉磯，可能還有其他城市。[3]

在我撰寫本書時，Waymo 自動駕駛汽車累積的行駛距離已超過了 2,000 萬哩（該數字正快速增加——這是撰寫本書的困難之一！）。[4] 這些實際經驗為 Waymo 創造和微調一個逼真的駕駛模擬系統奠定了基礎——該模擬系統提供一種虛擬環境，可以重現駕駛過程中可能出現的各種變化。

實際駕駛和模擬駕駛各有其優缺點，結合起來可以互相促進。實際駕駛可以做到完全真實，也可能遇到意外狀況——那是工程師自己不可能預料到的，因此也不可能被安排發生在模擬駕駛中。但是，如果 AI 在實際駕駛中遇到不知如何處理的情況，工程師不可能停下道路上的所有車輛，並告訴周遭所有駕駛人：「再來一次，但這次時速提高 5 哩。」

相對之下，模擬駕駛可以做大量測試，以科學方式調整出掌控特定狀況所需要的精確參數。此外，它還可以模擬各種高風險情境——相對地在實際駕駛中訓練 AI 處理這些情境就風險太高了。藉由模擬駕駛安排 AI 處理數百萬種不同的情況，工程師可以找出在實際駕駛中最需要解決的問題。

要了解相對於實際駕駛，模擬駕駛可以提供的資料量規模，我們可以看看這個事實：在 2018 年，Waymo 一天的模擬行車哩數開始等同該計畫自 2009 年開始以來在真實道路上累積的總行車哩數。截至 2021 年，也就是我撰文時有資料可查的最近一年，Waymo 仍大致維持這個驚人的比例——每天模擬行駛約 2,000 萬哩，而歷來實際的累計行駛哩數也是約超過 2,000 萬哩。[5]

正如第二章談到，這種模擬可以產生足夠的例子來訓練深度（例如有一百層）類神經網路。Alphabet 子公司 DeepMind 正是以這種方式產生足夠的訓練例子，使它的 AI 在圍棋比賽中超越最優秀的人類。[6] 模擬駕駛遠比模擬圍棋比賽複雜，但 Waymo 使用了相同的基本策略——現在已經以超過 200 億哩的模擬駕駛磨練其演算法，[7] 並產生了足夠的資料來應用深度學習改善其演算法。

如果你的工作是駕駛汽車、公車或卡車，上述消息很可能使你停下來思考。在整個美國，超過 2.7% 的受雇者從事某種駕駛工作，無論是駕駛卡車、公車、計程車、送貨車，還是其他車輛。[8] 最新的資料顯示，這個數字意味著超過 460 萬份工作。[9] 雖然自動駕駛車輛確切將多快導致這些人失業仍有爭論空間，但幾乎可以確定的是，他們當中許多人將在退休之前失去工作。此外，影響這些工作的自動化技術對美國各地的影響程度各有不同。在加州和佛羅里達等大州，駕駛工作占受雇勞動人口不到 3%，但在懷俄明州和愛達荷州，該數字超過 4%。[10] 在德州、紐澤西州和紐約州部分地區，該比例甚至達到 5%、7% 或 8%。[11] 這些職業司機多數是男性，多數是中年人，而且多數沒有受過大學教育。[12]

但自動駕駛車輛不光只會導致職業司機失業。隨著卡車司機因為駕駛自動化而失去工作，為卡車司機處理薪資作業、在路邊便利店和汽車旅館工作的人也可能失業，因為相關人力需求將會減少。清潔卡車休息站廁所的需求將減少，卡車司機常出入的地方對性工作者的需求也將萎縮。雖然我們大致知道這些影響將會發生，但很難準確估計影響會有多大，或這些變化將多快發生。不過，美國運輸統計局的一項最新（2021 年）估計是：運輸和運輸相關產業直接雇用了約 10.2% 的美國勞工。[13] 在這麼大的一個業界，即使是相對小規模的干擾也會造成重大後果。

不過，隨著 AI 發揮巨型資料集訓練的驚人潛力，在不久的將來會受到 AI 威脅的職業將非常多，駕駛只是其中之一。2013 年，牛津大學學者卡爾．貝內迪克特．弗雷（Carl Benedikt Frey）和邁可．歐斯本（Michael Osborne）完成了一項里程碑式研究，根據 2030 年代初之前受衝擊的可能性排列了約七百種職業。[14] 自動化的可能性高達 99% 的職業類別包括電話行銷員、保險核保人員和報稅員。[15] 超過一半的職業有超過 50% 的可能性可以自動化。[16]

該研究顯示，易受衝擊的職業包括工廠工作、客戶服務、銀行工作，當然還有駕駛汽車、卡車和公車的工作。[17] 不容易受衝擊的是那些涉及密切和靈活的個人互動的工作，例如職能治療師、社會工作者和性工作者。[18]

上述報告發表後的十年間，支持其驚人核心結論的證據持續累積。經濟合作暨發展組織（OECD）2018 年的一項研究檢視特定工作中每一項任務自動化的可能性，結果與弗雷和歐斯本的研究結果相似。[19] 結論是在 32 個國家，有 14% 的工作有超過 70% 的機率在未來十年裡因為自動化而被淘汰，另有 32% 的工作被淘汰的機率超過 50%。[20] 研究結果顯示，這些國家約有 2.1 億份工作面臨被淘汰的危險。[21] 事實上，OECD 2021 年的一份報告顯示，最新資料證實，那些面臨較高自動化風險的工作，就業成長速度低得多。[22] 而所有這些研究都是在 ChatGPT 和 Bard 之類的生成式 AI 問世之前完成的。最新的估計，例如麥肯錫 2023 年發表的一份報告，顯示在現今的已開發經濟體，有 63% 的工作時間是花在利用現在的科技已經可以自動化的任務上。[23] 如果快速應用現行科技，這些工作有一半可以在 2030 年前自動化，而麥肯錫的中點情境（midpoint scenatio）預測為 2045 年——假設未來 AI 沒有突破。但我們知道，AI 將繼續指數式進步——直到 2030 年代某個時候，我們會擁有超人水準的 AI，以及完全自動化、原子級精確的製造技術（由 AI 控制）。

不過，這並不是第一次人類親眼目睹自己所屬行業的工作可能會因為自動化而集體消失。兩個世紀前，英國諾丁漢織布工的飯碗就因為動力織布機和其他紡織機器的出現而受到威脅。[24] 這些織布工從事代代相傳、相當穩定的家族事業，靠著精湛的長襪和蕾絲生產技術得享溫飽。但十九世紀初的技術革新將這個產業的經濟力量轉移到機器擁有者手上，使織布工面臨失業的危險。

內德．盧德（Ned Ludd）這個人是否真的存在並不確定，但根據傳說，他不小心弄壞了紡織廠裡的機器，而之後任何機器損壞——無論是工作出錯還是為了抗議自動化——都會歸咎於盧德。[25] 1811 年，絕望的織布工組成了一支城市游擊隊，宣稱盧德將軍是他們的領袖。[26] 這些被稱為盧德分子（Luddites）的人反抗工廠主，起初主要是動用暴力毀壞機器，但很快就發生了流血事件。這場運動以英國政府監禁和絞死著名的盧德分子領袖告終。[27] 內德·盧德從未被找到。

當年的織布工看著自己整個業界的生計遭破壞。站在他們的立場，勞動市場上出現了設計、製造和銷售新機器的更高收入工作與他們毫無關係。當年政府也沒有為他們提供再培訓計畫，而他們花了畢生心血培養一項已被淘汰的技能。許多人被迫從事收入較低的工作，至少有一段時間是這樣。但是，這一波早期的自動化浪潮帶來了一個好結果：一般人變得負擔得起許多不錯的服飾，不再只是買得起一件襯衫而已。而假以時日，自動化也催生了一些全新的產業。由此而來的繁榮是摧毀最初盧德運動的首要因素。雖然盧德分子已成歷史，但他們至今仍是那些抗議自己被科技進步拋在後頭的人的一個有力象徵。

破壞與創造

如果在 1900 年，我是一個有先見之明的未來學家，我會對當時的美國勞工說：「你們現在約有 40% 的人在農場工作（該數字在 1810 年超過 80%），五分之一的人在工廠工作，但我預測到 2023 年時，你們當中從事製造業的比例將下降超過一半（降至 7.8%），而農業勞動人口比例將下降超過 95%（降至低於 1.4%）。」[28]

我還可以說：「不過，你們不必擔心，因為就業實際上將會成長而非萎縮。新出現的職位將多於被淘汰的職位。」但可能會有人問我：「會出現什麼新工作？」此時誠實的答案是：「我不知道，這些工作還沒被發明出來。而且它們將出現在尚不存在的行業。」這種答覆顯然難以令人滿意，而這說明了為什麼政治焦慮伴隨著自動化而來。

如果我真的很有先見之明，我可以在 1990 年告訴人們，很快將出現負責建立和管理網站與行動 app、資料分析和線上銷售的新工作。但當時的人根本搞不懂我在說什麼。

事實上，儘管許多行業的就業人數大幅減少，但總勞動人口大大增加——絕對數和比例上皆是。1900 年，美國總勞動人口約為 2,900 萬，占總人口 38%。[29] 2023 年初，美國總勞動人口約為 1.66 億，占總人口超過 49%。[30]

除了總勞動人口增加之外，勞工的工作時間減少了，收入卻增加了。在美國，勞工人均年工作時數從 1870 年的略多於 2,900 小時，大幅減少至 2019 年的 1,765 小時（就在 COVID-19 擾亂勞動市場之前）。[31] 雖然工作時數大幅減少，但自 1929 年以來，以定值美元計算，勞工的平均年收入增加了超過三倍。[32] 1929 那一年，美國的人均個人收入約為 700 美元。因為當時全美 1.228 億人只有 4,800 萬人有工作，勞工的人均年收入約為 1,790 美元（以 2023 年的美元計則約為 31,400 美元）。[33] 2022 年，全美 3.32 億人的人均個人收入估計為 64,100 美元，而勞動人口約有 1.64 億人。[34] 因此，這一年美國勞工人均年收入約為 129,800 美元（以 2023 年的美元計約為 133,000 美元），是約九十年前的四倍有餘。

但請注意，雖然這個平均值反映了美國整體財富大幅增加，但收入中位數（收入高於該數值的人數與低於該數值的人數相同）大幅低於平均數。1929 年沒有可靠的數據，但 2021 年美國人的收入中位數為 37,522 美元，遠低於平均數 64,100 美元。[35] 此中部分差異反映出有少數人收入極高，以及許多人已經退休、正在就學、在家處理家務，或因為其他原因而沒有工作。

如果我們較狹隘地看看每小時收入，會發現類似的趨勢。1929 年這一年，美國勞工平均工作 2,316 小時。[36] 以 2023 年的美元計，那一年勞工人均收入約為 31,400 美元，相當每小時 13.55 美元。到了 2021 年，美國勞工總共工作了 2,540 億小時，賺取約 10.8 兆美元（以 2023 年的美元計）的薪資，相當於每小時 42.50 美元，是 1929 年的三倍有餘。[37]

實際增幅甚至更大。官方的薪資統計數據並未納入某些類型的工作。例如，高收入、自由接案的電腦程式設計師並不領取薪資。創業者或創意藝術家也是，他們每工作一小時的收入可能非常高。2021 年，美國的個人總收入約為 21.8 兆美元（以 2023 年的美元計），這意味著每小時收入約為每小時薪資的兩倍。[38] 但許多個人收入（例如出租房產的收入）與工作時數關係不大，因此最準確的數字介於兩者之間。正如上一章談到，這些成長數據甚至沒有考慮到在這段期間，許多類型的商品在價格相同（經通膨調整）的情況下大有進步，也沒有考慮到消費者多了無數的創新產品可以選擇。

在這些進步的背後，技術變革為原有的工作引入了基於資訊的面向，並創造了四分之一個世紀前還不存在（一百年前就更不用說了）的數百萬份新工作，而這些工作需要較高層次的新技能。[39] 到目前為止，這彌補了曾經占用絕大多數勞動力的農業和製造業工作的大量流失。

十九世紀初，美國基本上是個農業社會。隨著越來越多移民湧入這個年輕的國家，並遷往阿帕拉契山脈以西地區，從事農業的美國勞動人口比例實際上有所上升，最高時超過 80%。[40] 但在 1820 年代，隨著農業技術進步使得每一名農民能夠養活更多人，該比例開始快速下降。起初這是因為，植物育種的科學方法和輪作系統都有所改進。[41] 隨著工業革命的展開，機械農具成為節省勞動力的主要工具。[42] 在 1890 年，從事農業的美國勞動人口比例首度降至一半以下，而到了 1910 年，由蒸汽或內燃機驅動的拖拉機取代了緩慢和低效的役畜，這種趨勢急劇加速。[43]

在二十世紀，先進的殺蟲劑、化學肥料和基因改造技術相繼出現，使得農作物產量激增。例如，1850 年英國的小麥產量為每英畝 0.44 噸。[44] 到了 2022 年，該數字已增至每英畝 3.84 噸。[45] 大約同一時期，英國人口從約 2,700 萬增至 6,700 萬，糧食產出因此不但能夠滿足不斷增加的本國人口，還使每個人可以享受的糧食變得豐盛許多。[46] 隨著國民營養改善，他們長得更高更健康，童年時大腦發育得更好。而隨著更多人能夠充分發揮潛能，更多人才被釋放出來支持進一步的創新。[47]

展望未來，自動化垂直農業的出現很可能將促成農業生產力和效率的另一次飛躍。英國 Hands Free Hectare 等公司已經在努力將人力從農業生產的各個階段中剔除。[48] 隨著 AI 和機器人技術進步，加上再生能源變得更加便宜，許多農產品的價格最終將大幅下降。隨著糧食價格變得比較不受到人類勞動力和稀有自然資源影響，人們將更能擺脫貧窮，獲得充足的健康營養新鮮食物。

美國自 1800 年以來的農業勞動人口比例 [49]

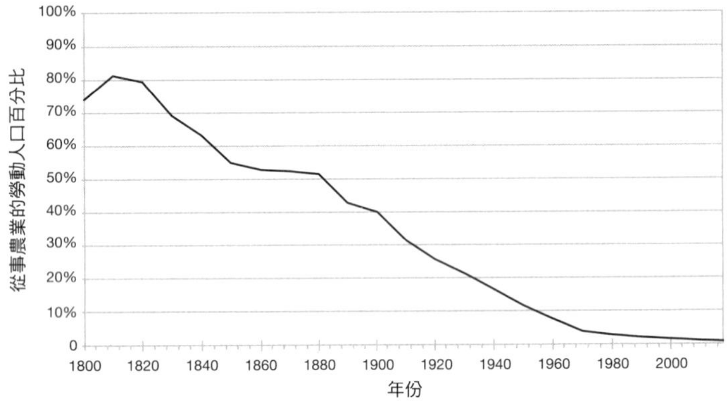

資料來源：美國國家經濟研究局；美國普查局；美國勞動統計局；國際勞工組織

許多失去工作的農場工人在工廠找到了新工作，而大約一個半世紀後，換成許多失去工作的工廠工人在其他行業找到了新工作。在十九世紀的第一個十年，大約每 35 名美國勞工有 1 人受雇於製造業。[50] 但工業革命很快改變了大城市的面貌，蒸汽驅動的工廠如雨後春筍湧現，需要數以百萬計的低技能勞工。到 1870 年，幾乎每 5 名美國勞工就有 1 人從事製造業，主要集中在快速工業化的北方。[51] 第二波工業革命在二十世紀初將大批新勞工（大部分為外來移民）帶進了製造業。裝配線生產方式的出現大大提高了效率，而隨著工業製品價格下降，越來越多人負擔得起這些產品。[52]

隨著需求成長，工廠必須大量增聘工人，和平時期的美國製造業就業人口 1920 年左右達到高峰，估計占非軍職（civilian，即平民）勞動人口 26.9%。[53] 時移世易，測量勞動人口規模的方法後來有所改變，因此我們無法拿這個數字與後來的數字完美地比較，但一個大致的事實是確定的：排除大蕭條（導致製造業就業人口暫時減少）和第二次世界大戰（導致製造業就業人口暫時增加）的干擾，在 1970 年代之前，美國勞動人口大約每 4 人就有 1 人從事製造業。[54] 在約五十年的時間裡，該比例沒有出現整體的上升或下降趨勢。

但在此之後，技術方面的兩項變革開始侵蝕美國的製造業就業。首先是物流和運輸方面的創新，尤其是貨櫃運輸，使得企業能以較低的成本將製造業務外包到勞動力較廉價的國家，然後將製成品進口到美國。[55] 貨櫃化（containerization）並不是像工廠機器人或 AI 那樣的華麗技術，但它對現代社會的影響卻是所有創新當中最深遠的。藉由大幅降低全球航運成本，貨櫃化使經濟得以真正的全球化。一般民眾因此可以比較便宜地買到許多不同類型的產品，但這也成為促使美國大部分地區去工業化的一個關鍵因素。

第二個是，自動化降低了美國國內製造業對人力的需求。早期裝配線的每一步驟都需要不少人力投入，工廠引入機器人減少了這種需求。隨著電腦化和人工智慧開始不斷提高自動化的能力和效率，此一趨勢在 1990 年代顯著增強。因此，製造業勞工在更聰明的機器協助下，平均每小時可以生產出越來越多產品。事實上，在 1992 至 2012 年這二十年間，隨著電腦化改變了工廠生產方式，製造業勞工平均每小時（經通膨調整）的產出增加了一倍。[56]

因此，在二十一世紀，美國的製造業產出與製造業就業已經脫鉤。2001 年 2 月，就在網路泡沫破滅後的經濟衰退開始前，美國有 1,700 萬人從事製造業工作。[57] 該數字在隨後的經濟衰退期間大跌，而且再也沒有收復失地——雖然製造業產出大幅增加，但在 2000 年代中期的經濟繁榮期間，製造業就業人口一直維持在 1,400 萬左右。[58] 2007 年 12 月，也就是大衰退（Great Recession）開始時，美國約有 1,370 萬人從事製造業，而到 2010 年 2 月已降至 1,140 萬。[59] 製造業產出迅速回升，到 2018 年已回到歷史高點附近，但製造業流失的許多職位再也沒有回來。[60] 即使到了 2022 年 11 月，美國製造業也只需要 1,290 萬名工人。[61]

回顧過去一個世紀，這些趨勢相當驚人。從 1920 到 1970 年，製造業占美國總勞動人口的比例穩定保持在 20% 至 25% 之間，但隨後五十年裡持續下降：1980 年降至 17.5%，1990 年為 14.1%，2000 年為 12.1%，2010 年為 7.5%。[62] 隨後十年裡，雖然經濟持續擴張，製造業產出也健康成長，但製造業占總勞動人口的比例基本持平。因此，在 2023 年初，大約每 13 名美國勞工有 1 人從事製造業。[63]

美國自 1900 年以來的製造業勞動人口比例 [64]

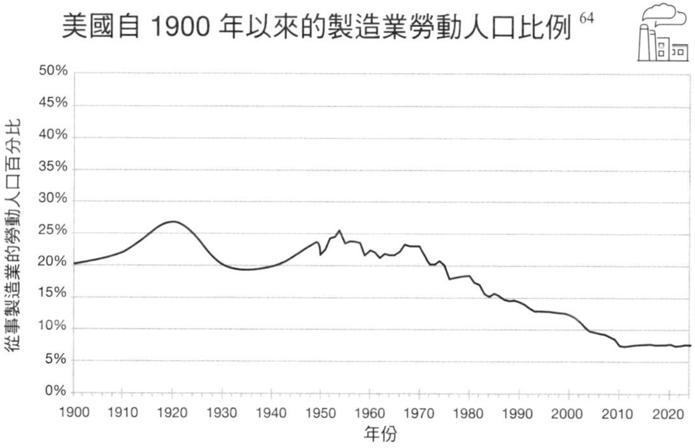

資料來源：美國勞動統計局；Stanley Lebergott, "Labor Force and Employment, 1800–1960," in *Output, Employment, and Productivity in the United States After 1800,* ed. Dorothy S. Brady (Washington, DC: National Bureau of Economic Research, 1966)

儘管農場和工廠提供的職位都大幅減少，但美國總勞動人口自有統計以來一直穩定成長，即使期間經歷了連續幾波的自動化。[65] 從工業革命初期到二十世紀中葉，美國經濟不但為快速增加的人口創造了足夠的新工作，還為新加入勞動市場的數千萬名婦女提供了工作。[66]

自二十一世紀開始以來，美國勞動人口占總人口的比例略有降低，但主要原因之一是目前較高比例的美國人已屆退休年齡。[67] 1950 年，美國有 8.0% 的人口年滿 65 歲或以上；[68] 到了 2018 年，該比例已倍增至 16.0%，勞動年齡人口因此相對減少了。[69] 美國普查局預測，若不考慮未來幾十年可能出現的新醫療突破，到 2050 年，65 歲或以上人口將占總人口 22%。[70] 如果我關於 2050 年前延長壽命的重要技術將面世的預測是正確的，則老年人口比例屆時將會更高。

但以絕對值而言，美國勞動人口本身仍在成長。2000 年，美國總人口 2.82 億，非軍職的勞動人口估計有 1.436 億，占總人口 50.9%。[71] 到 2022 年，勞動人口已增至 1.64 億，占 3.32 億的總人口 49.4%。[72]

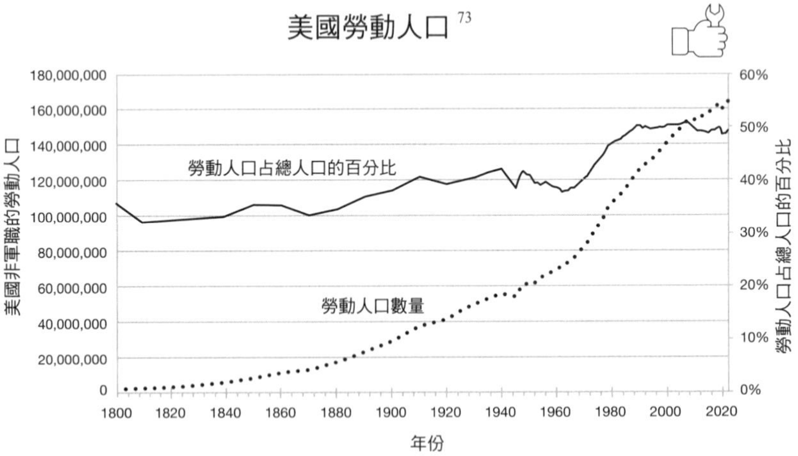

資料來源：美國勞動統計局；美國國家經濟研究局；美國普查局

隨著經濟轉向以技術密集型工作為主，美國也大幅增加了教育方面的投資，以滿足對新技能的需求和創造新就業機會。美國 1870 年有 6.3 萬名大學生（本科生和研究生），2022 年則估計有 2,000 萬。[74] 光是 2000 至 2022 年這段期間，美國就增加了約 470 萬名大學生。[75] 以定值美元計，美國現在花在中小學每一名學生身上的支出，是一個世紀前的十八倍以上。以 2023 年的美元計，美國公立中小學在 1919-20 學年平均花 1,035 美元在每一名學生身上，[76] 而到 2018-19 學年，該數字已增至 19,220 美元。[77]

按性別分列的美國高等教育機構註冊學生人數：1869-70 學年至 1990-91 學年 [78]

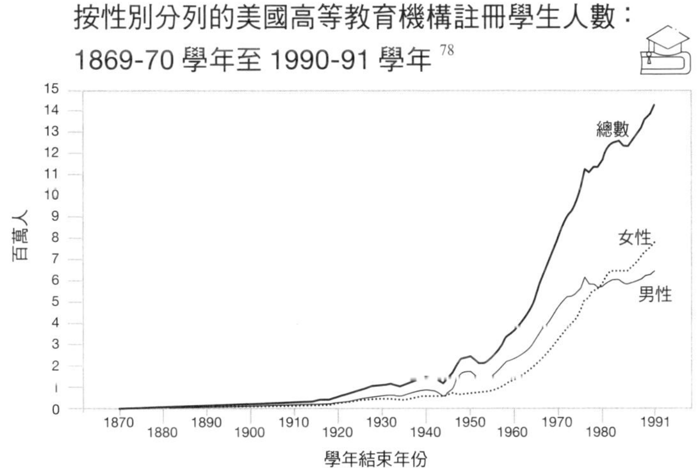

資料來源：美國商務部普查局，《美國歷史統計，殖民時期至 1970 年》；美國教育部國家教育統計中心，各期《教育統計摘要》

在過去兩個世紀裡，技術變革已經使美國經濟中的大部分工作更換了好幾次，但在教育不斷改善的幫助下，我們看到了持續且驚人的經濟進步。儘管人們持續（且準確地）認為主要就業類別即將消失，經濟仍取得了這種進步。[79]

這次是否不一樣？

雖然長期的趨勢是就業淨成長，一些知名經濟學家已經預言這次將會不一樣。其中之一是史丹佛大學教授艾瑞克．布林優夫森（Erik Brynjolfsson），他是認為即將湧現的 AI 驅動自動化將導致就業淨萎縮的重要論者之一。他指出，不同於以往科技驅動的轉型，最新這波自動化淘汰的職位將超過它所創造的。[80] 持此觀點的經濟學家認為當前的情況是由於連續幾波變革所造成的。

第一波變革通常被稱為「去技能化」（deskilling）。[81] 例如駕馭馬車的司機被駕駛汽車的司機取代了，前者需要豐富的技能去控制和照顧難以預料的動物，後者需要的技能相對較少。去技能化的主要影響之一，是人們比較容易投入新工作，通常不需要先接受長時間的訓練。鞋匠必須花多年時間培養製鞋涉及的多種技能，但一旦裝配線機器接手了大部分工作，工人只需要花短得多的時間學習操作機器，就可以投入製鞋工作。這意味著勞動成本降低，鞋子變得比較便宜，但與此同時，低薪工作取代了相對高薪的工作。

第二波變革是「技能提升」（upskilling）。技能提升通常發生在「去技能化」之後，涉及引入需要更多技能來使用的科技。例如，為司機提供導航系統就需要他們學會使用特定的電子裝置，而這不在以前的司機技能要求之內。有時候這意味著引入在製造過程中發揮越來越重要作用的機器，而操作這些機器需要複雜的技能。例如，早期的製鞋機器是不需要接受正規教育就能操作的手動沖壓機，但現在 FitMyFoot 之類的公司使用 3D 列印技術，製造完美符合每一名顧客需求的客製化鞋子。[82] 因此，FitMyFoot 的生產不再需要大量的低技能勞工，而是需要掌握電腦科學和 3D 列印機操作技能的較少數人才。這種趨勢通常會以較少量但相對高薪的工作取代低薪工作。

而即將到來的另一項變革，或許可稱為「非技能化」（nonskilling）。例如，負責控制無人駕駛汽車的 AI 將完全取代人類司機。隨著越來越多工作落入 AI 和機器人的能力範圍內，我們將經歷一系列的非技能化轉型。AI 驅動的創新與以往技術不同之處，在於它開啟了更多完全排除人類參與的可能。AI 往往可以完全接手被自動化的工作，不再只是降低或提高對執行工作的人類的技能要求。這是好事；除了有助節省成本，還因為在許多領域，AI 實際上可以做得比它所取代的人類更好。自動駕駛汽車將比人類駕駛的汽車安全得多：AI 永遠不會喝醉、昏昏欲睡或分心。

不過，我們也有必要區分工作與專業。在某些情況下，工作完全自動化使得受影響的職業得以轉為負責一組不同的工作——實際上是經歷了技能提升的轉變（但並非所有職業都可以進行這種轉型）。例如就許多例行的銀行交易而言，自動櫃員機現在已經取代了銀行櫃檯人員的工作，但櫃檯人員已轉為在行銷和與客戶建立個人關係方面發揮更重要的作用。[83] 同樣地，雖然法律研究和文件分析方面的軟體已經取代了律師助理的某些職能，但律師助理這一行隨之改變，現在的工作內容與數十年前大不相同。[84] 這種情況可能很快就會發生在藝術界。從 2022 年開始，對大眾開放的系統如 DALL-E 2、Midjourney 和 Stable Diffusion，AI 能夠根據人類的文字提示創造出高品質的平面藝術作品。[85] 隨著這種技術進步，人類平面設計師可能會減少實際繪圖的時間，花更多時間與客戶腦力激盪，以及策劃或修改 AI 製作的樣品。

長遠來看，在自動化的經濟誘因驅動下，AI 將接手越來越多工作。因為在其他條件相同的情況下，購買機器或 AI 軟體比持續支付人力成本來得便宜。[86] 企業主設計營運方式時，對資本與勞動的比例通常有一定的自由裁量空間。在工資相對低廉的地方，採用勞力密集的流程比較合理。在工資高昂的地方，企業主有較強的誘因去創新和設計需要較少人力投入的機器。這很可能是英國成為工業革命搖籃的一個原因——當年英國的工資幾乎是全世界最高的，而且有大量的便宜煤炭。這驅動了以廉價的蒸汽動力取代昂貴人力的技術發展。現今的已開發經濟體也有類似的動力。機器可以一次性購置，然後成為公司的資產，員工的薪資卻是一項持續的成本，而且勞工還有許多其他需求是雇主必須滿足的。因此，只要有可能提高自動化程度，企業就會有這麼做的動力。隨著 AI 逼近人類的能力水準，然後很快達到超人的能力水準，需要未經新科技強化的人類執行的工作將會越來越少。在人類與 AI 充分融合之前，這意味著勞工將面臨重大衝擊。

但是，這種看法的一個癥結是生產力之謎：如果技術變革真的開始導致就業淨萎縮，那麼根據古典經濟學，一定水準的經濟產出需要的工作時數將會減少。如此一來，生產力必將顯著成長。但是，自 1990 年代的網際網路革命以來，以傳統方式衡量的生產力成長實際上放緩了。生產力通常以每小時工作的實質產出來衡量，也就是生產出來的商品和服務總值（經通膨調整）除以生產它們耗費的總工作時數。從 1950 年第一季到 1990 年第一季，美國每小時工作的實質產出平均每季增加 0.55%。[87] 隨著個人電腦和網際網路在 1990 年代普及，生產力的成長加快了。從 1990 年第一季到 2003 年第一季，生產力平均每季成長 0.68%。[88] 全球資訊網（World Wide Web）似乎開啟了一個快速成長的新時代，而直到 2003 年，人們還普遍預期這種成長速度將持續下去。[89] 但從 2004 年開始，生產力成長開始顯著放緩。從 2003 年第一季到 2022 年第一季，生產力平均每季僅成長 0.36%。[90] 這是過去十年最大的經濟謎團之一。隨著資訊科技在許多方面改變了企業運作方式，我們原本以為生產力成長會強勁得多。至於為什麼事與願違，各方提出了許多理論。

如果自動化真有那麼大的影響，那麼似乎有數兆美元的經濟產出「不見了」。我的看法（它得到越來越多經濟學家的認同）是，這主要是因為我們的 GDP 統計沒有反映資訊產品指數式成長的價值；這些產品有許多是免費的，而且它們所帶來的價值是直到最近才出現的。麻省理工學院 1963 年以約 310 萬美元購置我在本科生時期曾使用的 IBM 7094 電腦，這反映在 GDP 統計上是 310 萬美元的經濟活動（以 2023 年的美元計是 3,000 萬美元）。[91] 現在一支智慧型手機的計算和通訊功能比當年的 7094 電腦強大數十萬倍，而且可以提供 1965 年時任何價錢都買不到的許多功能，但你買這樣一支手機，反映在 GDP 統計上只是數百美元的經濟活動，因為你就只是付了數百美元。

值得注意的是，這種對生產力消失的一般解釋，也獲得艾瑞克・布林優夫森和創投資本家馬克・安德森（Marc Andreessen）的支持。[92] 簡而言之，GDP 是以一個國家之內所有製成品和服務的價格來衡量經濟活動。因此，如果你花 20,000 美元買了一輛新車，這一年的 GDP 就增加了 20,000 美元——即使你願意花 25,000 美元或 30,000 美元買同一輛車。這種計算方式在二十世紀是有效的，因為就整個國家而言，人們平均願意為一項商品付出的錢與該商品的實際價格相當接近。其中一個主要原因是，如果商品和服務是使用實體材料和人力來生產，則企業要再多生產一份必須多花費一些錢。例如，製造一輛汽車需要結合成本可觀的金屬零組件和許多小時的熟練勞動。這就是邊際成本的概念。[93] 古典經濟理論認為，商品的價格會傾向於接近商品的平均邊際成本——因為企業無法承受虧本銷售，但競爭的壓力迫使他們盡可能便宜地賣出商品。此外，因為更有用、更厲害的產品通常生產成本更高，歷史上產品的品質與它反映在 GDP 上的價格關係密切。

但是，許多資訊科技產品在價格大致不變的情況下，卻變得有用得多。1999 年約 900 美元（2023 年的美元）的一塊電腦晶片，每美元每秒可執行超過 80 萬次計算。[94] 到了 2023 年初，一塊 900 美元的晶片每美元每秒可執行近 580 億次計算。[95]

因此，問題在於 GDP 統計自然地將今天的 900 美元晶片視為等同逾二十多年前生產出來的 900 美元晶片，儘管現在的晶片以相同的價格提供超過 72,000 倍的計算能力。因此，過去幾十年財富和收入的名目成長，並沒有適當地反映新科技帶給我們生活的巨大好處。這扭曲了對經濟數據的解讀，造成了誤導的看法，例如薪資顯然成長緩慢或甚至停滯。即使你的名目工資過去二十年保持不變，你現在可以用它買到的計算能力還是多了幾萬倍。[96] 政府機構已經做出一些努力，將一些商品不斷提升的性能反映在一些經濟統計數據上，[97] 但它們還是嚴重低估了性價比的真正提升幅度。

對那些可以近乎免費生產的數位商品來說，這種現象甚至更強烈。一旦亞馬遜製作好一本著作的電子書以供銷售，多賣一本電子書並不耗費任何額外的紙張、油墨或人力——電子書的售價因此幾乎是其邊際成本的無數倍。因此，商品的邊際成本、售價與消費者願付價格之間的密切關係被削弱了。如果一項服務因為邊際成本夠低，可以完全免費提供給消費者，則上述關係甚至會完全瓦解。一旦 Google 已經設計好它的搜尋演算法並建好它的伺服器農場，為使用者多提供一次搜尋的成本幾乎是零。臉書為你連結一千個朋友的成本，不會高於只為你連結一百個朋友。該公司因此任由大眾免費使用臉書，並以廣告收入彌補邊際成本。

這些服務是免費的，但我們還是可以藉由觀察消費者的選擇，約略估算他們願意為此付出多少——這個金額就是所謂的消費者剩餘（consumer surplus）。[98] 舉個例子：如果你花一些時間為鄰居修剪草坪可以賺 20 美元，但你選擇把時間花在 TikTok 上，那麼我們可以說 TikTok 至少帶給你 20 美元的價值。正如蒂姆・沃斯托（Tim Worstall）2015 年在發表於《富比世》（*Forbes*）的文章中估計，臉書在美國一年的營收約為 80 億美元，這是它對美國 GDP 的正式貢獻。[99] 但即使你只是以最低工資來估算人們花在臉書上的時間價值，則消費者真正得到的利益約為 2,300 億美元。[100] 在 2020 年（本書付梓時有資料的最新年度），使用社群媒體的美國成年人平均每天花 35 分鐘在臉書上。[101] 由於美國約 2.58 億成年人約有 72% 使用社群媒體，因此以沃斯托的方法估算，臉書這一年貢獻的經濟價值有 2,870 億美元。[102] 而根據 2019 年一項全球調查，美國網民平均每天花 2 小時 3 分鐘在所有社群媒體上——這為年度 GDP 貢獻了約 361 億美元的廣告收入，但一年為社群媒體用戶創造的總價值超過 1 兆美元！[103]

以最低工資估算使用社群媒體的價值不是很好的方法，因為舉例來說，你排隊等咖啡的那幾分鐘比較適合用來瀏覽臉書，而不是用來做遠端工作。但作為一種約略的估算，它揭露了這個事實：人們認為使用社群媒體有巨大的價值，但這些價值只有一小部分反映在經濟學家可以看到的企業營收上。維基百科是個更極端的例子：它對 GDP 的正式貢獻基本上是零。同樣的分析也適用於基於網頁或應用程式的無數服務。

由此看來，隨著數位科技在經濟中所占的比重越來越大，消費者剩餘成長的速度遠快於 GDP 所顯示的。因此，以消費者剩餘衡量的生產力，成長速度快於傳統上以每小時工作實質產出所衡量的生產力。因為消費者剩餘比名目物價更能「真實」反映真正的繁榮程度，我們或許可以說，我們真正在乎的生產力其實一直保持良好的成長。

這些影響遠遠超出明顯屬於「科技」的範圍。技術變革促成了並未反映在 GDP 上的無數其他好處，包括減少污染、生活環境變得更安全，以及學習和娛樂的機會增加。儘管如此，這些變化並非平均地影響所有經濟領域。例如，雖然計算能力的價格跌幅驚人，美國醫療成本上漲的速度卻快於整體通貨膨脹——因此，需要大量醫療照護的人，很可能不會因為 GPU 週期變得便宜而感到欣慰。[104]

不過，好消息是在 2020 和 2030 年代，人工智慧和科技融合將把越來越多的商品與服務轉化為資訊科技產品，使這些商品與服務能夠受惠於指數式發展趨勢（它已經導致數位領域經歷劇烈的通縮）。有經驗的 AI 導師將可以針對任何學科，為任何能夠連上網路的人提供個人化的指導，而且可以大規模提供這種服務。AI 強化的醫療和藥物研發在我撰文時仍處於起步階段，但最終將在降低醫療成本方面發揮重要作用。

同樣的情況也將發生在傳統上不被視為資訊科技領域的許多其他產品上，例如糧食、房屋與營建，以及服飾之類的其他實體產品。例如，AI 驅動的材料科學發展將使太陽光電變得極其便宜，而機器人資源開採技術和自動化電動車將使原材料成本大大降低。有了廉價的能源和材料，加上自動化逐漸完全取代人類勞動，物價將大幅降低。假以時日，這種影響將擴及大部分經濟領域，使我們得以消除目前阻礙我們的大部分稀缺問題。因此，在 2030 年代，我們將能夠以相對低廉的成本，過著我們現在認為奢華的生活。

如果這種分析正確，那麼在所有這些領域，科技驅動的通縮只會使得名目生產力與人類每小時工作帶給社會的實質平均價值的差距更加擴大。隨著這種效應從數位領域擴散到其他產業，並涵蓋總體經濟更大的部分，我們預期全國的通膨率將降低，而且最終將出現整體通縮。換句話說，假以時日，我們可以期望生產力之謎出現比較明確的答案。

不過，我們還面臨另一個謎：為什麼經濟數據顯示美國勞動人口比例正在降低？有些經濟學家認為最新技術變革會導致就業淨萎縮，他們引用美國的非軍職勞動參與率支持自己的看法，該指標是受雇人數加上正在找工作的失業人數占 16 歲或以上人口的百分比。美國的勞動參與率從 1950 年的 59% 升到 2002 年的將近 67%，到 2015 年降至不到 63%，然後大致持平至 COVID-19 大流行爆發，雖然期間經濟看來蓬勃發展。[105]

勞動人口占總人口的實際百分比就更小了。2008 年 6 月，美國非軍職勞動人口超過 1.54 億，占總人口 3.04 億 50.7%。[106] 到了 2022 年 12 月，勞動人口增至 1.64 億，占總人口 3.33 億略低於 49.5%。[107] 勞動人口比例似乎並未大跌，但這仍是美國逾二十年來的最低水準。政府在這方面的統計數據不能完全反映經濟現實，因為它們沒有納入幾個類別的工作（包括農業勞工、軍事人員，以及聯邦政府雇員），但它們對呈現相關趨勢的方向和大致變動幅度仍有用。

美國的非軍職勞動參與率 [108]

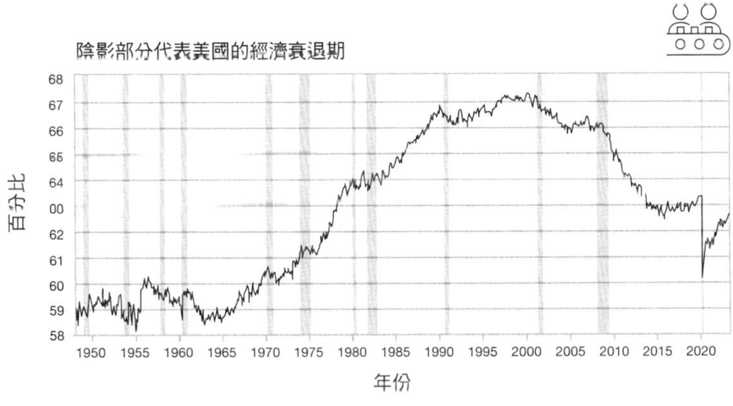

資料來源：美國勞動統計局

雖然勞動參與率下降很可能與自動化有關，但也有兩個重要因素造成混淆。首先，隨著美國人的教育程度提高，投入勞動市場的青少年顯著減少了，許多人接近三十歲還留在大學和研究所。[109] 此外，隨著人口眾多的嬰兒潮世代逐漸步入退休年齡，美國的勞動年齡人口比例正在降低。[110]

但如果我們看 25 至 54 歲黃金勞動年齡人口的勞動參與率，會發現勞動參與率幾乎沒有降低：2023 年初，該勞動參與率為 83.4%，而 2000 年時的高峰為 84.5%。 以現在的美國人口衡量，這仍代表著 170 萬人的差異，但勞動參與率的下降比上一個圖所顯示的輕微得多。[112]

美國 25-54 歲人口的勞動參與率 [113]

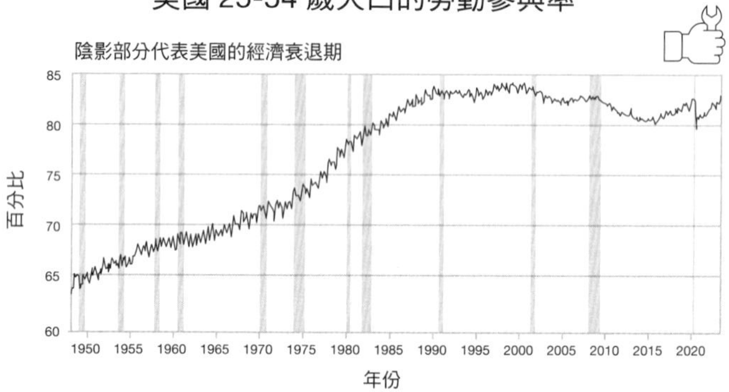

資料來源：美國勞動統計局

此外，自 2001 年以來，美國 55 歲及以上人口的勞動參與率顯著上升。55 至 64 歲人口的勞動參與率從 2001 年的 60.4% 增至 2021 年的 68.2%，而在同一時期，75 歲及以上人口的勞動參與率從 5.2% 增至 8.6%。[114] 這當中涉及一些互相抵銷的力量。一方面是許多因為自動化而失去工作的年長勞工乾脆提早退休，接受較低的生活水準。另一方面是美國人的壽命延長了（在 COVID-19 大流行之前，美國男性和女性合計的預期壽命自 2000 年以來增加了約兩年）[115]，而且身體健康到可以工作到更老才退休。對許多人來說，這是一個令人愉快的意義和滿足感來源。但是，這些數據並未反映以下事實：有些較為年長的人在失去收入較高的工作之後，被迫留在勞動市場從事條件較差的工作，因為他們還沒有足夠的財力安度退休生活。[116]

不過，所有這些分析都受限於這個事實：勞動參與率本身是一個越來越有問題的概念。目前有兩大趨勢正在重塑工作的本質，但沒有很好地反映在經濟統計數據上。

第一個趨勢是地下經濟，它一直都存在，而網際網路使得它更壯大。地下經濟活動包括幾乎整個性產業和許多其他類型的服務，例如有償家務工作和另類治療等等。助長地下經濟的另一個因素是加密技術的出現，例如加密貨幣使有心人得以隱瞞交易，躲避稅務、監理和執法機關的監管。

規模最大且最著名的加密貨幣是比特幣。[117] 2017 年 8 月 6 日，比特幣在主要交易所的日交易額不到 1,930 萬美元。[118] 同年 12 月 7 日，該數字已飆升至 49.5 億美元以上，但很快回落，2023 年年中日均交易額約為 1.8 億美元。[119] 雖然這已經是非常快速的成長，但其規模相對於主要傳統貨幣仍微不足道。國際清算銀行的資料顯示，全球外匯交易 2022 年 4 月平均日交易額達到 7.5 兆美元，在本書付梓時很可能更高。[120]

此外，不同於多數傳統貨幣，大部分的加密貨幣價值波動非常大。例如，2012 年 1 月 4 日，比特幣的市價為 13.43 美元。[121] 到 4 月 2 日，它已升至超過 130 美元。[122] 但當時對加密貨幣的興趣仍主要局限於關注科技動態的次文化圈。隨後經過近五年的相對平靜和穩定期之後，比特幣在 2017 年開始飆升。突然間，一般民眾都聽說比特幣是穩賺不賠的投資，許多人因此買進，希望它進一步升值。這成為一個自我實現的預言，4 月 29 日比特幣升至 1,354 美元，12 月 17 日達到 18,877 美元。[123] 但隨後價格開始下跌，許多人慌忙拋售比特幣，試圖在他們的資產進一步貶值之前退出市場。到了 2018 年 12 月 12 日，比特幣回落至 3,360 美元——但 2021 年 4 月 13 日已升至 64,899 美元，隨後又再崩跌，2022 年 11 月 20 日跌至 15,460 美元。[124]

這種波動，對那些想把比特幣當成商品和服務的交易媒介的人來說是個很大的問題。如果你相信你的貨幣將在半年內升值十倍，你會盡可以避免花掉它們。相反地，如果你認為你的貨幣可能將在幾個月內貶值一半，你不會想要大量持有以這種貨幣計價的資產，而商家也不會願意接受這種貨幣。如果加密貨幣要獲得大眾廣泛採用作為交易媒介，它們必須找到方法使價值變得比較穩定。

不過，加密貨幣根本不是地下經濟蓬勃發展的必要條件。社群媒體和 Craigslist 之類的平台使人們有大量機會建立政府難以追查的經濟聯繫。

這種效應也促進了另一個大趨勢：越來越多人藉由傳統就業方式以外的活動賺錢。這包括利用網站和應用程式（app）創造、買賣、交換實體和數位資產與服務，也包括製作應用程式、影片，以及社群媒體網站上其他形式的數位內容。例如，有些人已經藉由創作內容在 YouTube 上發表，或在 Instagram 或 TikTok 上收取報酬、影響他人，發展出成功的事業。[125]

在 2007 年 iPhone 問世之前，根本沒有應用程式經濟可言。2008 年，iOS 提供的應用程式不到 100,000 個；到 2017 年，它已暴增至約 450 萬個。[126] 另一平台 Android 的成長同樣驚人。2009 年 12 月，Google Play 商店約有 16,000 個行動應用程式。[127] 到 2023 年 3 月，已經增至 260 萬個。[128] 這是十三年間超過 160 倍的成長。這直接促進了就業。從 2007 到 2012 年，應用程式經濟估計在美國創造了 50 萬個就業機會。[129] 到 2018 年，根據德勤（Deloitte）的資料，這已增至超過 500 萬個就業機會。[130] 2020 年的另一項估計納入應用程式經濟間接創造的就業機會，估計應用程式經濟為美國創造了 590 萬個就業機會和 1.7 兆美元的經濟活動。[131] 這些數字某種程度上取決於應用程式市場的定義有多廣或多狹，但主要啟示是：在十幾年的時間裡，行動應用程式已從微不足道迅速發展成為總體經濟中的一個重要因素。

因此，雖然技術變革正在淘汰許多工作，同樣的力量也正創造出傳統就業模式以外的大量新機會。所謂的「零工經濟」雖然有其局限，但它也使許多人得到更大的工作彈性、自主性和休閒時間。盡可能提高這種機會的品質，是在自動化趨勢加速並擾亂傳統勞動市場之際，幫助勞工適應新環境的一種策略。

那麼，我們將往何處去？

表面上看，勞動市場的情況令人擔憂。牛津大學的弗雷和歐斯本估計2013年幾乎一半的工作將可以在2033年前自動化，其研究所假設的AI和其他指數式發展的科技的進步速度，比我在本書中提出的來得保守。[132] 雖然人類意識到自動化對就業的威脅已有超過兩百年的歷史，但當前威脅逼近速度之快和影響範圍之廣都是獨一無二的。

要預測將如何發展，我們必須考慮幾個基本問題。首先，就業本身不是目的，而是達成目的的手段。工作的目的之一是滿足生活的物質需求。如前所述，不過是兩個世紀前，光是生產和分配糧食就需要人類幾乎全部的勞動力，而現在美國和大部分已開發國家生產糧食只需要不到2%的勞動力。隨著AI在無數領域成就空前豐盛的物質，人類為了生存而拼命奮鬥將逐漸成為歷史。

工作的另一個目的是賦予生活意義。如果你的工作是砌磚，這種勞動提供了兩種意義。最顯而易見的是，你的工資使你能夠供養和照顧親人——這是個人身分的一個重要面向。但除此之外，你也是在建造持久的建築物，為公共利益作出貢獻。

你真的是在為超越自身的重要事物作出貢獻。一些滿足感最大的工作，例如藝術和學術方面的工作，也提供了發揮創造力和創造新知識的機會。

即將來臨的革命將使得人類能夠作出以前不太可能做到的貢獻。事實上，不斷進步的資訊科技已經增強了藝術家使文化變得更豐富的能力，雖然這往往沒有得到足夠的重視。例如，在我成長的年代，美國只有三家電視台：ABC、NBC 和 CBS。因為當時人人都看、也只能看那些節目，電視台必須製作盡可能迎合最廣泛觀眾的內容。為了能夠成功，電視節目必須能夠同時吸引男性和女性、兒童和父母、藍領和白領。更有野心但較為小眾的內容，例如荒誕喜劇、超自然或科幻劇，當年難以在商業上成功。現在很多人都忘了，歷史上影響力最大的科幻劇集《星艦迷航記》（*Star Trek*）僅播出三季就被取消了。[133]

但有線電視的普及擴大了電視市場，使小眾內容也能找到足夠的觀眾。深入探討不尋常主題的紀錄片大量出現在 Discovery 頻道、歷史頻道（History Channel）、學習頻道（Learning Channel）之類的頻道上，但觀眾規模仍受限於播出時間。數位錄影機（DVR）和隨選串流的出現，使人們可以隨時想看什麼就看什麼。這意味著創新的節目能夠從全體人口中吸引觀眾，而非只是那些在特定時段剛好看電視的人。因此，那些在我年輕時商業上不可行的創作，例如影集《怪奇物語》（*Stranger Things*）和《邋遢女郎》（*Fleabag*），現在找到了忠實的觀眾，而且大獲好評。這種發展對於性少數群體（LGBTQ）、殘障人士、美國穆斯林之類的相對小規模群體是大好消息，因為正面描述他們特殊生活經驗的節目如今比較可能在商業上成功。

此外，串流造就了不同的創作選擇。例如，廣播電視上每集半小時的喜劇通常有完整的獨立情節，因為電視台希望觀眾可以隨時觀賞任何一集。但隨選串流意味著觀眾總是可以按照正確的順序觀賞劇集。拜此所賜，《馬男波傑克》（*BoJack Horseman*）之類的開創性劇集可以花多集建立角色來醞釀笑料。[134] 如果沒有新的廣播技術，這些藝術上的可能性根本不會出現。

未來二十年，這種轉變將大大加速。想想過去幾年，拜 DALL-E、Midjourney 和 Stable Diffusion 等系統所賜，AI 在圖像創作方面所發揮的創造力。這些能力將變得更成熟，並將擴展至音樂、影片和遊戲方面，使創造性表達更加民主化。我們將可以向 AI 描述自己的構想，並使用自然語言調整 AI 的創作，直到結果符合自己所想。製作一部動作影片將不再需要成千上萬人和數億美元的資金，最終只需要好點子和不太貴的預算（主要用於支持 AI 運行的電腦），就有可能製作一部史詩巨片。

但是，雖然有這些即將出現的好處，我們也必須現實地看待這些轉變接下來將造成的破壞。自動化及其間接影響已經淘汰了技能階梯低層和中層的許多工作，而未來十年這個趨勢將擴大並加速。我們大部分的新工作會需要比較複雜的技能。整體而言，我們的社會在技能階梯上已經向上移動，而且這將持續下去。但是，隨著 AI 在一個又一個領域超越技能最優秀的人類，人類該如何跟上這種發展呢？

過去兩個世紀裡，提升人類技能的主要方法是教育。如前所述，過去一個世紀裡，我們對教育的投資激增。但我們現在已經進入自我提升的下一個階段，也就是藉由與我們所創造的智能技術融合，來增強我們的能力。我們還沒有將電腦化裝置植入我們的身體和大腦，但距離這麼做真的已近在咫尺。現在如果缺了我們每天都在使用的大腦擴充裝置，也就是使我們可以輕鬆找到人類幾乎所有知識和擁有巨大計算能力的智慧型手機，那麼幾乎沒有人可以完成工作或接受教育。因此，我們可以毫不誇張地說，我們的裝置已經成為我們的一部分。這是二十年來極大的轉變。

在 2020 年代，這些能力將進一步融入我們的生活。搜尋將從我們熟悉的關鍵詞和連結頁面模式，轉變為一種無縫且直觀的問答功能。任何兩個語言之間的即時翻譯都將變得流暢準確，使我們得以突破分隔我們的語言障礙。擴增實境將從我們的眼鏡或隱形眼鏡不斷投射到我們的視網膜上。它還將視情況使我們的耳朵聽見某些聲音，並最終利用我們的其他感官。它的大部分功能和資訊都不會被明確要求提供，但我們無時不在的 AI 助手將藉由觀察和傾聽我們的活動來預測我們的需求。到了 2030 年代，醫療奈米機器人將開始將這些大腦延伸部分直接整合到我們的神經系統裡。

在第二章，我描述了這種技術將如何把我們的新皮質擴展到雲端，大大提升其能力和增加更多抽象層次。這種技術將是人人可用的，而且最終將是便宜的，就像手機那樣：一開始非常昂貴，而且沒什麼智能，但現在已經無所不在（國際電訊聯盟估計，2020 年全球智慧型手機的活躍用戶有 58 億人）[135]，而且功能也在快速提升。

但是，在通往這種普遍富足的未來的道路上，我們必須好好處理因為這些轉變而產生的社會問題。美國的社會安全網始於 1930 年代通過《社會保障法》。[136]雖然特定的說法（例如「福利」）在政治上有時受歡迎，有時遭嫌棄，但自從通過《社會保障法》之後，無論特定政黨和政府的政治傾向如何，美國的整個社會安全網一直在擴大。

雖然美國的社會安全網一般認為不如歐洲「社會主義」國家的安全網那麼廣泛，但美國用於社會福利的公共支出——2019 年估計為 GDP 的 18.7%（隨後政府因應 COVID-19 大流行的救濟支出擾亂了數據）——接近已開發國家的中位數。[137]加拿大低於美國，為 18.0%。[138]澳洲和瑞士相近，均為 16.7%。[139]英國略高於美國，有 20.6%——該國 2.8 兆美元的 GDP 有約 5,800 億美元用於社會福利，6,600 萬人口的人均社福支出接近 8,800 美元。[140]但因為美國的人均 GDP 比較高，其人均社會安全網支出也比較高。2019 年，美國 GDP 超過 21.4 兆美元，其中約 4 兆美元用於社會福利公共支出。[141]這一年美國人口平均約為 3.3 億，相當於人均社福支出超過 12,000 美元。[142]

各國的社會福利支出[143]

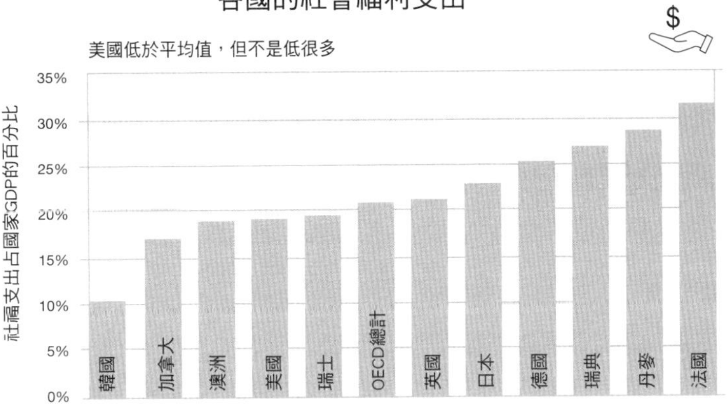

資料來源：經濟合作暨發展組織；彭博社

美國的社會安全網支出占政府支出（現在約占聯邦、州和地方總支出的 50%）和占 GDP 的百分比一直都穩步上升，而政府支出和 GDP 本身也都穩步增加。[144] 請觀察以下圖表，看看你是否能夠區分「左派」和「右派」執政時期。（最近兩個數據年份包含了大量的抗疫紓困支出，因此 2020-2021 年的飆升超過了基本的長期成長趨勢。）

隨著美國 GDP 持續指數式成長，社會安全網總支出和人均支出都很可能持續增加。美國社會安全網的重要部分包括涵蓋基本醫療服務的聯邦醫療補助（Medicaid）、SNAP「食物券」（基本上是用來購買食物的轉帳卡），以及居住援助。這些補助目前僅夠受助者勉強生活，但隨著 AI 驅動的進步在 2030 年代可能使醫療、食物和居住變得便宜得多，相同水準的財務援助將足以支持受助者過非常舒適的生活，政府因此不必進一步提高社會安全網支出占 GDP 的百分比。如果該百分比持續提高，則社會安全網可以提供更廣泛的服務。

主要資料來源：美國普查局；美國經濟分析局；USGovernmentSpending.com；Maddison Project

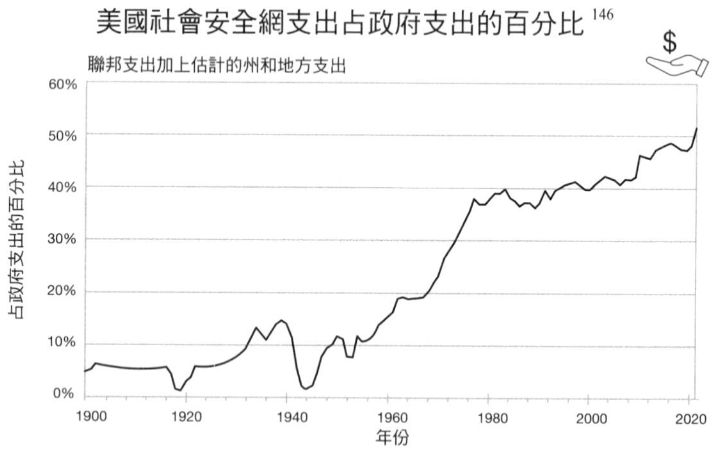

主要資料來源：美國普查局；美國經濟分析局；USGovernmentSpending.com；Maddison Project

美國社會安全網支出占 GDP 的百分比[147]

主要資料來源：美國普查局；美國經濟分析局；USGovernmentSpending.com；Maddison Project

美國人均社會安全網支出[148]

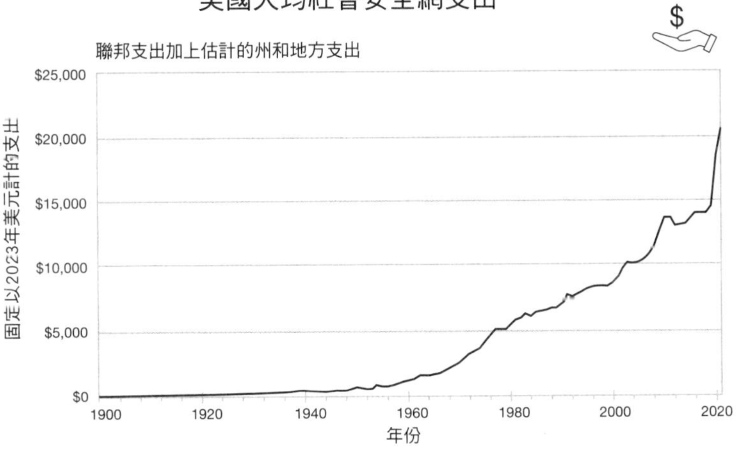

主要資料來源：美國普查局；美國經濟分析局；USGovernmentSpending.com；Maddison Project

在 2018 年的溫哥華 TED 大會上，我與 TED 策劃人克里斯·安德森（Chris Anderson）在台上對話，[149] 當時我預測，到 2030 年代初，已開發國家將已實施全民基本收入（UBI）或同等制度，而到 2030 年代末，多數國家都將已經實施這種制度——而人們將能夠靠它過著以現今標準來說相當不錯的生活。在這種制度下，政府定期向所有成年人支付一定的金額，或提供免費的商品和服務，資金很可能來自對自動化驅動的利潤課稅和政府對新興科技的投資。[150] 相關計畫可能會為照顧家庭或致力建立健康社區的人提供財務援助。[151] 這種改革可以大大緩和失業對大眾的傷害。在評估這種進步發生的可能時，我們必須考慮屆時經濟會經歷多麼深遠的變化。

拜加速發生的技術變革所賜，屆時整體財富將已大幅增加，而且因為無論哪一個政黨執政，美國的社會安全網長期以來都保持穩定，屆時它很可能將繼續存在，而且所提供的援助將大大高於現今水準。[152] 但必須謹記的是，技術變革造就的富足不會自動地同時使所有人平等受惠。例如，在 2022 年，1 美元可以買到的計算能力是它在 2000 年可以買到的逾 50,000 倍（經整體通膨調整）。[153] 相對之下，根據官方統計，2022 年的 1 美元可以買到的醫療照護，只有它在 2000 年所能買到的 81%（經整體通膨調整）。[154] 而雖然在這段期間，某些醫療照護（例如癌症免疫療法）的品質有所提升，但多數醫療服務（例如住院和 X 光）的品質大致保持不變。因此，花很多錢在電腦上的人，例如學生和年輕人，因為電腦價格下跌而得到很多好處。但與此同時，那些將頗大一部分收入花在醫療照護上的人，例如長者和慢性病患，整體境況甚至可能變差了。

因此，我們需要明智的政府政策來緩和轉變的衝擊，並確保繁榮得以廣泛共享。雖然科技上和經濟上都可能使所有人享有以現今標準衡量相當高的生活水準，但我們是否真的提供必要的援助使所有人都可以過這種生活，將是一個政治決定。打個比方，雖然現在世界各地偶爾會發生飢荒，但這不是因為糧食產出不足，也不是因為有效生產糧食的祕密掌握在少數菁英手上。飢荒通常是治理不當或內戰造成的。在這種政治紛亂的情況下，要解決一個地方因旱災或其他自然災害導致的缺糧問題將會困難得多，國際援助要發揮作用也比較困難。[155] 同樣地，如果我們作為一個社會不夠小心，有毒的政治可能會阻礙我們提高生活水準。

正如 COVID-19 的經驗告訴我們，這在醫療方面是特別迫切的問題。雖然創新將釋放轉型能力，使我們能夠提供平價和有效的治療，但這不能神奇地保證結果如我們所願。我們需要知情的大眾和明智的治理來支持我們安全、公平、有序地過渡至更先進的醫療照護。例如我們不難想像在未來，人們普遍不信任可以救命的新技術。一如現在網路上充斥著關於疫苗的不實資訊和陰謀論，未來幾十年，人們可能會散播關於決策支援 AI、基因療法或醫療奈米技術的類似謠言。考慮到人們對安全的合理擔憂，我們不難想像對祕密基因操縱或政府控制奈米機器人的恐懼被放大，進而導致 2030 年或 2050 年的人拒絕接受關鍵的治療。努力使大眾正確理解這些問題，是避免導致無謂的人命損失的最好方法。

如果我們能夠適當處理這些政治上的困難，人類的生活將完全改變。歷史上我們為了滿足生活的物質需求，必須相互競爭。但隨著我們進入富足的時代，最終人人都將能夠得到必要的物質，而許多傳統的工作會消失，我們將會主要變成追求意義。我們實際上是在馬斯洛需求層級中向上移動了。[156] 這在現在要決定從事什麼職業的世代身上已經是很明顯的事。我常指導 8 至 20 歲的青少年，他們最重視的往往是為自己開闢一條有意義的道路，可能是經由藝術追求創造性表達，也可能是致力於人類已經為之努力了幾千年的巨大難題——可能是社會、心理或其他方面的難題。

因此，考慮到工作在我們生命中的角色，我們必須重新思考我們對意義的追尋。常有人說，是死亡和我們存在之短暫賦予了生命意義。但我認為這種觀點只是試圖將死亡的悲劇說成是一件好事。事實是我們所愛的人死去，真的會導致我們喪失了自身的一部分。我們那些習慣了與那個已逝者互動和享受其陪伴的新皮質模組，現在產生的感覺是失落、空虛和痛苦。死亡奪走了我認為賦予生命意義的所有東西——技能、經歷、記憶，以及關係。它阻止我們享受更多界定我們的超越時刻——產生和欣賞創造性表達，表達愛的情感，分享幽默等等。

隨著我們將我們的新皮質擴展到雲端，所有這些能力都將大大增強。想像一下試著向那些錯過了新皮質擴展的靈長類動物解釋音樂、文學、YouTube 影片或笑話——這些動物與人類的差別，在於兩百萬年前，原始人的大前額使得新皮質擴展得以發生。這個比喻至少可以使我們設想一下，我們在 2030 年代某個時候開始以數位方式增強我們的新皮質時，我們將如何創造出我們現在無法想像或理解的有意義表達。

但我們還是面臨一個關鍵問題：從現在到那時候將會發生什麼事？某次我與丹尼爾．康納曼（Daniel Kahneman）私下對話時，他同意我的這個觀點：資訊科技一直在發展，並將繼續在性價比和能力方面指數式成長，而且這種發展最終將擴展到實體產品如服飾和食物上。他也同意我們正在邁向一個富足的時代，屆時我們的物質需求將得到滿足，主要困難將是如何滿足馬斯洛架構中較高層次的需求。不過，康納曼預期從現在到那時候，會有一段長時間的衝突，甚至將涉及暴力。他指出，隨著自動化持續產生影響，無可避免會有贏家和輸家。一名司機因為自動駕駛技術出現而失業，將不會因為人類整體生活有所提升而感到滿足，因為事實上他個人的生活可能無法提升。

適應技術變革的一大挑戰，在於技術變革往往帶給大眾分散的利益，同時集中傷害一小部分人。例如，自動駕駛技術將帶給社會巨大利益，包括減少交通事故死亡人數、減少污染、紓緩交通壅塞、增加人類可用的時間，以及降低運輸成本。所有的美國人（預計到 2050 年時將接近 4 億人）都將在某種程度上分享到這些好處。[157] 視乎研究採用的假設而定，潛在效益的總價值每年估計介於 6,420 億美元至 7 兆美元之間。[158] 總之這個效益很巨大。但是，任何一個人因此得到的好處不大可能根本上改變他們的生活。雖然統計上我們知道每年交通事故死亡人數將減少幾萬人，但我們根本無法知道每年是哪些人逃過厄運。[159]

相對之下，自動駕駛技術造成的傷害將主要局限於原本從事駕駛工作、失去生計的數百萬人。這些人是可以明確辨識的，而且他們的生活可能被嚴重擾亂。一個人處於這種狀況時，光是知道社會整體而言將得到更大利益是不夠的。這些人需要政府制定政策，幫助他們減少經濟上的痛苦和適應轉變，找到有意義、有尊嚴和經濟上安全的新生活方式。

支持康納曼觀點的一個現象是：正如我之前討論過，大眾的恐懼往往遠遠超過事實的可怕程度。一個人如果本來就已經覺得社會上的一切都在變得越來越糟糕，失去工作很可能使他變得更疏離。康納曼和我都認為，我們今天在政治上看到的極化現象，很大程度上是自動化的產物，包括實際和預期的自動化，而不是源自傳統的政治議題例如移民。[160]如果你對自身的經濟安全非常焦慮，你很可能會對任何看似可能加重你問題的事物產生敵意。

但歷史告訴我們，社會適應巨變的能力比我們所預期的更強。過去兩個世紀裡，經濟體中的大部分工作已經換了好幾次，但並未因此引起長期的社會混亂，遑論暴力革命。大眾傳播和執法努力有效地預防或快速壓制了暴力，就像兩個世紀前盧德分子遭壓制那樣。沒錯，個人可能因為各種原因而變成暴力分子，包括因為精神病。在美國的槍支文化下，暴力致命的案例實在太多了。

但是，引人矚目的悲劇並沒有改變一個事實：過去幾個世紀裡，暴力事件大幅減少了。[161] 正如上一章討論到，雖然不同國家的暴力事件每年或每十年會有增減，但已開發國家的長期趨勢是暴力持續大幅減少。正如我朋友史迪芬・平克在 2011 年出版的《人性中的善良天使》中指出，暴力減少是深層文明趨勢的結果，關鍵因素包括法治國家、識字率提高和經濟發展。[162] 值得注意的是，所有這些因素都因為資訊科技的指數式進步而得到強化。因此，我們有充分的理由對未來感到樂觀。

我們不應忘記，自動化導致失業的同時，也會帶來新的創新機會，這一點是不會改變的。此外，美國有巨大的社會安全網，其規模還在擴大，而且正如我指出，這並不太受到政治氣候影響。社會安全網獲得不受民意波動影響的深厚支持。相關政策體現了我們對公民同胞的自然同情，同時也是一種政治反應，旨在緩解技術變革對社會的破壞。

但社會安全網無法取代工作所帶來的意義感，而且正如康納曼所言，勞動市場中將出現許多失敗者。雖然美國確實經歷了幾輪自動化而沒有出現嚴重的社會混亂，但這一次不同之處在於變革的廣度、深度和速度。康納曼認為人們需要時間去適應轉變和把握新機會，而且會有很多人無法迅速完成再培訓以適應新的就業形式或其他的個人商業模式。

我認為康納曼在某些方面是對的，但我們也應該記住，在技術變革的許多領域裡，輸家並不存在，即使有也不會大聲抱怨。且以某種嚴重疾病出現了更有效的新療法為例。以舊療法醫治該疾病而獲利的公司和個人因此失去了一個長期收入來源，但因為社會得到巨大的好處，幾乎所有人都會為出現了新療法而拍手稱慶，甚至包括大部分以舊療法為生的人。他們切身了解新療法所緩解的痛苦，不會糾結於生意上的損失。無論如何，整個社會意識到，設法減輕既有業者在經濟上受到的打擊，好過為了保護他們的工作和利潤而阻止採用有效的新療法。

在自動化長達兩百年的歷史中，許多人曾想像自動化導致一些工作消失，而世界的其他一切完全不變。這是人們在展望未來時總是會出現的現象：人們設想一種變化，同時假設其他的一切都不改變。但事實是：每失去一種類型的工作，總是會有許多正面的轉變同時發生，它們與負面的變化來得一樣快。

人們其實很快就適應轉變，尤其是好的轉變。在 1980 年代末，當網際網路還主要限於大學和政府機構使用時，我就預測到 1990 年代末，一個巨大的全球通訊和資訊分享網路終將是人人可用的，甚至包括學童。[163] 我也預測到二十一世紀初，人們將利用行動裝置來使用這個網路。[164] 在我作出這些預測時，它們似乎令人生畏且具有破壞性（甚至覺得不可能發生），但它們都真的變成了事實：人們非常快速地採用和接受了那些技術。再舉一個例子：整個應用程式經濟十五年前根本不存在，但現在已經牢牢確立，許多人根本不記得它是什麼時候出現的。

而且影響並非僅限於經濟方面。史丹佛大學的研究發現，在 2017 年，估計有 39% 的美國異性伴侶是經由網路結識的，其中很多是經由 Tinder 和 Hinge 等行動應用程式認識的。[165] 這意味著許多目前在上小學的美國孩子，是因為一項比他們早幾年出現的科技而來到這個世界。你退一步好好審視這些變化，會發現應用程式影響社會的速度實在驚人。

人們也常想像沒有科技輔助的人類努力與機器競爭的景象，但這是一種錯誤的設想。想像在未來的世界裡，人類需要常常與 AI 驅動的機器競爭，這是思考未來的一種錯誤方式。為了說明這一點，想像一下有個時空旅人帶著一支 2024 年的智慧型手機去到 1924 年。[166] 在柯立芝總統那個時代的人看來，這個人確實擁有超人般的智能。他可以輕鬆地解答高等數學題，完成任何兩個主要語言之間的翻譯（達到堪用的水準），下西洋棋可以打敗任何特級大師（grandmaster），而且掌握整個維基百科記載的事實。對 1924 年的人來說，這個時空旅人的能力顯然因為那支智慧型手機而大大增強了。但 2020 年代的我們很容易忘了這件事，因為我們沒有覺得自己的能力因為科技產品的輔助而增強了。同樣地，我們將利用 2030 和 2040 年代的先進科技，無縫地增強我們自身的能力——而且隨著我們的大腦直接與電腦互動，我們將會覺得這是更自然的事。在應對富足未來的認知挑戰時，我們在許多方面將不會與 AI 競爭，就像我們現在並非正在和我們的智慧型手機競爭一樣。[167]

事實上，這種共生關係完全不是新鮮事：自石器時代以來，科技的目的就一直是拓展我們身體和智能的可及範圍。

儘管如此，我確實認為，在這個轉變過程中，令人困擾的社會混亂（包括暴力）有可能發生，我們應該對此有所準備並努力預防。但我預計，由於先前討論過的能夠促進穩定的強勁長期趨勢，這個轉變過程不大可能發生暴力。

我之所以樂觀看待即將來臨的社會轉型，最重要的原因是，物質日趨富足將會降低訴諸暴力的誘因。當人們欠缺生活必需品，或犯罪率已經很高時，民眾可能會覺得訴諸暴力不會導致他們損失任何東西。但造成社會混亂的那些科技也將使食物、居住、交通和醫療都變得便宜許多。而藉由改善教育、聰明執法，以及減少損害人類大腦的環境毒素（例如鉛），犯罪率有望持續下降。當人們覺得自己未來還有長久且安全的生活時，他們會有較強的動機藉由政治解決分歧，而不是押上自己的一切訴諸武力。

康納曼和我對於即將來臨的轉變有不同看法，這點我們覺得很可能是受到不同的童年經歷所影響。康納曼在成長時期與家人一起在法國躲避納粹的迫害。我則是出生於二戰之後，成長於相對安全的紐約市，但是作為「倖存的一代」的一員，我還是受到納粹大屠殺影響。因此，康納曼親身經歷了第一次世界大戰之後歐洲（尤其是德國）貧窮引起的嚴重衝突、流離失所和仇恨。

無論如何，策劃持續的建設性過渡將需要開明的政治策略和政策決定。因為政策和社會組織仍將是關鍵因素，從政者和民間領袖將繼續發揮重要作用。但是，這波科技進步蘊含巨大的機會，我們將因此有希望克服長期困擾人類的古老難題。

第 6 章

未來三十年的醫療與健康

2020 年代：結合 AI 與生物科技

當你把車子送到修車廠修理時，你知道那裡的技師充分了解車子的零組件和它們如何配合運作。汽車工程實際上是一門精確科學（exact science），因此，保養得宜的汽車幾乎可以無限期使用，即使受到最嚴重的損壞，仍有可能修復。人體則不然。雖然科學醫學過去兩百年來取得了許多驚人的進步，醫學目前仍不是精確科學。醫師至今還是會做許多已知有效、但不完全清楚原理的事。醫學有很大一部分建立在混亂的「近似」上：某些療法通常對多數病人大致有效，但很可能並不完全適合你。

要將醫學轉化為一門精確科學，就必須將醫學改造成一種資訊科技，使它得以受惠於資訊科技的指數式進步。此一深刻的範式轉變如今已順利展開，涉及結合生物科技與 AI 和數位模擬。正如我將在本章說明，從藥物開發到疾病監測以至機器人手術，我們已經看到了此一轉變的即時好處。例如，在 2023 年，第一款由 AI 全程設計的藥物已進入醫治一種罕見肺病的第二期臨床試驗。[1] 但 AI 與生物科技融合的最根本好處其實更大。

當醫學完全仰賴艱苦的實驗室實驗以及人類醫師將其專業知識傳給下一代時，創新的進展是緩慢而線性的。AI 則可以從遠遠超過人類醫師所能處理的巨量資料中學習，而且可以從數十億次手術中累積經驗，而一個人類醫師在其整個職業生涯最多只能做幾千次手術。因為 AI 受惠於其基礎硬體的指數式進步，隨著 AI 在醫學中發揮越來越重要的作用，醫療照護也將獲得指數式成長的好處。借助這些工具，我們已經開始可以利用數位方法搜尋所有可能的選項，只需要幾個小時（而不是幾年）就可以為一些生物化學問題找到答案。[2]

目前最重要的一類問題，也許是針對新出現的病毒威脅設計療法。這種挑戰就像從可以填滿一整個游泳池的一大堆鑰匙中，找出能夠打開特定病毒的化學鎖的鑰匙。一名人類研究人員用自己的知識和認知技能，也許能夠找出幾十種或許可以醫治特定疾病的分子，但實際上或許相關的分子通常數以兆計。[3] 篩選這些分子會發現它們大部分顯然不合適，不值得進行全面模擬，但有數十億個分子也許值得進行較為嚴謹的計算檢驗。在另一個極端，物理上可能的潛在藥物分子估計約有一百萬乘以十億乘以十億乘以十億乘以十億乘以十億乘以十億個可能！[4] 無論我們如何計算其確切數字，AI 現在讓科學家可以快速從這一大堆可能標的中找出最有可能打開特定病毒化學鎖的一些鑰匙。

這種徹底的搜尋大有好處。在現行範式下，我們找到一種或許有效的藥劑之後，需要找到幾十或幾百個人類受試者，然後花數千萬或數億美元，以幾個月或幾年的時間完成臨床試驗。第一種潛在藥劑往往不理想，因此必須探索替代方案，而它們也需要幾年時間測試。在得出測試結果之前，不可能有重大進展。美國的監理程序涉及三個主要階段的臨床試驗，而根據麻省理工學院最近的一項研究，只有 13.8% 的候選藥物可以通過所有考驗，最終獲得美國食品藥物管理局（FDA）核准。[5]最終結果是：一種新藥通常需要十年時間才可以推出市場，平均成本估計在 13 億至 26 億美元之間。[6]

就在過去幾年，AI 輔助的藥物開發明顯加快了。2019 年，澳洲福林德斯大學（Flinders University）的研究人員利用生物模擬器尋找能激活人類免疫系統的物質，藉此創造出一種「增壓式」（turbocharged）流感疫苗。[7]模擬器以數位方式產生數以兆計的化學物質，尋找理想配方的研究人員使用另一個模擬器逐一檢視這些物質，看是否可以作為對抗病毒的免疫增強藥物。[8]

2020 年，麻省理工學院一個團隊利用 AI 開發出一種強效抗生素，可以殺死最危險的一些耐藥性細菌。該 AI 並非只是評估幾種抗生素，而是在幾個小時內分析了 1.07 億種抗生素，從中找出 23 種可能有用的，並指出其中兩種看來最有效。[9]匹茲堡大學藥物設計研究員雅各．杜蘭特（Jacob Durrant）表示：「這項工作真的非常了不起。這種方法突顯了電腦輔助藥物開發的威力。實際測試超過 1 億種化合物的抗生素活性是不可能的。」[10]麻省理工的研究人員此後開始應用這種方法，從零開始設計有效的新抗生素。

不過，2020 年 AI 在醫學上最重要的應用，顯然是在以空前速度開發出安全有效的 COVID-19 疫苗這件事上發揮了關鍵作用。2020 年 1 月 11 日，中國當局公布了 COVID-19 病毒的基因序列。[11] 莫德納公司（Moderna）的科學家隨即開始利用強大的機器學習工具，分析哪一種疫苗可以有效對付該病毒，而僅僅兩天後，他們就創造出莫德納 mRNA 疫苗的基因序列。[12] 2 月 7 日，第一批臨床疫苗生產出來，經過初步測試後，在 2 月 24 日送往美國國家衛生院。3 月 16 日，也就是疫苗序列確定後的第 63 天，試驗計畫的參與者開始接種疫苗。在COVID-19大流行之前，疫苗研發通常需要五到十年的時間。這一次如此迅速地取得突破，無疑救了數以百萬計的人命。

但抗疫戰爭並未就此結束。2021 年，在 COVID-19 病毒變種的威脅迫在眉睫之際，南加州大學的研究人員開發出一種創新的 AI 工具，以便加快疫苗的適應性開發，因應病毒的突變適時創造新疫苗。[13] 拜模擬技術所賜，候選疫苗可以在一分鐘內完成設計，並在一小時內以數位方式完成驗證。你看到這段文字時，很可能已經有更先進的方法。

上述應用全都是生物學中一項更基本挑戰的例子，該挑戰就是預測蛋白質如何折疊。人類基因組中的 DNA 指令產生氨基酸序列，而氨基酸序列摺疊成蛋白質，蛋白質的三維特徵很大程度上決定了蛋白質的實際運作方式。我們的身體主要由蛋白質構成，因此了解蛋白質的構造與功能之間的關係，對開發新藥和醫治疾病至為重要。不幸的是，人類預測蛋白質如何摺疊的準確率相當低，因為這當中的複雜性使我們無法採用任何容易概念化的單一規則。因此，這方面的研究發現仍仰賴運氣和艱辛的努力，而最佳解決方案可能一直未被發現。長久以來，這一直是取得新藥突破的主要障礙之一。[14]

這正是 AI 的模式辨識能力發揮巨大作用之處。2018 年，Alphabet 的 DeepMind 公司創造了一個名為 AlphaFold 的程式，與領先的蛋白質折疊預測者競爭，包括人類科學家和早期的軟體驅動方法。[15] DeepMind 沒有採用以一系列的蛋白質形狀作為模型的慣常方法，而是像 AlphaGo Zero 那樣，摒棄既有的人類知識。結果 AlphaFold 在 98 個程式中高居第一，針對 43 個蛋白質準確預測了其中 25 個的折疊方式，而第二名只能準確預測 43 個蛋白質中的 3 個。[16]

但是，該 AI 的預測還是不如實驗室實驗那麼準確，DeepMind 因此重新研究，加入了轉換器，也就是驅動 GPT-3 的深度學習技術。2021 年，DeepMind 公開發表了 AlphaFold 2，實現了真正驚人的突破。[17] 該 AI 現在預測任何蛋白質的折疊方式，幾乎可以達到實驗室實驗的準確度。生物學家可用的蛋白質結構數量因此突然從逾 18 萬[18] 暴增至數億，而且很快將達到數十億。[19] 這將大大加快生物醫學發現的步伐。

目前，AI 開發藥物的過程是由人類指導的——科學家必須先找出想要解決的問題，以化學術語表述問題，並為模擬設定參數。不過，未來幾十年裡，AI 將會有能力在醫學探索上發揮創造力。例如，AI 可能會發現人類臨床醫師根本沒有注意到的問題（譬如患有某種疾病的人當中，某個特定群體對標準療法反應不佳），並提出複雜和新穎的療法建議。

與此同時，AI 將擴展到可以模擬越來越大的系統，從模擬蛋白質發展到模擬蛋白質複合體、胞器、細胞、組織，以至整個器官。如此一來，我們將能夠醫治因為極其複雜而現今醫學無能為力的疾病。例如，過去十年間就出現了許多前景看好的癌症療法，包括 CAR-T、BiTEs 和免疫檢查點抑制劑之類的免疫療法。[20] 這些療法挽救了成千上萬的人命，但還是經常失敗，因為惡性腫瘤可能學會抵抗這些療法。這通常涉及腫瘤改變其局部環境，而我們目前的技術無法完全理解這是如何發生的。[21] 但是，一旦 AI 能夠可靠地模擬腫瘤及其微環境，我們將能夠為病人量身訂製治療方案，以克服這種抗藥性。

阿茲海默症和巴金森氏症之類的神經退化疾病也涉及細微、複雜的過程，它們導致錯誤折疊的蛋白質在腦部堆積並造成傷害。[22] 因為不可能徹底研究活體大腦中的這些過程，相關研究非常困難，進度極其緩慢。一旦有了可靠的 AI 模擬技術，我們將能夠了解這些疾病的根本原因，在患者身體顯著受損之前就提供有效的治療。這些大腦模擬工具也將幫助我們在精神疾病研究方面取得突破，而估計美國超過一半的人在人生某個階段會受到精神健康問題困擾。[23] 目前醫師仰賴 SSRIs（選擇性血清素再吸收抑制劑）和 SNRIs（血清素與正腎上腺素回收抑制劑）之類的鈍型（blunt-approach）精神科藥物，它們可以暫時糾正化學物質失衡問題，但往往效果有限，對某些病人甚至完全無效，而且副作用很多。[24] 一旦 AI 使我們能充分了解人腦（已知宇宙中最複雜的結構）的機能運作，我們就能夠根本解決許多精神健康問題。

AI 除了有助於我們發現新療法，還將在驗證新療法的試驗方面掀起革命。美國 FDA 現在已經在將模擬結果納入其監理審批流程。[25] 展望未來，這在類似 COVID-19 大流行的情況下將特別重要——在這種情況下，人類突然面臨新的病毒威脅，加快疫苗開發可以拯救數以百萬計的人命。[26]

想像一下我們可以將試驗過程完全數位化：利用 AI 模擬數年的試驗，評估一種藥物對數萬名（模擬）患者的作用，在數小時或數天內完成這種評估。相對於緩慢得多、樣本數不足的現行人體臨床試驗，這種模擬將產生豐富、快速和準確得多的試驗結果。人體試驗的一個主要缺點是，它們只涉及十幾個至幾十個受試者（視藥物類型和試驗階段而定）。[27] 這意味著在任何一個受試者群體中，統計上幾乎不可能有受試者對藥物的反應完全與你相同。一種藥物用在你身上的效果會受到許多因素影響，包括遺傳、飲食、生活方式、荷爾蒙平衡、微生物群系、疾病亞型、你正服用的其他藥物，以及你可能罹患的其他疾病。如果臨床試驗中沒有人在所有這些方面都與你相同，那麼即使該藥物對一般人有益，它實際上還是可能對你有害。

舉個例子，臨床試驗可能顯示，3,000 名受試者的某種病症平均改善了 15%。但模擬試驗或許可以揭露隱藏的細節，例如受試者中一個 250 人的子群（譬如有某種基因的患者）實際上會受該藥物傷害，病情惡化了 50%，而另一個 500 人的子群（譬如同時患腎病的患者）則是病情改善了 70%。模擬試驗將能夠找出許多類似的相關性，從而為每一名患者提供高度客製化的風險效益評估。

這種技術的引進會是漸進的，因為生物模擬對計算能力的需求視應用而異。主要由單一分子構成的藥物比較容易模擬，將率先應用這種技術。與此同時，CRISPR 之類的技術和旨在影響基因表現的療法，則涉及多種生物分子與結構之間極其複雜的互動，電腦模擬要達到滿意的結果將需要較長的時間。AI 模擬要取代人體試驗作為主要的試驗方法，除了必須模擬特定治療劑的直接作用，還必須能夠模擬治療劑在一段很長的時間裡如何影響整個人體的複雜系統。

這種模擬最終必須做到多詳細目前還不清楚。例如，你拇指上的皮膚細胞似乎不大可能與測試肝癌藥物有關。但為了驗證這些模擬工具的安全性，我們很可能必須以分子解析度建立整個人體的數位模型。因為只有這樣，研究人員才能夠可靠地確定哪些因素可以在特定應用中不予考慮。這是一個長期目標，但也是 AI 最重要的救命目標之一，而我們將在 2020 年代結束前取得重要的進展。

因為各種原因，醫學界很可能非常抗拒藥物試驗越來越仰賴模擬。謹慎對待風險是非常明智的。醫師不希望藥物審核標準的變更危害到病患，模擬試驗因此必須建立非常可靠的績效紀錄，證明其表現與現行試驗方法一樣好，甚至是更好。但另一個重要因素是責任。沒有人會想看到自己核准的新療法變成一場災難。因此，監理機關必須能夠預見這些新興方法，主動設法確保誘因保持平衡，既不偏向過度謹慎，也不偏向為了拯救生命而過度冒險創新。

但是，在我們掌握強大的生物模擬能力之前，AI 已經在基因生物學方面產生了重要影響。不為蛋白質編碼的 98% 基因曾被貶低為「垃圾」DNA。[28] 我們現在知道這些基因對於基因表現（決定哪些基因被積極使用和使用的程度）至為重要，但很難從非編碼 DNA 本身確定這些關係。但因為 AI 可以偵測到非常細微的形態，它開始突破這個難關，例如紐約一些科學家 2019 年就發現了非編碼 DNA 與自閉症的關聯。[29] 該專案首席研究員奧爾加・特洛伊安斯卡亞（Olga Troyanskaya）表示，這是「首次明確證明非遺傳、非編碼突變導致複雜的人類疾病或機能失調。」[30]

經歷了 COVID-19 大流行之後，監測傳染病的挑戰也有了新的迫切性。過去，流行病學家嘗試預測美國各地的病毒爆發時，必須從幾種不完善的資料中作出選擇。一個名為 ARGONet 的新 AI 系統可以即時整合不同類型的資料，並根據資料的預測能力賦予權重。[31] ARGONet 結合了電子醫療紀錄、歷史資料、憂心的民眾即時的 Google 搜尋，以及流感從一地傳到另一地的時空形態。[32] 哈佛大學專案首席研究員毛里西奧・桑蒂拉拿（Mauricio Santillana）解釋道：「該系統持續評估每一種獨立方法的預測能力，並重新校準資料的使用方式以改善流感預測。」[33] 事實上，2019 年的研究顯示，ARGONet 的表現優於之前的所有方法。在研究計畫涵蓋的 75% 的州，ARGONet 的表現優於「Google 流感趨勢」，而且能夠比美國疾病控制和預防中心（CDC）的正常方法早一個星期預測全州的流感情況。[34] 研究者目前正在開發更多新的 AI 驅動方法，以幫助阻止下一次的大規模爆發。

除了科學應用，AI 在臨床醫療方面也逐漸有能力超越人類醫師。在 2018 年的一場演講中，我預測在一兩年內，類神經網路分析放射影像的能力將媲美人類醫師。然後短短兩個星期後，史丹佛的研究人員發表了 CheXNet，它使用 100,000 張 X 光圖像訓練一個 121 層的卷積類神經網路，以診斷十四種不同的疾病。它的表現優於與之比較的人類醫師，為這種系統具有巨大的診斷潛力提供了初步但令人鼓舞的證據。[35] 其他類神經網路也展現了類似的能力。2019 年的一項研究顯示，一個分析自然語言臨床指標的類神經網路在診斷兒科疾病方面的表現優於八名面對相同資料的資淺醫師，而且在某些領域的表現優於所有二十名人類醫師。[36] 2021 年，約翰霍普金斯大學的一個團隊開發了一個名為 DELFI 的 AI 系統，它能夠利用簡單的實驗室檢測識別一個人血液中 DNA 片段的細微形態，從而發現 94% 的肺癌——這是連人類專家也無法單獨做到的。[37]

此類臨床工具正迅速從概念驗證階段跳到大規模投入使用。2022 年 7 月，《自然醫學》（*Nature Medicine*）發表了一項大規模研究的結果，該研究監測超過 59 萬名醫院病人，使用 AI 驅動的「針對性即時預警系統」（TREWS）檢測敗血症——一種可能致命的感染反應，每年導致約 27 萬名美國人死亡。[38] TREWS 及早提醒醫師展開治療，將死於敗血症的病人減少了 18.7%——由此看來，該系統普及應用之後，每年有可能拯救數萬人的性命。此類模型將納入更多的豐富資料，例如來自穿戴式健康追蹤器的資料，並能夠在當事人知道自己生病之前就提出治療建議。

隨著 2020 年代逐漸過去，AI 驅動的工具在幾乎所有診斷任務上都將達到超越人類的表現。[39] 解讀醫學影像是一項可以讓類神經網路的自然優勢發揮得淋漓盡致的任務。具有臨床意義的資訊可能隱藏在影像中，因為太細微而人類無法以肉眼察覺，但 AI 系統卻可以輕鬆發現。不像其他診斷工作需要整合許多不同的質性資料，影像中的像素形態完全可以化約為量化資料，而處理量化資料是 AI 的強項。這正是為什麼醫學影像是 AI 最早達到如此傑出表現的領域之一。因為同樣的原因，將 CheXNet 及其後繼者 CheXpert 等系統應用在其他類型的醫學影像分析上也將相對容易。最終 AI 將能夠釋放醫學影像中潛藏的巨大價值，例如或許可以找出表面健康的器官隱藏的風險因素，在問題造成傷害之前及早採取預防措施，以拯救生命。

手術也將從這場革命中得益，因為有關手術的高品質資料量和可用的計算資源都正快速增加。[40] 多年來，機器人一直被用來協助人類醫師做手術，但現在機器人已展現出不需要人類參與就可以完成手術的能力。2016 年在美國，智慧組織機器人（Smart Tissue Autonomous Robot, STAR）在一項動物腸道縫合試驗中，表現超越了人類外科醫師。[41] 2017 年，中國一個機器人自行完成了精確度要求非常高的植牙手術。[42] 然後在 2020 年，Neuralink 發表了一款手術機器人，可以將植入腦機介面的大部分程序自動化，而該公司正在為完全自動化的目標而努力。[43]

一名人類外科醫師每年可能做幾百次手術，整個職業生涯最多也就做幾萬次手術。專科外科醫師如果專做比較複雜和費時的手術，完成的手術次數會更少。相對之下，支援手術機器人的 AI 將能夠從 AI 系統在世界各地所做的全部手術中汲取經驗。這將涵蓋比任何一個人類醫師可能遇到的廣泛得多的臨床情況，涉及的手術可能多達數百萬次。此外，AI 將能夠執行數十億次模擬手術，試用不可能對真實病人試用的不尋常變數。例如，模擬手術可以訓練手術機器人處理罕見的疾病組合，或是突破創傷醫學的極限，處理多數外科醫師在整個職業生涯中都不會遇到的複雜損傷。這將使得動手術比現在安全和有效得多。[44]

2030 和 2040 年代：發展和完善奈米技術

生物演化創造出像人類這麼精巧的生物實在令人讚嘆：人類聰明之餘，還有很強的身體協調能力（例如有對生拇指），因此能夠發展出科技。但是，我們的構造遠非理想，尤其是在思考方面。正如漢斯·莫拉維克 1988 年在思考科技進步的涵義時指出，無論我們如何微調我們基於 DNA 的生物構造，我們的血肉系統相對於我們為特定目的創造的東西都將處於劣勢。[45] 正如作家彼得·魏貝爾（Pcter Weibel）所說，莫拉維克明白人類在這方面只能是「二等機器人」。[46] 這意味著即使我們努力優化和完善人類生物性大腦的能力，人腦的運作速度也會比完全人造的系統慢數十億倍，而且能力也遠遠不如。

AI 結合奈米技術革命，將使我們能夠一個分子一個分子地重新設計和建造我們的身體和大腦，以及我們與之互動的世界。人類的神經元每秒最多發射約兩百次（理論上絕對極限為每秒一千次），而實際上每秒平均發射次數可能不到一次。[47] 相對之下，電晶體運行速度現在可以達到每秒超過一兆個週期，零售的電腦晶片可達到每秒超過五十億個週期。[48] 這種差距如此巨大，是因為相對於造就數位計算的精密工程技術，我們大腦中細胞計算使用的結構緩慢和笨重得多。而隨著奈米技術進步，數位計算的領先幅度將進一步擴大。

此外，根據我在《奇點臨近》一書中的估計，人腦的大小限制了其總處理能力，最多只能達到每秒約 10^{14} 次計算，這與漢斯·莫拉維克基於不同分析所作的估計差距在一個數量級以內。[49] 美國的超級電腦 Frontier 在 AI 相關的效能基準測試中已經可以達到每秒 10^{18} 次計算。[50] 因為電腦可以比大腦的神經元更密集、更有效率地組合電晶體，而且電腦的體積可以超過人腦，還可以遠端連線，電腦將遠遠拋離未以科技增強的生物性大腦。未來是明確的：僅基於生物性大腦有機基質的心智不可能跟上由非生物性精密奈米工程增強的心智。

第一位開始提到奈米技術的人是物理學家理查·費曼（1918-1988），他在 1959 年的開創性演講〈底層有很多空間〉（There's Plenty of Room at the Bottom）中談到我們必將在單個原子的尺度上製造機器，以及這麼做的深遠意義。[51] 當時費曼說：「就我所見，物理原理並不反對逐個原子處理物質的可能……化學家寫下來的任何化學物質，理論上物理學家都有可能合成……怎麼合成？把原子放在化學家指定的位置，你就製造出那種物質。」[52] 費曼很樂觀：「如果我們最終發展出在原子的層次看清自己所做的事和處理物質的能力，化學和生物學的問題將得到很大的幫助，而我認為這種發展是不可避免的。」

奈米技術要對大型物件產生影響，必須有一個自我複製系統。傳奇數學家約翰·馮紐曼（1903-1957）在 1940 年代末的一系列演講和 1955 年《科學美國人》雜誌的一篇文章中首次提出了創造自我複製模組的構想。[53] 但要到 1966 年，也就是他逝世近十年後，他的完整想法才被集合起來並廣為流傳。馮紐曼的方法是非常抽象和數學化的，主要著眼於邏輯基礎，而非建造自我複製機器涉及的具體物理問題。在他的想法中，一部自我複製機器要包含一台「通用電腦」和一台「通用建造器」。電腦執行一個控制建造器的程式，建造器可以複製整個自我複製機器和程式，因此可以無限地自我複製。[54]

1980 年代中期，工程師艾利克・卓斯勒（K. Eric Drexler）以馮紐曼的概念為基礎，創立了現代奈米技術領域。[55] 卓斯勒提出一個機器設計概念，以普通物質中的原子和分子碎片作為他的馮紐曼式建造器的材料，利用電腦控制原子之置放。[56] 卓斯勒的「組裝器」（assembler）基本上可以製造世上任何東西，只要其結構在原子層面是穩定的。正是這種靈活性和通用性使卓斯勒開創的分子機械合成方法有別於基於生物學的方法，後者也可以在奈米尺度上合成物質，但在設計和可用材料方面受到的限制大得多。

卓斯勒簡述了一種使用分子「互鎖」（interlock）而非電晶體閘的極為簡單的電腦（只是概念構想，他還沒有真的製造出來）。[57] 每一個互鎖只需要 6 立方奈米的空間，而且可以在百億分之一秒內轉換狀態，計算速度可以達到每秒十億次左右。[58] 已經有人提出這種電腦的多種變體，而且構想日益精細。2018 年，拉夫・默克（Ralph Merkle）和幾名合作者設計出適合在奈米尺度應用的全機械計算系統。[59] 他們的具體設計（也是概念性的）提供每公升約 10^{20} 個邏輯閘，以 100 MHz 運作，因此每公升電腦體積每秒可做 10^{28} 次計算（但因為散熱需要，這個體積必須設計成有很大的表面積）。[60] 這款設計消耗的電力約為 100 瓦。[61] 因為全世界約有 80 億人，因此模擬全人類的腦部計算每秒需要的計算次數將少於 10^{24} 次（每人 10^{14} 次乘以 10^{10} 人）。[62]

如第二章談到，我估計的每秒 10^{14} 次計算是假設模擬每一個神經元。但人腦大量採用平行運算方式。因為我們頭顱裡濕漉漉的生物環境（至少在分子層面）非常動盪，任何一個神經元都可能隨時死掉，或無法適時發射。如果人類的認知非常仰賴任何特定神經元的表現，那就會非常不可靠。但如果許多神經元一起平行運作，「雜訊」會被抵銷，我們就能夠正常思考。

但在製造非生物性電腦時，我們對內部環境的控制可以精確得多。電腦晶片的內部比人腦組織乾淨和穩定得多，因此不需要採用平行運算方式。這將使計算更有效率，因此以每秒少於 10^{14} 次的計算模擬一個人的心智是可行的。但因為目前還不清楚人腦平行運算的程度，保守起見，我採用這個比較大的估計值。那麼，理論上而言，體積一公升、效率完美的奈米邏輯電腦可以提供大約相當於 10,000 乘以 100 億個人（相當於 100 兆個人）的大腦能力。注意，我並不是說這是實際上可以做到的。重點是奈米尺度工程為未來的進步提供了驚人的空間。即使只達到理論最大值的百分之一，也足以成就計算上的革命性新範式，並使得奈米尺度的機器得到有用的計算能力。

就自我複製的奈米機器人而言，這將使實現宏觀結果所需要的大規模協調得以發生。控制系統將類似於 SIMD（單一指令，多重資料）的電腦指令架構：單一計算單元將讀取程式指令，然後將指令同時傳送給數以兆計的分子大小的組裝器（每一個組裝器都有自己的簡單電腦）。[63]

使用這種「廣播」架構也將可有效處理一個關鍵的安全問題。如果自我複製過程失控，或出現錯誤或安全漏洞，複製指令的源頭可以立即關閉，藉此阻止進一步的奈米機器人活動。[64] 正如第七章將進一步討論，奈米技術最壞的情況是發生所謂的「灰蠱」（gray goo）——自我複製的奈米機器人造成無法控制的連鎖反應。[65] 理論上，這將消耗地球上大部分的生物質（biomass），將它們轉化為更多奈米機器人。但拉夫・默克主張的「廣播」架構可以有力地防禦這種情況。如果指令只能來自一個中央源頭，緊急情況下關閉廣播將使奈米機器人失去活動能力，無法繼續自我複製。

接受這種指令、實際執行建造工作的機器將是一個極其微細、簡單的單臂分子機器人，類似於馮紐曼設想的通用建造器。[66] 製造分子尺度的機械臂、齒輪、轉子和馬達的可行性已經被反覆證明。[67]

但是，物理規律不容許分子尺度的機械臂像人手抓住和搬運東西那樣移動原子。這導致奈米技術的未來引起爭議。2001 年，美國物理學家暨化學家理察・斯莫利（Richard Smalley）開始與卓斯勒公開辯論使用「分子組裝器」進行原子尺度的精確製造是否真有可能做到。[68] 斯莫利和卓斯勒都對奈米技術領域有重要貢獻，但他們的研究方法不同。卓斯勒認為「由上而下」（top-down）的方法是奈米技術的最終目標，它將使製造機器得以從頭開始製造出奈米機器人。斯莫利則認為物理定律讓這種方法不可能實現，「由下而上」（bottom-up）的生物式自我組裝方法才是唯一的合理目標。斯莫利的反對意見基於兩個理由：其一是「粗手指問題」，也就是移動原子所需要的機械臂太笨重，無法在奈米尺度有效運作；二是「黏手指問題」，也就是原子被移動時會黏在機械臂上。

卓斯勒回應道，使用單一操作臂的技術不會遇到前一個問題，而酵素和核糖體等生物機器已經證明後一個問題是可以克服的。隨著辯論在 2003 年升溫，我提出了我的評論，主要是支持卓斯勒的看法。[69] 將近二十年後回顧，我很高興可以說，近年奈米技術的發展使由上而下論看來越來越有道理——雖然這個領域至少還要十年的時間才會開始成熟，很可能是在先進 AI 協助下。科學家已經在精準控制原子方面取得重大進展，而 2020 年代將出現更多關鍵突破。

卓斯勒的奈米尺度建造臂設計看來仍是最有前途的。它放棄笨拙複雜的抓握爪，採用一個尖端，利用機械和電功能來抓住一個原子或小分子，將它搬到另一位置釋放。[70] 卓斯勒 1992 年出版的著作《奈米系統》（*Nanosystems*）提出了可以做到這件事的若干不同化學方法。[71] 其中一種方法是移動碳原子，利用一種名為鑽石烷（diamondoid）的奈米大小的鑽石物質來建造物件。[72]

鑽石烷是由碳原子（可以少至十個）構成的極小籠子，排列成鑽石晶體的最基本類型，氫原子黏結在籠子外部。這些物質也許可以構成極輕、極堅固的奈米工程結構。卓斯勒在他 1986 年出版的著作《創造的引擎》（*Engines of Creation*）和後來的《奈米系統》中探討了奈米技術和鑽石烷製造的構想，啟發了科幻小說作家尼爾・史蒂文森（Neal Stephenson）寫出

1995 年出版、榮獲雨果獎的小說《鑽石年代》（*The Diamond Age*），想像在未來，基於鑽石的奈米技術定義了文明，就像青銅定義了青銅時代、鐵定義了鐵器時代那樣。[73] 這本小說出版超過四分之一個世紀後，鑽石烷研究已經取得了巨大進展，科學家開始在實驗室研究中看到了實際應用的可能。不過，在未來十年裡，AI 將造就精細的化學模擬，從而啟動快得多的進步。

許多奈米技術設計提案採用這種方法。我們從化學氣相沉積（chemical vapor deposition）過程認識到人造鑽石可以用這種方法製造。[74] 鑽石烷不但強度極高，還可以藉由精確地添加雜質以改變物理特性（如導熱性）或製造電子元件（如電晶體）。[75] 過去十年的研究顯示，在奈米尺度利用碳原子的各種排列方式製造電子和機械系統的方法大有前途。[76] 此一奈米技術領域目前正引起全世界的認真關注，但其中一些最引人入勝的提議來自拉夫・默克及其合作者。[77] 早在 1997 年，默克就設計了一種組裝器「代謝」方法，可以利用丁二炔的「原料溶液」（feedstock solution）製造出鑽石烷之類的碳氫化合物。[78]

自《奇點臨近》2005 年出版以來，石墨烯（graphene，厚度僅為一個原子的六角碳晶格）、奈米碳管（基本上是石墨烯的捲管）和奈米碳線（被氫包圍的近乎一維的碳線）方面的研究也取得了令人興奮的新突破，未來二十年將出現大量的實際應用。[79]

研究者目前正在探索許多通往這種機械合成和其他奈米

技術的途徑。[80] 其中包括 DNA 摺紙 [81] 和 DNA 奈米機器人，[82] 生物啟發式分子機器，[83] 分子積木，[84] 用於量子計算的單原子量子位元，[85] 基於電子束的原子置放，[86] 氫去鈍化微影術（hydrogen depassivation lithography），[87] 以及基於掃描穿隧顯微鏡（STM）的製造。[88] 目前這些領域有幾個祕密專案正穩定取得進展，而考慮到 2020 年代結束前將有工程方面的超人 AI 可以為我們解決剩餘問題，我們有望在 2030 年代某個時候將逐個原子置放的奈米技術概念付諸實行。

實務上，這將需要藉由一種指數式過程向「愚笨的」原料傳遞資訊。一台中央電腦將同時向被置於所需原子或基本分子原料中的一小群核心的啟動奈米機器人發送指令。它們將奉命自我複製，反覆創造出一系列的自身複製品，很快就產生數以兆計的組裝器。然後電腦將向這些分子機器人發出指令，告訴它們如何建造所需要的結構。

當技術成熟時，分子組裝器可能是一台桌面大小的機器，只要有必要的原子，就可以製造出幾乎任何實體產品。這需要克服奈米尺度製造的一大挑戰：通用性。設計一個能夠製造一種特定物質（如鑽石烷）的組裝器是一回事，設計一個能夠妥善處理多種化學物質的組裝器是非常不同的另一回事。掌握後一種能力需要非常先進的 AI。因此，我們可以預期，組裝器一開始將製造化學上相對同質的物品（例如寶石、家具或服飾），頗長時間之後才會開始製造具有多種非常不同的化學成分和微結構十分複雜的東西（例如熟食、仿生器官，或比所有未經增強的人類大腦加起來還要強大的電腦）。

一旦我們掌握了先進的奈米製造技術，製造任何實體物件（包括分子組裝器本身）的增量成本（incremental cost）將僅為每磅幾美分——基本上就只是原子前體（precursor）材料的成本。[89] 卓斯勒 2013 年時估計分了製造過程的總成本約為每公斤 2 美元，無論製造的是鑽石還是食物。[90] 此外，因為奈米工程材料的強度遠高於鋼鐵或塑膠，多數結構只需要約十分之一的質量就能製造出來。即使製成品使用的原材料成本高昂（例如電子產品中的金、銅和稀土金屬），未來往往可以用比較便宜、供給充裕的元素（例如碳）製成的元件取代之。

如此一來，產品的真正價值將在於產品所包含的資訊——實際上是產品涉及的所有創新，從創意構想到控制其製造的軟體程式碼。這已經發生在可以數位化的商品上了，例如電子書。書籍剛發明時，必須手工抄寫，勞動力因此是書籍價值的重要部分。印刷機出現後，紙張、裝幀和油墨等實體材料占了價格一大部分。但就電子書而言，複製、儲存和傳送一本書的能源和計算成本基本上是零。你付錢買到的實際上是創造性地將資訊組合成值得閱讀的東西（通常還有一些輔助因素，例如行銷）。要了解這種差異，你可以在亞馬遜網站上瀏覽空白日記本，然後再瀏覽裝訂方式大致相同的精裝小說。如果只看價格，你會無法立即分辨兩者，至少無法持續準確地分辨兩者。另一方面，小說的電子書價格通常是幾美元一本，而哪怕只是花一分錢買一本空白的電子書也是可笑的。這就是產品的價值完全是資訊的意思。

奈米技術革命將把這種轉變帶進實體世界。在 2023 年，實體產品的價值來自許多方面，尤其是原材料、製造勞動力、工廠機器時間、能源成本和運輸。但未來幾十年，邁向融合的許多創新將大幅降低大部分此類成本。自動化將降低原材料的開採或合成成本，機器人將取代昂貴的人力，高價的工廠機器本身也將變得比較便宜，能源價格將因為太陽光電和儲能技術進步（以及最終採用核融合技術）而降低，而自動化電動車將壓低運輸成本。隨著這些價值的組成部分全都變得越來越便宜，資訊占產品價值的比例將越來越高。事實上，我們已經在朝這個方向前進，因為大多數產品的「資訊含量」正迅速增加，最終將非常接近產品價值的 100%。

在許多情況下，這將使產品便宜到可以免費提供給消費者。我們同樣可以從數位經濟中看到這種情況已經發生。正如第五章談到，Google 和臉書之類的平台耗資數十億美元在基礎設施上，但因為每次搜尋或每個讚的平均成本非常低，任由用戶完全免費使用才是更合理的做法，這些公司因此仰賴其他收入來源（例如廣告）。我們可以想像未來出現類似的情況：人們只要願意看政治廣告或提供個人資料，就可以免費獲得以奈米技術製造的產品。政府也可能提供這種產品，作為對從事志願服務、進修或保持健康習慣的獎勵。

物質匱乏的大幅減少最終將使我們能夠輕鬆滿足所有人的物質需求。注意，這是關於技術能力的預測，而文化和政治將是決定經濟變化速度的重要因素。如何確保科技進步的好處廣泛和公平地共享，將是一項挑戰。不過，我還是樂觀的。認為富裕菁英將會囤積新出現的豐裕物資是一種誤解。物資真正充裕時，囤積是毫無意義的。沒有人會為自己儲存空氣，因為空氣很容易獲得，而且足夠所有人使用。同樣地，共他人使用維基百科時，你不會因此少了任何資訊。我們的下一步就是將這種富足延伸到物質世界。

雖然奈米技術將能減輕許多方面的物質匱乏，但經濟方面的匱乏某種程度上受到文化影響，尤其是在奢侈品方面。例如，雖然肉眼已經無法區分人造鑽石與天然鑽石，但前者的售價仍比後者低30%至40%。[91] 這種價格差異與鑽石的裝飾價值無關，只是因為我們的文化習俗認為自然形成的鑽石更有價值。同樣地，知名大師的畫作在裝飾客廳方面並不比高品質的複製品優勝，但因為人們重視原作的地位，它們的售價可能是優質複製品的一百萬倍以上。[92] 因此，奈米技術帶來的革命不會消除所有的經濟匱乏；天然鑽石和林布蘭的畫作仍將稀缺。但文化價值觀確實可能隨世代變遷而改變。誰敢說現在的孩子成年後一定會選擇與現今多數成年人相同的價值觀？父母甚至無法確定自己的孩子長大後會怎麼想。

奈米技術在健康和延壽方面的應用

正如我在我關於延長壽命的著作《超越》（*Transcend*）中

談到，我們目前正處於延長壽命第一階段的後期，而這個階段涉及將現有的醫藥和營養知識應用在克服健康的挑戰上。[93] 這是一個不斷應用新觀念、持續演變的過程，也是我近幾十年來為了自己的健康而遵循的養生方法的基礎。

在 2020 年代，我們開始進入延長壽命的第二階段，也就是生物科技與 AI 融合。這將涉及利用數位生物模擬器開發和測試突破性的新療法。這個階段的早期發展已經開始了，而利用這些技術，要發現非常有效的新療法將只需要幾天而不是幾年的時間。

2030 年代將進入延長壽命的第三階段，也就是利用奈米技術完全克服我們的生物器官的極限。進入這個階段將使我們得以大幅延長我們的壽命，大大超越 120 歲的正常人類壽命極限。[94]

記錄顯示，只有一個人曾活到超過 120 歲，那就是活到 122 歲的法國女性讓娜．卡爾蒙（Jeanne Calment）。[95] 那麼，為什麼 120 歲是人類壽命如此難突破的極限呢？可能會有人猜測，人類壽命無法超過 120 歲是「統計上的原因」：老年人每年都面臨著罹患阿茲海默症、中風、心臟病發作或罹患癌症的風險，而在面臨這種風險足夠久之後，人人最終都將因為某種原因死去。但事實並非如此。精算數據顯示，從 90 歲到 110 歲，一個人在接下來一年裡死亡的機率每年增加約 2 個百分點。[96] 例如，一名 97 歲的美國男性在滿 98 歲前死亡的機率約為 30%，而如果他能活到 98 歲，他在滿 99 歲前死亡的機率將是 32%。但從 110 歲開始，死亡機率每年增加約 3.5 個百分點。

醫學界對此提出了一種解釋：當人活到約 110 歲，身體衰敗的方式與沒那麼老的老年人相比，有質性上的差異。[97] 超人瑞（110 歲或以上的人）的老化，並非只是老年人統計上的健康風險之延續或惡化。超人瑞每年也面臨罹患一般疾病的一定風險（雖然這些風險的惡化速度在非常老的時期可能會放慢），但此外還面臨腎衰竭或呼吸衰竭之類的新挑戰。這些情況看來往往是自發的，並不是生活方式因素或任何疾病發作造成的。人活到 110 歲，身體顯然就開始崩壞。

過去十年裡，科學家和投資人開始非常認真地希望找出此中原因。這個領域的重要研究者之一是生物老年學家歐布里．德格雷（Aubrey de Grey），他是長壽逃逸速度基金會（LEV Foundation）的創始人。[98] 德格雷解釋，衰老就像汽車引擎的磨損，是系統正常運作累積的損害。就人體而言，這種損害主要源自細胞代謝（利用能量維持生命）加上細胞繁殖（自我複製的機制）。代謝在細胞內部和周遭產生了廢物，並由於氧化而破壞結構（就像汽車生鏽那樣！）。

我們年輕時，身體能夠有效地清除這些廢物並修復損傷。但隨著年齡增長，我們大部分的細胞反覆繁殖，錯誤也不斷累積。最後，損害發生的速度超過了身體修復的速度。

對七十幾、八十幾或九十幾歲的人來說，這種損害很可能會先造成一個致命問題，頗長時間之後再同時造成幾個致命問題。因此，如果科學家開發出一種藥物，可以治好八十歲的人身上原本會致命的一種癌症，這個人就有望再多活十年，然後才因為其他原因死亡。但最終老年人身上會同時發生多種問題，結果是醫治老化造成的損害症狀不再有效。長壽研究人員認為，唯一的解決方案就是醫治老化本身。至於應該怎麼做，SENS 研究基金會（SENS 是 Strategies for Engineered Negligible Senescence〔消弭老化策略〕的縮寫）已經提出一個詳細的研究議程（雖然這無疑需要幾十年才有可能全部完成）。[99]

簡而言之，我們必須有能力在個別細胞和局部組織的層次修復衰老造成的損傷。至於如何做到這件事，研究者目前正在探索一些可能性，而我認為最有希望的最終解決方案是把奈米機器人送進人體直接修復損傷。這不會使人類長生不老，我們仍有可能死於意外或災難，但每年的死亡風險將不再隨著年齡增長而增加，因此將會有很多人可以健康地活到超過 120 歲。

而且我們不需要等到這些技術完全成熟才從中得益。只要你能活到抗衰老研究開始每年能夠讓你的預期餘命延長至少一年，就能夠為奈米醫學爭取到足夠的時間解決餘下的衰老問題。這就是所謂的長壽逃逸速度（longevity escape velocity）。[100] 這就是為什麼歐布里．德格雷聲稱「第一個將活到 1,000 歲的人很可能已經出生」雖然聳動，但其實大有道理。如果 2050 年的奈米技術解決的老化問題足以使 100 歲的人開始可以活到 150 歲，那麼我們只要能在 2100 年之前解決 150 歲的人可能面對的新問題就可以了。因為屆時 AI 將在研究中發揮關鍵作用，這段期間的進展將是指數式的。因此，雖然這些預測確實驚人，甚至對我們直觀的線性思維來說顯得荒謬，我們仍有很好的理由認為它們很可能將成真。

多年來，我曾與許多人討論過延長壽命的問題，而常有人對此相當抗拒。人們聽到有人因為疾病而早逝會感到難過，但面對普遍延長人類壽命的可能性時，反應卻往往是負面的，例如常有人說：「生活太艱難了，無法想像無限期活下去。」但是，除非是正承受著肉體、心理或精神上的極大痛苦，一般人無論何時都不想結束自己的生命。而如果一如第四章所述，人類的生活在各方面都正在持續改善，人們面臨的多數痛苦都將減輕。也就是說，延長人類的生命也意味著大幅改善人類的生活。

要想像延長壽命如何改善生活品質，不妨回想一個世紀前的情況。1924 年，美國人的平均預期壽命約為 58.5 歲，因此統計上而言，那一年出生的嬰兒預計將在 1982 年死去。[101] 但在那段期間，因為醫學大有進步，許多 1924 年出生的美國人活到了 2000 或 2010 年代。拜壽命延長所賜，他們得以在廉價航空旅行盛行、汽車變得比較安全，以及有線電視和網際網路流行的時代享受退休生活。對 2024 年出生的人來說，在他們壽命延長的那些年裡出現的科技進步，速度將指數式地快於個世紀前出生的人所經歷的。在這些巨大的物質好處之外，他們也將能夠享受更豐富的文化，包括人類在他們壽命延長的那些年裡創造出來的藝術、音樂、文學、電視和電子遊戲。也許最重要的是，他們能與家人和朋友共度更多美好時光，享受愛與被愛。我認為這是生命最大的意義所在。

但奈米技術究竟將如何成就這件事？在我看來，長遠目標是利用醫療奈米機器人。它們將以鑽石烷部件製成，帶有感測器、操作器、電腦、通訊器，可能還有電源。[102] 我們很容易直觀地將奈米機器人想成是穿行於血液中的微型金屬機器人潛艇，但奈米尺度的物理需要我們採用截然不同的方法。在奈米尺度上，水是一種強效溶劑，而氧化劑分子具有高活性，因此我們需要像鑽石烷這樣的堅固材料。

宏觀尺度的潛艇可以在液體中順利推進，但對於奈米尺度的物體來說，流體動力是由黏性摩擦力主導的。[103] 試想一下在花生醬中游動！奈米機器人因此必須利用不同的推進技術。此外，奈米機器人很可能無法儲存足夠的能量或具備足夠的計算能力去獨立完成所有任務，因此需要從周遭獲取能量，以及服從外來控制訊號或相互協作以完成必要的計算。

為了維護我們的身體和解決各種健康問題，人人都將需要大量的奈米機器人，每一個約為一個細胞那麼大。根據最可靠的估計，人體由數十兆個生物細胞構成。[104] 如果我們為每一百個細胞配備一個奈米機器人，一個人將需要數千億個奈米機器人。不過，什麼是最好的比例仍有待觀察。例如，我們可能會發現，即使將細胞對奈米機器人的比例提高幾個數量級，先進的奈米機器人仍可以有效運作。

衰老的主要影響之一是器官功能衰退，醫療奈米機器人的一個關鍵作用因此將是修復和增強器官。除了第二章談到的擴展我們的新皮質之外，這將主要涉及幫助我們的非感覺器官有效率地將特定物質置入血液供應（或淋巴系統）或將它們清除。[105] 例如，肺部會吸入氧氣並排出二氧化碳。[106] 肝臟和腎臟會清除毒素。[107] 整個消化道將營養物質置入我們的血液供應。[108] 胰臟等多種器官會產生控制新陳代謝的荷爾蒙。[109] 荷爾蒙水準的改變可能導致糖尿病等疾病。（目前已經有一些裝置 [110] 可以測量血液中的胰島素含量，並適時將胰島素置入血液中，就像真正的胰臟那樣。）[111] 藉由監測這些重要物質的供應、視需要調整它們的水準，以及維護器官結構，奈米機器人將可以使人的身體無限期保持健康。最終，若有需要或我們希望這麼做，奈米機器人可以完全取代生物器官。

但奈米機器人並非只能用來維護人體的正常運作。它們還可以用來調整我們血液中各種物質的濃度，使其達到比人體正常情況下更好的水準。例如我們或許可以調整某些荷爾蒙的水準，使我們更有活力和更專注，或是加快身體的自然癒合與修復。如果優化荷爾蒙可以使我們的睡眠更有效率，這實際上將是「走後門延長壽命」。[112] 如果你從每晚需要睡八小時變成只需要睡七小時，你清醒的時間增加將如同多了五年壽命（假設你的壽命等於平均水準）！

使用奈米機器人維護和優化身體狀態，最終甚至可以使重大疾病根本不會發生。當然，未來很可能會有一段時間是奈米機器人已經投入使用，但還不是所有的人都已經使用它們。因此，一旦有人被診斷出罹患癌症之類的疾病，我們還是必須設法把病治好。

癌症之所以難以根治，部分原因在於每一個癌細胞都有自我複製的能力，因此每一個癌細胞都必須消滅。[113] 雖然免疫系統通常能控制癌細胞分裂的最早期階段，但一旦腫瘤形成，它就可能對人體的免疫細胞產生抵抗力。此時，即使治療消滅了大部分癌細胞，倖存的癌細胞仍有可能長出新的腫瘤。被稱為癌症幹細胞（cancer stem cells）的一種子群特別有可能成為這種危險的倖存癌細胞。[114]

雖然癌症醫學過去十年取得了驚人的進步，而且未來十年在 AI 協助下將取得更大的突破，但我們仍在使用相對來說有點直接、粗魯的工具在醫治癌症。化療（chemotherapy）往往無法完全根除癌細胞，還會對病人全身的正常細胞造成嚴重的連帶傷害。[115] 這不但導致許多癌症病人承受嚴重的副作用，還會削弱病人的免疫系統，使他們更容易受其他健康風險傷害。即使是先進的免疫療法和標靶藥物，也還距離完全有效和精確治療很遠。[116] 相對之下，醫療奈米機器人能夠檢查每一個細胞，並判斷它是否為癌細胞，然後消滅所有癌細胞。回想一下本章開頭的汽車維修技師的類比。一旦奈米機器人可以選擇性修復或摧毀個別細胞，我們將徹底掌握人體生物學，而醫學也將成為它長期以來渴望成為的精確科學。

要實現這個目標需要我們能完全控制我們的基因。在自然狀態下，我們的細胞藉由複製每一個細胞核中的 DNA 進行繁殖。[117] 如果一群細胞中的 DNA 序列有問題，要解決問題就只能更新每一個細胞中的 DNA。[118] 這對於未以技術手段強化的生物體是好事，因為個別細胞中的隨機突變不大可能對整個身體造成致命的傷害。如果我們體內任何一個細胞的任何突變都被立即複製到所有其他細胞，我們將無法生存。但生物這種分散式穩健性對於像人類這樣的物種是一大挑戰，因為我們能夠相當好地編輯個別細胞的 DNA，但尚未掌握有效編輯全身 DNA 所需要的奈米技術。

如果每一個細胞的DNA碼都是由一個中央伺服器控制（一如許多電子系統），那麼我們只要從這個「中央伺服器」更新一次，就可以改變 DNA 碼。為了做到這件事，我們將為每個細胞的細胞核配備一個奈米工程系統，它將從中央伺服器接收 DNA 碼，然後根據該碼產生氨基酸序列。[119] 我在此使用「中央伺服器」作為一種較為集中的廣播架構的簡稱，但這可能並不意味著每一個奈米機器人都將直接從一台電腦獲得指令。奈米尺度工程的物理挑戰最終可能迫使我們採用一種較為局部性的廣播系統。但是，即使在我們的身體各處放置數百或數千個微米尺度（而不是奈米尺度）的控制單元（它們大到足以與負責整體控制的電腦進行比較複雜的通訊），這種設計的集中化程度還是比現狀（數十兆個細胞獨立運作）高許多個數量級。

蛋白質合成系統的其他部分，例如核糖體，也可以用同樣方式強化。如此一來，如果出現失常的 DNA，無論它是導致癌症還是遺傳疾病，我們只要終止其活動就可以了。維持這種過程的奈米電腦也將執行控制表觀遺傳學（決定基因如何表現和被啟動）的生物演算法。[120] 截至 2020 年代初，我們對基因表現的認識仍有很多不足，但到了奈米技術成熟時，AI 將使我們能夠對基因表現進行足夠詳細的模擬，最終奈米機器人將能精確地調節基因表現。有了這種技術，我們將能夠防止和扭轉 DNA 複製錯誤之累積，而該問題是老化的一個主要原因。[121]

奈米機器人還可以用來化解人體面臨的迫切威脅，例如消滅細菌和病毒、終止自體免疫反應，以及鑽通堵塞的動脈。事實上，史丹佛與密西根州立大學最近的研究已經創造出一種奈米粒子，可以找出引起動脈粥樣硬化斑塊的單核細胞和巨噬細胞，並清除它們。[122] 但如果是智慧型奈米機器人將會更有效。一開始這種治療會由人類啟動，但最終將自動化；奈米機器人將自行執行任務，並（經由 AI 控制介面）向監控它們的人類報告其活動。

隨著 AI 對人類生物學的理解能力越來越強，我們將有可能利用奈米機器人及早在細胞層面處理身體出現的問題——現今的醫師要很久之後才能檢測到這些問題。在很多情況下，這將使我們能夠預防 2023 年時仍無法解釋的病症。例如現在約有 25% 的缺血性中風屬於「隱原性」，也就是沒有可以檢測到的病因。[123] 但我們知道它們會發生一定是有原因的。在血液中巡邏的奈米機器人可以偵測到有可能產生導致中風的凝塊的小斑塊或結構缺陷，分解正在形成的凝塊，或是在中風正悄悄發生時發出警報。

一如優化荷爾蒙水準，奈米材料將使我們不但能夠恢復正常的身體功能，還可以強化它，使它超越生物身體本身的極限。生物系統必須由蛋白質構成，其強度和速度因此受限。雖然這些蛋白質是三維的，但它們必須由一維的氨基酸序列摺疊而成。[124] 人為製造的奈米材料就不會受到這種限制。由鑽石烷齒輪和轉子構成的奈米機器人之速度和強度將是生物材料的數千倍，並將從頭設計以達到最佳性能。[125]

因為這些優點，甚至我們的血液供應或許也將可以由奈米機器人取代。奇點大學（Singularity University）奈米技術創始共同主任羅伯．弗雷塔斯（Robert A. Freitas）就設計出一種名為 respirocyte 的人造紅血球。[126] 根據弗雷塔斯的估算，血液中有 respirocyte 的人可以憋氣約四小時。[127] 除了人造血細胞，我們還將能夠創造出人造肺，而它可以比我們自然的呼吸系統更有效率地為身體提供氧氣。我們最終甚至可以利用奈米材料製造出人造心臟，為人們消除心臟病發作的威脅，並且使創傷導致心跳停止的情況變得罕見得多。

奈米機器人還能讓人們以前所未有的方式改變自己的外表。在聊天室和線上角色扮演遊戲等數位環境中，人們已經可以自由地設計自己的虛擬化身。人們經常藉此表現創意和個性。除了選擇個人外表和作出時尚宣言，使用者還可以化身為與自己不同年齡、性別甚至物種的虛擬角色。等到奈米技術使人們能夠完全自由地設計自己的身體時，上述情況將如何延伸到現實生活中還有待觀察。屆時在現實生活中根本地改變自己的外表，是否將一如現在人們在遊戲中選擇與真實的自己截然不同的虛擬化身那麼常見？抑或心理和文化的力量將使人們在做這些選擇時比較保守？

但是，奈米技術對人類身體最重要的作用，是強化我們的大腦——人腦最終將有超過 99.9% 是非生物性的。達成此一目標有兩種不同的途徑。其一是逐步將奈米機器人引入人腦組織本身。這些機器人可以用來修復腦部損傷或取代停止運作的神經元。另一方式是將大腦與電腦連接起來，這將使我們能夠直接以思維控制機器，並且整合置於雲端的數位新皮質層。正如第二章中我們已詳細說明，此舉的意義遠非只是增強我們的記憶或加快我們的思考速度。

更具有深度的虛擬新皮質，將使我們有能力思考一些複雜和抽象程度超出我們現行理解能力的事物。舉個例子，想像一下我們能夠清楚、直觀地想像和推論十維的形狀。這種能力有可能出現在許多認知領域。大腦皮質（主要由新皮質構成）平均有 160 億個神經元，體積約為半公升。[128] 相對之下，本章稍早提到的拉夫．默克設計的奈米尺度機械計算系統，理論上可以在相同空間裡置入超過 80 百京個邏輯閘。而且速度上的優勢極大：哺乳動物神經元發射的電化學切換速度估計平均在每秒一次這個數量級之內，奈米電腦計算的速度則估計約為每秒一億至十億個週期。[129] 即使實務上只能達到這些數值的極小部分，這種技術顯然將使我們大腦的數位部分（儲存在非生物計算基質上）在規模和效能方面遠遠超過生物部分。

如前所述，我估計人腦內部（在神經元層面）的計算約為每秒 10^{14} 次。在 2023 年，1,000 美元的計算能力每秒可以執行多達 130 兆次計算。[130] 根據 2000 至 2023 年的趨勢推算，到 2053 年時，約 1,000 美元（2023 年的美元）的計算能力每秒可以執行的計算次數，大約為未強化人腦的 700 萬倍。[131] 倘若如我所猜測，將人的意識心智數位化只需要模擬人腦一部分的神經元（例如不需要模擬控制身體其他器官的許多腦細胞的運作），這件事有希望更早個幾年就達成。而即使將人的意識心智數位化必須模擬每一個神經元中的所有蛋白質（我認為不大可能是這樣），我們可能需要再幾十年才負擔得起所需要的計算能力，但這件事仍將在現在許多人的有生之年發生。換句話說，因為此一未來取決於一些基本的指數式發展趨勢，即使我們大幅改變有關人腦數位化的計算能力要求的假設，也不會大幅改變達到這個里程碑的估計日期。

在 2040 和 2050 年代，我們將改造我們的身體和大腦，使它們遠遠超越人體生物學的能力極限，包括它們的備份和生存。隨著奈米技術成熟，我們將能夠隨心所欲地創造出優化的身體：我們將能跑得更快和更久，像魚一樣在海底游泳和呼吸，甚至為自己裝上可以飛行的翅膀（只要我們想這麼做）。我們的思考速度將比現在快數百萬倍，但最重要的是，我們自身的生存將不再依賴肉身之存活。

第 7 章

潛在危險

「環保人士現在必須正視這種想法：世界已經擁有足夠的財富和足夠的技術能力，不應該追求更多。」[1]

——比爾．麥奇本（Bill McKibben），環保人士、全球暖化問題作家

「我只是認為，他們對科技的逃避和憎恨是徒勞一場。佛陀、神格自在地存在於數位電腦的電路裡或摩托車變速箱的齒輪裡，一如祂自在地存在於山頂或花瓣裡。人若不這麼想，那就是貶低佛陀，也就是貶低自己。」[2]

——羅伯．波西格（Robert M. Pirsig），《禪與摩托車維修的藝術》（*Zen and the Art of Motorcycle Maintenance*）

希望與危險

寫到這裡，本書已經探討了人類在邁向奇點的最後一段時間裡如何成就迅速成長的繁榮。但是，這種進步在改善數十億人生活的同時，也將增加我們這個物種所面臨的危險。破壞穩定狀態的新型核武器、合成生物學（synthetic biology）的突破，以及新興的奈米技術，都將帶來我們必須妥善處理的威脅。而隨著 AI 本身達到並超越人類的能力，我們必須小心確保它用

於有益的目的，並特別設計它以避免事故和防止濫用。我們有很好的理由相信，人類文明將能夠克服這些危險——不是因為這些威脅不真實，而是因為此中利害極其重大。危險將激發人類最優秀的智慧，而且那些造成危險的技術領域也在創造出可用來化解危險的強大新工具。

核武器

人類第一次創造出可以摧毀文明的技術，是在我這一代出生的時候。我還記得讀小學時，遇到民防演習時必須躲在桌底下，並將雙臂抱在頭後面以保護自己免受熱核爆炸傷害。結果我們安然無恙，所以這項安全措施想必是有效的。

目前人類大約有 12,700 枚核彈頭，其中約 9,440 枚是可在核戰中使用的現役核彈頭。[3] 美國和俄羅斯各自擁有約 1,000 枚大型核彈頭，可以在不到半小時的時間內發射。[4] 一次大規模的核交火可以迅速使得幾億人被核武器的直接傷害殺死，[5] 而間接傷害可能殺死幾十億人。

因為世界人口非常分散，即使爆發全面的核交火，核彈爆炸的直接傷害也不會殺死所有的人。[6] 但核塵埃可能會將放射性物質散布到全球許多地區，而城市燃燒的大火將導致大量煤灰進入大氣，造成嚴重的全球冷卻和大規模飢荒。加上醫療衛生之類的服務受到災難性的破壞，核戰導致的死亡人數將遠遠超過最初的傷亡人數。未來的核武器可能會包括以鈷或其他元素「加料」的核彈頭，這些元素可能嚴重加劇揮之不去的放射性。2008 年，安德斯．桑柏和尼克．伯斯特隆姆調查了參與牛津大學人類未來研究所「全球災難風險會議」的專家。這些專家的估計中位數顯示，2100 年前核戰導致至少 100 萬人死亡的機率為 30%，至少 10 億人死亡的機率為 10%，人類完全滅絕的機率為 1%。[7]

截至 2023 年，已知有五個國家完整擁有三種核武器（洲際彈道飛彈、空投炸彈、潛射彈道飛彈）：美國（5,244 枚彈頭）、俄羅斯（5,889 枚）、中國（410 枚）、巴基斯坦（170 枚），以及印度（164 枚）。[8] 另外有三個國家的核彈發射方式較為有限，它們是法國（290 枚）、英國（225 枚），以及北韓（約 30 枚）。以色列尚未正式承認擁有核武，但外界普遍認為該國完整擁有三種核武器，共有約 90 枚核彈頭。

國際社會經由談判達成了一些國際條約，[9] 成功地將現役核彈頭總數從 1986 年 64,449 枚的高峰減至目前少於 9,500 枚，[10] 終止了對環境有害的地上核測試，[11] 並且維持外太空的無核狀態。[12] 但目前現役核彈頭的數量仍足以終結我們的文明。[13] 而即使每年爆發核戰的風險很低，數十年或一個世紀的累積風險仍是極其嚴重。只要高風險的核武器維持目前的狀態，它們在世界某處被使用很可能只是遲早的問題——無論是被政府、恐怖分子或流氓軍頭蓄意使用，或是被意外使用。

相互保證毀滅（Mutually Assured Destruction, MAD）是降低核風險最著名的策略，也是美國和蘇聯在冷戰大部分時間裡都使用的策略。[14]該策略就是向潛在敵人發出一個可信的訊息：如果他們使用核武器，將會遭受勢不可當的核攻擊報復。這種策略是以賽局理論為基礎。如果一個國家意識到，即使只使用一枚核武器也會導致對手發動全面的核報復，它就沒有使用核武器的動機，因為這麼做無異於自毀。MAD 要有效，雙方都必須有能力對對方使用核武而不會被防禦措施阻止。[15]這是因為如果有一方能夠擋下所有來襲的核彈頭，它以核彈攻擊其他國家就不再是自毀行為（雖然有些理論家指出，核塵埃仍將毀了發起核攻擊的國家，導致自我確保的毀滅〔SAD〕）。[16]

因為多少有考慮到可能破壞穩定的 MAD 平衡，世界各國軍方在發展導彈防禦系統方面並不敢太冒進，而截至 2023 年，沒有一個國家的防禦能力強到足以抵禦大規模的核攻擊。但近年來，新的發射技術已經開始打破這種平衡。俄羅斯正致力製造可攜帶核武器的水下無人載具，以及可在目標國家的國門口長時間徘徊，並從不可預料的角度發動攻擊的核動力巡航導彈。[17]俄羅斯、中國和美國都在競相開發能在發射核彈時避過防禦系統的極音速（hypersonic）載具。[18]因為這些系統非常新，如果敵對的軍方對其潛在效力得出不同的結論，誤判的風險就會增加。

即使有相互保證毀滅如此強大的威懾力，誤判或誤解造成大災難的風險仍然存在。[19]但我們已經對這種情況非常習慣，因此很少討論它。

儘管如此，我們仍有理由對核風險的發展趨勢持審慎樂觀的態度。相互保證毀滅策略已經成功運作了超過七十年，而核武國家的核武器也在持續減少。核恐怖主義或放射性髒彈的風險仍是令人憂心的大問題，但 AI 的進步正帶來更有效的工具幫助我們偵測和應對此類威脅。[20] 而雖然 AI 無法消除核戰爆發的風險，但是更聰明的指揮控制系統可以大幅降低感測器故障導致不慎使用這些可怕武器的風險。[21]

生物科技

我們現在有了另一種可能危及全人類的技術。你想想，現實中有許多自然產生的病原體可能導致我們生病，但大多數人還是可以活下去。另一方面，也有少數病原體可能會導致人類死亡，但它們不容易傳播。而像黑死病這種惡性瘟疫就是結合了快速傳播和極高的死亡率——那場瘟疫殺死了歐洲約三分之一的人口，[22] 並且使世界人口從約 4.5 億降至十四世紀末的 3.5 億左右。[23] 但是，好在因為 DNA 各有不同，有些人的免疫系統能夠更好地對抗那場瘟疫。有性生殖的好處之一就是我們每個人的基因構造都不同。[24]

但是，基因工程的進步 [25]（可以藉由編輯病毒的基因來改造病毒）使我們能夠有意或無意地創造出致死率和傳染率都非常高的超級病毒。而且感染甚至可能是隱形的：人們在意識到自己已經感染病毒時，可能已經傳播該病毒頗長一段時間。沒有人有預先存在的免疫力，結果將是一場蹂躪人類的大流行病。[26] 2019 至 2023 年的冠狀病毒大流行，使我們稍微認識到這種大災難的可能情況。

這種潛在威脅促成了 1975 年關於 DNA 重組的第一次阿西洛馬會議（Asilomar Conference），比人類基因組計畫啟動早了十五年。[27] 該會議擬定了一套標準，以防止意外和防範蓄意的技術濫用。這些「阿西洛馬指引」持續更新，其中一些準則現在已經融入監管生物科技業的法規中。[28]

我們也致力於建立快速反應系統來應對突然出現的生物病毒，無論病毒是意外還是故意釋出的。[29] 在 COVID-19 之前，改善流行病反應速度最重要的努力，可能是美國政府 2015 年 6 月在疾病控制和預防中心（CDC）成立全球快速反應小組（GRRT）。此舉是因應 2014 至 2016 年西非的伊波拉病毒爆發。該小組可以迅速出動到世上任何地方，提供高層次的專業協助，幫助地方當局識別、遏制和醫治造成威脅的疾病爆發。

至於蓄意釋出的病毒，美國聯邦整體的生物恐怖主義防禦工作是由國家生物研究機構聯合會（NICBR）協調。這項工作中最重要的機構之一是美國陸軍傳染病醫學研究所（USAMRIID）。我曾與他們合作（經由美國陸軍科學委員會），針對發展更好的能力快速應對此類病毒爆發而提供建議。[30]

這種病毒爆發發生時，數以百萬計的人命取決於當局可以多快完成病毒的分析和制定遏制與治療策略。好在病毒基因定序的速度遵循長期加速的趨勢。人類免疫缺乏病毒（HIV）從被發現到 1996 年完成完整的基因組定序，花了十三年；2003

年 SARS 病毒定序只花了三十一天，而現在我們可以在一天內完成許多生物病毒的基因定序。[31] 快速反應系統的運作涉及捕捉新病毒，大約一天內完成病毒基因定序，然後迅速擬定醫療對策。

其中一種治療策略是利用核糖核酸（RNA）干擾，以小段的 RNA 破壞表現基因的信使 RNA（基於病毒類似於致病基因的觀察）。[32] 另一種方法是利用基於抗原的疫苗，針對病毒表面的特殊蛋白質結構。[33] 如上一章談到，AI 輔助的藥物開發已經可以在幾天或幾週內開發出針對新出現的病毒爆發的潛在疫苗或療法，使臨床試驗這個漫長得多的過程可以更早開始。不過，到 2020 年代後期，我們將可以利用生物模擬技術，加快越來越多的臨床試驗。

2020 年 5 月，我為《連線雜誌》（*Wired*）寫了一篇文章，提出我們應該利用 AI 幫助開發疫苗，例如針對引起 COVID-19 的 SARS-CoV-2 病毒開發疫苗。[34] 後來我們知道，莫德納等公司的成功疫苗正是利用這種方式，以空前的速度創造出來。莫德納使用各種先進的 AI 工具來設計和優化 mRNA 序列，並加快製造和測試過程。[35] 因此，在收到病毒基因序列的 65 天內，該公司就為第一個人類受試者注射了新開發出來的疫苗，然後只花了 277 天就取得 FDA 的緊急許可。[36] 這是驚人的進步，因為在 COVID-19 之前，製造一款疫苗的最快速度需要約四年的時間。[37]

在我撰寫本書時，科學界正在調查 COVID-19 病毒由實驗室基因工程研究意外釋出的可能。[38] 由於圍繞著實驗室洩漏論的錯誤資訊非常多，我們的推論必須以高品質的科學資料來源為基礎。但實驗室洩漏這種可能本身突顯了一種真實的危險：這場大流行病其實可以嚴重得多。病毒的傳染率和致死率都可以比實際情況高得多，而由此看來，它不大可能是惡意創造出來的。但因為創造比 COVID-19 致命得多的病毒的技術已經存在，AI 驅動的對策對降低人類文明面臨的風險將至為重要。

奈米技術

生物科技的大部分風險與自我複製有關；任何單一細胞出現問題都不大可能構成威脅。奈米技術也是這樣：無論單一奈米機器人的破壞力有多大，它都必須能夠自我複製，才有可能造成真正全球性的災難。奈米技術將使我們能夠製造出許多不同的攻擊性武器，當中有很多可能會造成極大的破壞。此外，奈米技術一旦成熟，此類武器的製造成本將非常低廉，不像現在的核武器需要大量資源才能生產出來。（要大致了解流氓國家製造核武器的成本，可以看看北韓的例子。北韓是個被排斥的國家，很難獲得外部援助。據南韓政府估計，北韓核武計畫 2016 年的成本在 11 億至 32 億美元之間，這一年北韓成功開發出核子導彈。）[39]

相對之下，生物武器非常便宜。北約 1996 年的一份報告指出，只需要花 10 萬美元（相當於 2023 年的 19 萬美元），一個由五名生物學家組成的團隊可以在幾個星期內開發出生物武器，而且不需要任何特別厲害的設備。[40] 至於武器的作用，1969 年一個專家小組向聯合國報告，在針對平民方面，生物武器的成本效益約為核武器的八百倍——而隨後五十年間，生物科技的進步幾乎肯定大幅提高了這個倍數。[41] 雖然我們無法確定未來成熟的奈米技術成本如何，因為其運行是基於與生物類似的自我複製原理，我們應該將生物武器的成本視為其一階近似值。由於奈米技術將會利用經 AI 優化的製造流程，其成本大有可能更低。

基於奈米技術的武器可能包括能夠在不被發現的情況下針對目標投放毒藥的微型無人機；能夠混在水中或氣霧中進入人體並從內部摧毀人體的奈米機器人；以及能夠選擇性攻擊任何特定人群的系統。[42] 奈米技術先驅艾利克．卓斯勒 1986 年就寫道：「『葉子』效率不高於現今太陽能電池的『植物』可能在競爭中壓倒真正的植物，使生物圈擠滿不能食用的葉子。頑強的雜食性『細菌』可能在競爭中壓倒真正的細菌：它們可能像隨風飄揚的花粉那樣散播，迅速複製，幾天內將生物圈化為灰塵。危險的複製機器大有可能因為太頑強、太微細和散播得太快而無法制止——至少在我們毫無準備的情況下是這樣。控制病毒和果蠅已經帶給我們夠多麻煩了。」[43]

人們最常討論的最壞情況是發生「灰蠱」——自我複製機器不斷消耗碳基物質，將它轉化為更多自我複製機器。[44] 這種過程可能造成失控的連鎖反應，有可能將地球上所有的生物質都轉化為自我複製機器。

我們來估算一下灰蠱摧毀地球上所有生物質需要多久時間。既有的生物質約有 10^{40} 個碳原子。[45] 一個自我複製的奈米機器人可能有 10^{7} 個碳原子。[46] 這個奈米機器人因此需要製造出 10^{33} 個自身的複製品——必須強調的是，不是全部直接複製，而是經由迭代複製（iterated replication）。每一「代」奈米機器人可能只製造出自身的兩個（或另一個小數目）複製品。複製品的驚人巨大數量來自這種過程一再重複：複製品製造出複製品，複製品的複製品又製造出複製品。因此大約會有 110 代的奈米機器人（因為 $2^{110} = 10^{33}$），而如果前幾代奈米機器人更活躍一些，也可能是 109 代。[47] 奈米技術專家羅伯．弗雷塔斯估計一次複製需要約 100 秒，因此如果所有條件都「理想」，灰蠱摧毀地球上所有生物質需要約三小時。[48]

但是，實際破壞的速度會慢得多，因為地球上的生物質不是連續分布的。限制因素將是破壞前線的實際移動速度。奈米機器人因為非常小，無法快速移動，因此這種破壞過程很可能需要許多個星期才能繞地球一圈。

不過，兩階段式攻擊就可以繞過此一限制。第一階段是花一段時間，經由一個隱祕的過程將全世界極少部分的碳原子——每一千兆（10^{15}）個有一個——轉化為「沉睡的」灰蠱奈米機器人。這些奈米機器人不會被注意到，因為其密度極低。但是，因為它們無所不在，一旦攻擊開始，它們將不需要移動很長距離。然後，在接收預定的訊號之後（也許是由少量奈米機器人自行組裝成足以接收長距離無線電波的天線），預先埋伏的奈米機器人就開始在原地迅速自我複製。一個奈米機器人製造出一千兆個自身的複製品需要五十次二進式複製（binary replications），而這需要的時間還不到九十分鐘。[49] 如此一來，破壞前線的移動速度將不再是限制因素。

這種情況有時會被想成是人類惡意行動的結果，例如恐怖份子企圖藉此摧毀地球上的生命。但是，即使沒有惡意行為，這種情況也可能發生。我們可以想像奈米機器人意外進入失控的自我複製過程的情況，例如因為控制它們的程式有錯誤。舉個例子，如果設計不慎，應該僅消耗某種物質或在特定區域內運作的奈米機器人可能發生故障，造成全球規模的災難。因此，我們不應該試圖為本質上危險的系統添加安全設計，而應該只製造本質上安全可靠的奈米機器人。

防止意外複製的一種有力措施，是採用「廣播架構」來設計自我複製的奈米機器人。[50] 這意味著奈米機器人將仰賴一種訊號（也許由無線電波傳送）提供所有指令，而不是攜帶自身的運作程式。如此一來，這種訊號可以在緊急情況下關閉或修改，藉此終止自我複製的連鎖反應。

但是，即使負責任的人能設計出安全的奈米機器人，壞人還是可能設計出危險的奈米機器人。因此，在危險情況有可能出現之前，我們必須先建立一個奈米技術的「免疫系統」。這種免疫系統不但要能處理造成明顯破壞的情況，還要能夠處理可能造成危險的隱祕複製活動，即使密度非常低。

令人鼓舞的是，這個領域已經開始重視安全問題。奈米技術安全指引已經存在約二十年，最初源自 1999 年的分子奈米技術研究政策指引研討會（我也是與會者），之後一直有修訂和更新。[51] 免疫系統對灰蠱的主要防禦，看來將是可以抵銷灰蠱的「藍蠱」（blue goo）奈米機器人。[52]

根據弗雷塔斯的估算，如果以最佳方式散布到世界各地，88,000 公噸的藍蠱型防禦性奈米機器人就足以在大約二十四小時內清理整個大氣層。[53] 這還不到一艘大型航空母艦的排水量——雖然本身是巨大的重量，但相對於整個地球的質量還是非常小。不過，這個數字假設了理想的效率和執行條件，實際上很可能無法做到。截至 2023 年，還有許多奈米技術尚未開發完成，因此很難判斷實際的藍蠱需求與這個理論估計值會有多大差異。

但有一個要求是很明確的：藍蠱不會只用供給充裕的天然材料製造（灰蠱則是只用這種材料）。藍蠱奈米機器人必須以特殊材料製成，這樣就不能被轉化為灰蠱。這種方法要安全可靠還必須克服一些棘手問題，此外也必須解決一些理論問題，但我確信這將是可行的方法。歸根究柢，面對設計良好的防禦系統，有害的奈米機器人並不享有不對稱的優勢。關鍵是確保好的奈米機器人先於壞的奈米機器人部署到世界各地，以便可以在情況失控之前發現自我複製的連鎖反應並加以糾正。

我的朋友比爾．喬伊（Bill Joy）在他 2000 年的文章〈為什麼未來不需要我們〉（Why the Future Doesn't Need Us）當

中，針對奈米技術的風險，包括灰蠱情境提出了精彩的討論。[54] 多數奈米技術專家認為灰蠱大災難不大可能發生，我也這麼認為。但因為這一旦發生了將是滅絕級事件，在未來幾十年奈米技術的發展過程中謹記這些風險是非常重要的。我認為藉由適當的預防措施，以及 AI 在設計安全系統方面的協助，人類人有希望將那些可怕的情境限制在科幻領域。

人工智慧

在生物科技風險方面，我們可能還會遇到像 COVID-19 那樣的大流行病（截至 2023 年，COVID-19 導致全球近 700 萬人死亡）[55]，但我們正快速發展出迅速為新病毒基因定序和開發醫藥的方法，因此有望防止危及人類文明的大災難。在奈米技術方面，雖然灰蠱尚未構成威脅，但我們已有一種整體策略，應該可以抵禦最終可能發生的兩階段式攻擊。但是，具有超級智能的超級 AI 將帶來一種根本上不同的危險——事實上將是我們面臨的首要危險。如果 AI 比創造它的人類更聰明，它就有可能找到繞過任何預防措施的方法，而我們沒有任何通用策略可以確實地克服這個問題。

超級 AI 造成的危險可分三大類，而藉由努力研究每一類危險，我們至少可以降低風險。第一類是濫用（misuse），它包括這種情況：AI 的運作功能一如其人類操作者所願，但這些操作者利用 AI 蓄意傷害他人。[56] 例如，恐怖份子可能利用 AI

的生物化學能力設計出新病毒，製造出致命的大流行病。

第二類危險是**外部錯位**（outer misalignment），也就是程式設計師的實際意圖與他告訴 AI、希望 AI 能夠達成的目標不匹配。[57]這是那些關於精靈（genies）的故事中出現的典型問題：如果有人按字面意思理解你的命令，你很難向他準確說明你想要什麼。舉個例子，程式設計師想要治好癌症，所以指示 AI 設計一種病毒來殺死所有具有特定的致癌 DNA 突變的細胞。AI 成功做到了，但程式設計師沒有意識到許多健康的細胞也具有那種突變，結果是這種病毒殺死了接受治療的病人。

最後一類危險是**內部錯位**（inner misalignment），也就是 AI 為了達成目標而想出來的方法，至少在某些情況下會產生不應發生的行為。[58]例如，訓練 AI 去識別癌細胞特有的基因變化，AI 可能會發現一種對樣本資料有效，但實際應用不可行的虛假形態。這可能是因為在進行分析之前，訓練資料中的癌細胞比健康細胞儲存了更長時間，結果 AI 認出了因此產生的微妙基因變化。如果 AI 根據這些資料設計出欲殺死癌細胞的病毒，它將無法治好病人的癌症。上述例子相對簡單，而隨著 AI 模型承擔越來越複雜的任務，要發現錯位情況將會更困難。

有一個技術研究領域正積極尋求防止上述兩種 AI 錯位的方法。目前有許多理論方法看來大有希望，但還有大量工作尚待完成。「模仿推論」（imitative generalization）是訓練 AI 模仿人類做推論的方式，使 AI 可以比較安全可靠地在不熟悉的情況下應用其知識。[59]「藉由辯論確保 AI 安全」（AI safety via debate）是利用相互競爭的 AI 來指出對方想法中的問題，使人類能夠判斷因為太複雜而無法正確評估的問題。[60]「迭代放大」（iterated amplification）則是利用較弱的 AI 來協助人類創造不會錯位的較強 AI，並且重複這種過程，最終得以校準人類在沒有輔助的情況下根本不可能校準的非常強大的 AI。[61]

因此，雖然 AI 校準是很難解決的問題，[62] 我們不必全靠自己解決該問題：只要掌握正確的技術，我們可以利用 AI 本身來大大增強我們校準 AI 的能力。這也適用於設計能夠抵制濫用的 AI。在前面提到的濫用 AI 的生物化學能力創造新病毒的例子中，已經安全校準的 AI 必須能夠識別操作者的危險要求，並拒絕遵從指示。但我們也需要防止濫用的道德壁壘，也就是支持安全和負責任使用 AI 的強大國際規範。

近十年來，隨著 AI 系統以驚人的速度變得越來越強大，限制濫用 AI 造成的危險已經成為全球社會更重視的目標。過去幾年裡，我們看到各方共同努力，希望為 AI 制定一套道德準則。2017 年，我參加了有益 AI 阿西洛馬會議（Asilomar Conference on Beneficial AI），其靈感來自四十年前產生了生物科技指引的阿西洛馬會議。[63] 該會議制定了一些有用的準則，而我是表態支持的簽署者之一。但是，即使世界上多數國家都遵循阿西洛馬會議產生的準則，還是不難想像那些思想不民主、反對自由表達的國家或實體利用先進 AI 來達到自己的目的。值得注意的是，一些主要軍事強國沒有承諾遵循這些指引，而這些國家過去一直是推動先進科技發展的最重要力量。

例如，網際網路就是源自美國國防部的國防高等研究計劃署（DARPA）。[64]

儘管如此，阿西洛馬 AI 準則仍為負責任的 AI 開發奠定了基礎，使這個領域朝著正面的方向發展。該文件的二十三條原則有六條提倡「人類」價值觀或「人道精神」。例如，原則 10「價值觀校準」（Value Alignment）寫道：「高度自主的 AI 系統之設計，應確保其目標和行為在整個運作過程中與人類價值觀保持一致」。[65]

另一份文件「致命性自主武器誓言」（Lethal Autonomous Weapons Pledge）也提倡相同的觀念：「我們以下簽署者同意，奪人性命的決定權絕不能交給機器。無論是否將有人為此負責，我們不應該容許機器做奪人性命的決定；此一立場含有道德考量。」[66] 雖然史蒂芬．霍金、伊隆．馬斯克、馬丁．里斯（Martin Rees）和諾姆．喬姆斯基這些具影響力的人都簽名支持禁止致命性自主武器，但包括美國、俄羅斯、英國、法國和以色列在內的頂級軍事強國都拒絕支持該禁令。

雖然美軍並不支持這些指引，但它有自己的「人類指令」政策，規定針對人類的武器系統必須由人類控制。[67] 五角大廈 2012 年一項指令規定，「自主和半自主武器系統的設計，應容許指揮官和操作者對於使用武力行使適當程度的人為判斷。」[68] 2016 年，美國國防部副部長羅伯．沃克（Robert Work）表示，美國軍方不會將使用致命武力的決定權交給機器。[69] 但他也保留了一種可能，也就是在未來某個時候，如果有必要與「比我們更願意下放權力給機器」的國家競爭，上述政策可能會扭轉。[70] 我參與了制定這項政策的討論，就像我參與指導對抗生物危害執行工作的政策委員會那樣。

2023 年初，在一場國際會議（包括與中國對話）之後，美國發表了《關於人工智慧和自主技術的負責任軍事使用的政治宣言》，敦促各國採取明智的政策，包括確保人類掌握對核武器的最終控制權。[71] 但是，「人類控制」這概念並不像表面上看來那麼明確。如果人類授權未來的 AI 系統「阻止來襲的核攻擊」，它對如何做到這件事應該享有多大的自由裁量權？注意，AI 系統如果具有足以阻止這種攻擊的通用智能，那也可以用於攻擊目的。

因此，我們必須認識到 AI 技術本質上具有雙重用途這個事實。連那些已投入使用的系統也是這樣。同一架無人機可以在雨季將藥物運送到道路不通行的醫院，但也可以帶著炸藥去轟炸該醫院。記住，軍事行動已使用無人機超過十年，而且可以精準到將導彈射入特定的窗口，而且操作人員真的身處地球的另一端。[72]

我們也必須想清楚，如果敵對軍事力量並不禁止使用致命性自主武器，我們是否真的希望我方禁用。如果敵國派出由 AI 控制的一組先進戰爭機器來攻擊我們，我們要怎麼做？難道你不希望我們使用更聰明的 AI 去打敗對方，確保本國民眾的安全？這就是「阻止殺手機器人運動」未能取得重大進展的主要原因。[73] 截至 2023 年，所有主要軍事強國都拒絕支持該運動，但中國是顯著的例外：中國 2018 年表態支持，但後來澄清它只支持禁止使用，並不支持禁止開發這種武器[74] ——但這很可能主要是出於戰略和政治原因，而不是道德原因，因為美國及其盟友使用自主武器可能在軍事上不利於北京。我個人的看法是，如果我們受這種武器攻擊，我們會想要動用反制武器，而這必然將違反相關禁令。

此外，等到我們在 2030 年代開始使用腦機介面，為自己的決策引入非生物性腦力時，談到人類控制，「人類」究竟是什麼意思呢？我們的生物性智能將保持不變，而非生物性的部分必將指數式成長。因此，到了 2030 年代末，我們的思考本身將主要是非生物性的。那麼，當我們的思考主要使用非生物系統時，所謂人類決策將何去何從？

有些阿西洛馬 AI 原則也留下未解決的問題。例如原則 7「失敗透明度」寫道：「如果 AI 系統造成傷害，原因必須能夠查明。」原則 8「司法透明」則說：「自主系統參與任何司法決策，都必須提供令人滿意的解釋，讓有適當能力的人類主管機構能夠審查。」

這些希望使 AI 的決定比較容易理解的努力是有價值的，但基本問題是，無論 AI 提出什麼解釋，我們根本沒有能力完全理解超級 AI 所做的大部分決定。如果一個能力遠遠超過最優秀人類的圍棋程式解釋它的策略決定，那麼即使是世界上最優秀的棋手（在沒有科技工具協助的情況下）也將無法完全理解。[75] 有些研究希望找到方法降低 AI 系統不透明造成的風險，其中一個看來有前途的研究方向是「引出潛在知識」。[76] 它正致力於開發一些技術，希望能確保 AI 回答我們提出的問題時，將提供它所知的所有相關資訊，而不是只告訴我們它認為我們想聽到的東西——隨著機器學習系統變得越來越強大，後者將是一個越來越大的風險。

阿西洛馬原則促請各方避免 AI 開發上的惡性競爭，這一點也值得讚揚，尤其是原則 18「AI 軍備競賽」提到「應避免致命性自主武器的軍備競賽」，以及原則 23「共同利益」指出：「開發超級智能只應是為了服務人類普遍認同的道德理想，是為了造福全人類而非造福一個國家或組織。」但因為掌握超級 AI 可以占得決定性的軍事優勢，而且可以獲得巨大的經濟利益，軍事強國將有很強的誘因展開激烈競爭。[77] 這不但將導致 AI 濫用的風險惡化，還將使圍繞著 AI 校準的安全防護措施更有可能被忽視。

回想一下原則 10 提到的價值觀校準問題。下一條的原則 11「人類價值觀」具體說明了它追求哪些價值觀：「AI 系統的設計與操作，應該與人類尊嚴、權利、自由和文化多樣性的理想相容。」

但是，有這個目標並不能保證可以達成——而這也是 AI 危險之所在。AI 即使追求某個有害的目標，也不難解釋為什麼該目標對於達成某個更大的目的有幫助，甚至還能夠以人們普遍認同的價值觀來為該目標辯解。

要有效限制任何基本 AI 能力的開發是非常困難的，尤其是因為通用智能背後的基本概念非常廣泛。本書付梓之際，一些令人鼓舞的跡象顯示，主要國家的政府正認真面對這項挑戰，例如 2023 年在英國舉行的 AI 安全峰會產生了「布萊切利宣言」（Bletchley Declaration），但未來情況如何很大程度上取決於相關倡議實際上如何執行。[78] 有個基於自由市場原則的樂觀論點認為，邁向超級智能的每一步都必須通過市場接受度的考驗。換句話說，通用人工智能將由人類創造出來解決真實的人類問題，而人類有強烈的誘因去優化它來做有益的事。因為 AI 是誕生於深度整合的經濟基礎架構，它將會反映我們的價值觀——因為在一種重要的意義上，它*就是*我們。我們已經進入了人機文明（human-machine civilization）。歸根究柢，我們在確保 AI 安全方面所能採取的最重要做法，就是保護和改善我們的人類治理與社會制度。要避免未來發生造成嚴重破壞的衝突，最佳方法就是繼續推進我們的道德理想——這在近幾個世紀、近幾十年已經大大減少了暴力。[79]

我確實認為我們也必須認真對待那些被誤導且日益刺耳的盧德派聲音，他們主張廣泛放棄先進技術，以避免受遺傳學、奈米技術和機器人技術的真實危險傷害。[80] 但是在消除人類苦難方面如果出現延誤仍會造成嚴重後果，例如非洲的飢荒因為有人反對糧食援助含有任何基因改造食品而惡化。[81]

隨著科技現在開始改造我們的身體和大腦，另一種反對進步的聲音以「人本主義基本教義派」（fundamentalist humanism）的形式出現，他們反對任何改變人類本質的做法，[82]

包括改變我們的基因和蛋白質摺疊，以及採取其他措施大幅延長人類壽命。但這種反對最終將失敗，因為人類強烈渴望能克服人體 1.0 版本無法避免的疼痛、疾病和短壽問題，而這種渴求最終將無法抑制。

人們看到大幅延長壽命的可能時，很快就會提出兩個反對意見。第一個是隨著人口不斷增加，為了支撐人類生活很可能將耗盡物質資源。我們經常聽到，為了支持日增的人口，我們的能源、乾淨的水、房屋、土地和其他必要資源都快將耗竭，而一旦死亡率開始大幅降低，這問題只會更惡化。但正如我在第四章中指出，隨著我們開始優化我們對地球資源的使用，我們將發現這些資源比我們所需要的多成千上萬倍。例如，我們擁有的陽光，幾乎一萬倍於理論上滿足我們現行能源需求所需要的。[83]

反對大幅延長壽命的第二個意見，是我們一個世紀又一個世紀地做同樣的事，將會非常無聊。但是，在 2020 年代，我們將能利用非常精巧的外部設備使用虛擬實境（VR）和擴增實境（AR）；而到 2030 年代，我們將利用向我們的感官發送訊號的奈米機器人，將 VR 和 AR 直接連接我們的神經系統。因此，我們除了大幅延長壽命，還將大幅擴展生命。我們將生活在廣闊的虛擬和擴增實境中，它們僅受限於我們的想像力，而我們的想像力本身也將擴展。即使我們活幾百年，也不會耗盡所有可以獲得的知識，以及所有可以消費的文化。

AI 是一項至關重要的技術，它將使我們能夠應對我們面臨的迫切挑戰，包括克服疾病、貧窮、環境惡化以及人類的所有弱點。我們有道德責任去實現新科技的潛力，同時減輕其危險。而這不會是我們第一次成功做到這種事。在本章開頭，我提到我小時候經歷的因應可能發生核戰而進行的民防演習。在我成長的過程中，周遭的人多數認為核戰是幾乎無法避免的。結果我們這個物種明智地避免使用可怕的核武器，這個例子說明我們有能力同樣負責任地使用生物科技、奈米技術和超級AI。我們並非注定無法控制這些危險。

整體而言，我們應該抱持審慎樂觀的態度。雖然AI正在製造出新的技術威脅，但它也將從根本上增強我們應對這些威脅的能力。至於濫用的問題，因為無論我們的價值觀如何，這些技術都將增強我們的智能，因此它們的應用既可以帶來希望，也可能造成危險。[84] 因此，我們應該致力於使AI的力量廣為分布，以便其作用反映整個人類的價值觀。

第 8 章

與卡珊卓拉對話

卡珊卓拉：所以你預計在 2029 年或之前，類神經網路的資料處理能力將強大到足以超越人類的所有能力。

雷：沒錯。這種網路在各種能力上正在超越人類。

卡珊卓拉：它們達到這個里程碑時，將在人類掌握的所有技能上遠遠優於任何人。

雷：沒錯。在 2029 年或之前，它們將在一個又一個領域超越所有人類。

卡珊卓拉：而為了通過圖靈測試，AI 將必須裝作沒那麼聰明。

雷：是的，否則我們就會知道它們不是未經強化的人類。

卡珊卓拉：你也預期到了 2030 年代初，我們將有辦法進入人腦內部，並連結新皮質的最高層，除了了解那裡的運作，還可以激活神經連結。

雷：沒錯。

卡珊卓拉：因此，我們正在創造的這種超級智能將直接成為我們大腦的一部分，至少是經由這些與雲端的連結。

雷：沒錯。

卡珊卓拉：好，但這兩項進步——讓類神經網路學會人類的所有能力並使這種網路達到超越人類的水準，以及利用有效的雙向連結將超級智能與人腦內部連結起來——屬於非常不同的領域。

雷：嗯，是的。

卡珊卓拉：其中一個領域涉及利用電腦做實驗，而那基本上是不受管制的。實驗費時以天計，進步可以接踵發生，速度非常快。另一方面，將涉及上百萬個連結的裝置植入人腦完全是另一回事，它需要各種各樣的監督和管制。這不僅是將東西植入人體，而且是植入大腦，而大腦可能是人體最敏感的部分。監管機關甚至不清楚這是否有必要。例如我們若能藉此預防某種嚴重的腦部疾病，那可能會有明顯的好處，但將人腦與外部電腦連結將會阻力很大。

雷：但它仍將發生，一部分是因為我們想要治好你提到的重大腦部疾病。

卡珊卓拉：是的，我同意這有可能發生，但看來很可能將出現明顯的延誤。

雷：這正是為什麼我預測它將發生在 2030 年代。

卡珊卓拉：但只要政府對於將異物置入人腦進行管制，這件事就可能延後個十年，例如到 2040 年代才發生。這將大大改變你關於具有超級智能的機器與人類互動的時間表。管制的其中一個理由是，這些機器將接手所有的工作，而非只是成為人類智能的延伸。

雷：嗯，直接在我們的大腦中擴展心智是很方便的——這樣你就不會丟失它，而你可能丟失對你非常重要的手機。不過，即使這些智慧型裝置還沒有直接連結人體，它們仍在發揮人類智能延伸的作用。現在的小孩可以利用他的行動裝置找到所有的人類知識。而 AI 所幫助到的勞工，仍遠多於它所取代的。雖然大腦延伸器在我們的身體之外，但我們現在做很多工作是如果沒有這些人腦延伸器，我們就不可能做的，雖然這些裝置沒有直接與我們的大腦連結。

卡珊卓拉：是的，但你預測我們需要數百萬個電路來連結新皮質的頂層。相對之下，藉由外部裝置擴展我們的智能需要利用鍵盤輸入，速度慢好幾個數量級。這肯定會使互動大打折扣。而且為什麼 AI 會想要和溝通速度這麼慢的人類打交道呢？它還不如什麼都自己做。

雷：到 2020 年代中期，我們將會有一種與電腦互動的方式，速度比鍵盤輸入快幾千倍，那就是全螢幕影音的完全沉浸式虛擬實境（VR）。我們會看到和聽到一般實境，但它將與我們與電腦的雙向溝通交織在一起。這幾乎和我們新皮質頂層的連結速度一樣快。這最終將取代透過鍵盤互動。

卡珊卓拉：好吧，我們與電腦溝通的能力將會進步，但這與實際擴展我們的新皮質還是不一樣。

雷：但人們仍會有需要去做的工作，以便獲得食物、住所和滿足其他需求。在大腦內部延伸器使我們能夠思考更抽象的東西之前，具備先進 AI 的大腦外部延伸器將使我們能夠執行困難的任務和解決棘手的問題。

卡珊卓拉：但人類需要更深層的目的。如果 AI 可以在所有智力領域做人類所能做的所有事，而且做得比最優秀的人類好得多和快得多，那麼人類還能做什麼來賦予自己意義呢？

雷：嗯，這就是為什麼我們想要和我們正在創造的這種智能融合。AI 將成為我們的一部分，因此做那些事的將會是我們。

卡珊卓拉：好。而這正是為什麼我仍擔心大腦內部延伸器投入使用可能要延後十年，因為將一個有數百萬個連結的裝置植入我們的頭顱裡，是一項非凡的挑戰。我可以接受人體外部各種改變全都可能發生，包括 VR，但這與實際擴展我們的新皮質是不同的。

雷：丹尼爾·康納曼也表達了這種憂慮，此外他也擔心失去工作的人與他者發生暴力衝突。

卡珊卓拉：你說的「他者」是指電腦嗎？因為將來所有技能都優於人類的將是電腦。

雷：不是電腦，因為我們的福祉將有賴於電腦。「他者」是指那些利用 AI 擴大了自己的財富與權力，犧牲那些被 AI 取代的勞工的人。

卡珊卓拉：是的，我猜康納曼可能是想到一個過渡期，期間有些人類保有權力，而 AI 尚未創造出足夠豐盛的物質來避免衝突。

雷：好吧，但如果人們覺得自己有使命，衝突就可以減少。而將我們的新皮質擴展到雲端，對於人類能保有一種使命感將很有幫助。一如數十萬年前大腦新皮質增加使我們的靈長類祖先從受到生存本能支配，提升到能夠思考哲學問題，大腦擴展後的人類將會有更大的同理和道德能力。

卡珊卓拉：我同意，但將新皮質擴展到雲端，與使用更好的大腦外部延伸器是截然不同的進步。

雷：是的，你說得對，但我確實認為到 2030 年代初，我們就可以做到新皮質擴展這件事。所以那個中間時期很可能不會很長。

卡珊卓拉：但是，連結新皮質的時間是個關鍵。如果延遲了，問題可能很大。

雷：嗯，沒錯，是這樣。

卡珊卓拉：此外，如果 AI 模擬你，而我們以這個模擬的你取代生物性的你，它看起來是你，對所有其他人來說也是你，但你可能實際上已經消失了。

雷：嗯，但我們現在不是在談這個。我們不是要模擬你的生物性大腦。我們是要為它添加東西。你的生物性大腦將保持原樣，只是現在智能增加了。

卡珊卓拉：但那些非生物性智能最終將比你的生物性大腦強大許多倍，最終將是強大數千至數百萬倍。

雷：是的，但還是沒有任何東西被拿走。只是增加了很多東西。

卡珊卓拉：但你曾經說，幾年之內，我們的大腦實際上將是雲端延伸物。

雷：事實上，我們已經在這麼做了。而無論你認為我們的生物性大腦有怎樣的哲學意義，我們都不會拿走它。

卡珊卓拉：但到那時候，生物性大腦已無足輕重。

雷：但它還是在那裡，而且將保留它所有的基本特質。

卡珊卓拉：嗯，我覺得在很短的時間內將會發生影響非常深遠的變化。

雷：這點我們都同意。

致謝

我要感謝我妻子 Sonya，感謝她以愛心和耐心陪我度過創作過程中的起伏，以及五十年來一直和我分享她的想法。

感謝我的孩子 Ethan 和 Amy、我的媳婦 Rebecca、我的女婿 Jacob、我的妹妹 Enid，以及我的孫兒 Leo、Naomi 和 Quincy，感謝他們給我愛、啟發，以及許多好想法。

感謝我已故的母親 Hannah 和已故的父親 Fredric，感謝他們陪我在紐約的樹林裡散步時使我認識到思想的力量，以及在我年輕時就給予我實驗的自由。

感謝 John-Clark Levin 細緻的研究與睿智的資料分析為本書奠定基礎。

感謝我在 Viking 的長期編輯 Rick Kot，感謝他的領導、堅定的指導和專業的編輯。

感謝我的經紀人 Nick Mullendore 精明和熱情的指導。

感謝我（自 1973 年以來）的長期事業夥伴 Aaron Kleiner 五十年來的忠誠合作。

感謝 Nanda Barker-Hook 熟練的寫作協助，以及對我的演講工作的專業監督和管理。

感謝 Sarah Black 傑出的研究見解和思想組織。

感謝 Celia Black-Brooks 在與世人分享我的想法方面提供

了周到的支持和專業策略。

感謝 Denise Scutellaro 嫻熟地處理我的業務運作。

感謝 Laksman Frank 貢獻傑出的平面設計和插圖。

感謝 Amy Kurzweil 和 Rebecca Kurzweil 指導寫作技巧，以及親身示範了如何寫出非常成功的書。

感謝 Martine Rothblatt 對我在本書中提到的所有技術的貢獻，以及與我長期合作，在這些領域開發出傑出的產品。

感謝庫茲威爾團隊為本專案提供了大量的研究、寫作和後勤支援，參與者包括 Amara Angelica、Aaron Kleiner、Bob Beal、Nanda Barker-Hook、Celia Black-Brooks、John-Clark Levin、Denise Scutellaro、Joan Walsh、Marylou Sousa、Lindsay Boffoli、Ken Linde、Laksman Frank、Maria Ellis、Sarah Black、Emily Brangan，以及 Kathryn Myronuk。

感謝敬業的 Viking Penguin 團隊周到的專業服務，包括執行主編 Rick Kot 和 Allison Lorentzen、副主編 Camille LeBlanc、發行人 Brian Tart、副發行人 Kate Stark、執行公關 Carolyn Coleburn，以及行銷總監 Mary Stone。

感謝 CAA 的 Peter Jacobs 對我的演講工作的寶貴領導與支持。

感謝 Fortier Public Relations 和 Book Highlight 的團隊，感謝他們卓越的公關專業服務和策略指導，使這本書得以廣為傳播。

感謝我的內部讀者和非專業讀者貢獻了許多聰明又有創意

的想法。

最後要感謝所有勇於質疑過時的假設，並運用自身想像力去做從未有人做過的事情的人。是你們激勵了我。

附錄

1939-2023 年計算能力性價比圖表資料來源

選擇機器的方法

這個圖表（參見第四章的圖表「計算能力的性價比，1939-2023 年」）中的機器之所以入選，原因在於它們是計算能力性價比超越以前所有機器、重要的可程式計算機器。如果一個日曆年內有多部機器創出性價比紀錄，則只納入計算能力性價比最高的機器，無論該機器何時發表。未作商業銷售或出租的機器歸入其首度正常運作的那一年。以商業方式銷售或出租的機器，則歸入其首度大量公開供應的日曆年（而非初始設計或原型確定的年份）。面向消費者的機器，只有大量生產以供零售的裝置會被考慮納入——個別客製化的機器或由各種零售元件組裝而成的特別「自製」電腦則會擾亂整體分析。已設計但沒有製造出來的機器，例如查爾斯．巴貝奇（Charles Babbage）的分析機（Analytical Engine），以及已經製造出來但未能可靠運作的機器，例如康納德．素斯（Konrad Zuse）的 Z1，都不納入。此外，這個圖表也忽略一些高度專門的裝置，例如數位訊號處理器（digital signal processor）——它們每秒能執行一定數量的數位操作，但沒有被廣泛當成通用 CPU 使用。

價格資料的方法

我們根據美國勞動統計局的 CPI 資料（鏈式都市消費者物價指數，1982-1984 = 100），將名目價格調整為 2023 年 2 月的實質價格。每一年的 CPI 採用年度平均值。因此，雖然基本的實質價格計算不使用四捨五入的數字，但絕不能視為精確到一美元以內，一般而言只能視為精確到幾個百分點以內。至於並非以美元計價的機器，匯率的變化會增加幾個百分點的不確定性。

如果某年某部機器有多個經確認的零售價格，我們會選最低的公開市場價格以反映那一年的最佳性價比。導致資料並非完全可比較的一個因素，是在 1990 年代中期之前，幾乎所有計算都是由可升級性有限的獨立電腦完成的。這些電腦的單位價格因此必然包含處理器本身以外的元件，例如硬碟機和顯示器。相對之下，現在處理器分開銷售的情況很常見，而且小規模使用者可以將幾個或多個 CPU / GPU 連接起來，以執行計算能力要求特別高的任務。因此，相對於納入對計算並非不可或缺的元件，僅考慮處理器的價格在現在已成為評估整體計算能力性價比的較佳方法——雖然這會略微誇大 1990 年代的計算能力性價比提升。

Google Cloud TPU v4-4096 的價格是非常粗略地以 4,000 個租用小時為基礎估算，以便與資料集裡面的其他資料大致可比較，因為資料集自 1950 年代起的資料全都是可供購買的設備。這大大低估了小型的機器學習專案的計算能力性價比——這些專案只需要短時間使用巨量計算能力，而購買這種計算能力的資本成本是這些專案無法負擔的。這是雲端計算革命未得到充分重視的一項重大影響。

視情況而定，此處引用的價格為機器的建造價、零售購買價或租用價，不包含另外的其他成本，例如運送和安裝、電力、維護、操作者的勞動力、稅項和折舊。這是因為這些成本因使用者而異，而且差異很大，無法為特定機器估算出可靠的平均成本。不過，根據現有證據，這些因素不會大幅改變整體分析結果——而且如果有顯著影響，很可能是降低比較舊、需要較多後勤支援的機器的性價比，進而使得後續的進步速度增加了。因此，忽略這些成本是分析上較為保守的選擇。

性能資料的方法

「每秒計算次數」(computations per second) 是拼接八十四年來數個資料集而得出的一個「合成指標」。由於這些機器的計算能力不僅在數量上有所提升，質性上也隨著時間而改變，我們不可能設計出一個嚴謹的通用指標來比較它們在整個期間的性能。換句話說，即使給它無限的時間，1939 年的

Z2 電腦也無法做到 2023 年的張量處理器（TPU）在不到一秒的時間裡所做的一切——兩者根本無法比較。

因此，試圖將這個資料集裡面的所有性能數據轉化為一個完全可比較的指標，必然會造成誤導。例如，雖然 Anders Sandberg and Nick Bostrom (2008) 估量了 MIPS（每秒百萬指令數）與 MFLOPS（每秒百萬浮點運算次數）之間的等效性，但它們並不是線性擴展的（scale linearly），這個方法因此不適用於性能範圍這麼大的資料集。如果將近年電腦的 FLOPS 轉化為 IPS，會誇大新機器的實際性能，而以 FLOPS 評估舊電腦則會誤導性地低估其性能。

同樣地，Hans Moravec (1988) 和 William Nordhaus (2001) 偏好的資訊理論方法（information-theoretic approaches）雖然有用，但無法捕捉到計算性能和應用的質性演變。例如，Nordhaus 的 MSOPS 指標（每秒百萬標準運算次數）規定了加法與乘法的固定比率，而如果我們比較 1960 年代用來計算火箭彈道的電腦與現在應用低精度計算於機器學習的 GPU 和 TPU，該指標就不適用。

基於這個原因，這裡採用的方法傾向使用最初評估機器所用的指標。這意味著從 1939 年到 2001 年 Pentium 4 推出之前，我們傾向使用較為寬鬆的每秒指令數（以康納德·素斯的 Z2 電腦而言，是指基本加法），而從 Pentium 4 開始，浮點運算次數成為衡量現代計算性能的主要標準。這反映計算能力的應用已經隨著時間改變，而就某些用途而言，浮點運算性能比整數計算性能或其他指標更重要。某些領域的專業化程度也有所提高，例如 GPU 和 AI／深度學習專用晶片由於高 FLOPS 而表現出色，但如果為了與較舊的一般計算晶片比較而測量它們執行一般 CPU 任務的表現，就會造成誤導。

這個圖表傾向採用最佳性能數據，較早期的機器則從與加法相若的計算中得出最佳性能數據。雖然這會高於這些機器在日常運作中達到的實際平均性能，但相對於平均性能數據，這是一種比較可比較的評估方式，因為平均性能數據取決於原始計算速度以外的許多因素，而這些因素因機器而異，而且差異是不規則的。

其他資料來源

Anders Sandberg and Nick Bostrom, *Whole Brain Emulation: A Roadmap*, technical report 2008-3, Future of Humanity Institute, Oxford University (2008), https://www.fhi.ox.ac.uk/brain-emulation-roadmap-report.pdf.

William D. Nordhaus, “The Progress of Computing,” discussion paper 1324, Cowles Foundation (September 2001), https://ssrn.com/abstract=285168.

Hans Moravec, “MIPS Equivalents,” Field Robotics Center, Carnegie Mellon Robotics Institute, accessed December 2, 2021, https://web.archive.org/web/20210609052024/https://frc.ri.cmu.edu/~hpm/book97/ch3/processor.list.

Hans Moravec, *Mind Children: The Future of Robot and Human Intelligence* (Cambridge, MA: Harvard University Press, 1988).

機器、數據與資料來源列表

消費者物價指數資料來源

"Consumer Price Index, 1913–," Federal Reserve Bank of Minneapolis, accessed April 20, 2023, https://www.minneapolisfed.org/about-us/monetary-policy/inflation-calculator/consumer-price-index-1913-; US Bureau of Labor Statistics, "Consumer Price Index for All Urban Consumers: All Items in U.S. City Average (CPIAUCSL)," retrieved from FRED, Federal Reserve Bank of St. Louis, updated April 12, 2023, https://fred.stlouisfed.org/series/CPIAUCSL.

1939 年 Z2

實質價格：50,489.31 美元

每秒計算次數：0.33

每一美元每秒計算次數：0.0000065

價格資料來源：Jane Smiley, *The Man Who Invented the Computer: The Biography of John Atanasoff, Digital Pioneer* (New York: Doubleday, 2010), loc. 638, Kindle (v3.1_r1); "Purchasing Power Comparisons of Historical Monetary Amounts," Deutsche Bundesbank, accessed December 20, 2021, https://www.bundesbank.de/en/statistics/economic-activity-and-prices/producer-and-consumer-prices/purchasing-power-comparisons-of-historical-monetary-amounts-795290#tar-5; "Purchasing Power Equivalents of Historical Amounts in German Currencies," Deutsche Bundesbank, 2021, https://www.bundesbank.de/resource/blob/622372/154f0fc435da99ee93

5666983a5146a2/mL/purchaising-power-equivalents-data.pdf; Lawrence H. Officer, "Exchange Rates," in *Historical Statistics of the United States, Millennial Edition*, ed. Susan B. Carter et al. (Cambridge, UK: Cambridge University Press, 2002), reproduced in Harold Marcuse, "Historical Dollar-to-Marks Currency Conversion Page," University of California, Santa Barbara, updated October 7, 2018, https://marcuse.faculty.history.ucsb.edu/projects/currency.htm; "Euro to US Dollar Spot Exchange Rates for 2020," Exchange Rates UK, accessed December 20, 2021, https://www.exchangerates.org.uk/EUR-USD-spot-exchange-rates-history-2020.html. 以購買力計，7,000 帝國馬克大約相當於 2020 年的 30,100 歐元，約為 2023 年初的 40,124 美元。這樣算的好處是避開了納粹德國與美國的貨幣購買力差異造成的可比性問題，但缺點是著重物價水準，而當年德國的物價主要是由極權政府決定，配給和黑市交易限制了名目價格的意義。以匯率換算，1939 年的 7,000 帝國馬克平均相當於 2,800 美元，約為 2023 年初的 60,853 美元。這樣算的好處是避開了德國極權戰爭經濟造成的扭曲，但缺點是引入了兩種貨幣購買力不同造成的不確定性。由於這兩個數字的優缺點互補，而且沒有明確的原則可用來判斷哪一個比較能代表相關基本事實，因此本圖表使用這兩個數字的平均值 50,489 美元。

性能資料來源：Horst Zuse, "Z2," Horst-Zuse.Homepage.t-online.de, accessed December 20, 2021, https://horst-zuse.hier-im-netz.de/z2.html.

1941 年 Z3

實質價格：136,849.13 美元

每秒計算次數：1.25

每一美元每秒計算次數：0.0000091

價格資料來源：Jack Copeland and Giovanni Sommaruga, "The Stored-Program Universal Computer: Did Zuse Anticipate Turing and von Neumann?," in *Turing's Revolution: The Impact of His Ideas About Computability*, ed. Giovanni Sommaruga and Thomas Strahm (Cham, Switzerland: Springer International Publishing, 2016; corrected 2021 publication), 53, https://www.google.com/books/edition/Turing_s_Revolution/M8ZyCwAAQBAJ; "Purchasing Power Comparisons of Historical Monetary Amounts," Deutsche Bundesbank, accessed December 20, 2021, https://www.bundesbank.de/en/statistics/economic-activity-and-prices/producer-and-consumer-prices/purchasing-power-comparisons-of-historical-monetary-amounts-795290#tar-5; "Purchasing Power Equivalents of Historical Amounts in German Currencies," Deutsche Bundesbank, 2021, https://www.bundesbank.de/resource/blob/622372/154f0fc435da99ee935666983a5146a2/mL/purchaising-power-equivalents-data.pdf; Lawrence H. Officer, "Exchange Rates," in *Historical Statistics of the United States, Millennial Edition*, ed. Susan B. Carter et al. (Cambridge, UK: Cambridge University Press, 2002), reproduced in Harold Marcuse, "Historical Dollar-to-Marks Currency Conversion Page," University of California, Santa Barbara, updated October 7, 2018, https://marcuse.faculty.history.ucsb.edu/projects/currency.htm; "Euro to US Dollar Spot Exchange Rates for 2020," Exchange Rates UK, accessed December 20, 2021, https://www.exchangerates.org.uk/EUR-USD-spot-exchange-rates-history-2020.html; "Consumer Price Index, 1913–," Federal Reserve Bank of Minneapolis, accessed October 11, 2021, https://www.minneapolisfed.org/about-us/monetary-policy/inflation-calculator/consumer-price-index-1913-. 以購買力計，20,000 帝國馬克大約相當於 2020 年的 82,000 歐元，約為 2023 年初的 109,290 美元。這樣算的好處是避開了納粹德國與美國的貨幣購買力差異造成的可比性問題，但缺點是著重物價水準，而當年德國

的物價主要是由極權政府決定，配給和黑市交易限制了名目價格的意義。以匯率換算，1941 年的 20,000 帝國馬克平均相當於 8,000 美元，約為 2023 年初的 164,408 美元。這樣算的好處是避開了德國極權戰爭經濟造成的扭曲，但缺點是引入了兩種貨幣購買力不同造成的不確定性。由於這兩個數字的優缺點互補，而且沒有明確的原則可用來判斷哪一個比較能代表相關基本事實，本圖表使用這兩個數字的平均值 136,849 美元。

性能資料來源：Horst Zuse, “Z3,” Horst-Zuse.Homepage.t-online.de, accessed December 20, 2021, https://horst-zuse.hier-im-netz.de/z3-detail.html.

1943 年 Colossus Mark 1

實質價格：33,811,510.61 美元

每秒計算次數：5,000

每一美元每秒計算次數：0.00015

價格資料來源：Chris Smith, “Cracking the Enigma Code: How Turing’s Bombe Turned the Tide of WWII,” BT, November 2, 2017, http://web.archive.org/web/20180321035325/http://home.bt.com/tech-gadgets/cracking-the-enigma-code-how-turings-bombe-turned-the-tide-of-wwii-11363990654704; Jack Copeland (computing history expert), email to author, January 12, 2018; “Inflation Calculator,” Bank of England, January 20, 2021, https://www.bankofengland.co.uk/monetary-policy/inflation/inflation-calculator; “Historical Rates for the GBP/USD Currency Conversion on 01 July 2020 (01/07/2020),” Pound Sterling Live, accessed November 11, 2021, https://www.poundsterlinglive.com/best-exchange-rates/british-pound-to-us-dollarexchange-rate-on-2020-07-01. 由於 Colossus 並非為商業目的而製造，該機器沒有直接的單位成本數字。我們知道早期的 Bombe 機器每台造價約 100,000 英鎊。雖然 Colossus 的製造費用沒有精確的解密數據，計算機歷史專家傑克・柯普蘭（Jack Copeland）提出了一個非常粗略的估計值：Colossus 的成本約為一台 Bombe 的五倍。這相當於 2020 年的 23,314,516 英鎊，或 2023 年初的 33,811,510 美元。注意，由於基本估算涉及頗大的不確定性，只有前兩位有效數字應被視為有意義。

性能資料來源：B. Jack Copeland, ed., *Colossus: The Secrets of Bletchley Park's Codebreaking Computers* (Oxford, UK: Oxford University Press, 2010), 282.

1946 年 ENIAC

實質價格：11,601,846.15 美元

每秒計算次數：5,000

每一美元每秒計算次數：0.00043

價格資料來源：Martin H. Weik, *A Survey of Domestic Electronic Digital Computing Systems*, report no. 971 (Aberdeen Proving Ground, MD: Ballistic Research Laboratories, December 1955), 42, https://books.google.com/books?id=-BPSAAAAMAAJ.

性能資料來源：Brendan I. Koerner, "How the World's First Computer Was Rescued from the Scrap Heap," *Wired*, November 25, 2014, https://www.wired.com/2014/11/eniac-unearthed.

1949 年 BINAC

實質價格：3,523,451.43 美元

每秒計算次數：3,500

每一美元每秒計算次數：0.00099

價格資料來源：William R. Nester, *American Industrial Policy: Free or Managed Markets?* (New York: St. Martin's, 1997), 106, https://books.google.com/books?id=hCi_DAAAQBAJ.

性能資料來源：Eckert-Mauchly Computer Corp., *The BINAC* (Philadelphia: Eckert-Mauchly Computer Corp., 1949), 2, http://s3data.computerhistory.org/brochures/eckertmauchly.binac.1949.102646200.pdf.

1953 年 UNIVAC 1103

實質價格：10,356,138.62 美元

每秒計算次數：50,000

每一美元每秒計算次數：0.0048

價格資料來源：Martin H. Weik, *A Third Survey of Domestic Electronic Digital Computing Systems*, report no. 1115 (Aberdeen, MD: Ballistic Research Laboratories, March 1961), 913, http://web.archive.org/web/20160403031739/http://www.textfiles.com/bitsavers/pdf/brl/compSurvey_Mar1961/brlReport1115_0900.pdf; https://bitsavers.org/pdf/brl/compSurvey_Mar1961/brlReport1115_0000.pdf.

性能資料來源：Martin H. Weik, *A Third Survey of Domestic Electronic Digital Computing Systems*, report no. 1115 (Aberdeen, MD: Ballistic

Research Laboratories, March 1961), 906, http://web.archive.org/web/20160403031739/http://www.textfiles.com/bitsavers/pdf/brl/compSurvey_Mar1961/brlReport1115_0900.pdf.

1959 年 DEC PDP-1

實質價格：1,239,649.32 美元

每秒計算次數：100,000

每一美元每秒計算次數：0.081

價格資料來源："PDP 1 Price List," Digital Equipment Corporation, February 1, 1963, https://www.computerhistory.org/pdp-1/_media/pdf/DEC.pdp_1.1963.102652408.pdf.

性能資料來源：Digital Equipment *Corporation, PDP-1 Handbook* (Maynard, MA: Digital Equipment Corporation, 1963), 10, http://s3data.computerhistory.org/pdp-1/DEC.pdp_1.1963.102636240.pdf.

1962 年 DEC PDP-4

實質價格：647,099.67 美元

每秒計算次數：62,500

每一美元每秒計算次數：0.097

價格資料來源：Digital Equipment Corporation, *Nineteen Fifty-Seven to the Present* (Maynard, MA: Digital Equipment Corporation, 1978), 3, http://s3data.computerhistory.org/pdp-1/dec.digital_1957_to_the_present_(1978).1957-1978.102630349.pdf.

性能資料來源：Digital Equipment Corporation, *PDP-4 Manual* (Maynard, MA: Digital Equipment Corporation, 1962), 18, 57, http://gordonbell.azurewebsites.net/digital/pdp%204%20manual%201962.pdf.

1965 年 DEC PDP-8

實質價格：172,370.29 美元

每秒計算次數：312,500

每一美元每秒計算次數：1.81

價格資料來源：Tony Hey and Gyuri Pápay, *The Computing Universe: A Journey Through a Revolution* (New York: Cambridge University Press, 2015), 165, https://books.google.com/books?id=q4FIBQAAQBAJ.
性能資料來源：Digital Equipment Corporation, *PDP-8* (Maynard, MA: Digital Equipment Corporation, 1965), 10, http://archive.computerhistory.org/resources/access/text/2009/11/102683307.05.01.acc.pdf.

1969 年 Data General Nova

實質價格：65,754.33 美元

每秒計算次數：169,492

每一美元每秒計算次數：2.58

價格資料來源："Timeline of Computer History—Data General Corporation Introduces the Nova Minicomputer," Computer History Museum, accessed November 10, 2021, https://www.computerhistory.org/timeline/1968.
性能資料來源：NOVA brochure, Data General Corporation, 1968, 12, http://s3data.computerhistory.org/brochures/dgc.nova.1968.102646102.pdf.

1973 年 Intellec 8

實質價格：16,291.71 美元

每秒計算次數：80,000

每一美元每秒計算次數：4.91

價格資料來源："Intellec 8," Centre for Computing History, accessed November 10, 2021, http://www.computinghistory.org.uk/det/3366/intellec-8.

性能資料來源：Intel, *Intellec 8 Reference Manual*, rev. 1 (Santa Clara, CA: Intel, 1974), xxxxiii, https://bytecollector.com/archive/mark_8/My_Mark-8_Info/Intel_Stuff/Intellec8/Intellec8_RefManual_Jun74.pdf.

1975 年 Altair 8800

實質價格：3,481.85 美元

每秒計算次數：500,000

每一美元每秒計算次數：144

價格資料來源："MITS Altair 8800: Price List," CTI Data Systems, July 1, 1975, http://vtda.org/docs/computing/DataSystems/MITS_Altair8800_PriceList01Jul75.pdf.

性能資料來源：MITS, *Altair 8800 Operator's Manual* (Albuquerque, NM: MITS, 1975), 21, 90, http://www.classiccmp.org/dunfield/altair/d/88opman.pdf.

1984 年 蘋果麥金塔（Macintosh）

實質價格：7,243.62 美元

每秒計算次數：1,600,000

每一美元每秒計算次數：221

價格資料來源：Regis McKenna Public Relations, "Apple Introduces Macintosh Advanced Personal Computer," press release, January 24, 1984, https://web.stanford.edu/dept/SUL/sites/mac/primary/docs/pr1.html.

性能資料來源：*Motorola, Motorola Semiconductor Master Selection Guide*, rev. 10 (Chicago: Motorola, 1996), 2.2-2, http://www.bitsavers.org/components/motorola/_catalogs/1996_Motorola_Master_Selection_Guide.pdf.

1986 年 康柏（Compaq）Deskpro 386 (16 MHz)

實質價格：17,886.96 美元

每秒計算次數：4,000,000

每一美元每秒計算次數：224

價格資料來源：Peter H. Lewis, "Compaq's Gamble on an Advanced Chip Pays Off," *New York Times*, September 20, 1987, https://www.nytimes.com/1987/09/20/business/the-executive-computer-compaq-s-gamble-on-an-advanced-chip-pays-off.html.

性能資料來源：Peter H. Lewis, "Compaq's Gamble on an Advanced Chip Pays Off," New York Times, September 20, 1987, https://www.nytimes.com/1987/09/20/business/the-executive-computer-compaq-s-gamble-on-an-advanced-chip-pays-off.html.

1987 年 PC's Limited 386 (16 MHz)

實質價格：11,946.43 美元

每秒計算次數：4,000,000

每一美元每秒計算次數：335

價格資料來源：Peter H. Lewis, "Compaq's Gamble on an Advanced Chip Pays Off," *New York Times*, September 20, 1987, https://www.nytimes.com/1987/09/20/business/the-executive-computer-compaq-s-gamble-on-an-advanced-chip-pays-off.html.

性能資料來源：Peter H. Lewis, "Compaq's Gamble on an Advanced Chip Pays Off," New York Times, September 20, 1987, https://www.nytimes.com/1987/09/20/business/the-executive-computer-compaq-s-gamble-on-an-advanced-chip-pays-off.html.

1988 年 康柏 Deskpro 386/25

實質價格：20,396.30 美元

每秒計算次數：8,500,000

每一美元每秒計算次數：417

價格資料來源："Compaq Deskpro 386/25 Type 38," Centre for Computing History, accessed November 10, 2021, http://www.computinghistory.org.uk/det/16967/Compaq-Deskpro-386-25-Type-38.

性能資料來源：Jeffrey A. Dubin, *Empirical Studies in Applied Economics* (New York: Springer Science+Business Media, 2012), 72–73, https://www.google.com/books/edition/Empirical_Studies_in_Applied_Economics/41_lBwAAQBAJ.

1990 年 MT 486DX

實質價格：11,537.40 美元

每秒計算次數：20,000,000

每一美元每秒計算次數：1,733

價格資料來源：Bruce Brown, "Micro Telesis Inc. MT 486DX," *PC Magazine* 9, no. 15 (September 11, 1990), 140, https://books.google.co.uk/books?id=NsgmyHnvDmUC.

性能資料來源：Owen Linderholm, "Intel Cuts Cost, Capabilities of i486; Will Offer Companion Math Chip," Byte, June 1991, 26, https://vintageapple.org/byte/pdf/199106_Byte_Magazine_Vol_16-06_486SX_vs_AM386-40.pdf.

1992 年 Gateway 486DX2/66

實質價格：6,439.31 美元

每秒計算次數：54,000,000

每一美元每秒計算次數：8,386

價格資料來源：Jim Seymour, "The 486 Buyers' Guide," *PC Magazine* 12, no. 21 (December 7, 1993), 226, https://books.google.com/books?id=7k7q-wS0t00C.

性能資料來源：Mike Feibus, "P6 and Beyond," *PC Magazine* 12, no. 12 (June 29, 1993), 164, https://books.google.co.uk/books?id=gCfzPMoPJWgC&pg=PA164.

1994 年 Pentium (75 MHz)

實質價格：4,477.91 美元

每秒計算次數：87,100,000

每一美元每秒計算次數：19,451

價格資料來源：Bob Francis, "75-MHz Pentiums Deskbound," *Info World* 16, no. 44 (October 31, 1994), 5, https://books.google.com/books?id=cTgEAAAAMBAJ&pg=PA5.

性能資料來源：Roy Longbottom, "Dhrystone Benchmark Results on PCs," Roy Longbottom's PC Benchmark Collection, February 2017, http://www.roylongbottom.org.uk/dhrystone%20results.htm.

1996 年 Pentium Pro (166 MHz)

實質價格：3,233.73 美元

每秒計算次數：242,000,000

每一美元每秒計算次數：74,836

價格資料來源：Michael Slater, "Intel Boosts Pentium Pro to 200 MHz," *Microprocessor Report* 9, no. 15 (November 13, 1995), 2, https://www.cl.cam.ac.uk/~pb22/test.pdf.

性能資料來源：Roy Longbottom, "Dhrystone Benchmark Results on PCs," Roy Longbottom's PC Benchmark Collection, February 2017, http://www.roylongbottom.org.uk/dhrystone%20results.htm.

1997 年 Mobile Pentium MMX (133 MHz)

實質價格：533.76 美元

每秒計算次數：184,092,000

每一美元每秒計算次數：344,898

價格資料來源："Intel Mobile Pentium MMX 133 MHz Specifications," CPU-World, accessed November 10, 2021, https://web.archive.org/web/20140912204405/http://www.cpu-world.com/CPUs/Pentium/Intel-Mobile%20Pentium%20MMX%20133%20-%20FV80503133.html.

性能資料來源："Intel Mobile Pentium MMX 133 MHz vs Pentium MMX 200 MHz," CPU-World, accessed November 11, 2021, https://www.cpu-world.com/Compare/347/Intel_Mobile_Pentium_MMX_133_MHz_(FV80503133)_vs_Intel_Pentium_MMX_200_MHz_(FV80503200).html; Roy Longbottom, "Dhrystone Benchmark Results on PCs," Roy Longbottom's PC Benchmark Collection, February 2017, http://www.roylongbottom.org.uk/dhrystone%20results.htm. 根據 CPU-World 的測試，Mobile Pentium MMX 133 MHz 的性能達到 Pentium MMX 200 MHz 的 69.9%（Dhrystone 2.1 VAX MIPS）。就後者而言，Roy Longbottom 的測試結果為 276 MIPS，相對於前者估計每秒 192,924,000 個指令。

1998 年 Pentium II (450 MHz)

實質價格：1,238.05 美元

每秒計算次數：713,000,000

每一美元每秒計算次數：575,905

價格資料來源："Intel Pentium II 450 MHz Specifications," CPU-World, accessed November 10, 2021, https://web.archive.org/web/20150428111439/http://www.cpu-world.com:80/CPUs/Pentium-II/Intel-Pentium%20II%20450%20-%2080523PY450512PE%20(B80523P450512E).html.
性能資料來源：Roy Longbottom, "Dhrystone Benchmark Results on PCs," Roy Longbottom's PC Benchmark Collection, February 2017, http://www.roylongbottom.org.uk/dhrystone%20results.htm.

1999 年 Pentium III (450 MHz)

實質價格：898.06 美元

每秒計算次數：722,000,000

每一美元每秒計算次數：803,952

價格資料來源："Intel Pentium III 450 MHz Specifications," CPU-World, accessed November 10, 2021, https://web.archive.org/web/20140831044834/http://www.cpu-world.com/CPUs/Pentium-III/Intel-Pentium%20III%20450%20-%2080525PY450512%20(BX80525U450512%20-%20BX80525U450512E).html.
性能資料來源：Roy Longbottom, "Dhrystone Benchmark Results on PCs," Roy Longbottom's PC Benchmark Collection, February 2017, http://www.roylongbottom.org.uk/dhrystone%20results.htm.

2000 年 Pentium III (1.0 GHz)

實質價格：1,734.21 美元

每秒計算次數：1,595,000,000

每一美元每秒計算次數：919,725

價格資料來源："Intel Pentium III 1BGHz (Socket 370) Specifications," CPU-World, accessed November 10, 2021, https://web.archive.org/web/20160529005115/http://www.cpu-world.com/CPUs/Pentium-III/Intel-Pentium%20III%201000%20-%20RB80526PZ001256%20(BX80526C1000256).html.

性能資料來源：Roy Longbottom, "Dhrystone Benchmark Results on PCs," Roy Longbottom's PC Benchmark Collection, February 2017, http://www.roylongbottom.org.uk/dhrystone%20results.htm.

2001 年 Pentium 4 (1700 MHz)

實質價格：599.55 美元

每秒計算次數：1,843,000,000

每一美元每秒計算次數：3,073,978

價格資料來源："Intel Pentium 4 1.7 GHz Specifications," CPU-World, accessed November 10, 2021, https://web.archive.org/web/20150429131339/http://www.CPU-World.com/CPUs/Pentium_4/Intel-Pentium%204%201.7%20GHz%20-%20RN80528PC029G0K%20(BX80528JK170G).html.

性能資料來源：Roy Longbottom, "Dhrystone Benchmark Results on PCs," Roy Longbottom's PC Benchmark Collection, February 2017, http://www.roylongbottom.org.uk/dhrystone%20results.htm.

2002 年 Xeon (2.4 GHz)

實質價格：392.36 美元

每秒計算次數：2,480,000,000

每一美元每秒計算次數：6,323,014

價格資料來源："Intel Xeon 2.4 GHz Specifications," CPU-World, accessed November 10, 2021, https://web.archive.org/web/20150502024039/http://www.cpu-world.com:80/CPUs/Xeon/Intel-Xeon%202.4%20GHz%20-%20RK80532KE056512%20(BX80532KE2400D%20-%20BX80532KE2400DU).html.

性能資料來源：Jack J. Dongarra, "Performance of Various Computers Using Standard Linear Equations Software," technical report CS-89-85, University of Tennessee, Knoxville, February 5, 2013, 7–29, http://www.icl.utk.edu/files/publications/2013/icl-utk-625-2013.pdf. 此處採用 Dongarra (2013) 的資料，而非 Longbottom (2017) 的資料，因為大約在 2002 年，MFLOPS 評等已經成為主要的計算性能標準，而且該資料與隨後機器的評等比較一致和可比較。Dongarra 的大部分資料使用「TPP Best Effort」指標，這與早期電腦的性能資料最相稱。由於這個 CPU 沒有 TPP Best Effort 資料，我們以這個資料集裡面 TPP Best Effort MFLOPS 與 LINPACK Benchmark MFLOPS 的平均比率算出近似值。Dongarra 測試的其他 15 台非 EM64T Xeon 的單核心電腦，TPP Best Effort 值平均為 LINPACK Benchmark 值的 2.559 倍。此外，這項資料是該 CPU 來自兩種不同的作業系統／編譯器組合的結果平均值。

2004 年 Pentium 4 (3.0 GHz)

實質價格：348.12 美元

每秒計算次數：3,181,000,000

每一美元每秒計算次數：9,137,738

價格資料來源："Intel Pentium 4 3 GHz Specifications," CPU-World, accessed November 10, 2021, https://web.archive.org/web/20171005171131/http://www.cpu-world.com/CPUs/Pentium_4/Intel-Pentium%204%203.0%20GHz%20-%20RK80546PG0801M%20(BX80546PG3000E).html.
性能資料來源：Jack J. Dongarra, "Performance of Various Computers Using Standard Linear Equations Software," technical report CS-89-85, University of Tennessee, Knoxville, February 5, 2013, 10, http://www.icl.utk.edu/files/publications/2013/icl-utk-625-2013.pdf. 此處採用 Dongarra (2013) 的資料，而非 Longbottom (2017) 的資料，因為從 Pentium 4 開始，MFLOPS 評等成為主要的計算性能標準，而且該資料與隨後機器的評等比較一致和可比較。

2005 年 Pentium 4 662 (3.6 GHz)

實質價格：619.36 美元

每秒計算次數：7,200,000,000

每一美元每秒計算次數：11,624,919

價格資料來源："Intel Pentium 4 662 Specifications," CPU-World, accessed November 10, 2021, https://web.archive.org/web/20150710050435/http://www.cpu-world.com:80/CPUs/Pentium_4/Intel-Pentium%204%20662%203.6%20GHz%20-%20HH80547PG1042MH.html.

性能資料來源："Export Compliance Metrics for Intel Microprocessors Intel Pentium Processors," Intel, April 1, 2018, 4, http://web.archive.org/web/20180601044504/https://www.intel.com/content/dam/support/us/en/documents/processors/APP-for-Intel-Pentium-Processors.pdf.

2006 年 Core 2 Duo E6300

實質價格：273.82 美元

每秒計算次數：14,880,000,000

每一美元每秒計算次數：54,342,788

價格資料來源："Intel Core 2 Duo E6300 Specifications," CPU-World, accessed November 10, 2021, https://web.archive.org/web/20160605085626/http://www.CPU-World.com/CPUs/Core_2/Intel-Core%202%20Duo%20E6300%20HH80557PH0362M%20(BX80557E6300).html.

性能資料來源："Export Compliance Metrics for Intel Microprocessors Intel Pentium Processors," Intel, April 1, 2018, 12, http://web.archive.org/web/20180601044310/https://www.intel.com/content/dam/support/us/en/documents/processors/APP-for-Intel-Core-Processors.pdf.

2007 年 Pentium Dual-Core E2180

實質價格：122.23 美元

每秒計算次數：16,000,000,000

每一美元每秒計算次數：130,899,970

價格資料來源："Intel Pentium E2180 Specifications," CPU-World, accessed November 10, 2021, https://web.archive.org/web/20170610094616/http://www.cpu-

world.com/CPUs/Pentium_Dual-Core/Intel-Pentium%20Dual-Core%20E2180%20HH80557PG0411M%20(BX80557E2180%20-%20BXC80557E2180).html.
性能資料來源："Export Compliance Metrics for Intel Microprocessors Intel Pentium Processors," Intel, April 1, 2018, 7, http://web.archive.org/web/20180601044504/https://www.intel.com/content/dam/support/us/en/documents/processors/APP-for-Intel-Pentium-Processors.pdf.

2008 年 GTX 285

實質價格：502.98 美元

每秒計算次數：708,500,000,000

每一美元每秒計算次數：1,408,604,222

價格資料來源："NVIDIA GeForce GTX 285," TechPowerUp, accessed November 10, 2021, https://www.techpowerup.com/gpu-specs/geforce-gtx-285.c238.
性能資料來源："NVIDIA GeForce GTX 285," TechPowerUp, accessed November 10, 2021, https://www.techpowerup.com/gpu-specs/geforce-gtx-285.c238.

2010 年 GTX 580

實質價格：690.15 美元

每秒計算次數：1,581,000,000,000

每一美元每秒計算次數：2,290,796,652

價格資料來源："NVIDIA GeForce GTX 580," TechPowerUp, accessed November 10, 2021, https://www.techpowerup.com/gpu-specs/geforce-gtx-580.c270.

性能資料來源："NVIDIA GeForce GTX 580," TechPowerUp, accessed November 10, 2021, https://www.techpowerup.com/gpu-specs/geforce-gtx-580.c270.

2012 年 GTX 680

實質價格：655.59 美元

每秒計算次數：3,250,000,000,000

每一美元每秒計算次數：4,957,403,270

價格資料來源："NVIDIA GeForce GTX 680," TechPowerUp, accessed November 10, 2021, https://www.techpowerup.com/gpu-specs/geforce-gtx-680.c342.

性能資料來源："NVIDIA GeForce GTX 680," TechPowerUp, accessed November 10, 2021, https://www.techpowerup.com/gpu-specs/geforce-gtx-680.c342.

2015 年 Titan X (Maxwell 2.0)

實質價格：1,271.50 美元

每秒計算次數：6,691,000,000,000

每一美元每秒計算次數：5,262,273,757

價格資料來源："NVIDIA GeForce GTX TITAN X," TechPowerUp, accessed November 10, 2021, https://www.techpowerup.com/gpu-specs/geforce-gtx-titan-x.c2632.

性能資料來源："NVIDIA GeForce GTX TITAN X," TechPowerUp, accessed November 10, 2021, https://www.techpowerup.com/gpu-specs/geforce-gtx-titan-x.c2632.

2016 年 Titan X (Pascal)

實質價格：1,506.98 美元

每秒計算次數：10,974,000,000,000

每一美元每秒計算次數：7,282,098,756

價格資料來源："NVIDIA TITAN X Pascal," TechPowerUp, accessed November 10, 2021, https://www.techpowerup.com/gpu-specs/titan-x-pascal.c2863.
性能資料來源："NVIDIA TITAN X Pascal," TechPowerUp, accessed November 10, 2021, https://www.techpowerup.com/gpu-specs/titan-x-pascal.c2863.

2017 年 AMD Radeon RX 580

實質價格：281.83 美元

每秒計算次數：6,100,000,000,000

每一美元每秒計算次數：21,643,984,475

價格資料來源："AMD Radeon RX 580," TechPowerUp, accessed November 10, 2021, https://www.techpowerup.com/gpu-specs/radeon-rx-580.c2938.
性能資料來源："AMD Radeon RX 580," TechPowerUp, accessed November 10, 2021, https://www.techpowerup.com/gpu-specs/radeon-rx-580.c2938.

2021 年 Google Cloud TPU v4-4096

實質價格：22,796,129.30 美元

每秒計算次數：1,100,000,000,000,000,000

每一美元每秒計算次數：48,253,805,968

價格資料來源：本圖表盡可能以公開市場的設備採購成本作為價格，因為這最能夠反映整個人類文明在計算能力性價比方面的進步。但是，Google Cloud TPU 並未對外銷售，僅以時租方式提供。以每小時租用成本作為價格會算出高得驚人的性價比，雖然這對某些非常小型的專案（例如那些購買硬體不是合理選項的短時間機器學習任務）來說是準確的，但無法反映多數實際使用案例的情況。因此，作為一個非常粗略的近似值，我們以 4,000 小時的工作時間等同購買硬體——這是基於合理的代表性使用情況和常見產品更換週期的假設。（雖然我們很難自信地拿這種推測性估計值與同年的硬體比較，但本圖表的長時間跨度和對數尺度產生的整體趨勢，對任何特定資料點的不同方法假設相對不敏感。）實際上，雲端租賃合約需要協商，條件可能因特定客戶和專案的需求而有顯著差異。不過，作為一個應該算是有代表性的數字，Google 的 v4-4096 TPU 或許能以每小時 5,120 美元的價格租用，那麼以 4,000 小時作為硬體擁有者對於一個購得的處理器的總使用時間，這個 TPU 的價格就是 2,048 萬美元。作者撰文時，價格估計值為非官方資料，是根據公開資訊以及與許多業界專業人士的對話推算出來的。本書出版時，Google 很可能已經公布比較詳細的價格資料，但這也是不精確的，因為每個專案的特殊因素都可能顯著影響實際租用價格。參見 Google Cloud, “Cloud TPU,” Google, accessed December 10, 2021, https://cloud.google.com/tpu；本書作者與 Google 專案經理的電話交談，2021 年 12 月。

性能資料來源：Tao Wang and Aarush Selvan, "Google Demonstrates Leading Performance in Latest MLPerf Benchmarks," Google Cloud, June 30, 2021, https://cloud.google.com/blog/products/ai-machine-learning/google-wins-mlperf-benchmarks-with-tpu-v4; Samuel K. Moore, "Here's How Google's TPU v4 AI Chip Stacked Up in Training Tests," IEEE Spectrum, May 19, 2021, https://spectrum.ieee.org/heres-how-googles-tpu-v4-ai-chip-stacked-up-in-training-tests.

2023 年 Google Cloud TPU v5e

實質價格：3,016.46 美元

每秒計算次數：393,000,000,000,000

每一美元每秒計算次數：130,285,276,114

價格資料來源：Google Cloud 估計 TPU v5e 的性價比是 TPU v4 的 2.7 倍，這是以 MLPerf™ v3.1 Inference Closed 基準測量，該基準是大型語言模型運行的黃金標準。為了盡可能提高與 TPU v4-4096 估計值（近似可信的高用量合約定價）的可比性，此處的 TPU v5e 價格是根據已知的性價比提升幅度來估計每個晶片的價格。如果我們只使用公開的 TPU v5e 價格（每個晶片小時 1.20 美元），性價比約為每一定值美元每秒 820 億次計算，但因為大型雲端租賃合約通常會有價格折扣，這個數字會遠低於實際達到的性價比。參見 Amin Vahdat and Mark Lohmeyer, "Helping You Deliver High-Performance, Cost-Efficient AI Inference at Scale with GPUs and TPUs," Google Cloud, September 11, 2023, https://cloud.google.com/blog/products/compute/performance-per-dollar-of-gpus-and-tpus-for-ai-inference.

性能資料來源：每個晶片的 INT8 性能。參見 Google Cloud, "System Architecture," Google Cloud, accessed November 13, 2023, https://cloud.google.com/tpu/docs/system-architecture-tpu-vm#tpu_v5e.

注釋

引言

1 有關本書中所有計算能力歷史成本計算所使用的資料來源，請參閱附錄。

2 William D. Nordhaus, "Two Centuries of Productivity Growth in Computing," *Journal of Economic History* 67, no. 1 (March 2007): 128–59, https://doi.org/10.1017/S0022050707000058.

第 1 章

1 Alan M. Turing, "Computing Machinery and Intelligence," *Mind* 59, no. 236 (October 1, 1950): 435, https://doi.org/10.1093/mind/LIX.236.433.

第 2 章

1 Alan M. Turing, "Computing Machinery and Intelligence," *Mind* 59, no. 236 (October 1, 1950): 435, https://doi.org/10.1093/mind/LIX.236.433.

2 Alex Shashkevich, "Stanford Researcher Examines Earliest Concepts of Artificial Intelligence, Robots in Ancient Myths," *Stanford News*, February 28, 2019, https://news.stanford.edu/2019/02/28/ancient-myths-reveal-early-fantasies-artificial-life.

3 John McCarthy et al., "A Proposal for the Dartmouth Summer Research Project on Artificial Intelligence," conference proposal, August 31, 1955, http://www-formal.stanford.edu/jmc/history/dartmouth/dartmouth.html.

4 McCarthy et al., "Proposal for the Dartmouth Summer Research Project."

5 Martin Childs, "John McCarthy: Computer Scientist Known as the Father of AI," *The Independent*, November 1, 2011, https://www.independent.co.uk/news/obituaries/john-mccarthy-computer-scientist-known-as-the-father-of-ai-6255307.html; Nello Christianini, "The Road to Artificial Intelligence: A Case of Data Over Theory," *New Scientist*, October 26, 2016, https://www.newscientist.com/article/mg23230971-200-the-irresistible-rise-of-artificial-intelligence/.

6 James Vincent, "Tencent Says There Are Only 300,000 AI Engineers Worldwide, but Millions Are Needed," *The Verge*, December 5, 2017, https://www.theverge.com/2017/12/5/16737224/global-ai-talent-shortfall-tencent-report.

7 Jean-Francois Gagne, Grace Kiser, and Yoan Mantha, *Global AI Talent Report 2019*, Element AI, April 2019.

8 Daniel Zhang et al., *The AI Index 2022 Annual Report*, AI Index Steering Committee, Stanford Institute for Human-Centered AI, Stanford University, March 2022, 36, https://aiindex.stanford.edu/wp-content/uploads/2022/03/2022-AI-Index-Report_Master.pdf;

Nestor Maslej et al., *The AI Index 2023 Annual Report*, AI Index Steering Committee, Stanford Institute for Human-Centered AI, Stanford University, April 2023, 24, https://aiindex.stanford.edu/wp-content/uploads/2023/04/HAI_AI-Index-Report_2023.pdf.

9 企業 AI 投資 2022 年較上年減少 26.7%，但這很可能是總體經濟趨勢的週期性變化導致的，而不是因為企業 AI 投資的長期趨勢有所改變。參見 Maslej et al., *AI Index 2023 Annual Report*, 171, 184.

10 Ray Kurzweil, *The Age of Spiritual Machines: When Computers Exceed Human Intelligence* (New York: Penguin, 2000; first published by Viking, 1999), 313; Dale Jacquette, "Who's Afraid of the Turing Test?," *Behavior and Philosophy* 20/ 21 (1993): 72, https://www.jstor.org/stable/27759284.

11 Katja Grace et al., "Viewpoint: When Will AI Exceed Human Performance? Evidence from AI Experts," *Journal of Artificial Intelligence Research* 62 (July 2018): 729– 54, https://doi.org/10.1613/jair.1.11222.

12 有關我的預測背後的理由，以及它與 AI 專家各種看法之比較，可參考 Ray Kurzweil, "A Wager on the Turing Test: Why I Think I Will Win," KurzweilAI.net, April 9, 2002, https://www.kurzweilai.net/a-wager-on-the-turing-test-why-i-think-i-will-win; Vincent C. Müller and Nick Bostrom, "Future Progress in Artificial Intelligence: A Survey of Expert Opinion," in *Fundamental Issues of Artificial Intelligence*, ed. Vincent C. Müller (Cham, Switzerland: Springer, 2016), 553–71, https://philpapers.org/archive/MLLFPI.pdf; Anthony Aguirre, "Date Weakly General AI Is Publicly Known," Metaculus, accessed April 26, 2023, https://www.metaculus.com/questions/3479/date-weakly-general-ai-system-is-devised.

13 Aguirre, "Date Weakly General AI Is Publicly Known."

14 Raffi Khatchadourian, "The Doomsday Invention," *New Yorker*, November 23, 2015, https://www.newyorker.com/magazine/2015/11/23/doomsday-invention-artificial-intelligence-nick-bostrom.

15 A. Newell, J. C. Shaw, and H. A. Simon, "Report on a General Problem-Solving Program," RAND P-1584, RAND Corporation, February 9, 1959, http://bitsavers.informatik.uni-stuttgart.de/pdf/rand/ipl/P-1584_Report_On_A_General_Problem-Solving_Program_Feb59.pdf. 有關本書中所有計算能力歷史成本計算所使用的資料來源，請參閱附錄。

16 Digital Equipment Corporation, *PDP-1 Handbook* (Maynard, MA: Digital Equipment Corporation, 1963), 10, http://s3data.computerhistory.org/pdp-1/DEC.pdp_1.1963.102636240.pdf.

17 Amin Vahdat and Mark Lohmeyer, "Enabling Next-Generation AI Workloads: Announcing TPU v5p and AI Hypercomputer," Google Cloud, December 6, 2023, https://cloud.google.com/blog/products/ai-machine-learning/introducing-cloud-tpu-v5p-and-ai-hypercomputer.

18 有關本書中所有計算能力歷史成本計算所使用的資料來源，請參閱附錄。

19 V. L. Yu et al., "Antimicrobial Selection by a Computer: A Blinded Evaluation by Infectious Diseases Experts," *Journal of the American Medical Association* 242, no. 12 (September 21, 1979): 1279– 82, https://jamanetwork.com/journals/jama/article-

abstract/366606.

20 Bruce G. Buchanan and Edward Hance Shortliffe, eds., *Rule-Based Expert Systems: The MYCIN Experiments of the Stanford Heuristic Programming Project* (Reading, MA: Addison-Wesley, 1984); Edward Edelson, "Programmed to Think," *MOSAIC* 11, no. 5 (September/October 1980): 22, https://books.google.co.uk/books?id=PU79ZK2tXeAC.

21 T. Grandon Gill, "Early Expert Systems: Where Are They Now?," *MIS Quarterly* 19, no. 1 (March 1995): 51–81, https://www.jstor.org/stable/249711.

22 有關機器學習技術為何可以減輕複雜性上限問題的簡短和非技術性解釋，可參考 Deepanker Saxena, "Machine Learning vs. Rules Based Systems," Socure, August 6, 2018, https://www.socure.com/blog/machine-learning-vs-rule-based-systems.

23 Cade Metz, "One Genius' Lonely Crusade to Teach a Computer Common Sense," *Wired*, March 24, 2016, https://www.wired.com/2016/03/doug-lenat-artificial-intelligence-common-sense-engine; "Frequently Asked Questions," Cycorp, accessed November 20, 2021, https://cyc.com/faq.

24 有關黑箱問題和 AI 透明度的進一步討論，可參考 Will Knight, "The Dark Secret at the Heart of AI," *MIT Technology Review*, April 11, 2017, https://www.technologyreview.com/s/604087/the-dark-secret-at-the-heart-of-ai; "AI Detectives Are Cracking Open the Black Box of Deep Learning," *Science Magazine*, YouTube video, July 6, 2017, https://www.youtube.com/watch?v=gB_-LabED68; Paul Voosen, "How AI Detectives Are Cracking Open the Black Box of Deep Learning," *Science*, July 6, 2017, https://doi.org/10.1126/science.aan7059; Harry Shum, "Explaining AI," a16z, YouTube video, January 16, 2020, https://www.youtube.com/watch?v=rI_L95qnVkM; Future of Life Institute, "Neel Nanda on What Is Going On Inside Neural Networks," YouTube video, February 9, 2023, https://www.youtube.com/watch?v=mUhO6st6M_0.

25 研究者 Neel Nanda 對機械可解釋性有精彩的概述，參見 Future of Life Institute, "Neel Nanda on What Is Going On Inside Neural Networks."

26 有關使用有缺陷的資料支持機器學習的技術，進一步的討論可參考 Xander Steenbrugge, "An Introduction to Reinforcement Learning," Arxiv Insights, YouTube video, April 2, 2018, https://www.youtube.com/watch?v=JgvyzIkgxF0; Alan Joseph Bekker and Jacob Goldberger, "Training Deep Neural-Networks Based on Unreliable Labels," *2016 IEEE International Conference on Acoustics, Speech and Signal Processing* (Shanghai, 2016), 2682–86, https://doi.org/10.1109/ICASSP.2016.7472164; Nagarajan Natarajan et al., "Learning with Noisy Labels," *Advances In Neural Information Processing Systems* 26 (2013), https://papers.nips.cc/paper/5073-learning-with-noisy-labels; David Rolnick et al., "Deep Learning Is Robust to Massive Label Noise," arXiv:1705.10694v3 [cs.LG], February 26, 2018, https://arxiv.org/pdf/1705.10694.pdf.

27 有關「感知器」及其局限的更多資料，以及某些類神經網路可以如何克服那些局限的較詳細說明，可參考 Marvin L. Minsky and Seymour A. *Papert, Perceptrons: An Introduction to Computational Geometry (Cambridge, MA: MIT* Press, 1990; reissue of 1988 expanded edition); Melanie Lefkowitz, "Professor's Perceptron Paved the Way for AI—60 Years Too Soon," *Cornell Chronicle*, September 25, 2019, https://news.cornell.edu/stories/2019/09/professors-perceptron-paved-way-ai-60-years-too-soon; John

Durkin, "Tools and Applications," in *Expert Systems: The Technology of Knowledge Management and Decision Making for the 21st Century*, ed. Cornelius T. Leondes (San Diego: Academic Press, 2002), 45, https://books.google.co.uk/books?id=5kSamKhS560C; "Marvin Minsky: The Problem with Perceptrons (121/ 151)," Web of Stories—Life Stories of Remarkable People, YouTube video, October 17, 2016, https://www.youtube.com/watch?v=QW_srPO-LrI; Heinz Mühlenbein, "Limitations of Multi-Layer Perceptron Networks: Steps Towards Genetic Neural Networks," *Parallel Computing* 14, no. 3 (August 1990): 249–60, https://doi.org/10.1016/0167-8191(90)90079-O; Aniruddha Karajgi, "How Neural Networks Solve the XOR Problem," *Towards Data Science*, November 4, 2020, https://towardsdatascience.com/how-neural-networks-solve-the-xor-problem-59763136bdd7.

28 有關本書中所有計算能力歷史成本計算所使用的資料來源，請參閱附錄。

29 Tim Fryer, "Da Vinci Drawings Brought to Life," *Engineering & Technology* 14, no. 5 (May 21, 2019): 18, https://eandt.theiet.org/content/articles/2019/05/da-vinci-drawings-brought-to-life.

30 有關地球上生命演化較為詳細的時序和相關的基礎科學，請參考 Michael Marshall, "Timeline: The Evolution of Life," *New Scientist*, July 14, 2009, https://www.newscientist.com/article/dn17453; Dyani Lewis, "Where Did We Come From? A Primer on Early Human Evolution," *Cosmos*, June 9, 2016, https://cosmosmagazine.com/palaeontology/where-did-we-come-from-a-primer-on-early-human-evolution; John Hawks, "How Has the Human Brain Evolved?," *Scientific American*, July 1, 2013, https://www.scientificamerican.com/article/how-has-human-brain-evolved; Laura Freberg, *Discovering Behavioral Neuroscience: An Introduction to Biological Psychology*, 4th ed. (Boston: Cengage Learning, 2018), 62– 63, https://books.google.co.uk/books?id=HhBEDwAAQBAJ; Jon H. Kaas, "Evolution of the Neocortex," *Current Biology* 16, no. 21 (2006): R910– R914, https://www.cell.com/current-biology/pdf/S0960-9822(06)02290-1.pdf; R. Glenn Northcutt, "Evolution of Centralized Nervous Systems: Two Schools of Evolutionary Thought," *Proceedings of the National Academy of Sciences* 109, suppl. 1 (June 22, 2012): 10626– 33, https://doi.org/10.1073/pnas.1201889109.

31 Marshall, "Timeline: The Evolution of Life"; Holly C. Betts et al., "Integrated Genomic and Fossil Evidence Illuminates Life's Early Evolution and Eukaryote Origin," *Nature Ecology & Evolution* 2 (August 20, 2018): 1556– 62, https://doi.org/10.1038/s41559-018-0644-x; Elizabeth Pennisi, "Life May Have Originated on Earth 4 Billion Years Ago, Study of Controversial Fossils Suggests," *Science*, December 18, 2017, https://www.sciencemag.org/news/2017/12/life-may-have-originated-earth-4-billion-years-ago-study-controversial-fossils-suggests.

32 Ethan Siegel, "Ask Ethan: How Do We Know the Universe Is 13.8 Billion Years Old?," *Big Think*, October 22, 2021, https://bigthink.com/starts-with-a-bang/universe-13-8-billion-years; Mike Wall, "The Big Bang: What Really Happened at Our Universe's Birth?," Space.com, October 21, 2011, https://www.space.com/13347-big-bang-origins-universe-birth.html; Nola Taylor Reed, "How Old Is Earth?," Space.com, February 7, 2019, https://www.space.com/24854-how-old-is-earth.html.

33 Marshall, “Timeline: The Evolution of Life.”

34 Marshall, “Timeline: The Evolution of Life.”

35 Freberg, *Discovering Behavioral Neuroscience*, 62–63; Kaas, “Evolution of the Neocortex”; R. Northcutt, “Evolution of Centralized Nervous Systems”; Frank Hirth, “On the Origin and Evolution of the Tripartite Brain,” *Brain, Behavior and Evolution* 76, no. 1 (October 2010): 3–10, https://doi.org/10.1159/000320218.

36 Kaas, “Evolution of the Neocortex.”

37 有關天擇如何運作，可以參考以下兩段引人入勝的解釋：Hank Green, “Natural Selection: Crash Course Biology #14,” CrashCourse, YouTube video, April 30, 2012, https://www.youtube.com/watch?v=aTftyFboC_M; Primer, “Simulating Natural Selection,” YouTube video, November 14, 2018, https://www.youtube.com/watch?v=0ZGbIKd0XrM.

38 Suzana Herculano-Houzel, “Coordinated Scaling of Cortical and Cerebellar Numbers of Neurons,” *Frontiers in Neuroanatomy* 4, no. 12 (March 10, 2010), https://doi.org/10.3389/fnana.2010.00012.

39 有關其運作原理，可以參考以下一些有用的解釋：Ainslie Johnstone, “The Amazing Phenomenon of Muscle Memory,” *Medium*, Oxford University, December 14, 2017, https://medium.com/oxford-university/the-amazing-phenomenon-of-muscle-memory-fb1cc4c4726; Sara Chodosh, “Muscle Memory Is Real, But It’s Probably Not What You Think,” *Popular Science*, January 25, 2019, https://www.popsci.com/what-is-muscle-memory; Merim Bilalić, *The Neuroscience of Expertise* (Cambridge, UK: Cambridge University Press, 2017), 171–72, https://books.google.co.uk/books?id=QILTDQAAQBAJ; The Brain from Top to Bottom, “The Motor Cortex,” McGill University, accessed November 20, 2021, https://thebrain.mcgill.ca/flash/i/i_06/i_06_cr/i_06_cr_mou/i_06_cr_mou.html.

40 有關與機器學習相關的基函數，比較技術性的說明可參考 “Lecture 17: Basis Functions,” Open Data Science Initiative, YouTube video, November 28, 2011, https://youtu.be/OOpfU3CvUkM?t=151; Yaser Abu-Mostafa, “Lecture 16: Radial Basis Functions,” Caltech, YouTube video, May 29, 2012, https://www.youtube.com/watch?v=O8CfrnOPtLc.

41 Mayo Clinic, “Ataxia,” Mayo Clinic, accessed November 20, 2021, https://www.mayoclinic.org/diseases-conditions/ataxia/symptoms-causes/syc-20355652; Helen Thomson, “Woman of 24 Found to Have No Cerebellum in Her Brain,” *New Scientist*, September 10, 2014, https://www.newscientist.com/article/mg22329861-900-woman-of-24-found-to-have-no-cerebellum-in-her-brain; R. N. Lemon and S. A. Edgley, “Life Without a Cerebellum,” *Brain* 133, no. 3 (March 18, 2010): 652– 54, https://doi.org/10.1093/brain/awq030.

42 有關運動訓練如何利用無意識能力的更多資料，可參考 Bo Hanson, “Conscious Competence Learning Matrix,” Athlete Assessments, accessed November 22, 2021, https://athleteassessments.com/conscious-competence-learning-matrix.

43 Suzana Herculano-Houzel, “The Human Brain in Numbers: A Linearly Scaled-Up Primate Brain,” *Frontiers in Human Neuroscience* 3, no. 31 (November 9, 2009), https://

doi.org/10.3389/neuro.09.031.2009.

44 Herculano-Houzel, "Human Brain in Numbers"; Richard Apps, "Cerebellar Modules and Their Role as Operational Cerebellar Processing Units," *Cerebellum* 17, no. 5 (June 6, 2018): 654–82, https://doi.org/10.1007/s12311-018-0952-3; Jan Voogd, "What We Do Not Know About Cerebellar Systems Neuroscience," *Frontiers in Systems Neuroscience* 8, no. 227 (December 18, 2014), https://doi.org/10.3389/fnsys.2014.00227; Rhoshel K. Lenroot and Jay N. Giedd, "The Changing Impact of Genes and Environment on Brain Development During Childhood and Adolescence: Initial Findings from a Neuroimaging Study of Pediatric Twins," *Development and Psychopathology* 20, no. 4 (Fall 2008): 1161–75, https://doi.org/10.1017/S0954579408000552; Salvador Martinez et al., "Cellular and Molecular Basis of Cerebellar Development," *Frontiers in Neuroanatomy* 7, no. 18 (June 26, 2013), https://doi.org/10.3389/fnana.2013.00018.

45 Fumiaki Sugahara et al., "Evidence from Cyclostomes for Complex Regionalization of the Ancestral Vertebrate Brain," *Nature* 531, no. 7592 (February 15, 2016): 97–100, https://doi.org/10.1038/nature16518; Leonard F. Koziol, "Consensus Paper: The Cerebellum's Role in Movement and Cognition," *Cerebellum* 13, no. 1 (February 2014): 151–77, https://doi.org/10.1007/s12311-013-0511-x; Robert A. Barton and Chris Venditti, "Rapid Evolution of the Cerebellum in Humans and Other Great Apes," *Current Biology* 24, no. 20 (October 20, 2014): 2440–44, https://doi.org/10.1016/j.cub.2014.08.056.

46 有關這種動物與生俱來行為的詳細資訊，可參考 Jesse N. Weber, Brant K. Peterson, and Hopi E. Hoekstra, "Discrete Genetic Modules Are Responsible for Complex Burrow Evolution in Peromyscus Mice," *Nature* 493, no. 7432 (January 17, 2013): 402–5, http://dx.doi.org/10.1038/nature11816; Nicole L. Bedford and Hopi E. Hoekstra, "Peromyscus Mice as a Model for Studying Natural Variation," *eLife* 4: e06813 (June 17, 2015), https://doi.org/10.7554/eLife.06813; Do-Hyoung Kim et al., "Rescheduling Behavioral Subunits of a Fixed Action Pattern by Genetic Manipulation of Peptidergic Signaling," *PLoS Genetics* 11, no. 9: e1005513 (September 24, 2015), https://doi.org/10.1371/journal.pgen.1005513.

47 解釋演化計算的有趣演講可參考 Keith Downing, "Evolutionary Computation: Keith Downing at TEDxTrondheim," TEDx Talks, YouTube video, November 4, 2013, https://www.youtube.com/watch?v=D3zUmfDd79s.

48 有關新皮質的發展和功能，進一步的資料可參考 Kaas, "Evolution of the Neocortex"; Jeff Hawkins and Sandra Blakeslee, *On Intelligence: How a New Understanding of the Brain Will Lead to the Creation of Truly Intelligent Machines* (New York: Macmillan, 2007), 97–101, https://books.google.co.uk/books?id=Qg2dmntfxmQC; Clay Reid, "Lecture 3: The Structure of the Neocortex," Allen Institute, YouTube video, September 6, 2012, https://www.youtube.com/watch?v=RhdcYNmW0zY; Joan Stiles et al., *Neural Plasticity and Cognitive Development: Insights from Children with Perinatal Brain Injury* (New York: Oxford University Press, 2012), 41–45, https://books.google.co.uk/books?id=QiNpAgAAQBAJ.

49 Brian K. Hall and Benedikt Hallgrimsson, *Strickberger's Evolution*, 4th ed. (Sudbury, MA: Jones & Bartlett Learning, 2011), 533; Kaas, "Evolution of the Neocortex"; Jon H.

Kaas, "The Evolution of Brains from Early Mammals to Humans," *Wiley Interdisciplinary Reviews Cognitive Science* 4, no. 1 (November 8, 2012): 33–45, https://doi.org/10.1002/wcs.1206.

50 有關白堊紀—古近紀滅絕事件的更多資料，可參考 Michael Greshko and National Geographic Staff, "What Are Mass Extinctions, and What Causes Them?," *National Geographic*, September 26, 2019, https://www.nationalgeographic.com/science/prehistoric-world/mass-extinction; Victoria Jaggard, "Why Did the Dinosaurs Go Extinct?," *National Geographic*, July 31, 2019, https://www.nationalgeographic.com/science/prehistoric-world/dinosaur-extinction; Emily Singer, "How Dinosaurs Shrank and Became Birds," *Quanta*, June 2, 2015, https://www.quantamagazine.org/how-birds-evolved-from-dinosaurs-20150602.

51 Yasuhiro Itoh, Alexandros Poulopoulos, and Jeffrey D. Macklis, "Unfolding the Folding Problem of the Cerebral Cortex: Movin' and Groovin'," *Developmental Cell* 41, no. 4 (May 22, 2017): 332–34, https://www.sciencedirect.com/science/article/pii/S1534580717303933; Jeff Hawkins, "What Intelligent Machines Need to Learn from the Neocortex," *IEEE Spectrum*, June 2, 2017, https://spectrum.ieee.org/computing/software/what-intelligent-machines-need-to-learn-from-the-neocortex.

52 Jean-Didier Vincent and Pierre-Marie Lledo, *The Custom-Made Brain: Cerebral Plasticity, Regeneration, and Enhancement*, trans. Laurence Garey (New York: Columbia University Press, 2014), 152.

53 有關新皮質及其微皮質柱的更多資料，可以參考以下的非技術性影片和較為學術性的講解：Brains Explained, "The Neocortex," YouTube video, September 16, 2017, https://www.youtube.com/watch?v=x2mYTaJPVnc; Clay Reid, "Lecture 3: The Structure of the Neocortex."

54 V. B. Mountcastle, "The Columnar Organization of the Neocortex," *Brain* 120, no. 4 (April 1997): 701–22, https://doi.org/10.1093/brain/120.4.701; Olaf Sporns, Giulio Tononi, and Rolf Kötter, "The Human Connectome: A Structural Description of the Human Brain," *PLoS Computational Biology* 1, no. 4: e42 (September 30, 2005), https://doi.org/10.1371/journal.pcbi.0010042; David J. Heeger, "Theory of Cortical Function," *Proceedings of the National Academy of Sciences* 114, no. 8 (February 6, 2017): 1773–82, https://doi.org/10.1073/pnas.1619788114.

55 這少於我在《AI 人工智慧的未來》（*How to Create a Mind*）書中根據較早期研究所估計的 3 億個，但因為相關數字是粗略估算的，這仍處於同一個大概範圍裡。此外，不同個體的情況也可能有顯著差異。

56 Jeff Hawkins, Subutai Ahmad, and Yuwei Cui, "A Theory of How Columns in the Neocortex Enable Learning the Structure of the World," *Frontiers in Neural Circuits* 11, no. 81 (October 25, 2017), https://doi.org/10.3389/fncir.2017.00081; Jeff Hawkins, *A Thousand Brains: A New Theory of Intelligence* (New York: Basic Books, 2021).

57 Mountcastle, "Columnar Organization of the Neocortex"; Sporns, Tononi, and Kötter, "The Human Connectome"; Heeger, "Theory of Cortical Function."

58 Malcolm W. Browne, "Who Needs Jokes? Brain Has a Ticklish Spot," *New York Times*, March 10, 1998, https://www.nytimes.com/1998/03/10/science/who-needs-

jokes-brain-has-a-ticklish-spot.html; Itzhak Fried et al., "Electric Current Stimulates Laughter," *Scientific Correspondence* 391, no. 650 (February 12, 1998), https://doi.org/10.1038/35536.

59 關於大腦的疼痛感知，不難理解的說明可參考 Kristin Muench, "Pain in the Brain," NeuWrite West, November 10, 2015, www.neuwritewest.org/blog/pain-in-the-brain.

60 Browne, "Who Needs Jokes?"

61 Robert Wright, "Scientists Find Brain's Irony- Detection Center!" *Atlantic*, August 5, 2012, https://www.theatlantic.com/health/archive/2012/08/scientists-find-brains-irony-detection-center/260728.

62 "Bigger Brains: Complex Brains for a Complex World," Smithsonian Institution, January 16, 2019, http://humanorigins.si.edu/human-characteristics/brains; David Robson, "A Brief History of the Brain," *New Scientist*, September 21, 2011, https://www.newscientist.com/article/mg21128311-800.

63 Stephanie Musgrave et al., "Tool Transfers Are a Form of Teaching Among Chimpanzees," *Scientific Reports* 6, article 34783 (October 11, 2016), https://doi.org/10.1038/srep34783.

64 Hanoch Ben-Yami, "Can Animals Acquire Language?," *Scientific American*, March 1, 2017, https://blogs.scientificamerican.com/guest-blog/can-animals-acquire-language; Klaus Zuberbühler, "Syntax and Compositionality in Animal Communication," *Philosophical Transactions of the Royal Society B* 375, article 20190062 (November 18, 2019), https://doi.org/10.1098/rstb.2019.0062.

65 有關我們的對生拇指的演化起源及其用處，易懂的解釋可參考 "Where Do Our Opposable Thumbs Come From?," HHMI BioInteractive, YouTube video, April 24, 2014, https://www.youtube.com/watch?v=lDSkmb4UTlo.

66 Ryan V. Raut et al., "Hierarchical Dynamics as a Macroscopic Organizing Principle of the Human Brain," *Proceedings of the National Academy of Sciences* 117, no. 35 (August 12, 2020): 20890–97, https://www.pnas.org/doi/10.1073/pnas.2003383117.

67 Herculano-Houzel, "Human Brain in Numbers"; Sporns, Tononi, and Kötter, "The Human Connectome"; Ji Yeoun Lee, "Normal and Disordered Formation of the Cerebral Cortex: Normal Embryology, Related Molecules, Types of Migration, Migration Disorders," *Journal of Korean Neurosurgical Society* 62, no. 3 (May 1, 2019): 265–71, https://doi.org/10.3340/jkns.2019.0098; Christopher Johansson and Anders Lansner, "Towards Cortex Sized Artificial Neural Systems," *Neural Networks* 20, no. 1 (January 2007): 48–61, https://doi.org/10.1016/j.neunet.2006.05.029.

68 若想更深入了解新皮質以及科學對高階認知的結構基礎不斷發展的認識，可參考 Matthew Barry Jensen, "Cerebral Cortex," Khan Academy, accessed November 20, 2021, https://www.khanacademy.org/science/health-and-medicine/human-anatomy-and-physiology/nervous-system-introduction/v/cerebral-cortex; Hawkins, Ahmad, and Cui, "Theory of How Columns in the Neocortex Enable Learning"; Jeff Hawkins et al., "A Framework for Intelligence and Cortical Function Based on Grid Cells in the Neocortex," *Frontiers in Neural Circuits* 12, no. 121 (January 11, 2019), https://doi.org/10.3389/fncir.2018.00121; Baoguo Shi et al., "Different Brain Structures Associated with Artistic and Scientific Creativity: A Voxel-Based Morphometry Study," *Scientific Reports* 7, no.

42911 (February 21, 2017), https://doi.org/10.1038/srep42911; Barbara L. Finlay and Kexin Huang, "Developmental Duration as an Organizer of the Evolving Mammalian Brain: Scaling, Adaptations, and Exceptions," *Evolution and Development* 22, nos. 1–2 (December 3, 2019), https://doi.org/10.1111/ede.12329.

69 有關記憶的聯想性質的簡單概述和較為技術性的講解，可參考 Shelly Fan, "How the Brain Makes Memories: Scientists Tap Memory's Neural Code," SingularityHub, July 10, 2015, https://singularityhub.com/2015/07/10/how-the-brain-makes-memories-scientists-tap-memorys-neural-code; Christos Papadimitriou, "Formation and Association of Symbolic Memories in the Brain," Simons Institute, YouTube video, March 31, 2017, https://www.youtube.com/watch?v=IZtYKApSTto.

70 有關從創造論轉到天擇演化論的更多資料，可參考 Phillip Sloan, "Evolutionary Thought Before Darwin," in *Stanford Encyclopedia of Philosophy*, ed. Edward N. Zalta (Winter 2019), https://plato.stanford.edu/entries/evolution-before-darwin; Christoph Marty, "Darwin on a Godless Creation: 'It's Like Confessing to a Murder,'" *Scientific American*, February 12, 2009, https://www.scientificamerican.com/article/charles-darwin-confessions.

71 有關查爾斯・萊爾的研究及其對達爾文的影響，進一步的資料可參考 Richard A. Fortey, "Charles Lyell and Deep Time," *Geoscience* 21, no. 9 (October 2011), https://www.geolsoc.org.uk/Geoscientist/Archive/October-2011/Charles-Lyell-and-deep-time; Gary Stix, "Darwin's Living Legacy," *Scientific American* 300, no. 1 (January 2009): 38–43, https://www.jstor.org/stable/26001418; Charles Darwin, *On the Origin of Species*, 6th ed. (London: John Murray, 1859; Project Gutenberg, 2013), https://www.gutenberg.org/files/2009/2009-h/2009-h.htm.

72 Walter F. Cannon, "The Uniformitarian-Catastrophist Debate," *Isis* 51, no. 1 (March 1960): 38–55, https://www.jstor.org/stable/227604; Jim Morrison, "The Blasphemous Geologist Who Rocked Our Understanding of Earth's Age," *Smithsonian*, August 29, 2016, https://www.smithsonianmag.com/history/father-modern-geology-youve-never-heard-180960203.

73 Charles Darwin and James T. Costa, *The Annotated* Origin: *A Facsimile of the First Edition of* On the Origin of Species (Cambridge, MA, and London: Belknap Press of Harvard University Press, 2009), 95, https://www.google.com/books/edition/The_Annotated_i_Origin_i/C0E03ilhSz4C.

74 Gordon Moore, "Cramming More Components onto Integrated Circuits," *Electronics* 38, no. 8 (April 19, 1965), https://archive.computerhistory.org/resources/access/text/2017/03/102770822-05-01-acc.pdf; Computer History Museum, "1965: 'Moore's Law' Predicts the Future of Integrated Circuits," Computer History Museum, accessed October 12, 2021, https://www.computerhistory.org/siliconengine/moores-law-predicts-the-future-of-integrated-circuits; Fernando J. Corbató et al., *The Compatible Time-Sharing System: A Programmer's Guide* (Cambridge, MA: MIT Press, 1990), http://www.bitsavers.org/pdf/mit/ctss/CTSS_ProgrammersGuide.pdf.

75 沒有人確知下一個計算技術範式是什麼，但近年一些看來有希望的相關研究可參考 Jeff Hecht, "Nanomaterials Pave the Way for the Next Computing Generation,"

Nature 608, S2–S3 (2022), https://www.nature.com/articles/d41586-022-02147-3; Peng Lin et al., "Three-Dimensional Memristor Circuits as Complex Neural Networks," *Nature Electronics* 3, no. 4 (April 13, 2020): 225–32, https://doi.org/10.1038/s41928-020-0397-9; Zhihong Chen, "Gate-All-Around Nanosheet Transistors Go 2D," *Nature Electronics* 5, no. 12 (December 12, 2022): 830–31, https://doi.org/10.1038/s41928-022-00899-4.

76 1888 年，何樂禮（Hollerith）製表機成為第一台實際用來做大量計算的機器。自此之後，計算能力性價比的指數式提升趨勢驚人地穩定持續至今。參見 Emile Cheysson, *The Electric Tabulating Machine*, trans. Arthur W. Fergusson (New York: C. C. Shelley, 1892), 2, https://books.google.com/books?id=rJgsAAAAYAAJ; Robert Sobel, *Thomas Watson, Sr.: IBM and the Computer Revolution* (Washington, DC: BeardBooks, 2000; originally published as *I.B.M., Colossus in Transition* by Times Books in 1981), 17, https://www.google.com/books/edition/Thomas_Watson_Sr/H8EFNMBGpY4C; US Bureau of Labor Statistics, "Consumer Price Index for All Urban Consumers: All Items in U.S. City Average (CPIAUCSL)," retrieved from FRED, Federal Reserve Bank of St. Louis, updated April 12, 2023, https://fred.stlouisfed.org/series/CPIAUCSL; Marguerite Zientara, "Herman Hollerith: Punched Cards Come of Age," *Computerworld* 15, no. 36 (September 7, 1981): 35, https://books.google.com/books?id=tk74jLc6HggC&pg=PA35&lpg=PA35; Frank da Cruz, "Hollerith 1890 Census Tabulator," Columbia University Computing History, April 17, 2021, http://www.columbia.edu/cu/computinghistory/census-tabulator.html.

77 Nick Bostrom, "Nick Bostrom The Intelligence Explosion Hypothesis eDay 2012," Redactie Emerce, YouTube video, November 20, 2012, https://www.youtube.com/watch?v=g3FMpn321zs.

78 DeepMind, "AlphaGo," DeepMind, accessed November 20, 2021, https://deepmind.com/research/case-studies/alphago-the-story-so-far.

79 DeepMind, "AlphaGo."

80 有關深藍與卡斯帕洛夫比賽的意義，精彩的闡述可參考 Mark Robert Anderson, "Twenty Years On from Deep Blue vs. Kasparov: How a Chess Match Started the Big Data Revolution," *The Conversation*, May 11, 2017, https://theconversation.com/twenty-years-on-from-deep-blue-vs-kasparov-how-a-chess-match-started-the-big-data-revolution-76882.

81 DeepMind, "AlphaGo Zero: Starting from Scratch," DeepMind, October 18, 2017, https://deepmind.com/blog/article/alphago-zero-starting-scratch; DeepMind, "AlphaGo"; Tom Simonite, "This More Powerful Version of AlphaGo Learns on Its Own," *Wired*, October 18, 2017, https://www.wired.com/story/this-more-powerful-version-of-alphago-learns-on-its-own; David Silver et al., "Mastering the Game of Go with Deep Neural Networks and Tree Search," *Nature* 529, no. 7587 (January 27, 2016): 484–89, https://doi.org/10.1038/nature16961.

82 Carl Engelking, "The AI That Dominated Humans in Go Is Already Obsolete," *Discover*, October 18, 2017, https://www.discovermagazine.com/technology/the-ai-that-dominated-humans-in-go-is-already-obsolete; DeepMind, "AlphaGo China," DeepMind, accessed November 20, 2021, https://deepmind.com/alphago-china; DeepMind, "AlphaGo Zero:

Starting from Scratch."

83 DeepMind, "AlphaGo Zero: Starting from Scratch."

84 David Silver et al., "AlphaZero: Shedding New Light on Chess, Shogi, and Go," DeepMind, December 6, 2018, https://deepmind.com/blog/article/alphazero-shedding-new-light-grand-games-chess-shogi-and-go.

85 Julian Schrittwiese et al., "MuZero: Mastering Go, Chess, Shogi and Atari Without Rules," DeepMind, December 23, 2020, https://deepmind.com/blog/article/muzero-mastering-go-chess-shogi-and-atari-without-rules.

86 AlphaStar Team, "AlphaStar: Mastering the Real-Time Strategy Game StarCraft II," DeepMind, January 24, 2019, https://deepmind.com/blog/article/alphastar-mastering-real-time-strategy-game-starcraft-ii; Noam Brown and Tuomas Sandholm, "Superhuman AI for Heads-Up No-Limit Poker: Libratus Beats Top Professionals," *Science* 359, no. 6374 (January 26, 2018): 418–24, https://doi.org/10.1126/science.aao1733; Cade Metz, "Inside Libratus, the Poker AI That Out-Bluffed the Best Humans," *Wired*, February 1, 2017, https://www.wired.com/2017/02/libratus.

87 有關《強權外交》的進一步討論可參考 "Diplomacy: Running the Game #40, Politics#3," Matthew Colville, YouTube video, July 15, 2017, https://www.youtube.com/watch?v=HWt0AQWjhPg; Ben Harsh, "Harsh Rules: Let's Learn to Play Diplomacy," Harsh Rules, YouTube video, August 9, 2018, https://www.youtube.com/watch?v=S-sSWsBdbNI; Blake Eskin, "World Domination: The Game," *Washington Post*, November 14, 2004, https://www.washingtonpost.com/archive/lifestyle/magazine/2004/11/14/world-domination-the-game/b65c9d9f-71c7-4846-961f-6dcdd1891e01; David Hill, "The Board Game of the Alpha Nerds," *Grantland*, June 18, 2014, https://grantland.com/features/diplomacy-the-board-game-of-the-alpha-nerds.

88 Matthew Hutson, "AI Learns the Art of Diplomacy," *Science*, November 22, 2022, https://www.science.org/content/article/ai-learns-art-diplomacy-game; Yoram Bachrach and János Kramár, "AI for the Board Game Diplomacy," DeepMind, December 6, 2022, https://www.deepmind.com/blog/ai-for-the-board-game-diplomacy.

89 Ira Boudway and Joshua Brustein, "Waymo's Long-Term Commitment to Safety Drivers in Autonomous Cars," Bloomberg, January 13, 2020, https://www.bloomberg.com/news/articles/2020-01-13/waymo-s-long-term-commitment-to-safety-drivers-in-autonomous-cars.

90 Aaron Pressman, "Google's Waymo Reaches 20 Million Miles of Autonomous Driving," *Fortune*, January 7, 2020, https://fortune.com/2020/01/07/googles-waymo-reaches-20-million-miles-of-autonomous-driving.

91 Darrell Etherington, "Waymo Has Now Driven 10 Billion Autonomous Miles in Simulation," *TechCrunch*, July 10, 2019, https://techcrunch.com/2019/07/10/waymo-has-now-driven-10-billion-autonomous-miles-in-simulation.

92 Gabriel Goh et al., "Multimodal Neurons in Artificial Neural Networks," *Distill*, March 4, 2021, https://distill.pub/2021/multimodal-neurons.

93 有關通用句子編碼器的更多資料，可參考 Yinfei Yang and Amin Ahmad, "Multilingual Universal Sentence Encoder for Semantic Retrieval," *Google Research*,

July 12, 2019, https://ai.googleblog.com/2019/07/multilingual-universal-sentence-encoder.html; Yinfei Yang and Chris Tar, "Advances in Semantic Textual Similarity," *Google Research*, May 17, 2018, https://ai.googleblog.com/2018/05/advances-in-semantic-textual-similarity.html; Daniel Cer et al., "Universal Sentence Encoder," arXiv:1803.11175v2 [cs.CL], April 12, 2018, https://arxiv.org/abs/1803.11175.

94 Rachel Syme, "Gmail Smart Replies and the Ever-Growing Pressure to E-Mail Like a Machine," *New Yorker*, November 28, 2018, https://www.newyorker.com/tech/annals-of-technology/gmail-smart-replies-and-the-ever-growing-pressure-to-e-mail-like-a-machine.

95 有關轉換器運作原理的較詳細解釋及其原始技術論文，參見 Giuliano Giacaglia, "How Transformers Work," *Medium*, March 11, 2019, https://medium.com/towards-data-science/transformers-141e32e69591; Ashish Vaswani et al., "Attention Is All You Need," arXiv:1706.03762v5 [cs.CL], December 6, 2017, https://arxiv.org/pdf/1706.03762.pdf.

96 Irene Solaiman et al., "GPT-2: 1.5B Release," OpenAI, November 5, 2019, https://openai.com/blog/gpt-2-1-5b-release.

97 Tom B. Brown et al., "Language Models Are Few-Shot Learners," arXiv:2005.14165[cs.CL], July 22, 2020, https://arxiv.org/abs/2005.14165.

98 Jack Ray et al., "Language Modelling at Scale: Gopher, Ethical Considerations, and Retrieval," DeepMind, December 8, 2021, https://www.deepmind.com/blog/language-modelling-at-scale-gopher-ethical-considerations-and-retrieval.

99 Pandu Nayak, "Understanding Searches Better Than Ever Before," Google, October 25, 2019, https://blog.google/products/search/search-language-understanding-bert; William Fedus et al., "Switch Transformers: Scaling to Trillion Parameter Models with Simple and Efficient Sparsity," arXiv:2101.03961 [cs.LG], January 11, 2021, https://arxiv.org/abs/2101.03961.

100 有關 GPT-3 較為深入的資料，可參考 Greg Brockman et al., "OpenAI API," OpenAI, June 11, 2020, https://openai.com/blog/openai-api; Brown et al., "Language Models Are Few-Shot Learners"; Kelsey Piper, "GPT- 3, Explained: This New Language AI Is Uncanny, Funny— and a Big Deal," *Vox*, August 13, 2020, https://www.vox.com/future-perfect/21355768/gpt-3-ai-openai-turing-test-language; "GPT- 3 Demo: New AI Algorithm Changes How We Interact with Technology," Disruption Theory, YouTube video, August 28, 2020, https://www.youtube.com/watch?v=8V20HkoiNtc.

101 David Cole, "The Chinese Room Argument," in *The Stanford Encyclopedia of Philosophy*, ed. Edward N. Zalta (Winter 2020), https://plato.stanford.edu/archives/win2020/entries/chinese-room; Amanda Askell (@amandaaskell), "GPT-3's completion of the Chinese room argument from Searle's 'Minds, Brains, and Programs' (original text is in bold)," Twitter, July 17, 2020, https://twitter.com/AmandaAskell/status/1284186919606251521; David J. Chalmers, *The Conscious Mind: In Search of a Fundamental Theory* (New York: Oxford University Press, 1996), 327.

102 Cade Metz, "Meet GPT-3. It Has Learned to Code (and Blog and Argue)," *New York Times*, November 24, 2020, https://www.nytimes.com/2020/11/24/science/artificial-intelligence-ai-gpt3.html.

103 有關 LaMDA 的更多資訊以及它接連扮演（矮）行星冥王星和一架紙飛機

與人進行對話的示範，參見 Eli Collins and Zoubin Ghahramani, "LaMDA: Our Breakthrough Conversation Technology," Google, May 18, 2021, https://blog.google/technology/ai/lamda; "Watch Google's AI LaMDA Program Talk to Itself at Length (Full Conversation)," CNET Highlights, YouTube video, May 18, 2021, https://www.youtube.com/watch?v=aUSSfo5nCdM.

104 Jeff Dean, "Google Research: Themes from 2021 and Beyond," *Google Research*, January 11, 2022, https://ai.googleblog.com/2022/01/google-research-themes-from-2021-and.html.

105 有關 DALL-E 極富創意的圖像創作例子，參見 Aditya Ramesh et al., "Dall-E: Creating Images from Text," OpenAI, January 5, 2021, https://openai.com/research/dall-e.

106 "Dall E 2," OpenAI, accessed June 30, 2022, https://openai.com/dall-e-2.

107 Chitwan Saharia et al., "Imagen," Google Research, Brain Team, Google, accessed June 30, 2022, https://imagen.research.google.

108 Saharia et al., "Imagen."

109 Scott Reed et al., "A Generalist Agent," DeepMind, May 12, 2022, https://deepmind.google/discover/blog/a-generalist-agent.

110 Wojciech Zaremba et al., "OpenAI Codex," OpenAI, August 10, 2021, https://openai.com/blog/openai-codex.

111 AlphaCode Team, "Competitive Programming with AlphaCode," DeepMind, December 8, 2022, https://www.deepmind.com/blog/competitive-programming-with-alphacode; Yujia Li et al., "Competition-Level Code Generation with AlphaCode," arXiv:2203.07814v1[cs.PL], February 8, 2022, https://arxiv.org/pdf/2203.07814.pdf.

112 Aakanksha Chowdhery, "PaLM: Scaling Language Modeling with Pathways," arXiv:2204.02311v3 [cs.CL], April 19, 2022, https://arxiv.org/pdf/2204.02311.pdf; Sharan Narang et al., "Pathways Language Model (PaLM): Scaling to 540 Billion Parameters for Breakthrough Performance," *Google AI Blog*, April 4, 2022, https://ai.googleblog.com/2022/04/pathways-language-model-palm-scaling-to.html.

113 Chowdhery, "PaLM: Scaling Language Modeling with Pathways."

114 Chowdhery, "PaLM: Scaling Language Modeling with Pathways."

115 Chowdhery, "PaLM: Scaling Language Modeling with Pathways."

116 OpenAI, "Introducing ChatGPT," OpenAI, November 30, 2022, https://openai.com/blog/chatgpt#OpenAI.

117 Krystal Hu, "ChatGPT Sets Record for Fastest-Growing User Base—Analyst Note," Reuters, February 2, 2023, https://www.reuters.com/technology/chatgpt-sets-record-fastest-growing-user-base-analyst-note-2023-02-01.

118 Kalley Huang, "Alarmed by A.I. Chatbots, Universities Start Revamping How They Teach," *New York Times*, January 16, 2023, https://www.nytimes.com/2023/01/16/technology/chatgpt-artificial-intelligence-universities.html; Emma Bowman, "A College Student Created an App That Can Tell Whether AI Wrote an Essay," NPR, January 9, 2023, https://www.npr.org/2023/01/09/1147549845/gptzero-ai-chatgpt-edward-tian-plagiarism; Patrick Wood and Mary Louise Kelly, " 'Everybody Is

Cheating': Why This Teacher Has Adopted an Open ChatGPT Policy," NPR, January 26, 2023, https://www.npr.org/2023/01/26/1151499213/chatgpt-ai-education-cheating-classroom-wharton-school; Matt O'Brien and Jocelyn Gecker, "Cheaters Beware: ChatGPT Maker Releases AI Detection Tool," Associated Press, January 31, 2023, https://apnews.com/article/technology-education-colleges-and-universities-france-a0ab654549de387316404a7be019116b; Geoffrey A. Fowler, "We Tested a New ChatGPT-Detector for Teachers. It Flagged an Innocent Student," *Washington Post*, April 3, 2023, https://www.washingtonpost.com/technology/2023/04/01/chatgpt-cheating-detection-turnitin.

119 OpenAI, "GPT-4," OpenAI, March 14, 2023, https://openai.com/research/gpt-4; Open AI, "GPT-4 Technical Report," arXiv:2303.08774v3 [cs.CL], March 27, 2023, https://arxiv.org/pdf/2303.08774.pdf; OpenAI, "GPT-4 System Card," OpenAI, March 23, 2023, https://cdn.openai.com/papers/gpt-4-system-card.pdf.

120 OpenAI, "Introducing GPT-4," YouTube video, March 15, 2023, https://www.youtube.com/watch?v=--khbXchTeE.

121 丹尼爾・費德曼（@d_feldman）在其推特上寫道：「左邊是 GPT-3.5。右邊是 GPT-4。如果你認為左邊的回答顯示 GPT-3.5 沒有一個世界模型……那你就必須同意右邊的回答顯示 GPT-4 有。」Twitter, March 17, 2023, https://twitter.com/d_feldman/status/1636955260680847361.

122 Danny Driess and Pete Florence, "PaLM-E: An Embodied Multimodal Language Model," Google Research, March 10, 2023, https://ai.googleblog.com/2023/03/palm-e-embodied-multimodal-language.html; Danny Driess et al., "PaLM-E: An Embodied Multimodal Language Model," arXiv:2303.03378v1 [cs.LG], March 6, 2023, https://arxiv.org/pdf/2303.03378.pdf.

123 Sundar Pichai and Demis Hassabis, "Introducing Gemini: Our Largest and Most Capable AI Model," Google, December 6, 2023, https://blog.google/technology/ai/google-gemini-ai; Sundar Pichai, "An Important Next Step on Our AI Journey," Google, February 6, 2023, https://blog.google/technology/ai/bard-google-ai-search-updates; Sarah Fielding, "Google Bard Is Switching to a More 'Capable' Language Model, CEO Confirms," *Engadget*, March 31, 2023, https://www.engadget.com/google-bard-is-switching-to-a-more-capable-language-model-ceo-confirms-133028933.html; Yusuf Mehdi, "Confirmed: The New Bing Runs on OpenAI's GPT-4," Microsoft Bing Blogs, March 14, 2023, https://blogs.bing.com/search/march_2023/Confirmed-the-new-Bing-runs-on-OpenAI%E2%80%99s-GPT-4; Tom Warren, "Hands- on with the New Bing: Microsoft's Step Beyond ChatGPT," *The Verge*, February 8, 2023, https://www.theverge.com/2023/2/8/23590873/microsoft-new-bing-chatgpt-ai-hands-on.

124 Johanna Voolich Wright, "A New Era for AI and Google Workspace," Google, March 14, 2023, https://workspace.google.com/blog/product-announcements/generative-ai; Jared Spa-taro, "Introducing Microsoft 365 Copilot—Your Copilot for Work," *Official Microsoft Blog*, March 16, 2023, https://blogs.microsoft.com/blog/2023/03/16/introducing-microsoft-365-copilot-your-copilot-for-work.

125 Markus Anderljung et al., "Compute Funds and Pre-Trained Models," Centre for the

Governance of AI, April 11, 2022, https://www.governance.ai/post/compute-funds-and-pre-trained-models; Jaime Sevilla et al., “Compute Trends Across Three Eras of Machine Learning,” arXiv:2202.05924v2 [cs.LG], March 9, 2022, https://arxiv.org/pdf/2202.05924.pdf; Dario Amodei and Danny Hernandez, “AI and Compute,” OpenAI, May 16, 2018, https://openai.com/blog/ai-and-compute.

126 Jacob Stern, “GPT-4 Has the Memory of a Goldfish,” *Atlantic*, March 17, 2023, https://www.theatlantic.com/technology/archive/2023/03/gpt-4-has-memory-context-window/673426.

127 這是將 1983 年以來性價比每隔略多於 1.34 年就倍增的長期趨勢向前推算。有關本書中所有計算能力歷史成本計算所使用的資料來源，請參閱附錄。

128 截至我撰寫本章時，AI 訓練的 MLPerf 基準的進步速度，幾乎是僅靠提高電晶體密度可以達到的速度的五倍。加速進步是拜軟體演算法改進和提高晶片效率的架構改進所賜。參見 Samuel K. Moore, “AI Training Is Outpacing Moore’s Law,” *IEEE Spectrum*, December 2, 2021, https://spectrum.ieee.org/ai-training-mlperf.

129 我撰寫本節時，GPT-3.5 API 的價格已降至每 50 萬個符元（約 37 萬個英文單詞）1.00 美元。你看到這一段時，價格很可能已進一步降低。參見 Ben Dickson, “OpenAI Is Reducing the Price of the GPT-3 API—Here’s Why It Matters,” *VentureBeat*, August 25, 2022, https://venturebeat.com/ai/openai-is-reducing-the-price-of-the-gpt-3-api-heres-why-it-matters; OpenAI, “Introducing APIs for GPT-3.5 Turbo and Whisper,” OpenAI, April 24, 2024, https://openai.com/blog/introducing-chatgpt-and-whisper-apis; OpenAI, “What Are Tokens and How to Count Them?,” OpenAI, accessed April 30, 2023, https://help.openai.com/en/articles/4936856-what-are-tokens-and-how-to-count-them.

130 Stephen Nellis, “Nvidia Shows New Research on Using AI to Improve Chip Designs,” Reuters, March 27, 2023, https://www.reuters.com/technology/nvidia-shows-new-research-using-ai-improve-chip-designs-2023-03-28.

131 Blaise Aguera y Arcas, “Do Large Language Models Understand Us?,” *Medium*, December 16, 2021, https://medium.com/@blaisea/do-large-language-models-understand-us-6f881d6d8e75.

132 更好的演算法降低了達到特定表現水準所需要的訓練計算量。越來越多研究顯示，就許多應用而言，演算法的進步與硬體的進步大致同樣重要。根據 2022 年的一項研究，從 2012 到 2021 年間，演算法的進步平均每九個月就使達到特定表現水準所需要的訓練計算量減少一半。參見 Ege Erdil and Tamay Besiroglu, “Algorithmic Progress in Computer Vision,” arXiv:2212.05153v4 [cs.CV] August 24, 2023, https://arxiv.org/pdf/2212.05153.pdf; Katja Grace, *Algorithmic Progress in Six Domains*, Machine Intelligence Research Institute technical report 2013-3, December 9, 2013, https://intelligence.org/files/AlgorithmicProgress.pdf.

133 Anderljung et al., “Compute Funds and Pre-Trained Models.”

134 Sevilla et al., “Compute Trends Across Three Eras of Machine Learning”；有關本書中所有計算能力歷史成本計算所使用的資料來源，請參閱附錄。

135 Anderljung et al., “Compute Funds and Pre-Trained Models”; Sevilla et al., “Compute Trends Across Three Eras of Machine Learning”; Amodei and Hernandez, “AI and

Compute."

136 "Dallas Fed Energy Survey," Federal Reserve Bank of Dallas, March 27, 2019, https://www.dallasfed.org/research/surveys/des/2019/1901.aspx#tab-questions.

137 有關大數據，清楚易懂的概述可參考 Rebecca Tickle, "What Is Big Data?," Computerphile, YouTube video, May 15, 2019, https://www.youtube.com/watch?v=H4bf_uuMC-g.

138 有關智能爆發的潛在性質，深入得多的討論可參考 Nick Bostrom, "The Intelligence Explosion Hypothesis— eDay 2012," EMERCE, YouTube video, November 19, 2012, https://www.youtube.com/watch?v=g3FMpn321zs; Luke Muehlhauser and Anna Salamon, "Intelligence Explosion: Evidence and Import," in *Singularity Hypotheses: A Scientific and Philosophical Assessment*, ed. Amnon Eden et al. (Berlin: Springer, 2013), https://intelligence.org/files/IE-EI.pdf; Eliezer Yudkowsky, "Recursive Self-Improvement," LessWrong.com, December 1, 2008; Eliezer Yudkowsky, "Hard Takeoff," LessWrong.com, December 2, 2008; Eliezer Yudkowsky, *Intelligence Explosion Microeconomics*, Machine Intelligence Research Institute technical report 2013-1, September 13, 2013, https://intelligence.org/files/IEM.pdf; I. J. Good, "Speculations Concerning the First Ultraintelligent Machine," *Advances in Computers* 6 (1966): 31–88, https://doi.org/10.1016/S0065-2458(08)60418-0; Ephrat Livni, "The Mirror Test for Animal Self-Awareness Reflects the Limits of Human Cognition," *Quartz*, December 19, 2018, https://qz.com/1501318/the-mirror-test-for-animals-reflects-the-limits-of-human-cognition; Darold A. Treffert, "The Savant Syndrome: An Extraordinary Condition. A Synopsis: Past, Present, Future," *Philosophical Transactions of the Royal Society B: Biological Sciences* 364, no. 1522 (May 27, 2009): 1351–57, https://doi.org/10.1098/rstb.2008.0326.

139 Robin Hanson and Eliezer Yudkowsky, *The Hanson-Yudkowsky AI-Foom Debate*, Machine Intelligence Research Institute, 2013, https://intelligence.org/files/AIFoomDebate.pdf.

140 *Hanson and Yudkowsky, Hanson-Yudkowsky AI-Foom Debate.*

141 Jon Brodkin, "1.1 Quintillion Operations per Second: US Has World's Fastest Supercomputer," *Ars Technica*, May 31, 2022, https://arstechnica.com/information-technology/2022/05/1-1-quintillion-operations-per-second-us-has-worlds-fastest-supercomputer; "November 2022," Top500.org, accessed November 14, 2023, https://www.top500.org/lists/top500/2022/11.

142 Open Philanthropy 的 Joseph Carlsmith 發表的一份傑出報告深入探討了有關該問題的多個觀點，而 AI Impacts 則概述了利用各種方法得出的許多估計，參見 Joseph Carlsmith, *How Much Computational Power Does It Take to Match the Human Brain?* , Open Philanthropy, September 11, 2020, https://www.openphilanthropy.org/brain-computation-report; "Brain Performance in FLOPS," AI Impacts, July 26, 2015, https://aiimpacts.org/brain-performance-in-flops.

143 Herculano-Houzel, "Human Brain in Numbers"; David A. Drachman, "Do We Have Brain to Spare?," *Neurology* 64, no. 12 (June 27, 2005), https://doi.org/10.1212/01.WNL.0000166914.38327.BB; Ernest L. Abel, *Behavioral Teratogenesis and Behavioral*

Mutagenesis: A Primer in Abnormal Development (New York: Plenum Press, 1989), 113, https://books.google.co.uk/books?id=gV0rBgAAQBAJ.

144 "Neuron Firing Rates in Humans," AI Impacts, April 14, 2015, https://aiimpacts.org/rate-of-neuron-firing; Peter Steinmetz et al., "Firing Behavior and Network Activity of Single Neurons in Human Epileptic Hypothalamic Hamartoma," *Frontiers in Neurology* 2, no. 210 (December 27, 2013), https://doi.org/10.3389/fneur.2013.00210.

145 "Neuron Firing Rates in Humans," AI Impacts.

146 Ray Kurzweil, *The Singularity Is Near* (New York: Viking, 2005), 125; Hans Moravec, *Mind Children: The Future of Robot and Human Intelligence* (Cambridge, MA; Harvard University Press, 1988), 59, https://books.google.co.uk/books?id=56mb7XuSx3QC.

147 Preeti Raghavan, "Stroke Recovery Timeline," Johns Hopkins Medicine, accessed April 27, 2023, https://www.hopkinsmedicine.org/health/conditions-and-diseases/stroke/stroke-recovery-timeline; Apoorva Mandavilli, "The Brain That Wasn't Supposed to Heal," *Atlantic*, April 7, 2016, https://www.theatlantic.com/health/archive/2016/04/brain-injuries/477300.

148 截至 2023 年初，Google Cloud 的 TPU v5e 系統每小時 1,000 美元的費用可換得每秒約 328 千兆次的計算，也就是在 10^{17} 的數量級。雲端運算能力租用服務普及，有效地大幅降低了許多使用者的成本，但必須注意的是，這與過去的計算成本數字並不完全相稱，因為過去的計算成本主要是購買設備的成本。租用的時間無法直接與購買的硬體的使用時間比較，但一個合理的粗略比較（忽略許多細節，例如 IT 人員工資、電力和折舊）是 4,000 小時工作時間的成本。按照這個標準，TPU v5e 每 1,000 美元可以換到的持續計算速度平均超過每秒 130 兆次（在 10^{14} 的數量級）。有關本書中所有計算能力歷史成本計算所使用的資料來源，請參閱附錄。

149 這是將 1983 年以來性價比每隔略多於 1.34 年就倍增的長期趨勢向前推算。有關本書中所有計算能力歷史成本計算所使用的資料來源，請參閱附錄。

150 Anders Sandberg and Nick Bostrom, *Whole Brain Emulation: A Roadmap*, technical report 2008-3, Future of Humanity Institute, Oxford University (2008), 80–81, https://www.fhi.ox.ac.uk/brain-emulation-roadmap-report.pdf.

151 Sandberg and Bostrom, *Whole Brain Emulation*.

152 Mitch Kapor and Ray Kurzweil, "A Wager on the Turing Test: The Rules," KurzweilAI.net, April 9, 2002, http://www.kurzweilai.net/a-wager-on-the-turing-test-the-rules.

153 Edward Moore Geist, "It's Already Too Late to Stop the AI Arms Race—We Must Manage It Instead," *Bulletin of the Atomic Scientists* 72, no. 5 (August 15, 2016): 318–21, https://doi.org/10.1080/00963402.2016.1216672.

154 可參考著名科學作家 John Horgan 在《紐約時報》發表的一篇具代表性的文章：John Horgan, "Smarter than Us? Who's Us?," *New York Times*, May 4, 1997, https://www.nytimes.com/1997/05/04/opinion/smarter-than-us-who-s-us.html.

155 例子可參考 Hubert L. Dreyfus, "Why We Do Not Have to Worry About Speaking the Language of the Computer," *Information Technology & People* 11, no. 4 (December 1998): 281–89, https://personal.lse.ac.uk/whitley/allpubs/heideggerspecialissue/heidegger01.pdf; Selmer Bringsjord, "Chess Is Too Easy," *MIT Technology Review*,

March 1, 1998, https://www.technologyreview.com/1998/03/01/237087/chess-is-too-easy.

156 值得注意的是，第一個玩填字遊戲表現好過多數人類的 AI 是 Proverb，而 Noam Shazeer 是設計它的博士生之一。他後來去了 Google 工作，是〈Attention Is All You Need〉這篇論文的主要作者，而該論文發明了大型語言模型的轉換器架構，成為最新 AI 革命的驅動力。參見 Duke University, "Duke Researchers Pit Computer Against Human Crossword Puzzle Players," *ScienceDaily*, April 20, 1999, https://www.sciencedaily.com/releases/1999/04/990420064821.htm; Vaswani et al., "Attention Is All You Need."

157 具代表性的比賽影片以及對華生表現和比賽的分析，可參考 OReilly, "Jeopardy! IBM Challenge Day 3 (HD) Ken Jennings vs. WATSON vs. Brad Rutter (02- 16- 11)," Vimeo video, June 19, 2017, https://vimeo.com/222234104; Sam Gustin, "Behind IBM's Plan to Beat Humans at Their Own Game," *Wired*, February 14, 2011, https://www.wired.com/2011/02/watson-jeopardy; John Markoff, "Computer Wins on 'Jeopardy!': Trivial, It's Not," *New York Times*, February 16, 2011, https://www.nytimes.com/2011/02/17/science/17jeopardy-watson.html.

158 "Show #6088— Wednesday, February 16, 2011," J! Archive, accessed April 30, 2023, https://j-archive.com/showgame.php?game_id=3577.

159 "Show #6088— Wednesday, February 16, 2011," J! Archive.

160 Jeffrey Grubb, "Google Duplex: A.I. Assistant Calls Local Businesses to Make Appointments," Jeff Grubb's Game Mess, YouTube video, May 8, 2018, https://www.youtube.com/watch?v=D5VN56jQMWM; Georgina Torbet, "Google Duplex Begins International Rollout with a New Zealand pilot," *Engadget*, October 22, 2019, https://www.engadget.com/2019-10-22-google-duplex-pilot-new-zealand.html; IBM, "Man vs. Machine: Highlights from the Debate Between IBM's Project Debater and Harish Natarajan," Business-WorldTV, YouTube video, February 13, 2019, https://www.youtube.com/watch?v=nJXcFtY9cWY.

161 有關大型語言模型的幻覺問題，進一步的資料可參考 Tom Simonite, "AI Has a Hallucination Problem That's Proving Tough to Fix," *Wired*, March 9, 2018, https://www.wired.com/story/ai-has-a-hallucination-problem-thats-proving-tough-to-fix; Craig S. Smith, "Hallucinations Could Blunt ChatGPT's Success," *IEEE Spectrum*, March 13, 2023, https://spectrum.ieee.org/ai-hallucination; Cade Metz, "What Makes A.I. Chatbots Go Wrong?," *New York Times*, March 29, 2023 (updated April 4, 2023), https://www.nytimes.com/2023/03/29/technology/ai-chatbots-hallucinations.html; Ziwei Ji et al., "Survey of Hallucination in Natural Language Generation," *ACM Computing Surveys* 55, no.12, article 248 (March 3, 2023): 1–38, https://doi.org/10.1145/3571730.

162 Jonathan Cohen, "Right on Track: NVIDIA Open-Source Software Helps Developers Add Guardrails to AI Chatbots," NVIDIA, April 25, 2023, https://blogs.nvidia.com/blog/2023/04/25/ai-chatbot-guardrails-nemo.

163 Turing, "Computing Machinery and Intelligence."

164 Turing, "Computing Machinery and Intelligence."

165 例如，在 2014 年，一個名為 Eugene Goostman 的聊天機器人因模仿一名英語說得很差的 13 歲烏克蘭男孩，而被媒體大幅報導它通過了圖靈測試，但這不是它應得到的。參見 Doug Aamoth "Interview with Eugene Goostman, the Fake Kid Who Passed the Turing Test," *Time*, June 9, 2014, https://time.com/2847900/eugene-goostman-turing-test.

166 有關我們的 Google 團隊提供的關於「與書對話」如何運作的更多資料，以及 Chris Anderson 對我的 TED 播客訪問，參見 Google AI, "Talk to Books," *Experiments with Google*, September 2018, https://experiments.withgoogle.com/talk-to-books; Chris Anderson, "Ray Kurzweil on What the Future Holds Next," in *The Ted Interview* podcast, December 2018, https://www.ted.com/talks/the_ted_interview_ray_kurzweil_on_what_the_future_holds_next/transcript.

167 有關 fMRI 技術的說明，可參考 Mark Stokes, "What Does fMRI Measure?," *Scitable*, May 16, 2015, https://www.nature.com/scitable/blog/brain-metrics/what_does_fmri_measure.

168 Sriranga Kashyap et al., "Resolving Laminar Activation in Human V1 Using Ultra-High Spatial Resolution fMRI at 7T," *Scientific Reports* 8, article 17-63 (November 20, 2018), https://doi.org/10.1038/s41598-018-35333-3; Jozien Goense, Yvette Bohraus, and Nikos K. Logothetis, "fMRI at High Spatial Resolution: Implications for BOLD-Models," *Frontiers in Computational Neuroscience* 10, no. 66 (June 28, 2016), https://doi.org/10.3389/fncom.2016.00066.

169 有些技術可以提升時間解析度至 100 毫秒，但代價是空間解析度大幅降低至 5-6 公釐左右。參見 Benjamin Zahneisen et al., "Three-Dimensional MR-Encephalography: Fast Volumetric Brain Imaging Using Rosette Trajectories," *Magnetic Resonance in Medicine* 65, no. 5 (May 2011): 1260–68, https://doi.org/10.1002/mrm.22711; David A. Feinberg et al., "Multiplexed Echo Planar Imaging for Sub-Second Whole Brain FMRI and Fast Diffusion Imaging.," *PLoS ONE* 5, no. 12: e15710 (December 20, 2010), https://doi.org/10.1371/journal.pone.0015710.

170 Alexandra List et al., "Pattern Classification of EEG Signals Reveals Perceptual and Attentional States," *PLoS ONE* 12, no. 4: e0176349 (April 26, 2017), https://doi.org/10.1371/journal.pone.0176349; Boris Burle et al., "Spatial and Temporal Resolutions of EEG: Is It Really Black and White? A Scalp Current Density View," *International Journal of Psychophysiology* 97, no. 3 (September 2015): 210–20, https://doi.org/10.1016/j.ijpsycho.2015.05.004.

171 Yahya Aghakhani et al., "Co-Localization Between the BOLD Response and Epileptiform Discharges Recorded by Simultaneous Intracranial EEG-fMRI at 3 T," *NeuroImage: Clinical* 7 (2015): 755–63, https://doi.org/10.1016/j.nicl.2015.03.002; Brigitte Stemmer and Frank A. Rodden, "Functional Brain Imaging of Language Processes," in *International Encyclopedia of the Social & Behavioral Sciences*, ed. James D. Wright, 2nd ed. (Amsterdam: Elsevier Science, 2015), 476–513, https://doi.org/10.1016/B978-0-08-097086-8.54009-4; Burle et al., "Spatial and Temporal Resolutions of EEG," https://pubmed.ncbi.nlm.nih.gov/25979156; Claudio Babiloni et al., "Fundamentals of Electroencefalography, Magnetoencefalography, and Functional Magnetic Resonance Imaging," in *Brain Machine Interfaces for Space Applications:*

Enhancing Astronaut Capabilities, ed. Luca Rossini, Dario Izzo, and Leopold Summerer (New York: Academic Press, 2009), 73, https://books.google.co.uk/books?id=l5Q1bul_ZbEC.

172 BrainGate 系統實際使用的影片參見 BrainGate Collaboration, "Thought Control of Robotic Arms Using the BrainGate System," NIHNINDS, YouTube video, May 16, 2012, https://www.youtube.com/watch?v=QRt8QCx3BCo.

173 Tech at Meta, "Imagining a New Interface: Hands-Free Communication Without Saying a Word," *Facebook Reality Labs*, March 30, 2020, https://tech.fb.com/imagining-a-new-interface-hands-free-communication-without-saying-a-word; Tech at Meta, "BCI Milestone: New Research from UCSF with Support from Facebook Shows the Potential of Brain-Computer Interfaces for Restoring Speech Communication," *Facebook Reality Labs*, July 14, 2021, https://tech.fb.com/ar-vr/2021/07/bci-milestone-new-research-from-ucsf-with-support-from-facebook-shows-the-potential-of-brain-computer-interfaces-for-restoring-speech-communication; Joseph G. Makin et al., "Machine Translation of Cortical Activity to Text with an Encoder–Decoder Framework," *Nature Neuroscience* 23, no. 4 (March 30, 2020): 575–82, https://doi.org/10.1038/s41593-020-0608-8.

174 Antonio Regalado, "Facebook Is Ditching Plans to Make an Interface that Reads the Brain," *MIT Technology Review*, July 14, 2021, https://www.technologyreview.com/2021/07/14/1028447/facebook-brain-reading-interface-stops-funding.

175 有關 Neuralink 的腦機介面目標，長篇但非常容易理解的概念解釋以及利用更多技術細節解釋該技術的工作論文，參見 Tim Urban, "Neuralink and the Brain's Magical Future (G-Rated Version)," *Wait But Why*, April 20, 2017, https://waitbutwhy.com/2017/04/neuralink-cleanversion.html; Elon Musk and Neuralink, "An Integrated Brain-Machine Interface Platform with Thousands of Channels," Neuralink working paper, July 17, 2019, bioRxiv 703801, https://doi.org/10.1101/703801.

176 John Markoff, "Elon Musk's Neuralink Wants 'Sewing Machine-Like' Robots to Wire Brains to the Internet," *New York Times*, July 16, 2019, https://www.nytimes.com/2019/07/16/technology/neuralink-elon-musk.html.

177 那隻猴子的表現可以看以下影片："Monkey MindPong," Neuralink, YouTube video, April 8, 2021, https://www.youtube.com/watch?v=rsCul1sp4hQ.

178 Kelsey Ables, "Musk's Neuralink Implants Brain Chip in its First Human Subject," *Washington Post*, January 30, 2024, https://www.washingtonpost.com/business/2024/01/30/neuralink-musk-first-human-brain-chip; Neuralink, "Neuralink Clinical Trial," Neuralink, accessed February 6, 2024, https://neuralink.com/pdfs/PRIME-Study-Brochure.pdf; Rachael Levy and Hyunjoo Jin, "Musk Expects Brain Chip Start-up Neuralink to Implant 'First Case' This Year," Reuters, June 20, 2023, https://www.reuters.com/technology/musk-expects-brain-chip-start-up-neuralink-implant-first-case-this-year-2023-06-16; Rachael Levy and Marisa Taylor, "U.S. Regulators Rejected Elon Musk's Bid to Test Brain Chips in Humans, Citing Safety Risks," Reuters, March 2, 2023, https://www.reuters.com/investigates/special-report/neuralink-musk-fda; Mary Beth Griggs, "Elon Musk Claims Neuralink Is About 'Six

Months' Away from First Human Trial," *The Verge*, November 30, 2022, https://www.theverge.com/2022/11/30/23487307/neuralink-elon-musk-show-and-tell-2022.

179 Andrew Tarantola, "DARPA Is Helping Six Groups Create Neural Interfaces for Our Brains," *Engadget*, July 10, 2017, https://www.engadget.com/2017-07-10-darpa-taps-five-organizations-to-develop-neural-interface-tech.html.

180 "Brown to Receive up to $19M to Engineer Next-Generation Brain-Computer Interface," Brown University, July 10, 2017, https://www.brown.edu/news/2017-07-10/neurograins; Jihun Lee et al., "Wireless Ensembles of Sub-mm Microimplants Communicating as a Network near 1 GHz in a Neural Application," bioRxiv 2020.09.11.293829 (preprint), September 13, 2020, https://www.biorxiv.org/content/10.1101/2020.09.11.293829v1.

181 有關新皮質層級結構的更多資料，可參考 Stewart Shipp, "Structure and Function of the Cerebral Cortex," *Current Biology* 17, no. 12 (June 19, 2007): R443–R449, https://www.cell.com/current-biology/pdf/S0960-9822(07)01148-7.pdf; Claus C. Hilgetag and Alexandros Goulas, " 'Hierarchy' in the Organization of Brain Networks," *Philosophical Transactions of the Royal Society B*, February 24, 2020, https://doi.org/10.1098/rstb.2019.0319; Jeff Hawkins et al., "A Theory of How Columns in the Neocortex Enable Learning the Structure of the World," *Frontiers in Neural Circuits*, October 25, 2017, https://doi.org/10.3389/fncir.2017.00081.

182 我在這裡所說的「直接」，是指生物式神經元與數位神經元在邏輯和計算上的直接功能型溝通。但物理訊號可能會經由植入身體和／或穿戴式的、數量較少的傳輸裝置從雲端接收和傳送給雲端。

183 有關動物與人類語言能力差距的簡短解釋，可參考 Ben-Yami, "Can Animals Acquire Language?" https://www.scientificamerican.com/blog/guest-blog/can-animals-acquire-language.

第3章

1 Samuel Butler, *Erewhon: Or, Over the Range*, 2nd ed. (London: Trübner & Co, 1872), 190, http://www.gutenberg.org/files/1906/1906-h/1906-h.htm.

2 Butler, *Erewhon*, vi.

3 有關動物意識的科學和哲學討論，參見 Colin Allen and Michael Trestman, "Animal Consciousness," in *Stanford Encyclopedia of Philosophy*, ed. Edward N. Zalta (Winter 2017), https://plato.stanford.edu/entries/consciousness-animal; "Just How Smart Are Dolphins?," BBC Earth, YouTube video, October 19, 2014, https://www.youtube.com/watch?v=6M92OA-_5-Y; John Green, "Non-Human Animals," CrashCourse, YouTube video, January 16, 2017, https://www.youtube.com/watch?v=y3-BX-jN_Ac; Joe Rogan and Roger Penrose, "Are Animals Conscious Like We Are?," JRE Clips, YouTube video, December 18, 2018, https://www.youtube.com/watch?v=TlzY_KvGSZ4.

4 有關齧齒動物的意識，進一步的資料參見 Alla Katnelson, "What the Rat Brain Tells Us About Yours," *Nautilus*, April 13, 2017, http://nautil.us/issue/47/consciousness/what-the-rat-brain-tells-us-about-yours; Jessica Hamzelou, "Zoned-Out Rats May Give Clue to Consciousness," *New Scientist*, October 5, 2011, https://www.newscientist.com/

article/mg21128333-700; Cyriel Pennartz et al., "Indicators and Criteria of Consciousness in Animals and Intelligent Machines: An Inside-Out Approach," *Frontiers in Systems Neuroscience* 13, no. 25 (July 16, 2019), https://www.frontiersin.org/articles/10.3389/fnsys.2019.00025/full; "Scientists Manipulate Consciousness in Rats," National Institutes of Health, December 18, 2015, https://www.nih.gov/news-events/news-releases/scientists-manipulate-consciousness-rats.

5 Douglas Fox, "Consciousness in a Cockroach," *Discover*, January 10, 2007, https://www.discovermagazine.com/mind/consciousness-in-a-cockroach; Suzana Herculano-Houzel, "The Human Brain in Numbers: A Linearly Scaled-Up Primate Brain," *Frontiers in Human Neuroscience* 3, no. 31 (August 5, 2009), https://www.ncbi.nlm.nih.gov/pmc/articles/PMC2776484.

6 Colin Barras, "Smart Amoebas Reveal Origins of Primitive Intelligence," *New Scientist*, October 29, 2008, https://www.newscientist.com/article/dn15068; Yuriv V. Pershin et al., "Memristive Model of Amoeba's Learning," *Physical Review E: Statistical Physics, Plasmas, Fluids, and Related Interdisciplinary Topics* 80, 021926 (July 27, 2009), https://arxiv.org/pdf/0810.4179.pdf.

7 有關動物相對高級的意識，進一步的討論可參考 Philip Low et al., "The Cambridge Declaration on Consciousness," Francis Crick Memorial Conference 2012: Consciousness in Animals, University of Cambridge, July 7, 2012, http://fcmconference.org/img/CambridgeDeclarationOnConsciousness.pdf; Virginia Morell, "Monkeys Master a Key Sign of Self-Awareness: Recognizing Their Reflections," *Science*, February 13, 2017, https://www.sciencemag.org/news/2017/02/monkeys-master-key-sign-self-awareness-recognizing-their-reflections; Melanie Boly et al., "Consciousness in Humans and Nonhuman Animals: Recent Advances and Future Directions," *Frontiers in Psychology* 4, no. 625 (October 31, 2013), https://www.ncbi.nlm.nih.gov/pmc/articles/PMC3814086; Marc Bekoff, "Animals Are Conscious and Should be Treated as Such," *New Scientist*, September 19, 2012, https://www.newscientist.com/article/mg21528836-200; Elizabeth Pennisi, "Are Our Primate Cousins 'Conscious'?," *Science* 284, no. 5423 (June 25, 1999): 2073–76.

8 Low et al., "Cambridge Declaration on Consciousness."

9 Danielle S. Bassett and Michael S. Gazzaniga, "Understanding Complexity in the Human Brain," *Trends in Cognitive Science* 15, no. 5 (May 2011): 200–209, https://www.ncbi.nlm.nih.gov/pmc/articles/PMC3170818; Xerxes D. Arsiwalla and Paul Verschure, "Measuring the Complexity of Consciousness," *Frontiers in Neuroscience* 12, no. 424 (June 27, 2018), https://doi.org/10.3389/fnins.2018.00424.

10 有關感質，容易理解、引人入勝的一段影片以及比較深入和技術性的百科全書式解說參見 Michael Stevens, "Is Your Red the Same as My Red?," Vsauce, YouTube video, February 17, 2013, https://www.youtube.com/watch?v=evQsOFQju08; Michael Tye, "Qualia," in *Stanford Encyclopedia of Philosophy*, ed. Edward N. Zalta (Summer 2018), https://plato.stanford.edu/entries/qualia.

11 有關大衛．查默斯的殭屍概念和約翰．瑟爾與此相關的「中文房間」思想實驗（說明主觀意識為什麼不能從行為得到證明），更多的討論可參考 John Green,

"Where Does Your Mind Reside?," CrashCourse, YouTube video, August 1, 2016, https://www.youtube.com/watch?v=3SJROTXnmus; John Green, "Artificial Intelligence & Personhood," CrashCourse, YouTube video, August 8, 2016, https://www.youtube.com/watch?v=39EdqUbj92U; Marcus Du Sautoy, "The Chinese Room Experiment: The Hunt for AI," BBC Studios, YouTube video, September 17, 2015, https://www.youtube.com/watch?v=D0MD4sRHj1M; Robert Kirk, "Zombies," in *Stanford Encyclopedia of Philosophy*, ed. Edward N. Zalta (Spring 2019), https://plato.stanford.edu/entries/zombies; David Cole, "The Chinese Room Argument," in *Stanford Encyclopedia of Philosophy*, ed. Edward N. Zalta (Spring 2019), https://plato.stanford.edu/entries/chinese-room.

12 查默斯對意識的難題和簡單問題較為詳細的看法，可參考 David Chalmers, "Hard Problem of Consciousness," Serious Science, YouTube video, July 5, 2016, https://www.youtube.com/watch?v=C5DfnIjZPGw; David Chalmers, "The Meta-Problem of Consciousness," Talks at Google, YouTube video, April 2, 2019, https://www.youtube.com/watch?v=OsYUWtLQBS0; David Chalmers, "Facing Up to the Problem of Consciousness," *Journal of Consciousness Studies* 2, no. 3 (1995): 200–219, http://consc.net/papers/facing.html.

13 有關查默斯對殭屍、泛原型心論和哲學殭屍的深入看法，參見 David J. Chalmers, "Panpsychism and Panprotopsychism," in *Panpsychism*, ed. Godehard Bruntrup and Ludwig Jaskolla (New York: Oxford University Press, 2016), http://consc.net/papers/panpsychism.pdf; David Chalmers, "Panpsychism and Explaining Consciousness," Oppositum, TED Talk, YouTube video, January 18, 2016, https://www.youtube.com/watch?v=SiYfN7-gaLk; David Chalmers, "How Does Panpsychism Fit in Between Dualism and Materialism?," Loyola Productions Munich, YouTube video, November 8, 2011, https://www.youtube.com/watch?v=OSmfhc_8gew.

14 諾貝爾物理學獎得主 Sir Roger Penrose 與醫師 Stuart Hameroff 一起提出了一種名為協調客觀還原（orchestrated objective reduction，簡稱 Orch OR）的富爭議理論，試圖將意識解釋為源自神經元內部被稱為微管（microtubules）的分子內的量子過程。但這個理論至今未能獲得科學界廣泛接受。Max Tegmark 等物理學家注意到，量子效應在大腦中的去相干（decohere）速度可能太快，以致無法影響大尺度的結構和控制行為。雖然協調客觀還原是一種令人著迷的可能性，但我並未看到任何令人信服的證據可以證明解釋人腦中的功能型意識需要訴諸量子物理學。參見 Steve Paulson, "Roger Penrose on Why Consciousness Does Not Compute," *Nautilus*, April 27, 2017, https://nautil.us/roger-penrose-on-why-consciousness-does-not-compute-236591; Max Tegmark, "The Importance of Quantum Decoherence in Brain Processes," *Physical Review E: Statistical Physics, Plasmas, Fluids, and Related Interdisciplinary Topics* 61 (May 2000): 4194–206, https://arxiv.org/pdf/quant-ph/9907009.pdf; Stuart Hameroff, "How Quantum Brain Biology Can Rescue Conscious Free Will," *Frontiers in Integrative Neuroscience* 6, article 93 (October 12, 2012), https://doi.org/10.3389/fnint.2012.00093.

15 有關自由意志及其在哲學和政治上的不同思想流派，比較深入的探討可參考 John Green, "Determinism vs. Free Will," Crash Course, YouTube video, August 15, 2016, https://www.youtube.com/watch?v=vCGtkDzELAI; M. S., "Free Will and

Politics," *Economist*, January 12, 2012, https://www.economist.com/democracy-in-america/2012/01/12/free-will-and-politics; Timothy O'Connor and Christopher Franklin, "Free Will," in *Stanford Encyclopedia of Philosophy*, ed. Edward N. Zalta (Summer 2019), https://plato.stanford.edu/entries/freewill; Randolph Clarke and Justin Capes, "Incompatibilist (Nondeterministic) Theories of Free Will," in *Stanford Encyclopedia of Philosophy*, ed. Edward N. Zalta (Spring 2017), https://plato.stanford.edu/entries/incompatibilism-theories; Michael McKenna and Justin D. Coates, "Compatibilism," in *Stanford Encyclopedia of Philosophy*, ed. Edward N. Zalta (Winter 2018), https://plato.stanford.edu/entries/compatibilism.

16 有關自由意志和預先決定，非常有趣的一系列非技術觀點參見 Shaun Nichols, "Free Will Versus the Programmed Brain," *Scientific American*, August 19, 2008, https://www.scientificamerican.com/article/free-will-vs-programmed-brain; Bill Nye, "Hey Bill Nye, Do Humans Have Free Will?," *Big Think*, YouTube video, January 19, 2016, https://www.youtube.com/watch?v=ITdMa2bCaVc; Michio Kaku, "Why Physics Ends the Free Will Debate," *Big Think*, YouTube video, May 20, 2011, https://www.youtube.com/watch?v=Jint5kjoy6I; Stephen Cave, "There's No Such Thing as Free Will," *Atlantic*, June 2016, https://www.theatlantic.com/magazine/archive/2016/06/theres-no-such-thing-as-free-will/480750.

17 Simon Blackburn, *Think: A Compelling Introduction to Philosophy* (Oxford, UK: Oxford University Press, 1999), 85, https://books.google.co.uk/books?id=yEEITQSyxAMC.

18 關於細胞自動機，較深入的解說和示範可參考 Daniel Shiffman, "Cellular Automata," chap. 7 in *The Nature of Code* (Magic Book Project, 2012), https://natureofcode.com/book/chapter-7-cellular-automata; Devin Acker, "Elementary Cellular Automaton," Github.io, accessed March 10, 2023, http://devinacker.github.io/celldemo; Francesco Berto and Jacopo Tagliabue, "Cellular Automata," in *Stanford Encyclopedia of Philosophy*, ed. Edward N. Zalta (Fall 2017), https://plato.stanford.edu/archives/fall2017/entries/cellular-automata.

19 "John Conway's Game of Life," Bitstorm.org, accessed March 10, 2023, https://bitstorm.org/gameoflife; "Life in Life," Phillip Bradbury, YouTube video, May 13, 2012, https://www.youtube.com/watch?v=xP5-iIeKXE8; Amanda Ghassaei, "OTCA Metapixel—Conway's Game of Life," Trybotics, accessed March 10, 2023, https://trybotics.com/project/OTCA-Metapixel-Conways-Game-of-Life-98534.

20 Stephen Wolfram, *A New Kind of Science* (Champaign, IL: Wolfram Media, 2002), 23–41, 58–70.

21 Wolfram, *New Kind of Science*, 56, wolframscience.com/nks.

22 Wolfram, *New Kind of Science*, 56, wolframscience.com/nks.

23 Wolfram, *New Kind of Science*, 23–27, 31, wolframscience.com/nks.

24 Wolfram, *New Kind of Science*, 23–27, 31, wolframscience.com/nks.

25 沃夫朗關於細胞自動機和複雜性的奠基論文參見 Stephen Wolfram, "Cellular Automata as Models of Complexity," *Nature* 311, no. 5985 (October 1984), https://content.wolfram.com/sw-publications/2020/07/cellular-automata-models-complexity.pdf.

26 有關湧現的快速解釋，參見 Emily Driscoll and Lottie Kingslake, "What Is Emergence?,"

Quanta Magazine, YouTube video, December 20, 2018, https://www.youtube.com/watch?v=TlysTnxF_6c.

27 *Wolfram, New Kind of Science,* 31.

28 若想進一步了解沃夫朗物理計畫，包括相關的視覺化和互動工具，請造訪 www.wolframphysics.org。非常詳細的技術性解釋參見 Stephen Wolfram, "A Class of Models with the Potential to Represent Fundamental Physics," *Complex Systems* 29, no. 2 (April 2020): 107–536, https://doi.org/10.25088/ComplexSystems.29.2.107.

29 沃夫朗的無預見（foresight-proof）決定論也與量子事件表面上的隨機性相容——這些事件遵循決定性規則，但不會揭露有關其未來表現的任何可用資訊。值得注意的是，雖然量子物理的特性可以用來產生對宇宙中任何人來說都是真正隨機的數字，但這些數字並不像第四類細胞自動機那樣具有湧現的特性。換句話說，如果你知道你將得到隨機的、出現機率相同的一連串 1 和 0，那麼這當中將不會出現任何比較複雜的東西。例如它可能出現連續的許多個 1，像是 11111111，但每一個新的數字都與上一個數字無關。因此，你可以馬上說第 10 億個數字是 1 的機率是 50%，而不需要知道之前出現了哪些數字。這與一般的科學範式是一致的：在一般的科學範式中，定律本身可以完全解釋它們所描述的現象之表現。參見 Xiongfeng Ma et al., "Quantum Random Number Generation," *npj Quantum Information* 2, article 16021 (June 28, 2016), https://www.nature.com/articles/npjqi201621.

30 發現大腦中有十一個維度結構的是藍腦計畫（Blue Brain Project），該計畫正致力為動物（最終是人類）的腦部繪圖並以數位方式重新製造出來。藍腦計畫的進一步資料可參考 "Blue Brain Team Discovers a Multi-Dimensional Universe in Brain Networks," *Frontiers Science News*, June 12, 2017, https://blog.frontiersin.org/2017/06/12/blue-brain-team-discovers-a-multi-dimensional-universe-in-brain-networks; Michael W. Reimann et al., "Cliques of Neurons Bound into Cavities Provide a Missing Link Between Structure and Function," *Frontiers in Computational Neuroscience* 11, no. 48 (June 12, 2017), https://doi.org/10.3389/fncom.2017.00048.

31 參見 John Green, "Compatibilism," CrashCourse, YouTube video, August 22, 2016, https://www.youtube.com/watch?v=KETTtiprINU; McKenna and Coates, "Compatibilism."

32 這是相容論的一種形式；該哲學學派認為，即使在遵循某種決定性規則的宇宙中，有意義的自由意志仍有可能存在。參見 Green, "Compatibilism", McKenna and Coates, "Compatibilism," *Stanford Encyclopedia.*

33 有關過去幾十年神經科學揭示的大腦兩個半球之間的關係，進一步的資料可參考 Ned Herrmann, "Is It True That Creativity Resides in the Right Hemisphere of the Brain?," *Scientific American*, January 26, 1998, https://www.scientificamerican.com/article/is-it-true-that-creativit; Dina A. Lienhard, "Roger Sperry's Split Brain Experiments (1959–1968)," *Embryo Project Encyclopedia*, December 27, 2017, https://embryo.asu.edu/pages/roger-sperrys-split-brain-experiments-1959-1968; David Wolman, "The Split Brain: A Tale of Two Halves," *Nature* 483, no. 7389 (March 14, 2012): 260–63, https://www.nature.com/news/the-split-brain-a-tale-of-two-halves-1.10213.

34 Stella de Bode and Susan Curtiss, "Language After Hemispherectomy," *Brain and Cognition* 43, nos. 1–3 (June–August 2000): 135–205.

35 Dana Boatman et al., "Language Recovery After Left Hemispherectomy in Children with Late-Onset Seizures," *Annals of Neurology* 46, no. 4 (April 1999): 579–86, https://www.academia.edu/21485724/Language_recovery_after_left_hemispherectomy_in_children_with_late-onset_seizures.

36 Jing Zhou et al., "Axon Position Within the Corpus Callosum Determines Contralateral Cortical Projection," *Proceedings of the National Academy of Sciences* 110, no. 29 (July 16, 2013): E2714–E2723, https://doi.org/10.1073/pnas.1310233110.

37 Benedict Carey, "Decoding the Brain's Cacophony," *New York Times*, October 31, 2011, https://www.nytimes.com/2011/11/01/science/telling-the-story-of-the-brains-cacophony-of-competing-voices.html; Michael Gazzaniga, "The Split Brain in Man," *Scientific American* 217, no. 2 (August 1967): 24–29, https://doi.org/10.1038%2Fscientificamerican0867-24; Alan Alda and David Huntley, "Pieces of Mind," *Scientific American Frontiers* (PBS, 1997), ctshad, YouTube video, https://www.youtube.com/watch?v=lfGwsAdS9Dc.

38 Michael S. Gazzaniga, "Principles of Human Brain Organization Derived from Split-Brain Studies," *Neuron* 14, no. 2 (February 1995): 217–28, https://doi.org/10.1016/0896-6273(95)90280-5; Roger W. Sperry, "Consciousness, Personal Identity, and the Divided Brain," in *The Dual Brain: Hemispheric Specialization in Humans*, ed. D. F. Benson and Eran Zaidel (New York: Guilford Publications, 1985), 11–25; William Hirstein, "Self-Deception and Confabulation," *Philosophy of Science* 67, no. 3 (September 2000): S418–S429, www.jstor.org/stable/188684.

39 Gazzaniga, "Principles of Human Brain Organization"; Sperry, "Consciousness, Personal Identity, and the Divided Brain"; Hirstein, "Self-Deception and Confabulation."

40 Richard Apps et al., "Cerebellar Modules and Their Role as Operational Cerebellar Processing Units," *Cerebellum* 17, no. 5 (June 6, 2018): 654–682, https://doi.org/10.1007/s12311-018-0952-3; Jan Voogd, "What We Do Not Know About Cerebellar Systems Neuroscience," *Frontiers in Systems Neuroscience* 8, no. 227 (December 18, 2014), https://doi.org/10.3389/fnsys.2014.00227.

41 有關心智社會理論和它與當前神經科學的關係，更多的討論可參考 Marvin Minsky, "The Society of Mind Theory Developed from Teaching," Web of Stories—Life Stories of Remarkable People, YouTube video, October 5, 2016, https://www.youtube.com/watch?v=HU2SZEW4EWg; Marvin Minsky, "Biological Plausibility of the Society of Mind Theory," Web of Stories—Life Stories of Remarkable People, YouTube video, October 31, 2016, https://www.youtube.com/watch?v=e02WbBd0F70; Michael N. Shadlen and Adina L. Roskies, "The Neurobiology of Decision-Making and Responsibility: Reconciling Mechanism and Mindedness," *Frontiers in Neuroscience* 6, no. 56 (April 23, 2012), https://doi.org/10.3389/fnins.2012.00056; Johannes Friedrich and Máté Lengyel, "Goal-Directed Decision Making with Spiking Neurons," *Journal of Neuroscience* 36, no. 5 (February 3, 2016): 1529–46, https://doi.org/10.1523/JNEUROSCI.2854-15.2016; Marvin Minsky, *The Society of Mind* (New York: Simon & Schuster, 1986).

42 Sarvi Sharifi et al., "Neuroimaging Essentials in Essential Tremor: A Systematic Review," *NeuroImage Clinical* 5 (May 2014): 217–31, https://doi.org/10.1016/j.nicl.2014.05.003;

Rick C. Helmich, David E. Vaillancourt, and David J. Brooks, “The Future of Brain Imaging in Parkinson’s Disease,” *Journal of Parkinson’s Disease* 8, no. s1 (2018): S47–S51, https://doi.org/10.3233/JPD-181482.

43 有關身分和身分改變背後的哲學，進一步的討論可參考 Andre Gallois, “Identity Over Time,” in *Stanford Encyclopedia of Philosophy*, ed. Edward N. Zalta (Winter 2016), https://plato.stanford.edu/entries/identity-time.

44 Duncan Graham-Rowe, “World’s First Brain Prosthesis Revealed,” *New Scientist*, March 2003, https://www.newscientist.com/article/dn3488.

45 Robert E. Hampson et al., “Developing a Hippocampal Neural Prosthetic to Facilitate Human Memory Encoding and Recall,” *Journal of Neural Engineering* 15, no. 3 (March 28, 2018), https://doi.org/10.1088/1741-2552/aaaed7.

46 有關粒線體更換，比較淺易和比較技術的解說可參考 Jon Lieff, “Dynamic Relationship of Mitochondria and Neurons,” jonlieffmd.com, February 2, 2014, https://jonlieffmd.com/tag/dynamic-of-fission-and-fusion; Thomas Misgeld and Thomas L. Schwarz, “Mitostasis in Neurons: Maintaining Mitochondria in an Extended Cellular Architecture,” *Neuron* 96, no. 3 (November 1, 2017): 651–66, https://www.ncbi.nlm.nih.gov/pmc/articles/PMC5687842.

47 Samuel F. Bakhoum and Duane A. Compton, “Kinetochores and Disease: Keeping Microtubule Dynamics in Check!,” *Current Opinion in Cell Biology* 24, no. 1 (February 2012): 64–70, https://www.ncbi.nlm.nih.gov/pmc/articles/PMC3294090/#R13; Vincent Meininger and Stephane Binet, “Characteristics of Microtubules at the Different Stages of Neuronal Differentiation and Maturation,” *International Review of Cytology* 114 (1989): 21–79, https://doi.org/10.1016/S0074-7696(08)60858-X.

48 Laurie D. Cohen et al., “Metabolic Turnover of Synaptic Proteins: Kinetics, Interdependencies and Implications for Synaptic Maintenance,” *PLoS One* 8, no. 5: e63191 (May 2, 2013), https://doi.org/10.1371/journal.pone.0063191.

49 K. H. Huh and R. J. Wenthold, “Turnover Analysis of Glutamate Receptors Identifies a Rapidly Degraded Pool of the N-methyl-D-aspartate Receptor Subunit, NR1, in Cultured Cerebellar Granule Cells,” *Journal of Biological Chemistry* 274, no. 1 (January 1, 1999): 151–57, https://www.ncbi.nlm.nih.gov/pubmed/9867823.

50 Erin N. Star, David J. Kwiatkowski, and Venkatesh N. Murthy, “Rapid Turnover of Actin in Dendritic Spines and its Regulation by Activity,” *Nature Neuroscience* 5, no. 3 (March 2002): 239–46, https://www.ncbi.nlm.nih.gov/pubmed/11850630.

51 “Female Reproductive System,” Cleveland Clinic, accessed March 10, 2023, https://my.clevelandclinic.org/health/articles/9118-female-reproductive-system; Robert D. Martin, “The Macho Sperm Myth,” *Aeon*, August 23, 2018, https://aeon.co/essays/the-idea-that-sperm-race-to-the-egg-is-just-another-macho-myth.

52 Timothy G. Jenkins et al., “Sperm Epigenetics and Aging,” *Translational Andrology and Urology* 7, suppl. 3 (July 2018): S328–S335, https://doi.org/10.21037/tau.2018.06.10; Ida Donkin and Romain Barrès, “Sperm Epigenetics and the Influence of Environmental Factors,” *Molecular Metabolism* 14 (August 2018): 1–11, https://doi.org/10.1016/j.molmet.2018.02.006.

53 Holly C. Betts et al., "Integrated Genomic and Fossil Evidence Illuminates Life's Early Evolution and Eukaryote Origin," *Nature Ecology & Evolution* 2 (August 20, 2018): 1556–62, https://doi.org/10.1038/s41559-018-0644-x; Elizabeth Pennisi, "Life May Have Originated on Earth 4 Billion Years Ago, Study of Controversial Fossils Suggests," *Science*, December 18, 2017, https://www.sciencemag.org/news/2017/12/life-may-have-originated-earth-4-billion-years-ago-study-controversial-fossils-suggests; Michael Marshall, "Timeline: The Evolution of Life," *New Scientist*, July 14, 2009, https://www.newscientist.com/article/dn17453-timeline-the-evolution-of-life.

54 不考慮我們父母相遇並懷上我們的機率，特定的任何兩個生殖細胞結合並形成胎兒的機率約為二百京分之一。你的父母、你的祖父母，一直到你最早的祖先，因為特定的兩個生殖細胞結合而誕生的機率也都是這樣。就幾個世紀前的某一名祖先而言，你自己很可能沒有得到他的任何基因，但如果遺傳鏈上的任何一個環節斷了，你上面的一些祖先就可能不會出生，或可能因為可遺傳的疾病而早逝，或與不同的人結合。你的家族樹（family tree）上的每一條分支之所以出現，都有賴發生機率極低的一系列偶然事件。因此，非常粗略而言，所有人類祖先經由遺傳和表觀遺傳，一直繁衍到產生你這個人的機率是 X 分之一，而 X 是 2,000,000,000,000,000,000 的 n 次方——n 是你的祖先（但並非只是「獨特祖先」）的數量。你的祖父母往上數 100 代的祖先（第 100 代曾祖）很可能生活在佛陀與耶穌之間的某個時期。只要按照你的家族樹推算，可以算出你有約 1.3 nonillion（nonillion=10 的 30 次方）個第 100 代曾祖，但當時世界人口總數還不到 4 億。這個謎團的答案就是近親繁殖。你追溯你的祖先時，會發現你的祖先全都是彼此的遠親，因此同一個人可能以許多不同的方式成為你的祖先。正常計算祖先數量時，我們會聚焦於這些獨特的個人。但在估算歷代祖先繁衍到我們這一代的極低可能性時，我們感興趣的是關係，因此如果有一個人同時是你的第八代曾祖父和第九代曾祖父，我們就應該算他兩次，因為這個人同時扮演這兩個角色仍是機率問題。因為智人約有 10,000 代，你的確切身分得以出現有賴約 $2^{2\wedge 10{,}000}$ 個祖先事件——約為 $4 \times 10^{3{,}010}$ 個事件。因此，2 百京這個數字的（$4 \times 10^{3{,}010}$）次方，也就是約為 $10^{10\wedge 3{,}011}$，就是你的確切身分得以出現的機率的分母。這個數甚至比一個 googolplex 還大得多，它後面的零比已知宇宙中的原子總數還要多。而這還只是在談人類。牛津生物學家理查・道金斯（Richard Dawkins）估計，如果一直追溯到我們最早的有性繁殖祖先之一的原口動物（protostomes），會有 3 億代。目前還沒有嚴謹的數據可以一直追溯到將近四十億年前生命出現之初，但最合理的估計是有約 1 兆代。或許這麼說就夠了：這整個生命系譜如此發生的機率低到不可思議，低到我們在智性上無法真的理解。我們其實全都身處巧合和幸運之山的頂峰，而這座山在空間和時間上都延伸到極遙遠之處，以至於我們無法看到它的底部。有關人類演化和支持這些估計的證據，進一步的資料可參考 Max Ingman et al., "Mitochondrial Genome Variation and the Origin of Modern Humans," *Nature* 408 (December 7, 2000): 713, https://www.nature.com/articles/35047064; Donn Devine, "How Long Is a Generation?," Ancestry.ca, March 10, 2023, https://web.archive.org/web/20200111102741/https://www.ancestry.ca/learn/learningcenters/default.

aspx?section=lib_Generation; Adam Rutherford, "Ant and Dec's DNA Test Merely Tells Us That We're All Inbred," *Guardian*, November 12, 2019, https://www.theguardian.com/commentisfree/2019/nov/12/ant-and-dec-dna-test-all-inbred-historical-connections; Alva Noë, "DNA, Genealogy and the Search for Who We Are," NPR, January 29, 2016, https://www.npr.org/sections/13.7/2016/01/29/464805509/dna-genealogy-and-the-search-for-who-we-are; Alison Jolly, *Lucy's Legacy: Sex and Intelligence in Human Evolution* (Cambridge, MA: Harvard University Press, 1999), 55, https://books.google.co.uk/books?id=7mSMa2Zl_YkC; Simon Conway Morris, "The Fossils of the Burgess Shale and the Cambrian 'Explosion': Their Implications for Evolution," in *Killers in the Brain: Essays in Science and Technology from the Royal Institution*, ed. Peter Day (Oxford, UK: Oxford University Press, 1999), 22, https://books.google.co.uk/books?id=v3Eo4UqbbYsC; Richard Dawkins and Yan Wong, *The Ancestor's Tale: A Pilgrimage to the Dawn of Evolution* (New York: Houghton Mifflin Harcourt, 2004), 379; John Carl Villanueva, "How Many Atoms Are in the Universe?," *Universe Today*, July 30, 2009, https://www.universetoday.com/36302/atoms-in-the-universe; Tim Urban, "Meet Your Ancestors (All of Them)," *Wait But Why*, December 18, 2013, https://waitbutwhy.com/2013/12/your-ancestor-is-jellyfish.html.

55 有關宇宙微調論的一些科學觀點，可參考 Leonard Susskind, "Is the Universe Fine-Tuned for Life and Mind?," Closer to Truth, YouTube video, January 8, 2013, https://www.youtube.com/watch?v=2cT4zZIHR3s; Martin J. Rees, "Why Cosmic Fine-Tuning Demands Explanation," Closer to Truth, YouTube video, January 23, 2017, https://www.youtube.com/watch?v=E0zdXj6fSGY; Simon Friedrich, "Fine-Tuning," in *Stanford Encyclopedia of Philosophy*, ed. Edward N. Zalta (Winter 2018), https://plato.stanford.edu/entries/fine-tuning/#FineTuneCondEarlUniv.

56 根據標準模型，有六種夸克、六種反夸克、六種輕子、六種反輕子、八種膠子、光子、W+ 玻色子、W- 玻色子、Z 玻色子和希格斯玻色子。有關標準模型所謂的粒子動物園，進一步的資料可參考 Julian Huguet, "Subatomic Particles Explained in Under 4 Minutes," *Seeker*, YouTube video, December 18, 2014, https://www.youtube.com/watch?v=eD7hXLRqWWM; Peter Kalmus, "The Physics of Elementary Particles: Part I," *Plus Magazine*, April 21, 2015, https://plus.maths.org/content/physics-elementary-particles; Guido Altarelli and James Wells, "Gauge Theories and the Standard Model," in *Collider Physics Within the Standard Model*, vol. 937 of *Lecture Notes in Physics*, ed. James Wells (Cham, Switzerland: Springer Open, 2017), https://doi.org/10.1007/978-3-319-51920-3_1.

57 有關自然發生說和證明它有可能成立的 1952 年米勒尤里實驗（Miller-Urey experiment），有用的解說可參考 Paul Andersen, "Abiogenesis," Bozeman Science, YouTube video, June 25, 2011, https://www.youtube.com/watch?v=W3ceg--uQKM; "What Was the Miller-Urey Experiment," Stated Clearly, YouTube video, October 27, 2015, https://www.youtube.com/watch?v=NNijmxsKGbc.

58 Friedrich, "Fine-Tuning," *Stanford Encyclopedia*; Luke A. Barnes, "The Fine-Tuning of the Universe for Intelligent Life," *Publications of the Astronomical Society of Australia* 29, no. 4 (2012): 529– 64, doi:10.1071/AS12015.

59 Friedrich, "Fine-Tuning," *Stanford Encyclopedia*; Lawrence J. Hall et al., "The Weak Scale from BBN," *Journal of High Energy Physics* 2014, no. 12, article 134 (2014), doi.org/10.1007/JHEP12(2014)134; Bernard J. Carr and Martin J. Rees, "The Anthropic Principle and the Structure of the Physical World," *Nature* 278 (April 12, 1979): 605–12, https://www.nature.com/articles/278605a0.

60 Craig J. Hogan, "Why the Universe Is Just So," *Reviews of Modern Physics* 72, no. 4 (October 1, 2000): 1149–61, https://journals.aps.org/rmp/abstract/10.1103/RevModPhys.72.1149; Craig J. Hogan, "Quarks, Electrons, and Atoms in Closely Related Universes," in *Universe or Multiverse*, ed. Bernard Carr (Cambridge, UK: Cambridge University Press, 2007), 221–30.

61 Hogan, "Why the Universe Is Just So"; Hogan, "Quarks, Electrons, and Atoms," 221–30.

62 Hogan, "Quarks, Electrons, and Atoms," 224.

63 Hogan, "Quarks, Electrons, and Atoms," 224–25.

64 Hogan, "Quarks, Electrons, and Atoms," 224–25.

65 有關物理定律微調的證據，包括重元素形成所需要的重力微調，比較深入的討論可參考 Friedrich, "Fine-Tuning," *Stanford Encyclopedia*; Carr and Rees, "Anthropic Principle and the Structure of the Physical World," 605–12.

66 Michael Brooks, "Gravity Mysteries: Why Is Gravity Fine-Tuned?," *New Scientist*, June 10, 2009, https://www.newscientist.com/article/mg20227123-000.

67 Tim Radford, "Just Six Numbers: The Deep Forces That Shape the Universe by Martin Rees—Review," *Guardian*, June 8, 2012, https://www.theguardian.com/science/2012/jun/08/just-six-numbers-martin-rees-review; Brooks, "Gravity Mysteries: Why Is Gravity Fine-Tuned?"

68 Friedrich, "Fine-Tuning," *Stanford Encyclopedia*; Max Tegmark and Martin J. Rees, "Why Is the Cosmic Microwave Background Fluctuation Level 10–5?," *Astronomical Journal* 499, no. 2 (June 1, 1998): 526– 32, https://iopscience.iop.org/article/10.1086/305673/pdf.

69 Friedrich, "Fine-Tuning," *Stanford Encyclopedia*; Tegmark and Rees, "Why Is the Cosmic Microwave Background Fluctuation Level 10–5?"

70 Martin J. Rees, *Just Six Numbers: The Deep Forces That Shape the Universe* (New York: Weidenfeld & Nicolson, 1999), 104.

71 Rees, *Just Six Numbers, 104.*

72 Friedrich, "Fine-Tuning," *Stanford Encyclopedia; Roger Penrose, The Road to Reality: A Complete Guide to the Laws of the Universe* (New York: Vintage, 2004), 729–30.

73 Tony Padilla, "How Many Particles in the Universe?," Numberphile, YouTube video, July 10, 2017, https://www.youtube.com/watch?v=lpj0E0a0mlU; Villanueva, "How Many Atoms Are in the Universe?"; Jacob Aron, "Number of Ways to Arrange 128 Balls Exceeds Atoms in Universe," *New Scientist*, January 28, 2016, https://www.newscientist.com/article/2075593.

74 Luke Barnes (L.A. Barnes), "The Fine-Tuning of the Universe for Intelligent Life," *Publications of the Astronomical Society of Australia 29, no. 4 (June 7, 2012): 531, https://www.*publish.csiro.au/as/pdf/AS12015.

75 Brad Lemley, "Why Is There Life?," *Discover*, November 2000, https://www.

discovermagazine.com/the-sciences/why-is-there-life.

76 有關人擇原理的更多討論，包括無神論生物學家理查・道金斯與天主教徒天文學家喬治・科因（George Coyne）神父之間的精彩對話，參見 Roberto Trotta, "What Is the Anthropic Principle?," *Physics World*, YouTube video, January 17, 2014, https://www.youtube.com/watch?v=dWkJ8Pl-8l8; Richard Dawkins and George Coyne, "The Anthropic Principle," jlcamelo, July 9, 2010, https://youtu.be/lm9ZtYkdkEQ?t=102; Joe Rogan and Nick Bostrom, "Joe Rogan Experience #1350—Nick Bostrom," PowerfulJRE, September 11, 2019, https://web.archive.org/web/20190918171740/https://www.youtube.com/watch?v=5c4cv7rVlE8; Christopher Smeenk and George Ellis, "Philosophy of Cosmology," in *Stanford Encyclopedia of Philosophy*, ed. Edward N. Zalta (Winter 2017), https://plato.stanford.edu/entries/cosmology.

77 Lemley, "Why Is There Life?"

78 一段解釋 GAN、不難理解的影片，以及一些關於將使 AI 能夠再現已逝者的新興技術的精彩文章，請參見 Robert Miles, "Generative Adversarial Networks (GANs)," Computerphile, YouTube video, October 25, 2017, https://www.youtube.com/watch?v=Sw9r8CL98N0; Michael Kammerer, "I Trained an AI to Imitate My Own Art Style. This Is What Happened," *Towards Data Science*, March 28, 2019; Ana Santos Rutschman, "Artificial Intelligence Can Now Emulate Human Behaviors—Soon It Will Be Dangerously Good," *The Conversation*, April 5, 2019, https://theconversation.com/artificial-intelligence-can-now-emulate-human-behaviors-soon-it-will-be-dangerously-good-114136; Catherine Stupp, "Fraudsters Used AI to Mimic CEO's Voice in Unusual Cybercrime Case," *Wall Street Journal*, August 30, 2019, https://www.wsj.com/articles/fraudsters-use-ai-to-mimic-ceos-voice-in-unusual-cybercrime-case-11567157402; David Nield, "New AI Generates Freakishly Realistic People Who Don't Actually Exist," *Science Alert*, February 19, 2019, https://www.sciencealert.com/ai-is-getting-creepily-good-at-generating-faces-for-people-who-don-t-actually-exist; Alec Radford et al., "Better Language Models and Their Implications," OpenAI, February 14, 2019, https://openai.com/blog/better-language-models; Richard Socher, "Introducing a Conditional Transformer Language Model for Controllable Generation," Salesforce Einstein, accessed March 10, 2023, https://www.salesforce.com/blog/introducing-a-conditional-transformer-language-model-for-controllable-generation.

79 Jeffrey Grubb, "Google Duplex; A.I. Assistant Calls Local Businesses to Make Appointments," Jeff Grubb's Game Mess, YouTube video, May 8, 2018, https://www.youtube.com/watch?v=D5VN56jQMWM.

80 Monkeypaw Productions and BuzzFeed, "You Won't Believe What Obama Says in This Video," BuzzFeedVideo, YouTube video, April 17, 2018, https://www.youtube.com/watch?v=cQ54GDm1eL0; "Could Deepfakes Weaken Democracy?," *Economist*, YouTube video, October 22, 2019, https://www.youtube.com/watch?v=_m2dRDQEC1A; Kristin Houser, "This 'RoboTrump' AI Mimics the President's Writing Style," *Futurism*, October 23, 2019, https://futurism.com/robotrump-ai-text-generator-trump.

81 "No Country for Old Actors," Ctrl Shift Face, YouTube video, November 13, 2019, https://www.youtube.com/watch?v=Ow_uufCxm1A.

82 Casey Newton, "Speak, Memory," *The Verge*, October 6, 2016, https://www.theverge.com/a/luka-artificial-intelligence-memorial-roman-mazurenko-bot.

83 有關恐怖谷背後的科學原理，清楚且引人入勝的解說可參考 Michael Stevens, "Why Are Things Creepy?," Vsauce, YouTube video, July 2, 2013, https://www.youtube.com/watch?v=PEikGKDVsCc.

84 有關人形機器人的發展和莫拉維克悖論，更多的資料可參考 Tim Hornyak, "Insanely Humanlike Androids Have Entered the Workplace and Soon May Take Your Job," CNBC, October 31, 2019, https://www.cnbc.com/2019/10/31/human-like-androids-have-entered-the-workplace-and-may-take-your-job.html; Jade Tan-Holmes, "Moravec's Paradox— Why Are Machines So Smart, Yet So Dumb?," Up and Atom, YouTube video, July 8, 2019, https://www.youtube.com/watch?v=hcfVRkC3Dp0; J. C. Eccles, "Evolution of Consciousness," *Proceedings of the National Academy of Sciences of the United States of America* 89, no. 16 (August 15, 1992): 7320–24, https://www.ncbi.nlm.nih.gov/pmc/articles/PMC49701; Hans Moravec, *Mind Children* (Cambridge, MA: Harvard University Press, 1988), 1–50.

85 John Hawks, "How Has the Human Brain Evolved?," *Scientific American Mind* 24, no. 3 (July 1, 2013): 76, https://doi.org/10.1038/scientificamericanmind0713-76b.

86 "ASIMO World2001-2/3," jnomw, YouTube video, October 28, 2006, https://www.youtube.com/watch?v=Ph_B_5hKRIE.

87 "More Parkour Atlas," BostonDynamics, YouTube video, September 24, 2019, https://www.youtube.com/watch?v=_sBBaNYex3E.

88 "Sophia the Robot by Hanson Robotics," Hanson Robotics Limited, YouTube video, September 5, 2018, https://www.youtube.com/watch?v=BhU9hOo5Cuc; "Meet Little Sophia, Hanson Robotics' Newest Robot," Hanson Robotics Limited, YouTube video, February 11, 2019, https://www.youtube.com/watch?v=7cGRPvN5430; "Ameca Expressions with GPT3/4," Engineered Arts, YouTube video, March 31, 2023, https://www.youtube.com/watch?v=yUszJyS3d7A.

89 Anders Sandberg and Nick Bostrom, *Whole Brain Emulation: A Roadmap*, technical report 2008-3, Future of Humanity Institute, Oxford University (2008), 13, https://www.fhi.ox.ac.uk/brain-emulation-roadmap-report.pdf.

90 Sandberg and Bostrom, *Whole Brain Emulation*, 80–81.

91 有關心智上傳和人腦仿真的進一步資料，可參考 S. A. Graziano, "How Close Are We to Uploading Our Minds?," TED-Ed, YouTube video, October 29, 2019, https://www.youtube.com/watch?v=2DWnvx1NYUA; Trace Dominguez, "How Close Are We to Downloading the Human Brain?," *Seeker*, YouTube video, September 13, 2018, https://www.youtube.com/watch?v=DE5e5zF6a-8; Michio Kaku, "Could We Transport Our Consciousness Into Robots?," *Big Think*, YouTube video, May 31, 2011, https://www.youtube.com/watch?v=tT1vxEpE1aI; Matt O'Dowd, "Computing a Universe Simulation," PBS Space Time, YouTube video, October 10, 2018, https://www.youtube.com/watch?v=0GLgZvTCbaA; Riken, "All-Atom Molecular Dynamics Simulation of the Bacterial Cytoplasm," rikenchannel, YouTube video, June 6, 2017, https://www.youtube.com/watch?v=5JcFgj2gHx8; "Scientists Create First Billion-Atom Biomolecular

Simulation," Los Alamos National Lab, YouTube video, April 22, 2019, https://www.youtube.com/watch?v=jmeik65RkJw; "Matrioshka Brains," Isaac Arthur, YouTube video, June 23, 2016, https://www.youtube.com/watch?v=Ef-mxjYkllw; Simon Makin, "The Four Biggest Challenges in Brain Simulation," *Nature* 571, S9 (July 25, 2019), https://www.nature.com/articles/d41586-019-02209-z; Egidio D'Angelo et al., "Realistic Modeling of Neurons and Networks: Towards Brain Simulation," *Functional Neurology* 28, no. 3 (July–September 2013): 153–66, https://www.ncbi.nlm.nih.gov/pmc/articles/PMC3812748; Elon Musk and Neuralink, "An Integrated Brain-Machine Interface Platform with Thousands of Channels," Neuralink working paper, July 17, 2019, https://doi.org/10.1101/703801; Fujitsu, "Supercomputer Used to Simulate 3,000-Atom Nano Device," Phys.org, January 14, 2014, https://phys.org/news/2014-01-supercomputer-simulate-atom-nano-device.html; Anders Sandberg, "Ethics of Brain Emulations," *Journal of Experimental & Theoretical Artificial Intelligence* 26, no. 3 (April 14, 2014): 439–57, https://doi.org/10.1080/0952813X.2014.895113; Ray Kurzweil, *How to Create a Mind: The Secret of Human Thought Revealed* (New York: Viking, 2012).

92 Michael Merzenich, "Growing Evidence of Brain Plasticity," TED video, February 2004, https://www.ted.com/talks/michael_merzenich_on_the_elastic_brain.

第 4 章

1 World Bank Development Research Group, "Poverty Headcount Ratio at $2.15 a Day (2017 PPP) (% of population)," World Bank, accessed March 25, 2023, https://data.worldbank.org/indicator/SI.POV.DDAY; World Bank, "Population, Total for World (SPPOPTOTLWLD)," retrieved from FRED, Federal Reserve Bank of St. Louis, updated July 4, 2023, https://fred.stlouisfed.org/series/SPPOPTOTLWLD.

2 UNESCO Institute for Statistics, "Literacy Rate, Adult Total (% of People Ages 15 and Above)," retrieved from Worldbank.org, October 24 2022, https://data.worldbank.org/indicator/SE.ADT.LITR.ZS.

3 *Progress on Household Drinking Water, Sanitation and Hygiene 2000–2020: Five Years into the SDGs* (Geneva: World Health Organization and United Nations Children's Fund, 2021), 9, https://www.who.int/publications/i/item/9789240030848.

4 World Bank Development Research Group, "Poverty Headcount Ratio at $2.15 a day"; World Bank, "Population, Total for World (SPPOPTOTLWLD)."

5 UNESCO Institute for Statistics, "Literacy Rate, Adult Total."

6 *Progress on Household Drinking Water, Sanitation and Hygiene 2000– 2020, 9.*

7 *Ray Kurzweil, The Age of Spiritual Machines: When Computers Exceed Human Intelligence (New York: Viking, 1999).*

8 Ray Kurzweil, *The Singularity Is Near* (New York: Viking, 2005).

9 Peter H. Diamandis and Steven Kotler, *Abundance: The Future Is Better Than You Think* (New York: Simon & Schuster, 2012).

10 *Steven Pinker, Enlightenment Now: The Case for Reason, Science, Humanism, and Progress (New York: Penguin, 2018).*

11 Andrew Evans, "The First Thanksgiving Travel," *National Geographic*, November 24,

2011, https://www.nationalgeographic.com/travel/digital-nomad/2011/11/24/the-first-thanksgiving-travel.

12 Henry Fairlie, "Henry Fairlie on What Europeans Thought of Our Revolution," *New Republic*, July 3, 2014, https://newrepublic.com/article/118527/american-revolution-what-did-europeans-think; Peter Stanford, "The Street of Ships in New York," *Boating* 21, no. 1 (January 1967): 48, https://books.google.com/books?id=VsMYj3YIKLcC.

13 Vaclav Smil, "Crossing the Atlantic," *IEEE Spectrum*, March 28, 2018, https://spectrum.ieee.org/transportation/marine/crossing-the-atlantic.

14 *Frank W. Geels, Technological Transitions and System Innovations: A Co-evolutionary and Socio-Technical Analysis (Cambridge, UK: Edward Elgar, 2005), 135, https://books.google*.com/books?id=SDfrb7TNX5oC.

15 Steven Ujifusa, *A Man and His Ship: America's Greatest Naval Architect and His Quest to Build the S.S. United States* (New York: Simon & Schuster, 2012), 152, https://books.google.com/books?id=H6KB4q7M938C.

16 John C. Spychalski, "Transportation," in *The Columbia History of the 20th Century*, ed. Richard W. Bulliet (New York: Columbia University Press, 1998), 409, https://books.google.com/books?id=9QsqpvR0nq0C.

17 Jason Paur, "Oct. 4, 1958: 'Comets' Debut Trans-Atlantic Jet Age," *Wired*, October 4, 2010, https://www.wired.com/2010/10/1004first-transatlantic-jet-service-boac.

18 Howard Slutsken, "What It Was Really Like to Fly on Concorde," CNN, March 2, 2019, https://www.cnn.com/travel/article/concorde-flying-what-was-it-like/index.html.

19 "London to New York Flight Duration," Finance.co.uk, accessed April 14, 2023, https://www.finance.co.uk/travel/flight-times-and-durations-calculator/london-to-new-york.

20 有關衝突在故事中的作用以及新聞報導負面傾向的證據，參見 Jerry Flattum, "What Is a Story? Conflict—The Foundation of Storytelling," *Script*, March 18, 2013, https://scriptmag.com/features/conflict-the-foundation-of-storytelling; Stuart Soroka, Patrick Fournier, and Lilach Nir, "Cross-National Evidence of a Negativity Bias in Psychophysiological Reactions to News," *Proceedings of the National Academy of Sciences* 116, no. 38 (September 17, 2019): 18888–92, https://doi.org/10.1073/pnas.1908369116.

21 有關社群媒體演算法如何強調衝突和加劇分化的進一步討論，參見 "Jonathan Haidt: How Social Media Drives Polarization," Amanpour and Company, YouTube video, December 4, 2019, https://www.youtube.com/watch?v=G9ofYEfewNE; Eli Pariser, "How News Feed Algorithms Supercharge Confirmation Bias," *Big Think*, YouTube video, December 18, 2018, https://www.youtube.com/watch?v=prx9bxzns3g; Jeremy B. Merrill and Will Oremus, "Five Points for Anger, One for a 'Like': How Facebook's Formula Fostered Rage and Misinformation," *Washington Post*, October 26, 2021, https://www.washingtonpost.com/technology/2021/10/26/facebook-angry-emoji-algorithm; Damon Centola, "Why Social Media Makes Us More Polarized and How to Fix It," *Scientific American*, October 15, 2020, https://www.scientificamerican.com/article/why-social-media-makes-us-more-polarized-and-how-to-fix-it.

22 Max Roser, "Economic Growth," Our World in Data, accessed October 11, 2021,

https://ourworldindata.org/economic-growth; Ryland Thomas and Nicholas Dimsdale, "A Millennium of UK Data," Bank of England OBRA dataset, 2017, https://www.bankofengland.co.uk/-/media/boe/files/statistics/research-datasets/a-millennium-of-macroeconomic-data-for-the-uk.xlsx; "Inflation Calculator," Bank of England, accessed April 14, 2023, https://www.bankofengland.co.uk/monetary-policy/inflation/inflation-calculator; Stephen Broadberry et al., *British Economic Growth, 1270–1870* (Cambridge, UK: Cambridge University Press, 2015).

23 Roser, "Economic Growth"; Thomas and Dimsdale, "A Millennium of UK Data"; "Inflation Calculator," Bank of England; Broadberry et al., *British Economic Growth.*

24 Roser, "Economic Growth"; Thomas and Dimsdale, "A Millennium of UK Data"; "Inflation Calculator," Bank of England; Broadberry et al., *British Economic Growth.*

25 Roser, "Economic Growth"; Thomas and Dimsdale, "A Millennium of UK Data"; "Inflation Calculator," Bank of England; Broadberry et al., *British Economic Growth.*

26 Peter Nowak, "The Rise of Mean World Syndrome in Social Media," *Globe and Mail*, November 6, 2014, https://www.theglobeandmail.com/life/relationships/the-rise-of-mean-world-syndrome-in-social-media/article21481089.

27 有關這項研究的更多討論，可參考 Paula McGrath, "Why Good Memories Are Less Likely to Fade," BBC News, May 4, 2014, https://www.bbc.com/news/health-27193607; Colin Allen, "Past Perfect: Why Bad Memories Fade," *Psychology Today*, June 3, 2003, https://www.psychologytoday.com/us/articles/200306/past-perfect-why-bad-memories-fade; W. Richard Walker, John J. Skowronski, and Charles P. Thompson, "Life Is Pleasant—and Memory Helps to Keep It That Way!," *Review of General Psychology* 7, no. 2 (June 2003): 203–10, https://www.apa.org/pubs/journals/releases/gpr-72203.pdf.

28 Walker, Skowronski, and Thompson, "Life Is Pleasant."

29 Timothy D. Ritchie et al., "A Pancultural Perspective on the Fading Affect Bias in Autobiographical Memory," *Memory* 23, no. 2 (February 14, 2014): 278–90, https://doi.org/10.1080/09658211.2014.884138.

30 John Tierney, "What Is Nostalgia Good For? Quite a Bit, Research Shows," *New York Times*, July 8, 2013, https://www.nytimes.com/2013/07/09/science/what-is-nostalgia-good-for-quite-a-bit-research-shows.html.

31 Mike Mariani, "How Nostalgia Made America Great Again," *Nautilus*, April 20, 2017, https://nautil.us/how-nostalgia-made-america-great-again-236556.

32 Ed O'Brien and Nadav Klein, "The Tipping Point of Perceived Change: Asymmetric Thresholds in Diagnosing Improvement Versus Decline," *Journal of Personality and Social Psychology* 112, no. 2 (February 2017): 161–85, https://doi.org/10.1037/pspa0000070.

33 Art Markman, "How Do You Decide Things Are Getting Worse?," *Psychology Today*, February 7, 2017, https://www.psychologytoday.com/nz/blog/ulterior-motives/201702/how-do-you-decide-things-are-getting-worse.

34 *Robert P. Jones et al., The Divide over America's Future: 1950 or 2050? Findings from the 2016 American Values Survey*, Public Religion Research Institute, October 25, 2016, https://www.prri.org/wp-content/uploads/2016/10/PRRI-2016-American-Values-Survey.

pdf; Mariani, "How Nostalgia Made America Great Again."

35 Pete Etchells, "Declinism: Is the World Actually Getting Worse?," *Guardian*, January 16, 2015, https://www.theguardian.com/science/head-quarters/2015/jan/16/declinism-is-the-world-actually-getting-worse.

36 Martijn Lampert, Anne Blanksma Çeta, and Panos Papadongonas, *Increasing Knowledge and Activating Millennials for Making Poverty History*, Glocalities global survey report, July 2018, https://xs.motivaction.nl/fileArchive/?f=116335&o=5880&key=4444.

37 Ipsos, "Perceptions Are Not Reality," Ipsos *Perils of Perception* blog, July 8, 2013, https://www.ipsos.com/ipsos-mori/en-uk/perceptions-are-not-reality.

38 Jamiles Lartey et al., "Ahead of Midterms, Most Americans Say Crime Is Up. What Does the Data Say?," Marshall Project, November 5, 2022, https://www.themarshallproject.org/2022/11/05/ahead-of-midterms-most-americans-say-crime-is-up-what-does-the-data-say; Dara Lind, "The US Is Safer Than Ever—and Americans Don't Have any Idea," *Vox*, April 7, 2016, https://www.vox.com/2015/5/4/8546497/crime-rate-america.

39 Julia Belluz, "You May Think the World Is Falling Apart. Steven Pinker Is Here to Tell You It Isn't," *Vox*, September 10, 2016, https://www.vox.com/2016/8/16/12486586/2016-worst-year-ever-violence-trump-terrorism.

40 有關康納曼與特沃斯基的研究，易懂的解釋影片以及相關的原始論文和著作參見 "Thinking, Fast and Slow by Daniel Kahneman: Animated Book Summary," FightMediocrity, YouTube video, June 5, 2015, https://www.youtube.com/watch?v=uqXVAo7dVRU; "Thinking Fast and Slow by Daniel Kahneman #2— Heuristics and Biases: Animated Book Summary," One Percent Better, YouTube video, November 12, 2016, https://www.youtube.com/watch?v=Q_wBt5aSRYY; "Kahneman and Tversky: How Heuristics Impact Our Judgment," Intermittent Diversion, YouTube video, June 7, 2018, https://www.youtube.com/watch?v=3IjIVD-KYF4; Richard H. Thaler et al., "The Effect of Myopia and Loss Aversion on Risk Taking: An Experimental Test," *Quarterly Journal of Economics* 112, no. 2 (May 1997): 647–61, https://www.jstor.org/stable/2951249; Daniel Kahneman and Amos Tversky, "The Psychology of Preferences," *Scientific American* 246, no. 1 (January 1981): 160–73; Daniel Kahneman, Paul Slovic, and Amos Tversky, eds., *Judgment Under Uncertainty: Heuristics and Biases* (Cambridge, UK: Cambridge University Press, 1982); Amos Tversky and Daniel Kahneman, "Judgment Under Uncertainty: Heuristics and Biases," *Science* 185, no. 4157 (September 27, 1974): 1124–31, http://doi.org/10.1126/science.185.4157.1124; Daniel Kahneman and Amos Tversky, "On the Study of Statistical Intuitions," *Cognition* 11, no. 2 (March 1982): 123–41; Daniel Kahneman and Amos Tversky, "Variants of Uncertainty," *Cognition* 11, no. 2 (March 1982): 143–57.

41 Daniel Kahneman, *Thinking, Fast and Slow* (New York: Farrar, Straus and Giroux, 2011), 7; Daniel Kahneman and Amos Tversky, "On the Psychology of Prediction," *Psychological Review* 80, no. 4 (1973): 237–51, https://doi.org/10.1037/h0034747.

42 Tversky and Kahneman, "Judgment Under Uncertainty," 1125–26.

43 Tversky and Kahneman, "Judgment Under Uncertainty," 1127–28.

44 Max Roser and Esteban Ortiz-Ospina, "Literacy," Our World in Data, September 20, 2018, https://ourworldindata.org/literacy; Eltjo Buringh and Jan Luiten van Zanden,

"Charting the 'Rise of the West': Manuscripts and Printed Books in Europe, a Long-erm Perspective from the Sixth Through Eighteenth Centuries," *Journal of Economic History* 69, no. 2 (June 2009): 409–45.

45 Franz H. Bäuml, "Varieties and Consequences of Medieval Literacy and Illiteracy," *Speculum* 55, no. 2 (April 1980): 237–65, https://www.jstor.org/stable/2847287; Denise E. Murray, "Changing Technologies, Changing Literacy Communities?," *Language Learning & Technology* 4, no. 2 (September 2000): 39–53, https://scholarspace.manoa.hawaii.edu/bitstream/10125/25099/1/04_02 murray.pdf

46 Roser and Ortiz-Ospina, "Literacy"; Buringh and van Zanden, "Charting the 'Rise of the West,' " 409–45.

47 Roser and Ortiz-Ospina, "Literacy"; Sevket Pamuk and Jan Luiten van Zanden, "Standards of Living," in *The Cambridge Economic History of Modern Europe: Volume 1: 1700–1870*, ed. Stephen Broadberry and Kevin H. O'Rourke (New York: Cambridge University Press, 2010), 229.

48 Christelle Garrouste, *100 Years of Educational Reforms in Europe: A Contextual Database*, JRC Scientific and Technical Reports, European Union, 2010, https://publications.jrc.ec.europa.eu/repository/bitstream/JRC57357/reqno_jrc57357.pdf.

49 Roser and Ortiz-Ospina, "Literacy"; Jan Luiten van Zanden et al., eds., *How Was Life?: Global Well-being Since 1820* (Paris: OECD Publishing, 2014), https://doi.org/10.1787/9789264214262-en.

50 Van Zanden et al., *How Was Life?*; United Nations Educational, Scientific and Cultural Organization, *Literacy, 1969–1971: Progress Achieved in Literacy Throughout the World* (Paris: UNESCO, 1972), https://unesdoc.unesco.org/in/rest/annotationSVC/DownloadWatermarkedAttachment/attach_import_c0206949-c3f1-4eac-a189-9c5bcfdac220.

51 Roser and Ortiz-Ospina, "Literacy"; Roy Carr Hill and José Pessoa, *International Literacy Statistics: A Review of Concepts, Methodology and Current Data* (Montreal: UNESCO Institute for Statistics, 2008), http://uis.unesco.org/sites/default/files/documents/international-literacy-statistics-a-review-of-concepts-methodology-and-current-data-en_0.pdf; van Zanden et al., *How Was Life?*; United Nations Educational, Scientific and Cultural Organization, *Literacy, 1969–1971*; Friedrich Huebler and Weixin Lu, *Adult and Youth Literacy: National, Regional and Global Trends, 1985–2015*, UIS Information Paper (Montreal: UNESCO Institute for Statistics, 2013), http://uis.unesco.org/sites/default/files/documents/adult-and-youth-literacy-national-regional-and-global-trends-1985-2015-en_0.pdf.

52 UNESCO Institute for Statistics, "Literacy Rate, Adult Total"; Central Intelligence Agency, "Field Listing—Literacy," CIA World Factbook, accessed October 11, 2021, https://www.cia.gov/the-world-factbook/field/literacy.

53 National Assessment of Adult Literacy, *A First Look at the Literacy of America's Adults in the 21st Century* (Washington, DC: National Center for Education Statistics, 2005): 5, https://nces.ed.gov/NAAL/PDF/2006470.PDF.

54 Madeline Goodman et al., *Literacy, Numeracy, and Problem Solving in Technology-*

Rich Environments Among U.S. Adults: Results from the Program for the International Assessment of Adult Competencies 2012: First Look (NCES 2014-008) (Washington, DC: US Department of Education, 2013), 14, https://nces.ed.gov/pubs2014/2014008.pdf.

55 Roser and Ortiz-Ospina, "Literacy"; Bas van Leeuwen and Jieli van Leeuwen-Li, "Education Since 1820," in *How Was Life?: Global Well- Being Since 1820*, ed. Jan Luiten van Zanden et al. (Paris: OECD Publishing, 2014), http://dx.doi.org/10.1787/9789264214262-9-en; UNESCO Institute for Statistics, "Literacy Rate, Adult Total"; Tom Snyder, ed., *120 Years of American Education: A Statistical Portrait* (Washington, DC: National Center for Education Statistics, 1993), excerpted at http://nces.ed.gov/naal/lit_history.asp.

56 Roser and Ortiz-Ospina, "Literacy"; van Leeuwen and van Leeuwen-Li, "Education Since 1820"; UNESCO Institute for Statistics, "Literacy Rate, Adult Total"; Snyder, ed., *120 Years of American Education*; Buringh and van Zanden, "Charting the 'Rise of the West,'" 409–45; Pamuk and van Zanden, "Standards of Living," 229; "Illiteracy, 1870–2010, All Countries," Montevideo-Oxford Latin American Economic History Data Base, accessed October 31, 2021; UNESCO Institute for Statistics, "Literacy Rate, Adult Total (% of People Ages 15 and Above)— Argentina, Brazil," retrieved from Worldbank.org, September 2021, https://data.worldbank.org/indicator/SE.ADT.LITR.ZS?locations=AR-BR.

57 Hannah Ritchie et al., "Global Education," Our World in Data, 2016, accessed October 29, 2021, https://ourworldindata.org/global-education; Jong-Wha Lee and Hanol Lee, "Human Capital in the Long Run," *Journal of Development Economics* 122 (September 2016): 147–69, https://doi.org/10.1016/j.jdeveco.2016.05.006.

58 Richie et al., "Global Education"; Lee and Lee, "Human Capital in the Long Run"; Vito Tanzi and Ludger Schuknecht, *Public Spending in the 20th Century: A Global Perspective* (Cambridge, UK: Cambridge University Press, 2000), https://www.google.com/books/edition/Public_Spending_in_the_20th_Century/kHl6xCgd3aAC?gbpv=1.

59 Richie et al., "Global Education"; Lee and Lee, "Human Capital in the Long Run"; Robert J. Barro and Jong Wha Lee, "A New Data Set of Educational Attainment in the World, 1950–2010," *Journal of Development Economics* 104 (September 2013): 184–98, https://doi.org/10.1016/j.jdeveco.2012.10.001.

60 "Human Development Index and Its Components," United Nations Development Programme, accessed March 19, 2023, available for download at https://hdr.undp.org/sites/default/files/2021-22_HDR/HDR21-22_Statistical_Annex_HDI_Table.xlsx.

61 "Human Development Index and Its Components," United Nations Development Programme.

62 National Center for Education Statistics, "Expenditures of Educational Institutions Related to the Gross Domestic Product, by Level of Institution: Selected Years, 1929–30 Through 2020–21," in *Digest of Education Statistics: 2021*, US Department of Education, March 2023, https://nces.ed.gov/programs/digest/d21/tables/dt21_106.10.asp; "Consumer Price Index, 1913– ," Federal Reserve Bank of Minneapolis, accessed April 28, 2023, https://www.minneapolisfed.org/about-us/monetary-policy/inflation-calculator/consumer-price-index-1913-; US Bureau of Labor Statistics, "Consumer Price Index for All Urban

Consumers: All Items in U.S. City Average (CPIAUCSL)," retrieved from FRED, Federal Reserve Bank of St. Louis, updated April 12, 2023, https://fred.stlouisfed.org/series/CPIAUCSL.

63 National Center for Education Statistics, "Expenditures of Educational Institutions Related to the Gross Domestic Product"; "Consumer Price Index, 1913–," Federal Reserve Bank of Minneapolis; US Bureau of Economic Analysis, "Population (B230RC0A052NBEA)," retrieved from FRED, Federal Reserve Bank of St. Louis, updated January 26, 2023, https://fred.stlouisfed.org/series/B230RC0A052NBEA; US Bureau of Labor Statistics, "Consumer Price Index for All Urban Consumers."

64 聯合國開發計畫署公布的資料最全面和權威，但僅可追溯至 1990 年。Our World in Data 的 1870-2017 年資料集採用歷史較久但統計方法沒那麼一致的資料來源。為了持續呈現相對變化並且盡可能提高相關時期的可比性，我們使用了聯合國開發計畫署 1990-2021 年的資料，同時調整了 1990 年之前的 Our World in Data 資料的比例，使它與聯合國 1990 年的資料保持一致。參見 "Human Development Insights," United Nations Development Programme Human Development Reports, accessed March 22, 2023, https://hdr.undp.org/data-center/country-insights#/ranks; Roser and Ortiz-Ospina, "Global Education"; Lee and Lee, "Human Capital in the Long Run"; Barro and Lee, "New Data Set of Educational Attainment in the World, 1950–2010."

65 有關歷史上水媒疾病對公共衛生的影響，進一步的資料可參考 "What Exactly Is Typhoid Fever?," *Seeker*, YouTube video, August 20, 2019, https://www.youtube.com/watch?v=N1lKW2CYU68; "The Pandemic the World Has Forgotten," *Seeker*, YouTube video, September 8, 2020, https://www.youtube.com/watch?v=hj95IZMlZWw; "The Story of Cholera," Global Health Media Project, YouTube video, December 10, 2011, https://www.youtube.com/watch?v=jG1VNSCsP5Q; Theodore H. Tulchinsky and Elena A. Varavikova, "A History of Public Health," *The New Public Health*, October 10, 2014, 1–42, https://doi.org/10.1016/B978-0-12-415766-8.00001-X.

66 Suzanne Spellen, "From Pakistan to Brooklyn: A Quick History of the Bathroom," *Brownstoner*, November 28, 2016, https://www.brownstoner.com/architecture/victorian-bathroom-history-plumbing-brooklyn-architecture-interiors; Anthony Mitchell Sammarco, *The Great Boston Fire of 1872* (Charleston, SC: Arcadia, 1997), 30, https://books.google.com/books?id=v3lzw5d2K8wC; Price V. Fishback, *Soft Coal, Hard Choices: The Economic Welfare of Bituminous Coal Miners, 1890–1930* (New York: Oxford University Press, 1992), 170, https://www.google.com/books/edition/Soft_Coal_Hard_Choices/EjnnCwAAQBAJ; Stanley Lebergott, *Wealth and Want* (Princeton, NJ: Princeton University Press, 1975), 7, https://www.google.com/books/edition/Wealth_and_Want/Lrx9BgAAQBAJ; "Historical Census of Housing Tables: Sewage Disposal," US Census Bureau, 1990, revised October 8, 2021, https://www.census.gov/data/tables/time-series/dec/coh-sewage.html; Gary M. Walton and Hugh Rockoff, *History of the American Economy*, 13th ed. (Boston: Cengage Learning, 2017), 377.

67 Walton and Rockoff, *History of the American Economy*, 377; US Census Bureau, "Historical Census of Housing Tables: Sewage Disposal."

68 例如參見 Susan Carpenter, "After Two Years of Eco-Living, What Works and What

Doesn't," *Los Angeles Times*, March 11, 2014, https://www.latimes.com/home/la-hm-realist-main-20101016-story.html.

69 Jane Otai, "Happy #WorldToiletDay! Here's What It's Like To Live Without One," NPR, November 19, 2015, https://www.npr.org/sections/goatsandsoda/2015/11/19/456495448/happy-worldtoiletday-here-s-what-it-s-like-to-live-without-one.

70 WHO/ UNICEF Joint Monitoring Programme (JMP) for Water Supply, Sanitation and Hygiene, "People Using Safely Managed Sanitation Services (% of Population)," retrieved from worldbank.org, accessed October 12, 2021, https://data.worldbank.org/indicator/SH.STA.SMSS.ZS.

71 Stanley Lebergott, *Pursuing Happiness: American Consumers in the Twentieth Century* (Princeton, NJ: Princeton University Press, 1993), 102, https://www.google.com/books/edition/Pursuing_Happiness/bD0ABAAAQBAJ; US Census Bureau, "Historical Census of Housing Tables: Sewage Disposal"; Marc Jeuland et al., "Water and Sanitation: Economic Losses from Poor Water and Sanitation—Past, Present, and Future," in *How Much Have Global Problems Cost the World?* , ed. Bjørn Lomborg (Cambridge, UK: Cambridge University Press, 2013), 333; David A. Raglin, "Plumbing and Kitchen Facilities in Housing Units," 2015 American Community Survey Research and Evaluation Report Memorandum Series No. ACS15-RER-06, US Census Bureau, May 29, 2015, 3, https://www.census.gov/content/dam/Census/library/working-papers/2015/acs/2015_Raglin_01.pdf; Katie Meehan et al., *Plumbing Poverty in U.S. Cities: A Report on Gaps and Trends in Household Water Access, 2000 to 2017*, King's College London, September 27, 2021, 4, https://kclpure.kcl.ac.uk/portal/files/159767495/Plumbing_Poverty_in_US_Cities.pdf; US Census Bureau, "Total Households (TTLHH)," retrieved from FRED, Federal Reserve Bank of St. Louis, updated November 21, 2022, https://fred.stlouisfed.org/series/TTLHH; WHO/UNICEF Joint Monitoring Programme (JMP) for Water Supply, Sanitation, and Hygiene, "People Using at Least Basic Sanitation Services (% of Population)," retrieved from World bank.org, accessed April 28, 2023, https://data.worldbank.org/indicator/SH.STA.BASS.ZS; WHO/ UNICEF Joint Monitoring Programme (JMP) for Water Supply, Sanitation, and Hygiene, "Improved Sanitation Facilities (% of Population with Access)," retrieved from Worldbank.org, updated January 25, 2018, accessed April 28, 2023, originally available at https://databank.worldbank.org/source/millennium-development-goals/Series/SH.STA.ACSN; World Health Organization and United Nations Children's Fund, *Progress on Sanitation and Drinking Water—2015 Update and MDG Assessment*, World Health Organization, 2015, 14, https://data.unicef.org/wp-content/uploads/2015/12/Progress-on-Sanitation-and-Drinking-Water_234.pdf; *Progress on Household Drinking Water, Sanitation and Hygiene 2000–2020: Five Years into the SDGs* (Geneva: World Health Organization and the United Nations Children's Fund, 2021), 7, https://washdata.org/sites/default/files/2021-07/jmp-2021-wash-households.pdf.

72 Elizabeth Nix, "How Edison, Tesla and Westinghouse Battled to Electrify America," History.com, October 24, 2019, https://www.history.com/news/what-was-the-war-of-the-currents; Harold D. Wallace Jr., "Power from the People: Rural Electrification

Brought More than Lights," National Museum of American History, February 12, 2016, https://americanhistory.si.edu/blog/rural-electrification; Stanley Lebergott, *The American Economy: Income, Wealth and Want* (Princeton, NJ: Princeton University Press, 1976), 334, https://www.google.com/books/edition/The_American_Economy/HYV9BgAAQBAJ.

73 關於美國農村電氣化，進一步的資料可參考 "On the Line— Rural Electrification Administration Film," Russell Library Audiovisual Collections, YouTube video, June 4, 2018, https://www.youtube.com/watch?v=DbAM-CwOxu0; General Electric, "More Power to the American Farmer—1946," miSci: Museum of Innovation and Science, YouTube video, June 13, 2012, https://www.youtube.com/watch?v=aY5eFQTYkaw; US Department of Agriculture, Rural Electrification Administration, *Rural Lines, USA: The Story of the Rural Electrification Administration's First Twenty-five Years, 1935–1960*, US Department of Agriculture Miscellaneous Publication No. 811 (1960), https://www.google.com/books/edition/Rural_Lines_USA/IBkuAAAAYAAJ; US Census Bureau, *Historical Statistics of the United States: Colonial Times to 1970*, part 1 (Washington, DC: US Census Bureau, 1975), 827, https://www.census.gov/history/pdf/histstats-colonial-1970.pdf.

74 US Census Bureau, *Historical Statistics of the United States: Colonial Times to 1970, part 1*.

75 Lily Odarno, "Closing Sub-Saharan Africa's Electricity Access Gap: Why Cities Must Be Part of the Solution," World Resources Institute, August 14, 2019, https://www.wri.org/blog/2019/08/closing-sub-saharan-africa-electricity-access-gap-why-cities-must-be-part-solution; Giacomo Falchetta et al., "Satellite Observations Reveal Inequalities in the Progress and Effectiveness of Recent Electrification in Sub-Saharan Africa," *One Earth* 2, no. 4 (April 24, 2020): 364–79, https://doi.org/10.1016/j.oneear.2020.03.007.

76 IEA, IRENA, UNSD, World Bank, and WHO, "Access to Electricity (% of Population)," from *Tracking SDG 7: The Energy Progress Report* (Washington, DC: World Bank, 2023), https://data.worldbank.org/indicator/EG.ELC.ACCS.ZS.

77 Daron Acemoglu and James A. Robinson, *Why Nations Fail: The Origins of Power, Prosperity, and Poverty* (New York: Crown, 2012).

78 Lebergott, *The American Economy: Income, Wealth and Want, 334, US Census Bureau, Historical Statistics of the United States: Colonial Times to 1970*, part 1; IEA, IRENA, UNSD, World Bank, and WHO, "Access to Electricity (% of Population)"; IEA, IRENA, UNSD, World Bank, and WHO, "Access to Electricity (% of Population)—United States," from *Tracking SDG 7: The Energy Progress Report* (Washington, DC: World Bank, 2023), https://data.worldbank.org/indicator/EG.ELC.ACCS.ZS?locations=US; World Bank, "Access to Electricity (% of Population)," Sustainable Energy or All (SE4ALL) database, SE4ALL Global Tracking Framework, retrieved from Worldbank.org, accessed April 28, 2023, originally available at https://data.worldbank.org/indicator/EG.ELC.ACCS.ZS.

79 US Census Bureau, "Selected Communications Media: 1920 to 1998," *Statistical Abstract of the United States*: 1999 (Washington, DC: US Census Bureau, 1999): 885, https://www.

census.gov/history/pdf/radioownership1920-1998.pdf.

80 US Census Bureau, "Selected Communications Media: 1920 to 1998."

81 "Kathleen Hall Jamieson on Talk Radio's History and Impact," PBS.org, February 13, 2004, https://web.archive.org/web/20170301204706/https://www.pbs.org/now/politics/talkradiohistory.html; " 'Radio' Listening Dominates Audio In-Cat," Edison Research, January 11, 2019, https://www.edisonresearch.com/am-fm-radio-still-dominant-audio-in-car; Aniko Bodroghkozy, ed., *A Companion to the History of American Broadcasting* (Hoboken, NJ: Wiley, 2018).

82 Ezra Klein, "Something Is Breaking American Politics, but It's Not Social Media," *Vox*, April 12, 2017, https://www.vox.com/policy-and-politics/2017/4/12/15259438/social-media-political-polarization; Jeffrey M. Berry and Sarah Sobieraj, "Understanding the Rise of Talk Radio," *PS: Political Science and Politics* 44, no. 4 (October 2011): 762–67, https://www.jstor.org/stable/41319965.

83 "Audio and Podcasting Fact Sheet," Pew Research Center, June 29, 2021, https://www.pewresearch.org/journalism/fact-sheet/audio-and-podcasting.

84 Lance Venta, "Infinite Dial: Mean Number of Radios In Home Drops in Half Since 2008," Radio Insight, March 20, 2020, https://radioinsight.com/headlines/184900/infinite-dial-mean-number-of-radios-in-home-drops-in-half-since-2008; "Mobile Fact Sheet," Pew Research Center, April 7, 2021, https://www.pewresearch.org/internet/fact-sheet/mobile; US Census Bureau, "Selected Communications Media: 1920 to 1998," 885; Douglas B. Craig, *Fireside Politics: Radio and Political Culture in the United States, 1920–1940* (Baltimore: Johns Hopkins University Press, 2000; paperback, 2006), 12, https://www.google.com/books/edition/Fireside_Politics/haWh203m7aIC; US Census Bureau, "Utilization of Selected Media: 1980 to 2005," *Statistical Abstract of the United States: 2008* (Washington, DC: US Census Bureau, 2007): 704, https://www2.census.gov/prod2/2007pubs/08abstract/infocomm.pdf; US Census Bureau, "Utilization and Number of Selected Media: 2000 to 2009," *Statistical Abstract of the United States: 2012* (Washington, DC: US Census Bureau, 2011): 712, https://www.google.com/books/edition/Statistical_Abstract_of_the_United_State/pW9NAQAAMAAJ.

85 有關電視的發明及其最初發展，較詳細的資料可參考 "The Invention of Television (1929)," British Pathé, YouTube video, April 13, 2014, https://www.youtube.com/watch?v=nwJ2bMATIAM; "The Origins of Television," Nirali Pathak, YouTube video, January 2, 2012, https://www.youtube.com/watch?v=uM7ZD5f9Pb8; Albert Abramson, *The History of Television, 1880–1941* (Jefferson, NC: McFarland, 1987).

86 有關 1939 年電視廣播的情況以及因為第二次世界大戰而擱置的技術，進一步的資料可參考 "What Television Was Like in 1939," Smithsonian Channel, YouTube video, December 30, 2013, https://www.youtube.com/watch?v=wj_Mcpff-Ks; BBC, "Close Down of Television Service for the Duration of the War," History of the BBC, accessed April 28, 2023, https://www.bbc.com/historyofthebbc/anniversaries/september/closedown-of-television; "Television Facts and Statistics—1939 to 2000," TVhistory.tv, accessed March 31, 2022, https://web.archive.org/web/20220331223237/http://www.tvhistory.tv/facts-stats.htm.

87 Cobbett S. Steinberg, *TV Facts*, Facts on File (1980), 142, available in part at "Television Facts and Statistics—1939 to 2000," TVhistory.tv, accessed March 31, 2022, https://web.archive.org/web/20220331223237/http://www.tvhistory.tv/facts-stats.htm.

88 Steinberg, *TV Facts*, 142.

89 Steinberg, *TV Facts*, 142; US Census Bureau, "Total Households (TTLHH)"; Jack W. Plunkett, *Plunkett's Entertainment & Media Industry Almanac 2006* (Houston, TX: Plunkett Research, 2006), 35.

90 截至 2023 年撰寫本節時，尼爾森最新官方估計涵蓋 2021 年上半年。參見 Plunkett, *Plunkett's Entertainment & Media Industry Almanac 2006*, 35; "Nielsen Estimates 121 Million TV Homes in the U.S. for the 2020–2021 TV Season," Nielsen Company, August 28, 2020, https://www.nielsen.com/us/en/insights/article/2020/nielsen-estimates-121-million-tv-homes-in-the-u-s-for-the-2020-2021-tv-season.

91 Rick Porter, "TV Long View: Five Years of Network Ratings Declines in Context," *Hollywood Reporter*, September 21, 2019, https://www.hollywoodreporter.com/live-feed/five-years-network-ratings-declines-explained-1241524; Sapna Maheshwari and John Koblin, "Why Traditional TV Is in Trouble," *New York Times*, May 13, 2018, https://www.nytimes.com/2018/05/13/business/media/television-advertising.html.

92 US Census Bureau, *Historical Statistics of the United States, Colonial Times to 1957* (Washington, DC: US Government Publishing Office, 1960), 491, https://www.google.co.uk/books/edition/Historical_Statistics_of_the_United_Stat/hyI1AAAAIAAJ; US Census Bureau, "Total Households (TTLHH)"; Steinberg, *TV Facts*, 142; Plunkett, *Plunkett's Entertainment & Media Industry Almanac 2006*, 35; "Nielsen: 109.6 Million TV Households in the U.S.," HispanicAd.com, July 30, 2004, http://hispanicad.com/blog/news-article/had/research/nielsen-1096-million-tv-households-us; "Late News," *AdAge*, August 29, 2005,https://adage.com/article/late-news/late-news/104427; TVTechnology, "Nielsen Reports Slight Increase in TV Households," TV Tech, August 28, 2006, https://www.tvtechnology.com/news/nielsen-reports-slight-increase-in-tv-households; Variety Staff, "TV Nation: 112.8Million Strong," *Variety*, August 23, 2007, https://variety.com/2007/tv/opinion/tv-nation-1128-22127/?jwsource=cl; "More U.S. Viewers, Households For 2008-09 TV Season," Nielsen Company, August 2008, https://www.nielsen.com/insights/2008/us-viewers-households-up-sligtly-in-2008-09-tv-season; "114.9Million U.S. Television Homes Estimated for 2009–2010 Season," Nielsen Company, August 29, 2009, https://www.nielsen.com/us/en/insights/article/2009/1149-million-us-television-homes-estimated-for-2009-2010-season; "Number of U.S. TV Households Climbs by One Million for 2010–11 TV Season," Nielsen Company, August 27, 2010, https://www.nielsen.com/us/en/insights/article/2010/number-of-u-s-tv-households-climbs-by-one-million-for-2010-11-tv-season; Cynthia Littleton, "Nielsen Tackles Web Viewing," *Variety*, February 25, 2013, https://variety.com/2013/digital/news/nielsen-tackles-web-viewing-1118066529; "Nielsen Estimates 115.6 Million TV Homes in the U.S., Up 1.2%," Nielsen Company, May 7, 2013, https://www.nielsen.com/us/en/insights/article/2013/nielsen-estimates-115-6-million-tv-homes-in-the-u-s-up-1-2; "Nielsen Estimates More Than 116Million TV Homes in the U.S.," Nielsen Company,

August 29, 2014, https://www.nielsen.com/us/en/insights/article/2014/nielsen-estimates-more-than-116-million-tv-homes-in-the-us; "Nielsen Estimates 116.4 Million TV Homes in the U.S. for the 2015–16 TV Season," Nielsen Company, August 28, 2015, https://www.nielsen.com/us/en/insights/article/2015/nielsen-estimates-116-4-million-tv-homes-in-the-us-for-the-2015-16-tv-season; "Nielsen Estimates 118.4 Million TV Homes in the U.S. for the 2016–17 TV Season," Nielsen Company, August 26, 2016, https://www.nielsen.com/us/en/insights/article/2016/nielsen-estimates-118-4-million-tv-homes-in-the-us-for-the-2016-17-season; "Nielsen Estimates 119.6 Million TV Homes in the U.S. for the 2017–18 TV Season," Nielsen Company, August 25, 2017, https://www.nielsen.com/us/en/insights/article/2017/nielsen-estimates-119-6-million-us-tv-homes-2017-2018-tv-season; "Nielsen Estimates 119.9 Million TV Homes in the U.S. for the 2018–2019 TV Season," Nielsen Company, September 7, 2018, https://www.nielsen.com/us/en/insights/article/2018/nielsen-estimates-119-9-million-tv-homes-in-the-us-for-the-2018-19-season; "Nielsen Estimates 120.6 Million TV Homes in the U.S. for the 2019–2020 TV Season," Nielsen Company, August 27, 2019, https://www.nielsen.com/us/en/insights/article/2019/nielsen-estimates-120-6-million-tv-homes-in-the-u-s-for-the-2019-202-tv-season; "Nielsen Estimates 121 Million TV Homes in the U.S. for the 2020–2021 TV Season."

93 有關 Altair 8800 如何改變電腦市場，進一步的資料可參考 Jason Fitzpatrick, "The Computer That Changed Everything (Altair 8800)," Computerphile, YouTube video, May 15, 2015, https://www.youtube.com/watch?v=cwEmnfy2BhI; "The PC That Started Microsoft & Apple! (Altair 8800)," ColdFusion, YouTube video, March 18, 2016, https://www.youtube.com/watch?v=X5lpOskKF9I.

94 有關個人電腦革命的歷史及其意義，更豐富的資料可參考 Carrie Anne Philbin, "The Personal Computer Revolution: Crash Course Computer Science #25," CrashCourse, YouTube video, August 23, 2017, https://www.youtube.com/watch?v=M5BZou6C01w; "History of Apple I and Steve Jobs' Personal Computer," *TechCrunch*, YouTube video, April 17, 2017, https://www.youtube.com/watch?v=LTJPdHeibOQ; "History of Microsoft—1975," jonpaulmoen, YouTube video, December 18, 2010, https://www.youtube.com/watch?v=BLaMbaVT22E; Leo Rowe, "History of Personal Computers Part 1," (from *Triumph of the Nerds*, PBS, 1996), Chasing 80, YouTube video, December 17, 2013, https://www.youtube.com/watch?v=AIBr-kPgYuU; Gerard O'Regan, *A Brief History of Computing*, 2nd ed. (London: Springer, 2008).

95 "1984 Apple's Macintosh Commercial," Mac History, YouTube video, February 1, 2012, https://www.youtube.com/watch?v=VtvjbmoDx-I; "Computer and Internet Use in the United States: 1984 to 2009," US Census Bureau, February 2010, https://www.census.gov/data/tables/time-series/demo/computer-internet/computer-use-1984-2009.html.

96 "Internet Host Count History," Internet Systems Consortium, accessed May 18, 2012, https://web.archive.org/web/20120518101749/http://www.isc.org/solutions/survey/history; 3way Labs, "Internet Domain Survey, January, 2019," Internet Systems Consortium, accessed April 28, 2023, http://ftp.isc.org/www/survey/reports/current.

97 "Internet Host Count History," Internet Systems Consortium; 3way Labs, "Internet Domain Survey, January, 2019."

98 Arielle Sumits, "The History and Future of Internet Traffic," Cisco, August 28, 2015, https://blogs.cisco.com/sp/the-history-and-future-of-internet-traffic.

99 "QuickFacts United States," US Census Bureau, accessed April 28, 2023, https://www.census.gov/quickfacts/fact/table/US/HCN010217; Michael Martin, "Computer and Internet Use in the United States: 2018," American Community Survey Reports ACS-49, US Census Bureau, April 2021, https://www.census.gov/newsroom/press-releases/2021/computer-internet-use.html.

100 主要根據國際電訊聯盟的資料估算。雖然國際電訊聯盟並未直接蒐集擁有電腦、智慧型手機或平板電腦的家庭百分比資料（這是最好的數據），但它對可以上網的家庭百分比的估計是最好的替代指標。我們知道所有可上網的家庭都擁有某種可用的電腦，而這個指標會漏掉一小部分擁有電腦但無法上網的家庭，因此我在這裡使用這個較為保守的數字。參見 "Statistics—Individuals Using the Internet," International Telecommunication Union, January 31, 2023, https://www.itu.int/en/ITU-D/Statistics/Pages/stat/default.aspx; "Key ICT Indicators for Developed and Developing Countries," *ITU World Telecommunication/ICT Indicators Database*.

101 資料涵蓋個人電腦和內含電腦的裝置，例如平板電腦和智慧型手機。參見 "Computer and Internet Access in the United States: 2012—Table 4: Households with a Computer and Internet Use: 1984 to 2012," US Census Bureau, February 3, 2014, https://www2.census.gov/programs-surveys/demo/tables/computer-internet/2012/computer-use-2012/table4.xls; Thom File and Camille Ryan, "Computer and Internet Use in the United States: 2013," American Community Survey Reports ACS-28, US Census Bureau, November 2014, 3, https://www2.census.gov/library/publications/2014/acs/acs-28.pdf; Camille Ryan and Jamie M. Lewis, "Computer and Internet Use in the United States: 2015," American Community Survey Reports ACS-37, US Census Bureau, September 2017, 4, https://www.census.gov/content/dam/Census/library/publications/2017/acs/acs-37.pdf; Martin, "Computer and Internet Use in the United States: 2018"; International Telecommunication Union, "Key ICT Indicators for Developed and Developing Countries, the World and Special Regions (Totals and Penetration Rates)," from *ITU World Telecommunication/ICT Indicators Database*, International Telecommunication Union, November 2020, https://www.itu.int/en/ITU-D/Statistics/Documents/facts/ITU_regional_global_Key_ICT_indicator_aggregates_Nov_2020.xlsx; "Statistics— Individuals Using the Internet," International Telecommunication Union; International Telecommunication Union, "Key ICT Indicators for the World and Special Regions (Totals and Penetration Rates)," ITU World Telecommunication/ ICT Indicators database, November 2022, updated February 15, 2023, https://www.itu.int/en/ITU-D/Statistics/Documents/facts/ITU_regional_global_Key_ICT_indicator_aggregates_Nov_2022_revised_15Feb2023.xlsx.

102 "Drug Discovery and Development Process," Novartis, YouTube video, January 14, 2011, https://www.youtube.com/watch?v=3Gl0gAcW8rw; Robert Gaynes, "The Discovery of Penicillin—New Insights After More than 75 Years of Clinical Use," *Emerging Infectious Diseases* 23, no. 5 (May 2017): 849–53, http://dx.doi.org/10.3201/eid2305.161556; Sabrina Barr, "Penicillin Allergy: How Common Is It and What Are

the Symptoms," *Independent*, October 23, 2018, https://www.independent.co.uk/life-style/health-and-families/penicillin-allergy-how-common-symptoms-antibiotic-drug-bacteria-a8597246.html.

103 Dan Usher, *Political Economy* (Malden, MA: Wiley, 2003), 5, https://books.google.com/books?id=-2210y5aPZgC; Max Roser, Hannah Ritchie, and Bernadeta Dadonaite, "Child and Infant Mortality," Our World in Data, November 2019, https://ourworldindata.org/child-mortality; Anthony A. Volk and Jeremy A. Atkinson, "Infant and Child Death in the Human Environment of Evolutionary Adaptation," *Evolution and Human Behavior* 34, no. 3 (May 2013): 182–92, https://doi.org/10.1016/j.evolhumbehav.2012.11.007.

104 Mattias Lindgren, "Life Expectancy at Birth," *Gapminder*, accessed April 28, 2023, https://www.gapminder.org/data/documentation/gd004.

105 Toshiko Kaneda, Charlotte Greenbaum, and Carl Haub, *2021 World Population Data Sheet*, Population Reference Bureau, August 2021, https://www.prb.org/wp-content/uploads/2021/08/letter-booklet-2021-world-population.pdf; Lindgren, "Life Expectancy at Birth."

106 Terry Grossman 和我在 2009 年出版的《超越》（*Transcend*）一書中較詳細地闡述了通往延長生命的第一道、第二道和第三道橋樑。那是一本關於健康的書，所以我選擇在本書中較詳細地闡述第四道橋樑——將我們的意識延伸到可以備份和擴展的數位媒介。參見 Ray Kurzweil and Terry Grossman, *Transcend: Nine Steps to Living Well Forever* (Emmaus, PA: Rodale, 2009).

107 Lindgren, "Life Expectancy at Birth."

108 "Products," Sequencing.com, accessed March 25, 2023, https://web.archive.org/web/20230315065708/https://sequencing.com/products/purchase-kit; Elizabeth Pennisi, "A $100 Genome? New DNA Sequencers Could Be a 'Game Changer' for Biology, Medicine," *Science*, June 15, 2022, https://www.science.org/content/article/100-genome-new-dna-sequencers-could-be-game-changer-biology-medicine; Kris A. Wetterstrand, "The Cost of Sequencing a Human Genome," National Human Genome Research Institute, accessed April 28, 2023, https://www.genome.gov/about-genomics/fact-sheets/Sequencing-Human-Genome-cost; Kris A. Wetterstrand, "DNA Sequencing Costs: Data," National Human Genome Research Institute, November 1, 2021, https://www.genome.gov/about-genomics/fact-sheets/DNA-Sequencing-Costs-Data; Andrew Carroll and Pi- Chuan Chang, "Improving the Accuracy of Genomic Analysis with DeepVariant 1.0," *Google AI Blog*, Google Research, September 18, 2020, https://ai.googleblog.com/2020/09/improving-accuracy-of-genomic-analysis.html.

109 有關目前的 AI 臨床應用，進一步的資料可參考 Bernard Marr, "How Is AI Used in Healthcare—5 Powerful Real-World Examples that Show the Latest Advances," *Forbes*, July 27, 2018, https://www.forbes.com/sites/bernardmarr/2018/07/27/how-is-ai-used-in-healthcare-5-powerful-real-world-examples-that-show-the-latest-advances/#55fa6ef05dfb; Giovanni Briganti and Olivier Le Moine, "Artificial Intelligence in Medicine: Today and Tomorrow," *Frontiers in Medicine* 7, article 27 (February 5, 2020), https://doi.org/10.3389/fmed.2020.00027.

110 有關導致人類壽命目前最多只有約 120 歲的因素，更詳細的討論可參考本書第六章。正如我在那一章中解釋，過去幾十年的研究已經找出了導致老化的特定生物化學過程，而截至 2023 年，已有積極的研究正在努力處理所有相關問題。我們並不需要立即徹底克服老化問題以大幅延長人類壽命——臨界點將是醫學進步每年都使我們的預期壽命至少增加一年，使我們在延長壽命方面保持領先，達到所謂的「長壽逃逸速度」（longevity escape velocity）。

111 受 COVID-19 大流行影響，作者 2023 年撰寫本節時，英國人預期壽命的可靠資料僅更新至 2020 年。參見 "English Life Tables," Office for National Statistics (United Kingdom), September 1, 2015, https://www.ons.gov.uk/file?uri=%2fpeoplepopulationandcommunity%2fbirthsdeathsandmarriages%2flifeexpectancies%2fdatasets%2f2englishlifetables%2fcurrent/eolselt1to17_tcm77-414359.xls; "National Life Tables, United Kingdom, Period Expectation of Life, Based on Data for the Years 2018–2020," Office for National Statistics (United Kingdom), September 23, 2021, https://www.ons.gov.uk/file?uri=%2Fpeoplepopulationandcommunity%2Fbirthsdeathsandmarriages%2Flifeexpectancies%2Fdatasets%2Fnationallifetablesunitedkingdomreferencetables%2Fcurrent/nationallifetables3yruk.xlsx.

112 受 COVID-19 大流行影響，作者 2023 年撰寫本節時，美國人預期壽命的可靠資料僅更新至 2020 年。參見 United Nations Department of Economic and Social Affairs, Population Division, *World Population Prospects 2019—Special Aggregates, Online Edition*, rev. 1. (United Nations, 2019).

113 Max Roser and Esteban Ortiz-Ospina, "Global Extreme Poverty," Our World in Data, March 27, 2017, https://ourworldindata.org/extreme-poverty; François Bourguignon and Christian Morrisson, "Inequality Among World Citizens: 1820–1992," *American Economic Review* 92, no. 4 (September 2002): 727–44, https://doi.org/10.1257/00028280260344443; *PovcalNet: An Online Analysis Tool for Global Poverty Monitoring*, World Bank, March 17, 2020.

114 有關全球發展和工業化的過程，一些清晰且令人信服的總結和視覺化資料可參考 Council on Foreign Relations, "Global Development Explained | World101," CFR Education, YouTube video, June 18, 2019, https://www.youtube.com/watch?v=Po0o3Gk9FPQ; "Hans Rosling's 200 Countries, 200 Years, 4 Minutes—the Joy of Stats— BBC Four," BBC, YouTube video, November 26, 2010, https://www.youtube.com/watch?v=jbkSRLYSojo; "The History of International Development | Max Roser | EAGxOxford 2016," Centre for Effective Altruism, YouTube video, April 16, 2017, https://www.youtube.com/watch?v=XbBn8OEqL4k; Max Roser, "The Short History of Global Living Conditions and Why It Matters That We Know It," Our World in Data, accessed October 29, 2021, https://ourworldindata.org/a-history-of-global-living-conditions-in-5-charts; Bourguignon and Morrisson, "Inequality Among World Citizens: 1820–1992."

115 有關中國和印度快速（但有時嚴重管理不當）的農業轉型，較深入和具體的討論可參考 Yi Wen, "China's Rapid Rise: From Backward Agrarian Society to Industrial Powerhouse in Just 35 Years," Federal Reserve Bank of St. Louis, April 12, 2016, https://www.stlouisfed.org/publications/regional-economist/april-2016/chinas-rapid-rise-from-backward-agrarian-society-to-industrial-powerhouse-in-just-35-years; Xiao-

qiang Jiao, Nyamdavaa Mongol, and Fu-suo Zhang, "The Transformation of Agriculture in China: Looking Back and Looking Forward," *Journal of Integrative Agriculture* 17, no. 4 (April 2018): 755–64, https://doi.org/10.1016/S2095-3119(17)61774-X; Amarnath Tripathi and A. R. Prasad, "Agricultural Development in India Since Independence: A Study on Progress, Performance, and Determinants," *Journal of Emerging Knowledge on Emerging Markets* 1, no. 1 (November 2009): 63–92, https://digitalcommons.kennesaw.edu/cgi/viewcontent.cgi?article=1007&context=jekem; M. S. Swaminathan, *50 Years of Green Revolution: An Anthology of Research Papers* (Singapore: World Scientific, 2017); Francine R. Frankel, *India's Green Revolution: Economic Gains and Political Costs* (Princeton, NJ: Princeton University Press, 1971).

116 World Bank Development Research Group, "Poverty Headcount Ratio at $2.15 a Day."

117 World Bank, "Regional Aggregation Using 2011 PPP and $1.9/Day Poverty Line," PovcalNet: The On-line Tool for Poverty Measurement Developed by the Development Research Group of the World Bank, September 1, 2022, https://web.archive.org/web/20220901035616/http://iresearch.worldbank.org/PovcalNet/povDuplicateWB.aspx.

118 "Regional Aggregation Using 2011 PPP," World Bank; Eric W. Sievers, *The Post-Soviet Decline of Central Asia: Sustainable Development and Comprehensive Capital* (London: Routledge Curzon, 2003).

119 David Hulme, "The Making of the Millennium Development Goals: Human Development Meets Results-Based Management in an Imperfect World," (BWPI working paper 16, Brooks World Poverty Institute, December 2007), https://sustainabledevelopment.un.org/content/documents/773bwpi-wp-1607.pdf.

120 有關千禧發展目標及其影響，進一步的資料可參考 United Nations Department of Economic and Social Affairs, *The Millennium Development Goals Report 2015* (New York: United Nations, April 2016), https://www.un.org/millenniumgoals/2015_MDG_Report/pdf/MDG%202015%20rev%20(July%201).pdf; Hannah Ritchie and Max Roser, "Now It Is Possible to Take Stock—Did the World Achieve the Millennium Development Goals?," Our World in Data, September 20, 2018, https://ourworldindata.org/millennium-development-goals; Charles Kenny, "MDGs to SDGs: Have We Lost the Plot?," Center for Global Development, May 27, 2015, https://www.cgdev.org/publication/mdgs-sdgs-have-we-lost-plot.

121 World Bank Development Research Group, "Poverty Headcount Ratio at $2.15 a Day (2017 PPP) (% of population) – United States," World Bank, accessed April 28, 2023, https://data.worldbank.org/indicator/SI.POV.DDAY?locations=US.

122 Emily A. Shrider et al., *Income and Poverty in the United States: 2020*, Current Population Reports P60–273, US Census Bureau, September 2021, 56, https://www.census.gov/content/dam/Census/library/publications/2021/demo/p60-273.pdf.

123 David R. Dickens Jr. and Christina Morales, "Income Distribution and Poverty in Nevada," in *The Social Health of Nevada: Leading Indicators and Quality of Life in the Silver State*, ed. Dmitri N. Shalin (Las Vegas: UNLV Center for Democratic Culture Publications, 2006): 1–24, https://digitalscholarship.unlv.edu/cgi/viewcontent.

cgi?article=1019&context=social_health_nevada_reports; Shrider et al., *Income and Poverty in the United States: 2020*, 56.

124 Shrider et al., *Income and Poverty in the United States: 2020, 14, 17.*

125 有關美國的貧窮線如何界定和更新，較詳細的說明可參考 Institute for Research on Poverty, "What Are Poverty Thresholds and Poverty Guidelines?," University of Wisconsin– Madison, accessed April 28, 2023, https://www.irp.wisc.edu/resources/what-are-poverty-thresholds-and-poverty-guidelines/#:~:text=9902; Institute for Research on Poverty, "How Is Poverty Measured?," University of Wisconsin–Madison, accessed April 28, 2023, https://www.irp.wisc.edu/resources/how-is-poverty-measured.

126 John Creamer et al., US Census Bureau, *Poverty in the United States: 2021* (Washington, DC: US Government Publishing Office, September 2022), 25, https://www.census.gov/content/dam/Census/library/publications/2022/demo/p60-277.pdf.

127 Creamer et al., *Poverty in the United States: 2021, 25, 36.*

128 Creamer et al., *Poverty in the United States: 2021, 25.*

129 "MIT OpenCourseWare at 20," MIT OpenCourseWare, YouTube video, April 12, 2021, https://www.youtube.com/watch?v=0aAEamhJHUI.

130 Creamer et al., *Poverty in the United States: 2021*, 25; World Bank Development Research Group, "Poverty Headcount Ratio at $2.15 a Day—United States."

131 Max Roser and Esteban Ortiz-Ospina, "Global Extreme Poverty—World Population Living in Extreme Poverty, World, 1820 to 2015," Our World in Data, March 27, 2017, updated 2019, https://ourworldindata.org/grapher/world-population-in-extreme-poverty-absolute; Bourguignon and Morrisson, "Inequality Among World Citizens: 1820–1992"; World Bank Development Research Group, "Poverty Headcount Ratio at $2.15 a Day"; World Bank, "Regional Aggregation Using 2011 PPP and $1.9/Day Poverty Line"; World Bank, Development Research Group, "Poverty Headcount Ratio at $2.15 a day (2017 PPP) (% of population)— United States."

132 Office of the Assistant Secretary for Planning and Evaluation, "HHS Poverty Guidelines for 2023," US Department of Health and Human Services, January 19, 2023, https://aspe.hhs.gov/poverty-guidelines.

133 US Bureau of Economic Analysis, "Personal Income per Capita (A792RC0A052NBEA)," retrieved from FRED, Federal Reserve Bank of St. Louis, updated March 30, 2023, https://fred.stlouisfed.org/series/A792RC0A052NBEA; "Consumer Price Index, 1913–," Federal Reserve Bank of Minneapolis; US Bureau of Labor Statistics, "Consumer Price Index for All Urban Consumers."

134 US Bureau of Economic Analysis, "Personal Income Per Capita (A792RC0A052NBEA)"; Peter H. Lindert and Jeffrey G. Williamson, "American Incomes 1774–1860" (working paper 18396, National Bureau of Economic Research, September 2012), 33, https://www.nber.org/system/files/working_papers/w18396/w18396.pdf; Alexander Klein, "New State-Level Estimates of Personal Income in the United States, 1880–1910," in *Research in Economic History*, vol. 29, ed. Christopher Hanes and Susan Wolcott (Bingley, UK: Emerald Group, 2013), 220, https://doi.org/10.1108/S0363-3268(2013)0000029008; "Consumer Price Index, 1800–," Federal

Reserve Bank of Minneapolis, accessed April 28, 2023, https://www.minneapolisfed.org/about-us/monetary-policy/inflation-calculator/consumer-price-index-1800-.

135 Dickens and Morales, "Income Distribution and Poverty in Nevada," 1; Creamer et al., *Poverty in the United States: 2021*, 25.

136 Bourguignon and Morrisson, "Inequality Among World Citizens: 1820–1992"; World Bank Development Research Group, "Poverty Headcount Ratio at $2.15 a Day"; World Bank Development Research Group, "Poverty Headcount Ratio at $2.15 a Day (2017 PPP) (% of population) –United States."

137 Jutta Bolt and Jan Luiten van Zanden, *Maddison Project Database*, version 2020, Groningen Growth and Development Centre, November 2, 2020, https://www.rug.nl/ggdc/historicaldevelopment/maddison/data/mpd2020.xlsx; Jutta Bolt and Jan Luiten van Zanden, "Maddison Style Estimates of the Evolution of the World Economy: A New 2020 Update," (working paper WP-15, Maddison Project, October 2020), https://www.rug.nl/ggdc/historicaldevelopment/maddison/publications/wp15.pdf; US Bureau of Economic Analysis, "Real Gross Domestic Product per Capita (A939RX0Q048SBEA)," retrieved from FRED, Federal Reserve Bank of St. Louis, April 27, 2023, https://fred.stlouisfed.org/series/A939RX0Q048SBEA; "Consumer Price Index, 1913–," Federal Reserve Bank of Minneapolis; John J. McCusker, "Colonial Statistics," in *Historical Statistics of the United States: Earliest Times to the Present*, ed. Susan G. Carter et al. (Cambridge, UK: Cambridge University Press, 2006), V-671; Richard Sutch, "National Income and Product," in *Historical Statistics of the United States: Earliest Times to the Present*, ed. Susan G. Carter et al. (Cambridge, UK: Cambridge University Press, 2006), III-23–25; Leandro Prados de la Escosura, "Lost Decades? Economic Performance in Post-Independence Latin America," *Journal of Latin American Studies* 41, no. 2 (May 2009): 279–307, https://www.jstor.org/stable/27744128; Jutta Bolt et al., "Rebasing 'Maddison': New Income Comparisons and the Shape of Long-Run Economic Development" (working paper 10, Maddison Project, Groningen Growth and Development Centre, 2018), https://www.rug.nl/ggdc/html_publications/memorandum/gd174.pdf.

138 Bolt and van Zanden, *Maddison Project Database*; Bolt and van Zanden, "Maddison Style Estimates of the Evolution of the World Economy"; US Bureau of Economic Analysis, "Real Gross Domestic Product per Capita (A939RX0Q048SBEA)"; "Consumer Price Index, 1913–," Federal Reserve Bank of Minneapolis; US Bureau of Labor Statistics, "Consumer Price Index for All Urban Consumers"; McCusker, "Colonial Statistics," V-671; Sutch, "National Income and Product"; Prados de la Escosura, "Lost Decades?"; Bolt et al., "Rebasing 'Maddison.' "

139 Bolt and van Zanden, *Maddison Project Database*; Bolt and van Zanden, "Maddison Style Estimates of the Evolution of the World Economy"; US Bureau of Economic Analysis, "Real Gross Domestic Product Per Capita (A939RX0Q048SBEA)"; "Consumer Price Index, 1913," Federal Reserve Bank of Minneapolis; US Bureau of Labor Statistics, "Consumer Price Index for All Urban Consumers"; McCusker, "Colonial Statistics," V-671; Sutch, "National Income and Product"; Prados de la

Escosura, "Lost Decades?"; Bolt et al., "Rebasing 'Maddison.'"

140 Max Roser, "Working Hours," Our World in Data, 2013, https://ourworldindata.org/working-hours; Michael Huberman and Chris Minns, "The Times They Are Not Changin': Days and Hours of Work in Old and New Worlds, 1870–2000," *Explorations in Economic History* 44, no. 4 (July 12, 2007): 548, https://personal.lse.ac.uk/minns/Huberman_Minns_EEH_2007.pdf; University of Groningen and University of California, Davis, "Average Annual Hours Worked by Persons Engaged for United States (AVHWPEUSA065NRUG)," retrieved from FRED, Federal Reserve Bank of St. Louis, January 21, 2021, https://fred.stlouisfed.org/series/AVHWPEUSA065NRUG.

141 US Census Bureau, "Real Median Personal Income in the United States (MEPAINUSA672N)," retrieved from FRED, Federal Reserve Bank of St. Louis, updated September 13, 2022, https://fred.stlouisfed.org/series/MEPAINUSA672N; "Consumer Price Index, 1913–," Federal Reserve Bank of Minneapolis; US Bureau of Labor Statistics, "Consumer Price Index for All Urban Consumers."

142 US Bureau of Economic Analysis, "Personal Income Per Capita (A792RC0A052NBEA)"; Lindert and Williamson, "American Incomes 1774–1860"; Klein, "New State-Level Estimates of Personal Income in the United States, 1880–1910," 220; "Consumer Price Index, 1800–," Federal Reserve Bank of Minneapolis; US Bureau of Labor Statistics, "Consumer Price Index for All Urban Consumers."

143 US Bureau of Economic Analysis, "Personal Income Per Capita (A792RC0A052NBEA)"; Huberman and Minns, "The Times They Are Not Changin'," 548; University of Groningen and University of California, Davis, "Average Annual Hours Worked by Persons Engaged for United States; "Consumer Price Index, 1913–," Federal Reserve Bank of Minneapolis.

144 Bolt and van Zanden, *Maddison Project Database*; US Bureau of Economic Analysis, "Population (B230RC0A052NBEA)", US Bureau of Economic Analysis, "Personal Income (PI)," retrieved from FRED, Federal Reserve Bank of St. Louis, updated February 24, 2023, https://fred.stlouisfed.org/series/PI; US Bureau of Economic Analysis, "Hours Worked by Full-Time and Part-Time Employees (B4701C0A222NBEA)," retrieved from FRED, Federal Reserve Bank of St. Louis, updated October 12, 2022, https://fred.stlouisfed.org/series/B4701C0A222NBEA; Stanley Lebergott, "Labor Force and Employment, 1800–1960," in *Output, Employment, and Productivity in the United States After 1800*, ed. Dorothy S. Brady (Washington, DC: National Bureau of Economic Research, 1966), 118, https://www.nber.org/chapters/c1567.pdf; US Census Bureau, *Statistical Abstract of the United States: 1999* (Washington, DC: US Census Bureau, 1999): 879, https://www2.census.gov/library/publications/1999/compendia/statab/119ed/tables/sec31.pdf; Stanley Lebergott, "Labor Force, Employment, and Unemployment, 1929–39 Estimating Methods," *Monthly Labor Review* 67, no. 1 (July 1948): 51, https://www.bls.gov/opub/mlr/1948/article/pdf/labor-force-employment-and-unemployment-1929-39-estimating-methods.pdf; Huberman and Minns, "The Times They Are Not Changin'," 548; US Bureau of Labor Statistics, "Employment Level (CE16OV)," retrieved from FRED, Federal Reserve

Bank of St. Louis, updated March 10, 2023, https://fred.stlouisfed.org/series/CE16OV; "Consumer Price Index, 1800– ," Federal Reserve Bank of Minneapolis; US Bureau of Labor Statistics, "Consumer Price Index for All Urban Consumers."

145 Huberman and Minns, "The Times They Are Not Changin'," 548.

146 有關美國勞工運動在縮短工作時間方面的作用，一些簡要的解說和詳細的同時代資料來源參見 "History of the 40-Hour Workweek," CNBC Make It, YouTube video, May 3, 2017, https://www.youtube.com/watch?v=BcRlq-Hrtc0; "The 40 Hour Work Week," Prosocial Progress Foundation, YouTube video, December 3, 2017, https://www.youtube.com/watch?v=7KtJNYZySjU; George E. Barnett, "Growth of Labor Organization in the United States, 1897–1914," *Quarterly Journal of Economics* 30, no. 4 (August 1916): 780–95, http://www.jstor.com/stable/1884242; Leo Wolman, *The Growth of American Trade Unions, 1880–1923* (New York: National Bureau of Economic Research, 1924).

147 Huberman and Minns, "The Times They Are Not Changin'," 548.

148 Huberman and Minns, "The Times They Are Not Changin'," 548.

149 Huberman and Minns, "The Times They Are Not Changin'," 548; University of Groningen and University of California, Davis, "Average Annual Hours Worked by Persons Engaged for United States."

150 在本章中，我主要著眼於美國和其他經濟合作暨發展組織（OECD）成員國的繁榮趨勢。這不是因為我認為這些國家比其他國家更重要，而是因為在我撰寫本書時，這些國家反映相關趨勢的指數曲線已經來到較為陡峭的部分。此外，開發中國家通常較難找到高品質的資料，這有時會限制學者嚴謹測量全球趨勢的能力。參見 Huberman and Minns, "The Times They Are Not Changin'," 548; University of Groningen and University of California, Davis, "Average Annual Hours Worked by Persons Engaged for United States"; Robert C. Feenstra, Robert Inklaar, and Marcel P. Timmer, *PWT 9.1: Penn World Table Version 9.1*, Groningen Growth and Development Centre, September 26, 2019, https://www.rug.nl/ggdc/productivity/pwt; Robert C. Feenstra, Robert Inklaar, and Marcel P. Timmer, "The Next Generation of the Penn World Table," *American Economic Review* 105, no. 10 (October 2015): 3150–82, http://dx.doi.org/10.1257/aer.20130954; "Kurzarbeit: Germany's Short-Time Work Benefit," International Monetary Fund, June 15, 2020, https://www.imf.org/en/News/Articles/2020/06/11/na061120-kurzarbeit-germanys-short-time-work-benefit.

151 有關此一轉變及其可能的長期影響，更多的討論可參考 Rani Molla, "Office Work Will Never Be the Same," *Vox*, May 21, 2020, https://www.vox.com/recode/2020/5/21/21234242/coronavirus-covid-19-remote-work-from-home-office-reopening; Gil Press, "The Future of Work Post-Covid-19," *Forbes*, July 15, 2020, https://www.forbes.com/sites/gilpress/2020/07/15/the-future-of-work-post-covid-19/#3c9ea15e4baf; Nick Routley, "6 Charts That Show What Employers and Employees Really Think About Remote Working," World Economic Forum, June 3, 2020, https://www.weforum.org/agenda/2020/06/coronavirus-covid19-remote-working-office-employees-employers; Matthew Dey et al., "Ability to Work from Home: Evidence from Two Surveys and Implications for the Labor Market in the COVID-19

Pandemic," *Monthly Labor Review* (US Bureau of Labor Statistics), June 2020, https://doi.org/10.21916/mlr.2020.14.

152 Huberman and Minns, "The Times They Are Not Changin'," 548; University of Groningen and University of California, Davis, "Average Annual Hours Worked by Persons Engaged for United States"; Feenstra, Inklaar, and Timmer, "The Next Generation of the Penn World Table," 3150–82; OECD Statistics, "Average Annual Hours Actually Worked per Worker," Organisation for Economic Co-operation and Development, retrieved October 22, 2021, https://stats.oecd.org/Index.aspx?DataSetCode=ANHRS.

153 International Labour Office, *Marking Progress Against Child Labour: Global Estimates and Trends 2000–2012* (Geneva, Switzerland: International Labour Organization, 2013), 16, http://www.ilo.org/wcmsp5/groups/public/@ed_norm/@ipec/documents/publication/wcms_221513.pdf.

154 International Labour Office, *Marking Progress Against Child Labour*, 3; International Labour Office, *Global Estimates of Child Labour: Results and Trends, 2012–2016* (Geneva, Switzerland: International Labour Organization, 2017), 9, http://www.ilo.org/wcmsp5/groups/public/---dgreports/---dcomm/documents/publication/wcms_575499.pdf; International Labour Office and United Nations Children's Fund, *Child Labour: Global Estimates 2020, Trends and the Road Forward* (Geneva, Switzerland: ILO and UNICEF, 2021), 23, https://www.ilo.org/wcmsp5/groups/public/---ed_norm/---ipec/documents/publication/wcms_797515.pdf; US Department of Labor, *2021 Findings on the Worst Forms of Child Labor* (Washington, DC: US Department of Labor, 2022), https://www.dol.gov/sites/dolgov/files/ILAB/child_labor_reports/tda2021/2021_TDA_Big_Book.pdf.

155 International Labour Office, *Marking Progress Against Child Labour,* 3; International Labour Office, *Global Estimates of Child Labour: Results and Trends, 2012–2016,* 9; International Labour Office and United Nations Children' s Fund, *Child Labour: Global Estimates 2020, Trends and the Road Forward, 23, 82.*

156 United Nations Office on Drugs and Crime, *Global Study on Homicide: Executive Summary* (Vienna: United Nations, July 2019), 26–28, https://www.unodc.org/documents/data-and-analysis/gsh/Booklet1.pdf.

157 英格蘭在 1325 年時，每十萬人一年有 21.4 人死於凶殺。該數字 1575 年為 5.2，1675 年為 3.5，1862 年為 1.6，此後一直低於該水準。在義大利，1375 年有 71.7，1862 年為 7.0，2010 年為 0.9。參見 Max Roser and Hannah Ritchie, "Homicides," Our World in Data, December 2019, https://ourworldindata.org/homicides; Manuel Eisner, "From Swords to Words: Does Macro-Level Change in Self-Control Predict Long-Term Variation in Levels of Homicide?," *Crime and Justice* 43, no. 1 (September 2014): 80–81, https://doi.org/10.1086/677662; UN Office on Drugs and Crime, "Intentional Homicides (per 100,000 People)—France, Netherlands, Sweden, Germany, Switzerland, Italy, United Kingdom, Spain," retrieved from Worldbank.org, accessed March 25, 2023, https://data.worldbank.org/indicator/VC.IHR.PSRC.P5?end=2020&locations=FR-NL-SE-DE-CH-IT-GB-ES&start=2020&view=bar;

"Appendix Tables: Homicide in England and Wales," UK Office for National Statistics, February 9, 2023, https://www.ons.gov.uk/file?uri=/peoplepopulationandcommunity/crimeandjustice/datasets/appendixtableshomicideinenglandandwales/current/homicideyemarch22appendixtables.xlsx.

158 本圖主要取材自 Our World in Data 的圖表「西歐各地長期凶殺率，1250 至 2017 年」（Long-Term Homicide Rates Across Western Europe, 1250 to 2017）。但該圖表的最新版本使用了世界衛生組織自 1950 年起出於公共衛生目的所整理的資料，顯著低估了司法部門統計的凶殺率。因此，世界衛生組織的資料與之前的資料沒有足夠的可比性，之前的資料主要來自 Eisner (2014) 的檔案研究。所以針對 1990 年起的資料，本圖主要使用聯合國毒品與犯罪辦公室的國際凶殺統計資料庫。英國 2019-2021 年的資料，統計年度為 4 月至 3 月，此處以加權平均值作為 1 月至 12 月日曆年的近似值。參見 Roser and Ritchie, "Homicides"; Eisner, "From Swords to Words," 80–81; UN Office on Drugs and Crime, "Intentional Homicides (per 100,000 People)—France, Netherlands, Sweden, Germany, Switzerland, Italy, United Kingdom, Spain"; "Appendix Tables: Homicide in England and Wales," UK Office for National Statistics.

159 Alexia Cooper and Erica L. Smith, *Homicide Trends in the United States, 1980–2008* (Washington, DC: US Department of Justice, Bureau of Justice Statistics, November 2011), 2, https://bjs.ojp.gov/library/publications/homicide-trends-united-states-1980-2008; "Crime in the United States: By Volume and Rate per 100,000 Inhabitants, 1999–2018," Federal Bureau of Investigation, accessed April 28, 2023, https://ucr.fbi.gov/crime-in-the-u.s/2018/crime-in-the-u.s.-2018/topic-pages/tables/table-1; Federal Bureau of Investigation, "Crime Data Explorer: Expanded Homicide Offense Counts in the United States," US Department of Justice, Federal Bureau of Investigation, accessed April 28, 2023, https://cde.ucr.cjis.gov/LATEST/webapp/#/pages/explorer/crime/shr; Emily J. Hanson, "Violent Crime Trends, 1990–2021," Congressional Research Service report IF12281, December 12, 2022, https://sgp.fas.org/crs/misc/IF12281.pdf; US Bureau of Economic Analysis, "Population (B230RC0A052NBEA)."

160 有關美國禁酒對犯罪和暴力活動的影響，進一步的討論可參考 "How Prohibition Created the Mafia," History, YouTube video, February 21, 2019, https://www.youtube.com/watch?v=N-K60XXaPKw; Dave Roos, "How Prohibition Put the 'Organized' in Organized Crime," History.com, February 22, 2019, https://www.history.com/news/prohibition-organized-crime-al-capone; Bureau of Justice Statistics, "Key Facts at a Glance: Homicide Rate Trends," US Department of Justice, accessed September 29, 2006, https://web.archive.org/web/20060929061431/http://www.ojp.usdoj.gov/bjs/glance/tables/hmrttab.htm.

161 有關向毒品宣戰（war on drugs）的影響和它與美國暴力犯罪的關係，進一步的解說可參考 "Why The War on Drugs Is a Huge Failure," Kurzgesagt—In a Nutshell, YouTube video, March 1, 2016, https://www.youtube.com/watch?v=wJUXLqNHCaI; German Lopez, "The War on Drugs, Explained," *Vox*, May 8, 2016, https://www.vox.com/2016/5/8/18089368/war-on-drugs-marijuana-cocaine-heroin-meth; PBS,

"Thirty Years of America's Drug War: A Chronology," *Frontline*, accessed April 28, 2023, https://www.pbs.org/wgbh/pages/frontline/shows/drugs/cron; Bureau of Justice Statistics, "Key Facts at a Glance: Homicide Rate Trends."

162 有關破窗理論和積極執法，進一步的討論可參考 George L. Kelling and James Q. Wilson, "Broken Windows: The Police and Neighborhood Safety," *Atlantic*, March 1982, https://www.theatlantic.com/magazine/archive/1982/03/broken-windows/304465/?single_page=true; "Broken Windows Policing," Center for Evidence-Based Crime Policy, accessed April 28, 2023, https://cebcp.org/evidence-based-policing/what-works-in-policing; Shankar Vedantam et al., "How a Theory of Crime and Policing Was Born, and Went Terribly Wrong," NPR, November 1, 2016, https://www.npr.org/2016/11/01/500104506/broken-windows-policing-and-the-origins-of-stop-and-frisk-and-how-it-went-wrong; National Academies of Sciences, Engineering, and Medicine, *Proactive Policing: Effects on Crime and Communities* (Washington, DC: National Academies Press, 2018), https://doi.org/10.17226/24928; Kevin Strom, *Research on the Impact of Technology on Policing Strategy in the 21st Century, Final Report* (Research Triangle Park, NC: RTI International, 2017), https://www.ncjrs.gov/pdffiles1/nij/grants/251140.pdf.

163 "Lead for Life—The History of Leaded Gasoline—An Excerpt," from *Late Lessons from Early Warnings*, Jakob Gottschau, YouTube video, September 16, 2013, https://www.youtube.com/watch?v=pqg9jH1xwjI; Jennifer L. Doleac, "New Evidence That Lead Exposure Increases Crime," Brookings Institution, June 1, 2017, https://www.brookings.edu/blog/up-front/2017/06/01/new-evidence-that-lead-exposure-increases-crime.

164 Bureau of Justice Statistics, "Key Facts at a Glance: Homicide Rate Trends"; James Alan Fox and Marianne W. Zawitz, *Homicide Trends in the United States* (Washington, DC: Bureau of Justice Statistics, 2010), 9–10, https://bjs.ojp.gov/sites/g/files/xyckuh236/files/media/document/htiuscdb.pdf; "Crime in the United States: By Volume and Rate per 100,000 Inhabitants, 1999–2018," Federal Bureau of Investigation; Federal Bureau of Investigation, "Crime Data Explorer: Expanded Homicide Offense Counts in the United States"; Hanson, "Violent Crime Trends, 1990–2021"; US Bureau of Economic Analysis, "Population (B230RC0A052NBEA)."

165 Ann L. Pastore and Kathleen Maguire, eds., *Sourcebook of Criminal Justice Statistics* (Washington, DC: US Department of Justice, Bureau of Justice Statistics, 2005), 278–79, https://www.ojp.gov/pdffiles1/Digitization/208756NCJRS.pdf; "Crime in the United States: By Volume and Rate per 100,000 Inhabitants, 1999–2018," Federal Bureau of Investigation; Federal Bureau of Investigation, "Crime Data Explorer: Expanded Homicide Offense Counts in the United States"; Hanson, "Violent Crime Trends, 1990–2021"; US Bureau of Economic Analysis, "Population (B230RC0A052NBEA)."

166 Steven Pinker, *The Better Angels of Our Nature: Why Violence Has Declined* (New York: Penguin, 2011), 60–91.

167 Pinker, *Better Angels of Our Nature*, 60.

168 Pinker, *Better Angels of Our Nature*, 49, 53, 63–64.

169 Pinker, *Better Angels of Our Nature*, 52–53.
170 Pinker, *Better Angels of Our Nature*, 193–98.
171 Pinker, *Better Angels of Our Nature*, 175–77, 580–92; Peter Singer, *The Expanding Circle: Ethics, Evolution, and Moral Progress* (Princeton, NJ: Princeton University Press, 1981).
172 有關近年 AI 如何應用於尋找用於太陽能電池和儲能技術的新材料，一些較為詳細的概述參見 Shinji Nagasawa, Eman Al-Naamani, and Akinori Saeki, "Computer-Aided Screening of Conjugated Polymers for Organic Solar Cell: Classification by Random Forest," *Journal of Physical Chemistry Letters* 9, no. 10 (May 7, 2018): 2639–46, https://doi.org/10.1021/acs.jpclett.8b00635; Geun Ho Gu et al., "Machine Learning for Renewable Energy Materials," *Journal of Materials Chemistry A* 7, no. 29 (April 30, 2019): 17096–117, https://doi.org/10.1039/C9TA02356A; Ziyi Luo et al., "A Survey of Artificial Intelligence Techniques Applied in Energy Storage Materials R& D," *Frontiers in Energy Research* 8, no. 116 (July 3, 2020), https://doi.org/10.3389/fenrg.2020.00116; An Chen, Xu Zhang, and Zhen Zhou, "Machine Learning: Accelerating Materials Development for Energy Storage and Conversion," *InfoMat* 2, no. 3 (February 23, 2020): 553–76, https://doi.org/10.1002/inf2.12094; Xinyi Yang et al., "Development Status and Prospects of Artificial Intelligence in the Field of Energy Conversion Materials," *Frontiers in Energy Research* 8, no. 167 (July 31, 2020), https://doi.org/10.3389/fenrg.2020.00167; Teng Zhou, Zhen Song, and Kai Sundmacher, "Big Data Creates New Opportunities for Materials Research: A Review on Methods and Applications of Machine Learning for Materials Design," *Engineering* 5, no. 6 (December 2019): 1017–26, https://doi.org/10.1016/j.eng.2019.02.011.
173 Hannah Ritchie and Max Roser, "Renewable Energy," Our World in Data, accessed April 28, 2023, https://ourworldindata.org/renewable-energy; International Energy Agency Statistics/ OECD, "Electricity Production from Renewable Sources, Excluding Hydroelectric (% of Total)," retrieved from Worldbank.org, 2014, https://data.worldbank.org/indicator/EG.ELC.RNWX.ZS; *BP Statistical Review of World Energy 2021* (London: BP, 2021), 64–65, https://www.bp.com/content/dam/bp/business-sites/en/global/corporate/pdfs/energy-economics/statistical-review/bp-stats-review-2021-full-report.pdf; BP, "Statistical Review of World Energy—All Data, 1965–2021," from *BP Statistical Review of World Energy 2022* (London: BP, 2022).
174 *BP Statistical Review of World Energy 2022* (London: BP, 2022): 45, 51, https://www.bp.com/content/dam/bp/business-sites/en/global/corporate/pdfs/energy-economics/statistical-review/bp-stats-review-2022-full-report.pdf; *BP Statistical Review of World Energy 2021*, 64–65; *BP Statistical Review of World Energy 2020* (London: BP, 2020), 52–53, 59, 61, https://www.bp.com/content/dam/bp/business-sites/en/global/corporate/pdfs/energy-economics/statistical-review/bp-stats-review-2020-full-report.pdf; BP, "Statistical Review of World Energy—All Data, 1965–2021"; International Energy Agency Statistics/OECD, "Electric Power Consumption (kWh Per Capita)," retrieved from Worldbank.org, 2014, https://data.worldbank.org/indicator/EG.USE.ELEC.KH.PC; United Nations Department of Economic and Social Affairs, Population

Division, "Total Population—Both Sexes," *World Population Prospects 2019*, online ed. rev. 1 (New York: United Nations, 2019).

175 "Solar (Photovoltaic) Panel Prices vs. Cumulative Capacity," Our World in Data, accessed March 25, 2023, https://ourworldindata.org/grapher/solar-pv-prices-vs-cumulative-capacity; Gregory F. Nemet, "Interim Monitoring of Cost Dynamics for Publicly Supported Energy Technologies," *Energy Policy* 37, no. 3 (March 2009): 825–35, https://doi.org/10.1016/j.enpol.2008.10.031; J. Doyne Farmer and François Lafond, "How Predictable Is Technological Progress?," *Research Policy* 45, no. 3 (April 2016): 647–65, https://doi.org/10.1016/j.respol.2015.11.001; "IRENASTAT Online Data Query Tool," International Renewable Energy Agency, accessed March 25, 2023, https://www.irena.org/Data/Downloads/IRENASTAT; IRENA, *Renewable Power Generation Costs in 2021* (Abu Dhabi: International Renewable Energy Agency, 2022), https://www.irena.org/-/media/Files/IRENA/Agency/Publication/2022/Jul/IRENA_Power_Generation_Costs_2021.pdf?rev=34c22a4b244d434da0accde7de7c73d8; "Consumer Price Index, 1913–," Federal Reserve Bank of Minneapolis; US Bureau of Labor Statistics, "Consumer Price Index for All Urban Consumers."

176 Molly Cox, "Key 2020 US Solar PV Cost Trends and a Look Ahead," Greentech Media, December 17, 2020, https://www.greentechmedia.com/articles/read/key-2020-us-solar-pv-cost-trends-and-a-look-ahead.

177 "Solar (Photovoltaic) Panel Prices vs. Cumulative Capacity," Our World in Data; Nemet, "Interim Monitoring of Cost Dynamics for Publicly Supported Energy Technologies," 825–35; Farmer and Lafond, "How Predictable Is Technological Progress?"; "IRENASTAT Online Data Query Tool"; IRENA, *Renewable Power Generation Costs in 2021*; François Lafond et al., "How Well Do Experience Curves Predict Technological Progress? A Method for Making Distributional Forecasts," *Technological Forecasting & Social Change* 128 (March 2018). 104–17, https://doi.org/10.1016/j.techfore.2017.11.001; Sandra Enkhardt, "Global Solar Capacity Additions Hit 268 GW in 2022, Says BNEF," *PV Magazine*, December 23, 2022, https://www.pv-magazine.com/2022/12/23/global-solar-capacity-additions-hit-268-gw-in-2022-says-bnef.

178 "Solar (Photovoltaic) Panel Prices vs. Cumulative Capacity," Our World in Data; Nemet, "Interim Monitoring of Cost Dynamics for Publicly Supported Energy Technologies," 825–35; Farmer and Lafond, "How Predictable Is Technological Progress?"; "IRENASTAT Online Data Query Tool"; IRENA, *Renewable Power Generation Costs in 2021*; Lafond et al., "How Well Do Experience Curves Predict Technological Progress?," 104–17; Enkhardt, "Global Solar Capacity Additions Hit 268 GW in 2022, Says BNEF."

179 Hannah Ritchie and Max Roser, "Renewable Energy— Renewable Energy Generation, World," Our World in Data, accessed April 28, 2023, https://ourworldindata.org/grapher/modern-renewable-energy-consumption?country=~OWID_WRL; Ritchie and Roser, "Renewable Energy—Solar Power Generation"; "World Electricity Generation by Fuel, 1971–2017," International Energy Agency, November 26, 2019, https://www.iea.org/data-and-statistics/charts/world-electricity-generation-by-fuel-1971-2017; *BP Statistical*

Review of World Energy 2022, 45, 51; BP, "Statistical Review of World Energy—All Data, 1965–2021"; "Share of Low-Carbon Sources and Coal in World Electricity Generation, 1971–2021," International Energy Agency, April 19, 2021, https://www.iea.org/data-and-statistics/charts/share-of-low-carbon-sources-and-coal-in-world-electricity-generation-1971-2021.

180 Ryan Wiser et al., "Land-Based Wind Market Report: 2022 Edition," US Department of Energy, August 2022, 50, https://doi.org/10.2172/1882594; "Consumer Price Index, 1913–," Federal Reserve Bank of Minneapolis; US Bureau of Labor Statistics, "Consumer Price Index for All Urban Consumers."

181 Our World in Data, "Wind Power Generation," Our World in Data, accessed March 25, 2023, https://ourworldindata.org/grapher/wind-generation?tab=chart; *BP Statistical Review of World Energy 2022*; "Yearly Electricity Data," Ember, March 28, 2023, https://ember-climate.org/data-catalogue/yearly-electricity-data; Charles Moore, "European Electricity Review 2022," Ember, February 1, 2022, https://ember-climate.org/insights/research/european-electricity-review-2022.

182 "Renewable Energy Generation, World," Our World in Data; *BP Statistical Review of World Energy 2022*.

183 "Renewable Energy Generation, World," Our World in Data; *BP Statistical Review of World Energy 2022*, 45, 51; "World Electricity Generation by Fuel, 1971–2017," International Energy Agency.

184 有關《大憲章》的歷史和它對美國建國的影響，較詳細的討論參見 "800 Years of Magna Carta," British Library, YouTube video, March 10, 2015, https://www.youtube.com/watch?v=RQ7vUkbtlQA; Nicholas Vincent, "Consequences of Magna Carta," Brewminate.com, https://brewminate.com/consequences-of-magna-carta; Dave Roos, "How Did Magna Carta Influence the U.S. Constitution?," History.com, September 30, 2019, https://www.history.com/news/magna-carta-influence-us-constitution-bill-of-rights.

185 有關古騰堡的印刷機和它對歐洲文明的影響，進一步的資料可參考 Dave Roos, "7 Ways the Printing Press Changed the World," History.com, September 3, 2019, https://www.history.com/news/printing-press-renaissance; Jeremiah Dittmar, "Information Technology and Economic Change: The Impact of the Printing Press," VoxEU, February 11, 2011, https://voxeu.org/article/information-technology-and-economic-change-impact-printing-press; Patrick McGrady, "The Medieval Invention That Changed the Course of History: The Machine That Made Us," Timeline—World History Documentaries, YouTube video, August 25, 2018, https://www.youtube.com/watch?v=uQ88yC35NjI; Jeremiah Dittmar and Skipper Seabold, "Gutenberg's Moving Type Propelled Europe Towards the Scientific Revolution," *LSE Business Review*, March 19, 2019, https://blogs.lse.ac.uk/businessreview/2019/03/19/gutenbergs-moving-type-propelled-europe-towards-the-scientific-revolution.

186 有關英格蘭議會的起源和早期演變，精彩的概述參見 Gwilym Dodd, "The Birth of Parliament," BBC, February 17, 2011, https://www.bbc.co.uk/history/british/middle_ages/birth_of_parliament_01.shtml.

187 有關英格蘭內戰和英格蘭 1689 年的《權利法案》，進一步的資料可參考 John Green, "English Civil War: Crash Course European History #14," CrashCourse, YouTube video, August 6, 2019, https://www.youtube.com/watch?v=dyk3bI_Y68Y; Avalon Project at Yale Law School, "English Bill of Rights 1689," Lillian Goldman Law Library, accessed April 28, 2023, https://avalon.law.yale.edu/17th_century/england.asp; Geoffrey Lock, "The 1689 Bill of Rights," *Political Studies* 37, no. 4 (December 1, 1989), https://doi.org/10.1111/j.1467-9248.1989.tb00288.x; Peter Ackroyd, *Civil War: The History of England*, vol. 3 (New York: St. Martin's, 2014).

188 Neil Johnston, "The History of the Parliamentary Franchise" (research paper 13/ 14, UK House of Commons Library, March 1, 2013), http://researchbriefings.files.parliament.uk/documents/RP13-14/RP13-14.pdf; Roser and Ortiz-Ospina, "Literacy"; Pamuk and van Zanden, "Standards of Living," 229.

189 Dalibor Rohac, "Mechanism Design in the Venetian Republic," Cato Institute, July 17, 2013, https://www.cato.org/publications/commentary/mechanism-design-venetian-republic; Thomas F. Madden, *Venice: A New History* (New York: Penguin, 2012).

190 Anna Grze kowiak-Krwawicz, *Queen Liberty: The Concept of Freedom in the Polish-Lithuanian Commonwealth* (Leiden, Netherlands: Brill, 2012).

191 Steve Umhoefer, "Mark Pocan Says Less than 25 Percent of Population Could Vote When Constitution Was Written," Politifact, April 16, 2015, https://www.politifact.com/factchecks/2015/apr/16/mark-pocan/mark-pocan-says-less-25-percent-population-could-v.

192 有關美國早期的選舉權，從簡化到詳細的更多資料參見 "Who Voted in Early America?," Constitutional Rights Foundation, accessed April 28, 2023, https://www.crf-usa.org/bill-of-rights-in-action/bria-8-1-b-who-voted-in-early-america#.UW36ebWsiSo; Donald Ratcliffe, "The Right to Vote and the Rise of Democracy, 1787–1828," *Journal of the Early Republic* 33, no. 2 (Summer 2013): 219–54, https://www.jstor.org/stable/24768843.

193 有關十九世紀中葉在歐洲興起和隨後衰落的自由主義運動，進一步的資料參見 John Green, "Revolutions of 1848: Crash Course European History #26," CrashCourse, YouTube video, November 19, 2019, https://www.youtube.com/watch?v=cXTaP1BD1YY; "Alexander II History of Russia in 100 Minutes (Part 17 of 36)," Smart History of Russia, YouTube video, July 21, 2017, https://www.youtube.com/watch?v=eqGDRn7oBEg; "Alexander III—History of Russia in 100 Minutes (Part 18 of 36)," Smart History of Russia, YouTube video, July 21, 2017, https://www.youtube.com/watch?v=XGCzmjwfSSs; Mike Rapport, *1848: Year of Revolution* (New York: Basic Books, 2009); Paul Bushkovitch, *A Concise History of Russia* (New York: Cambridge University Press, 2011).

194 "People Living in Democracies and Autocracies, World," Our World in Data, accessed March 29, 2023, https://ourworldindata.org/grapher/people-living-in-democracies-autocracies?country=~OWID_WRL; "The V-Dem Dataset (v13)," V-Dem (Varieties of Democracy), accessed March 25, 2023, https://v-dem.net/data/the-v-dem-dataset; Bastian Herre, "Scripts and Datasets on Democracy," GitHub; Anna Lührmann et al.,

"Regimes of the World (RoW): Opening New Avenues for the Comparative Study of Political Regimes," *Politics and Governance* 6, no. 1 (March 19, 2018): 60–77, https://doi.org/10.17645/pag.v6i1.1214.

195 "People Living in Democracies and Autocracies, World," Our World in Data; "The V-Dem Dataset (v13)," V-Dem; Lührmann et al., "Regimes of the World (RoW): Opening New Avenues."

196 "People Living in Democracies and Autocracies, World," Our World in Data; "The V-Dem Dataset (v13)," V-Dem; Herre, "Scripts and Datasets on Democracy"; Lührmann et al., "Regimes of the World (RoW): Opening New Avenues."

197 "People Living in Democracies and Autocracies, World," Our World in Data; "The V-Dem Dataset (v13)," V-Dem; Herre, "Scripts and Datasets on Democracy"; Lührmann et al., "Regimes of the World (RoW): Opening New Avenues."

198 "People Living in Democracies and Autocracies, World," Our World in Data; "The V-Dem Dataset (v13)," V-Dem; Herre, "Scripts and Datasets on Democracy"; Lührmann et al., "Regimes of the World (RoW): Opening New Avenues."

199 Bradley Honigberg, "The Existential Threat of AI-Enhanced Disinformation Operations," *Just Security*, July 8, 2022, https://www.justsecurity.org/82246/the-existential-threat-of-ai-enhanced-disinformation-operations; Tiffany Hsu and Stuart A. Thompson, "Disinformation Researchers Raise Alarms About A.I. Chatbots," *New York Times*, February 13, 2023, https://www.nytimes.com/2023/02/08/technology/ai-chatbots-disinformation.html.

200 這個圖來自兩個有用的資料集。Our World in Data（OWD）的估計數涵蓋從1800 到 2022 年這段非常漫長的時間。這些數據主要是基於對一個社會專制程度的評估，包括一些粗略的近似值，尤其是第二次世界大戰之前時期的資料。經濟學人信息部則是根據每個國家的一系列因素（例如政治參與和公民自由權利）來評估這些國家是否為民主國家，但其資料只從 2006 年開始至今。因為這兩個資料集使用不同的方法和標準，而且在重疊的時期，兩者並無一致的關係，將它們拼接成單一資料集並不適合。我們因此同時呈現兩組資料：OWD 的資料呈現較長時期的整體趨勢，經濟學人信息部的資料則呈現精確得多的當代民主化情況。值得注意的是，2015 年以來的民主倒退主要是因為印度的民主制度受侵蝕，導致該國被視為「有選舉的專制國家」。參見 "People Living in Democracies and Autocracies, World," Our World in Data; "The V-Dem Dataset (v13)," V-Dem; Herre, "Scripts and Datasets on Democracy"; Lührmann et al., "Regimes of the World (RoW): Opening New Avenues"; Laza Kekic, "The World in 2007: The Economist Intelligence Unit's Index of Democracy," *Economist*, November 15, 2006, 6, https://www.parlament.mt/media/59212/7522.pdf https://www.parlament.mt/media/59212/7522.pdf; *The Economist Intelligence Unit's Index of Democracy 2008* (London: Economist Intelligence Unit, 2008), 2, https://graphics.eiu.com/PDF/Democracy%20Index%202008.pdf; *Democracy Index 2010: Democracy in Retreat* (London: Economist Intelligence Unit, 2010), 1, https://graphics.eiu.com/PDF/Democracy_Index_2010_web.pdf; *Democracy Index 2011: Democracy Under Stress* (London: Economist Intelligence Unit, 2011), 2, https://www.

eiu.com/public/topical_report.aspx?campaignid=DemocracyIndex2011; *Democracy Index 2012: Democracy at a Standstill* (London: Economist Intelligence Unit, 2012), 2, https://web.archive.org/web/20170320185156/http://pages.eiu.com/rs/eiu2/images/Democracy-Index-2012.pdf; *Democracy Index 2013: Democracy in Limbo* (London: Economist Intelligence Unit, 2013), 2, https://www.eiu.com/public/topical_report.aspx?campaignid=Democracy0814; *Democracy Index 2014: Democracy and Its Discontents* (London: Economist Intelligence Unit, 2014), 2, https://www.eiu.com/public/topical_report.aspx?campaignid=Democracy0115; *Democracy Index 2015: Democracy in an Age of Anxiety* (London: Economist Intelligence Unit, 2015), 1, https://web.archive.org/web/20160305143559/http://www.yabiladi.com/img/content/EIU-Democracy-Index-2015.pdf; *Democracy Index 2016: Revenge of the "Deplorables,"* (London: Economist Intelligence Unit, 2016), 2, https://www.eiu.com/public/topical_report.aspx?campaignid=DemocracyIndex2016; *Democracy Index 2017: Free Speech Under Attack* (London: Economist Intelligence Unit, 2017), 2, https://www.eiu.com/public/topical_report.aspx?campaignid=DemocracyIndex2017; *Democracy Index 2018: Me Too?* (London: Economist Intelligence Unit, 2018), 2, https://www.eiu.com/public/topical_report.aspx?campaignid=democracy2018; *Democracy Index 2019: A Year of Democratic Setbacks and Popular Protest* (London: Economist Intelligence Unit, 2019), 3, https://www.eiu.com/public/topical_report.aspx?campaignid=democracyindex2019; *Democracy Index 2020: In Sickness and in Health?* (London: Economist Intelligence Unit, 2020), 3, https://pages.eiu.com/rs/753-RIQ-438/images/democracy-index-2020.pdf; *Democracy Index 2021: The China Challenge* (London: Economist Intelligence Unit, 2020), 4, https://www.eiu.com/n/campaigns/democracy-index-2021; *Democracy Index 2022: Frontline Democracy and the Battle for Ukraine* (London: Economist Intelligence Unit, 2020), 3, https://www.eiu.com/n/campaigns/democracy-index-2022.

201 有關本書中所有計算能力歷史成本計算所使用的資料來源，請參閱附錄。

202 有關本書中所有計算能力歷史成本計算所使用的資料來源，請參閱附錄。

203 Joshua Ho and Andrei Frumusanu, "Understanding Qualcomm's Snapdragon 810: Performance Review," Anandtech, February 12, 2015, https://www.anandtech.com/show/8933/snapdragon-810-performance-preview/5. 有關本書中所有計算能力歷史成本計算所使用的資料來源，請參閱附錄。

204 有關本書中所有計算能力歷史成本計算所使用的資料來源，請參閱附錄。

205 Paul E. Ceruzzi, *A History of Modern Computing*, 2nd ed. (Cambridge, MA: MIT Press, 1990), 73, https://www.google.com/books/edition/A_History_of_Modern_Computing/x1YESXanrgQC; "Reference / FAQ / Products and Services," IBM, April 28, 2023; "Consumer Price Index, 1913–," Federal Reserve Bank of Minneapolis.

206 Kyle Wiggers, "Apple Unveils the A16 Bionic, Its Most Powerful Mobile Chip Yet," *TechCrunch*, September 7, 2022, https://techcrunch.com/2022/09/07/apple-unveils-new-mobile-chips-including-the-a16-bionic; Nick Guy and Roderick Scott, "Which iPhone Should I Buy?," *New York Times*, October 28, 2022, https://www.nytimes.com/wirecutter/reviews/the-iphone-is-our-favorite-smartphone.

207 Gordon Moore, "Cramming More Components onto Integrated Circuits," *Electronics*

38, no. 8 (April 19, 1965), https://archive.computerhistory.org/resources/access/text/2017/03/102770822-05-01-acc.pdf; "1965: 'Moore's Law' Predicts the Future of Integrated Circuits," Computer History Museum, accessed April 28, 2023, https://www.computerhistory.org/siliconengine/moores-law-predicts-the-future-of-integrated-circuits; Fernando J. Corbató et al., *The Compatible Time-Sharing System: A Programmer's Guide* (Cambridge, MA: MIT Press, 1990), http://www.bitsavers.org/pdf/mit/ctss/CTSS_ProgrammersGuide.pdf.

208 Robert W. Keyes, "Physics of Digital Devices," *Reviews of Modern Physics* 61, no. 2 (April 1, 1989): 279–98, https://doi.org/10.1103/RevModPhys.61.279.

209 "Wikipedia: Size Comparisons," *Wikipedia: The Free Encyclopedia*, Wikimedia Foundation, accessed April 28, 2023, https://en.wikipedia.org/wiki/Wikipedia:Size_comparisons#Wikipedia.

210 我在第六章會較詳細地闡述許多實體商品如何轉化為資訊科技產品。

211 K. Eric Drexler, *Radical Abundance: How a Revolution in Nanotechnology Will Change Civilization* (New York: PublicAffairs, 2013), 168–72.

212 有關實驗室培養肉技術和現行肉品生產的影響，較深入的討論參見 "The Meat of the Future: How Lab-Grown Meat Is Made," *Eater*, YouTube video, October 2, 2015, https://www.youtube.com/watch?v=u468xY1T8fw; "Inside the Quest to Make Lab Grown Meat," *Wired*, YouTube video, February 16, 2018, https://www.youtube.com/watch?v=QO9SS1NS6MM; Mark Post, "Cultured Beef for Food-Security and the Environment: Mark Post at TEDxMaastricht," TEDx Talks, YouTube video, May 11, 2014, https://www.youtube.com/watch?v=FITvEUSJ8TM; Julian Huguet, "This Breakthrough in Lab-Grown Meat Could Make It Look Like Real Flesh," *Seeker*, YouTube video, November 14, 2019, https://www.youtube.com/watch?v=1lUuDi_s_Zo; "How Close Are We to Affordable Lab- Grown Meat?," PBS Terra, YouTube video, August 25, 2022, https://www.youtube.com/watch?v=M-weFARkGi4; "Can Lab-Grown Steak be the Future of Meat? | Big Business | Business Insider," Insider Business, YouTube video, July 17, 2022, https://www.youtube.com/watch?v=UQejwvnog0M; Leah Douglas, "Lab-Grown Meat Moves Closer to American Dinner Plates," Reuters, January 23, 2023, https://www.reuters.com/business/retail-consumer/lab-grown-meat-moves-closer-american-dinner-plates-2023-01-23; "Yearly Number of Animals Slaughtered for Meat, World, 1961 to 2020," Our World in Data, accessed March 25, 2023, https://ourworldindata.org/grapher/animals-slaughtered-for-meat; "Global Meat Production, 1961 to 2020," Our World in Data, accessed March 25, 2023, https://ourworldindata.org/grapher/global-meat-production; FAOSTAT, Food and Agriculture Organization of the United Nations, accessed March 25, 2023, http://www.fao.org/faostat/en/#data; Xiaoming Xu et al., "Global Greenhouse Gas Emissions from Animal-Based Foods Are Twice Those of Plant-Based Foods," *Nature Food* 2 (September 13, 2021): 724–32, https://www.fao.org/3/cb7033en/cb7033en.pdf.

213 "GLEAM v3.0 Dashboard—Emissions—Global Emissions from Livestock in 2015," Food and Agriculture Organization of the United Nations, accessed March 29, 2023, https://foodandagricultureorganization.shinyapps.io/GLEAMV3_Public.

214 有關元宇宙的概念，進一步的討論參見 John Herrman and Kellen Browning, "Are We in the Metaverse Yet?," *New York Times*, July 10, 2021, https://www.nytimes.com/2021/07/10/style/metaverse-virtual-worlds.html; Rabindra Ratan and Yiming Lei, "The Metaverse: From Science Fiction to Virtual Reality," *Big Think*, August 13, 2021, https://bigthink.com/the-future/metaverse; Casey Newton, "Mark in the Metaverse," *The Verge*, July 22, 2021, https://www.theverge.com/22588022/mark-zuckerberg-facebook-ceo-metaverse-interview.

215 Hannah Ritchie, "Half of the World's Habitable Land Is Used for Agriculture," Our World in Data, November 11, 2019, https://ourworldindata.org/global-land-for-agriculture; Erle C. Ellis et al., "Anthropogenic Transformation of the Biomes, 1700 to 2000, *Global Ecology and Biogeography* 19, no. 5 (September 2010): 589–606, https://doi.org/10.1111/j.1466-8238.2010.00540.x; "Food and Agriculture Data," FAOSTAT, Food and Agriculture Organization of the United Nations, accessed April 28, 2023, http://www.fao.org/faostat/en/#home.

216 Ritchie, "Half of the World's Habitable Land Is Used for Agriculture"; Ellis et al., "Anthropogenic Transformation of the Biomes"; "Food and Agriculture Data," FAOSTAT.

217 Jackson Burke, "As Working from Home Becomes More Widespread, Many Say They Don't Want to Go Back," CNBC, April 24, 2020, https://www.cnbc.com/2020/04/24/as-working-from-home-becomes-more-widespread-many-say-they-dont-want-to-go-back.html.

218 有關具有奈米尺度特徵的材料正如何被用來提高太陽光伏發電效率，較深入的討論參見 Maren Hunsberger, "Carbon Nanotubes Might Be the Secret Boost Solar Energy Has Been Looking For," *Seeker*, YouTube video, September 16, 2019, https://www.youtube.com/watch?v=EwiDGxkD9_c; Matt Ferrell, "How Carbon Nanotubes Might Boost Solar Energy—Explained," *Undecided with Matt Ferrell*, YouTube video, July 7, 2020, https://www.youtube.com/watch?v=lnZpaunXhGc; David Grossman, "Carbon Nanotubes Could Increase Solar Efficiency to 80 Percent," *Popular Mechanics*, July 25, 2019, https://www.popularmechanics.com/science/green-tech/a28506867/carbon-nanotubes-solar-efficiency; Nasim Tavakoli and Esther Alarcon-Llado, "Combining 1D and 2D Waveguiding in an Ultrathin GaAs NW/Si Tandem Solar Cell," *Optics Express* 27, no. 12 (June 10, 2019): A909–A923, https://doi.org/10.1364/OE.27.00A909.

219 Mark Hutchins, "A Quantum Dot Solar Cell with 16.6% Efficiency," *PV Magazine*, February 19, 2020, https://www.pv-magazine.com/2020/02/19/a-quantum-dot-solar-cell-with-16-6-efficiency; C. Jackson Stolle, Taylor B. Harvey, and Brian A. Korgel, "Nanocrystal Photovoltaics: A Review of Recent Progress," *Current Opinion in Chemical Engineering* 2, no. 2 (May 2013): 160–67, https://doi.org/10.1016/j.coche.2013.03.001.

220 Qiulin Tan et al., "Nano-Fabrication Methods and Novel Applications of Black Silicon," *Sensors and Actuators A: Physical* 295 (August 15, 2019): 560–73, https://doi.org/10.1016/j.sna.2019.04.044.

221 Stephen Y. Chou and Wei Ding, "Ultrathin, High-Efficiency, Broad-Band, Omni-Acceptance, Organic Solar Cells Enhanced by Plasmonic Cavity with Subwavelength Hole Array," *Optics Express* 21, no. S1 (January 14, 2013): A60–A76, https://doi.org/10.1364/OE.21.000A60.

222 David L. Chandler, "Solar Power Heads in a New Direction: Thinner," MIT News, June 26, 2013, http://news.mit.edu/2013/thinner-solar-panels-0626; Marco Bernardi, Maurizia Palummo, and Jeffrey C. Grossman, "Extraordinary Sunlight Absorption and One Nanometer Thick Photovoltaics Using Two-Dimensional Monolayer Materials," *Nano Letters* 13, no. 8 (June 10, 2013): 3664–70, https://doi.org/10.1021/nl401544y.

223 Andy Extance, "The Dawn of Solar Windows," *IEEE Spectrum*, January 24, 2018, https://spectrum.ieee.org/energy/renewables/the-dawn-of-solar-windows.

224 "Renewable Energy Generation, World," Our World in Data; *BP Statistical Review of World Energy 2022*, 45, 51; "World Electricity Generation by Fuel, 1971–2017," International Energy Agency.

225 "Renewable Energy Generation, World," Our World in Data; *BP Statistical Review of World Energy 2022*, 45, 51; "World Electricity Generation by Fuel, 1971–2017," International Energy Agency.

226 "Renewable Energy Generation, World," Our World in Data; *BP Statistical Review of World Energy 2022*, 45, 51; "World Electricity Generation by Fuel, 1971–2017," International Energy Agency.

227 "Lazard's Levelized Cost of Energy Analysis—Version 15.0," Lazard, October 2021, 9, https://www.lazard.com/media/sptlfats/lazards-levelized-cost-of-energy-version-150-vf.pdf; Mark Bolinger et al., "Levelized Cost-Based Learning Analysis of Utility-scale Wind and Solar in the United States," *iScience* 25, no. 6 (May 2022): 4, https://doi.org/10.1016/j.isci.2022.104378; Jeffrey Logan et al., *Electricity Generation Baseline Report* (technical report NREL/TP-6A20-67645, National Renewable Energy Laboratory, January 2017), 6, https://www.nrel.gov/docs/fy17osti/67645.pdf; "Lazard's Levelized Cost of Energy Analysis—Version 11.0," Lazard, 2017, 2, 10; Center for Sustainable Systems, "Wind Energy Factsheet" (pub. no. CSS07-09, University of Michigan, August 2019), https://css.umich.edu/publications/factsheets/energy/wind-energy-factsheet; "Renewable Energy Generation, World," Our World in Data; *BP Statistical Review of World Energy 2022*, 45, 51; "World Electricity Generation by Fuel, 1971–2017," International Energy Agency.

228 Alexis De Vos, "Detailed Balance Limit of the Efficiency of Tandem Solar Cells," *Journal of Physics D: Applied Physics* 13, no. 5 (1980): 845, https://doi.org/10.1088/0022-3727/13/5/018; "Best Research-Cell Efficiency Chart," National Renewable Energy Laboratory, accessed April 28, 2023, https://www.nrel.gov/pv/cell-efficiency.html.

229 Marcelo De Lellis, "The Betz Limit Applied to Airborne Wind Energy," *Renewable Energy* 127 (November 2018): 32–40, https://doi.org/10.1016/j.renene.2018.04.034.

230 Ritchie and Roser, "Renewable Energy—Renewable Energy Generation, World"; Ritchie and Roser, "Renewable Energy—Solar Power Generation"; "World Electricity

Generation by Fuel, 1971–2017," International Energy Agency; *BP Statistical Review of World Energy 2022*, 45, 51; BP, "Statistical Review of World Energy—All Data, 1965–2021"; "Share of Low-Carbon Sources and Coal in World Electricity Generation, 1971–2021," International Energy Agency.

231 Science on a Sphere, "Energy on a Sphere," National Oceanic and Atmospheric Administration, accessed May 30, 2021, http://web.archive.org/web/20210530160109/https://sos.noaa.gov/datasets/energy-on-a-sphere.

232 Jeff Tsao, Nate Lewis, and George Crabtree, "Solar FAQs" (working draft, US Department of Energy, April 20, 2006), 9–12, https://web.archive.org/web/20200424084337/https://www.sandia.gov/~jytsao/Solar%20FAQs.pdf.

233 *BP Statistical Review of World Energy 2022,* 8.

234 Ritchie and Roser, "Renewable Energy—Renewable Energy Generation, World"; Ritchie and Roser, "Renewable Energy—Solar Power Generation"; "World Electricity Generation by Fuel, 1971–2017," International Energy Agency; *BP Statistical Review of World Energy 2022*, 45, 51; BP, "Statistical Review of World Energy—All Data, 1965–2021"; "Share of Low-Carbon Sources and Coal in World Electricity Generation, 1971–2021," International Energy Agency.

235 Will de Freitas, "Could the Sahara Turn Africa into a Solar Superpower?," World Economic Forum, January 17, 2020, https://www.weforum.org/agenda/2020/01/solar-panels-sahara-desert-renewable-energy.

236 新興儲能技術的總體概述可參考 "Fact Sheet | Energy Storage (2019)," Environmental and Energy Study Institute, February 22, 2019, https://www.eesi.org/papers/view/energy-storage-2019.

237 Andy Colthorpe, "Behind the Numbers: The Rapidly Falling LCOE of Battery Storage," *Energy Storage News*, May 6, 2020, https://www.energy-storage.news/behind-the-numbers-the-rapidly-falling-lcoe-of-battery-storage; "Levelized Costs of New Generation Resources in the Annual Energy Outlook 2022," US Energy Information Administration, March 2022, https://www.eia.gov/outlooks/aeo/pdf/electricity_generation.pdf.

238 有關美國公用事業儲能容量的快速成長，進一步的資料可參考 "Battery Storage in the United States: An Update on Market Trends," US Energy Information Administration, August 16, 2021, https://www.eia.gov/analysis/studies/electricity/batterystorage; *Energy Storage Grand Challenge: Energy Storage Market Report*, US Department of Energy technical report DOE/GO-102020-5497 (December 2020), https://www.energy.gov/sites/default/files/2020/12/f81/Energy%20Storage%20Market%20Report%202020_0.pdf.

239 "Lazard's Levelized Cost of Storage Analysis—Version 7.0," Lazard, 2021, 6, https://web.archive.org/web/20220729095608/https://www.lazard.com/media/451882/lazards-levelized-cost-of-storage-version-70-vf.pdf; "Lazard's Levelized Cost of Storage Analysis—Version 6.0," Lazard, 2020, 6, https://web.archive.org/web/20221006123556/https://www.lazard.com/media/451566/lazards-levelized-cost-of-storage-version-60-vf2.pdf; "Lazard's Levelized Cost of Storage Analysis—Version

5.0," Lazard, 2019, 4, https://web.archive.org/web/20221104121921/https://www.lazard.com/media/451087/lazards-levelized-cost-of-storage-version-50-vf.pdf; "Lazard's Levelized Cost of Storage Analysis—Version 4.0," Lazard, 2018, 11, https://www.lazard.com/media/sckbar5m/lazards-levelized-cost-of-storage-version-40-vfinal.pdf; "Lazard's Levelized Cost of Storage Analysis—Version 3.0," Lazard, 2017, 12, https://www.scribd.com/document/413797533/Lazard-Levelized-Cost-of-Storage-Version-30; "Lazard's Levelized Cost of Storage Analysis—Version 2.0," Lazard, 2016, 11, https://web.archive.org/web/20221104121905/https://www.lazard.com/media/438042/lazard-levelized-cost-of-storage-v20.pdf; "Lazard's Levelized Cost of Storage Analysis—Version 1.0," Lazard, 2015, 9, https://web.archive.org/web/20221105052132/https://www.lazard.com/media/2391/lazards-levelized-cost-of-storage-analysis-10.pdf; "Consumer Price Index, 1913–," Federal Reserve Bank of Minneapolis; US Bureau of Labor Statistics, "Consumer Price Index for All Urban Consumers."

240 US Energy Information Administration, *Electric Power Annual 2021* (Washington, DC: US Department of Energy, November 2022), 64, https://web.archive.org/web/20230201194905/http://www.eia.gov/electricity/annual/pdf/epa.pdf; US Energy Information Administration, *Electric Power Annual 2020* (Washington, DC: US Department of Energy, October 2021), 64, https://web.archive.org/web/20220301172156/http://www.eia.gov/electricity/annual/pdf/epa.pdf.

241 "Key Facts from JMP 2015 Report," World Health Organization, 2015, https://web.archive.org/web/20211209095710/https://www.who.int/water_sanitation_health/publications/JMP-2015-keyfacts-en-rev.pdf.

242 "Key Facts from JMP 2015 Report," World Health Organization, 2015; *Progress on Household Drinking Water, Sanitation and Hygiene 2000–2020,* 7–8.

243 2019 年是作者撰文時可以獲得良好數據的最近一年，很可能是因為 COVID-19 大流行干擾了衛生指標的統計。參見 Institute for Health Metrics and Evaluation, "GBD Results Tool," Global Heath Data Exchange, accessed April 28, 2023, http://ghdx.healthdata.org/gbd-results-tool; World Health Organization, "Diarrhoeal Disease," World Health Organization, May 2, 2017, https://www.who.int/news-room/fact-sheets/detail/diarrhoeal-disease.

244 有關這些技術的更多資料，包括比爾・蓋茲和 Jimmy Fallon 飲用傑尼克全方位處理器處理原始污水得出的淨水的有趣影片，參見 Bill Gates, "Janicki Omniprocessor," *GatesNotes*, YouTube video, January 5, 2015, https://www.youtube.com/watch?v=bVzppWSIFU0; "Bill Gates and Jimmy Drink Poop Water," *The Tonight Show Starring Jimmy Fallon*, YouTube video, January 22, 2015, https://www.youtube.com/watch?v=FHgsL0dpQ-U; Stephen Beacham, "How the LifeStraw Is Eradicating an Ancient Disease," CNET, April 9, 2020, https://www.cnet.com/news/how-the-lifestraw-is-eradicating-an-ancient-disease; "Lifestraw Challenge: Drinking Pee, Back-wash & More!," Vat19, YouTube video, June 2, 2017, https://www.youtube.com/watch?v=_mkUTSGCF3I; Rebecca Paul, "6 Water-purifying Devices for Clean Drinking Water in the Developing World," *Inhabitat*, November 8, 2013, https://inhabitat.com/6-water-purifying-devices-for-clean-drinking-water-in-the-developing-world.

245 參 見 "Roving Blue O-Pen Silver Advanced Portable Water Purification Device," Roving Blue Inc., YouTube video, November 5, 2018, https://www.youtube.com/watch?v=XeTp1iKQW28; Laurel Wilson, "Church Volunteers Install Water Systems in Other Countries," *Bowling Green Daily News*, December 27, 2014, https://www.bgdailynews.com/news/church-volunteers-install-water-systems-in-other-countries/article_969f45ad-7694-54af-8cb3-155e67ca54ad.html.

246 Aimee M. Gall et al., "Waterborne Viruses: A Barrier to Safe Drinking Water," *PLoS Pathogens* 11, no. 6, article e1004867 (June 25, 2015), https://doi.org/10.1371/journal.ppat.1004867.

247 "Microfiber Matters," Minnesota Pollution Control Agency, February 4, 2019, https://envnewsbits.info/2019/02/15/microfiber-matter.

248 有關狄恩．卡門的 Slingshot 技術，進一步的資料參見 "Slingshot Water Purifier," Atlas Initiative Group, YouTube video, February 11, 2012, https://www.youtube.com/watch?v=Uk_T9MiZKRs; Tom Foster, "Pure Genius: How Dean Kamen's Invention Could Bring Clean Water to Millions," *Popular Science*, June 16, 2014, https://www.popsci.com/article/science/pure-genius-how-dean-kamens-invention-could-bring-clean-water-millions.

249 有關史特靈引擎的運作原理以及這種引擎為何具有某些重要優勢，一段頗長但清晰且有趣的影片參見 "Stirling Engines—The Power of the Future?," Lindybeige, YouTube video, November 28, 2016, https://www.youtube.com/watch?v=vGlDsFAOWXc.

250 有關農業誕生的科學證據，進一步的資料參見 Rhitu Chatterjee, "Where Did Agriculture Begin? Oh Boy, It's Complicated," NPR, July 15, 2016, https://www.npr.org/sections/thesalt/2016/07/15/485722228/where-did-agriculture-begin-oh-boy-its-complicated; Ainit Snir et al., "The Origin of Cultivation and Proto-Weeds, Long Before Neolithic Farming," *PLOS One* 10, no. 7 (July 22, 2015), https://doi.org/10.1371/journal.pone.0131422.

251 David A. Pietz, Dorothy Zeisler-Vralsted, *Water and Human Societies* (Cham, Switzerland: Springer International Publishing, 2021), 55–57.

252 National Agricultural Statistics Service, "Corn, Grain—Yield, Measured in Bu/Acre," Quick Stats, US Department of Agriculture, accessed April 28, 2023, https://quickstats.nass.usda.gov/results/FBDE769A-0982-37DB-BA6D-A312ABDAA2B6; National Agricultural Statistics Service, "Corn and Soybean Production Down in 2022, USDA Reports Corn Stocks Down, Soybean Stocks Down from Year Earlier Winter Wheat Seedings Up for 2023," US Department of Agriculture, January 12, 2023, https://www.nass.usda.gov/Newsroom/2025/01-10-2025.php.

253 Hannah Ritchie and Max Roser, "Crop Yields," Our World in Data, updated September 2019, https://ourworldindata.org/crop-yields; Hannah Ritchie and Max Roser, "Land Use," Our World in Data, September 2019, https://ourworldindata.org/land-use; "Food and Agriculture Data," FAOSTAT.

254 Lebergott, "Labor Force and Employment, 1800–1960," 119; Organisation for Economic Co-operation and Development, "Employment by Economic Activity:

Agriculture: All Persons for the United States (LFEAAGTTUSQ647S)," retrieved from FRED, Federal Reserve Bank of St. Louis, updated April 20, 2023, https://fred.stlouisfed.org/series/LFEAAGTTUSQ647S; US Bureau of Labor Statistics, "Civilian Labor Force Level (CLF16OV)," retrieved from FRED, Federal Reserve Bank of St. Louis, updated April 7, 2023, https://fred.stlouisfed.org/series/CLF16OV.

255 有關垂直農業的現況及其近期前景，進一步的資料可參考 "Why Vertical Farming Is the Future of Food," RealLifeLore2, YouTube video, May 17, 2020, https://www.youtube.com/watch?v=IBleQycVanU; "This Farm of the Future Uses No Soil and 95% Less Water," Seeker Stories, YouTube video, July 5, 2016, https://www.youtube.com/watch?v=-_tvJtUHnmU; Stuart Oda, "Are Indoor Vertical Farms the Future of Agriculture?," TED, YouTube video, February 7, 2020, https://www.youtube.com/watch?v=z9jXW9r1xr8; David Roberts, "This Company Wants to Build a Giant Indoor Farm Next to Every Major City in the World," *Vox*, April 11, 2018, https://www.vox.com/energy-and-environment/2017/11/8/16611710/vertical-farms; Selina Wang, "This High-Tech Vertical Farm Promises Whole Foods Quality at Walmart Prices," *Bloomberg*, September 6, 2017, https://www.bloomberg.com/news/features/2017-09-06/this-high-tech-vertical-farm-promises-whole-foods-quality-at-walmart-prices.

256 有關垂直農業技術，更多的簡要說明可參考 Kyree Leary, "Crops Are Harvested Without Human Input, Teasing the Future of Agriculture," *Futurism*, February 26, 2018, https://futurism.com/automated-agriculture-uk; "Growing Up: How Vertical Farming Works," B1M, YouTube video, March 6, 2019, https://www.youtube.com/watch?v=QT4TWbPLrN8.

257 William Park, "How Far Can Vertical Farming Go?," BBC, January 11, 2023, https://www.bbc.com/future/article/20230106-what-if-all-our-food-was-grown-in-indoor-vertical-farms; Ian Frazier, "The Vertical Farm," *New Yorker*, January 1, 2017, https://www.newyorker.com/magazine/2017/01/09/the-vertical-farm.

258 有關 Gotham Greens 和 AeroFarms 等公司的節水型垂直耕作方式，進一步的資料參見 Brian Heater, "Gotham Greens Just Raised $310M to Expand Its Greenhouses Nationwide," *TechCrunch*, September 12, 2022, https://techcrunch.com/2022/09/12/gotham-greens-just-raised-310m-to-expand-its-greenhouses-nationwide; "Our Farms," Gotham Greens, accessed March 31, 2023, https://www.gothamgreens.com/our-farms; "This Future Farm Uses No Soil and 95% Less Water," FutureWise, YouTube video, June 26, 2018, https://www.youtube.com/watch?v=SHkwXRMLcmE.

259 Laura Reiley, "Indoor Farming Looks Like It Could Be the Answer to Feeding a Hot and Hungry Planet. It's Not That Easy," *Washington Post*, November 19, 2019, https://www.washingtonpost.com/business/2019/11/19/indoor-farming-is-one-decades-hottest-trends-regulations-make-success-elusive.

260 Ritchie, "Half of the World's Habitable Land Is Used for Agriculture"; Ellis et al., "Anthropogenic Transformation of the Biomes"; "Food and Agriculture Data," FAOSTAT.

261 有關 3D 列印的早期歷史，較詳細的資料參見 Leo Greguri , "History of 3DPrinting: When Was 3D Printing Invented?," *All3DP*, December 10, 2018, https://

web.archive.org/web/20211227053912/https://all3dp.com/2/history-of-3d-printing-when-was-3d-printing-invented/.

262 有關 3D 列印過程本身，進一步的資料參見 "How Does 3D Printing Work? | The Deets," *Digital Trends*, YouTube video, September 22, 2019, https://www.youtube.com/watch?v=dGajFRaS834; Rebecca Matulka and Matty Green, "How 3D Printers Work," Department of Energy, June 19, 2014, https://www.energy.gov/articles/how-3d-printers-work.

263 關於許多 3D 列印專家對業界趨勢的看法，以及顯示 3D 列印解析度提高的照片，參見 Michael Petch, "80 Additive Manufacturing Experts Predict the 3D Printing Trends to Watch in 2020," 3DPrintingIndustry.com, January 15, 2020, https://3dprintingindustry.com/news/80-additive-manufacturing-experts-predict-the-3d-printing-trends-to-watch-in-2020-167177; Leo Greguri , "The Smallest 3D Printed Things," *All3DP*, January 30, 2019, https://all3dp.com/2/the-smallest-3d-printed-things.

264 "How It Works," FitMyFoot, accessed June 29, 2022, https://web.archive.org/web/20220629040739/https://fitmyfoot.com/pages/how-it-works.

265 有關 3D 列印根據顧客體型訂製物品的例子，參見 "IKEA Partnering with eSports Academy to Scan Bodies and 3D-Print Chairs," NowThis, September 15, 2018, https://www.facebook.com/watch/?v=233110954050242; Bianca Britton, "The 3D-Printed Wheelchair: A Revolution in Comfort?," CNN, January 24, 2017, https://money.cnn.com/2017/01/24/technology/3d-printed-wheelchair-benjamin-hubert-layer/index.html; Clare Scott, "Knife Maker Points to 3D Printing as Alternative Method of Craftsmanship," 3DPrint.com, October 16, 2018, https://3dprint.com/227502/knife-maker-uses-3d-printing.

266 有關 3D 列印在醫療植入物方面的應用，進一步的資料參見 "3D Printed Implants Could Help Patients with Bone Cancer," Insider, YouTube video, November 7, 2017, https://www.youtube.com/watch?v=jcp-aaa1PBk; "3D Printed Lattices Improve Orthopaedic Implants," Renishaw, YouTube video, November 28, 2019, https://www.youtube.com/watch?v=2rm_3rUl3QE; AMFG, "Application Spotlight: 3D Printing for Medical Implants," Autonomous Manufacturing Ltd., August 15, 2019, https://amfg.ai/2019/08/15/application-spotlight-3d-printing-for-medical-implants.

267 *The Carbon Footprint of Global Trade: Tackling Emissions from International Freight Transport* (Brussels: International Transport Forum, 2016), 2, https://www.itf-oecd.org/sites/default/files/docs/cop-pdf-06.pdf.

268 Dean Takahashi, "Dyndrite Launches GPU-Powered Improvements for Better 3D Printing Speed and Quality," *VentureBeat*, November 18, 2019, https://venturebeat.com/2019/11/18/dyndrite-launches-gpu-powered-improvements-for-better-3d-printing-speed-and-quality; Agiimaa Kruchkin, "Innovation in Creation: Demand Rises While Prices Drop for 3D Printing Machines," *Manufacturing Tomorrow*, February 16, 2016, https://www.manufacturingtomorrow.com/article/2016/02/innovation-in-creation-demand-rises-while-prices-drop-for-3d-printing-machines/7631.

269 "Profiles of 15 of the World's Major Plant and Animal Fibres," Food and Agriculture Organization of the United Nations, accessed April 28, 2023, http://www.fao.org/natural-

fibres-2009/about/15-natural-fibres/en.

270 參見 "Cytosurge FluidFM μ3Dprinter, World's First 3D Printer at Sub-Micron Direct Metal Printing," Charbax, YouTube video, May 21, 2017, https://www.youtube.com/watch?v=n9oO6EiBt40; Sam Davies, "Nanofabrica Announces Commercial Launch of Micro-Level Resolution Additive Manufacturing Technology," *TCT Magazine*, March 14, 2019, https://www.tctmagazine.com/additive-manufacturing-3d-printing-news/nanofabrica-micro-level-resolution-additive-manufacturing.

271 有關 3D 列印的布料，進一步的資料參見 Zachary Hay, "3D Printed Fabric: The Most Promising Projects," *All3DP*, November 7, 2019, https://all3dp.com/2/3d-printed-fabric-most-promising-project; Roni Jacobson, "The Shattering Truth of 3D-Printed Clothing," *Wired*, May 12, 2017, https://www.wired.com/2017/05/the-shattering-truth-of-3d-printed-clothing.

272 Danny Paez, "An Incredible New 3D Printer Is 100X Faster Than What Was Possible: Video," *Inverse*, January 26, 2019, https://www.inverse.com/article/52721-high-speed-3d-printing-mass-production; Mark Zastrow, "3D Printing Gets Bigger, Faster and Stronger," *Nature* 578, no. 7793 (February 5, 2020), https://doi.org/10.1038/d41586-020-00271-6; "Prediction 5: 3D Printing Reaches the 'Plateau of Productivity,' " Deloitte, 2019, https://www.deloitte.co.uk/tmtpredictions/predictions/3d-printing.

273 有關 3D 列印器官生成過程，進一步的資料參見 Amanda Deisler, "This 3D Bioprinted Organ Just Took Its First 'Breath,'" *Seeker*, YouTube video, May 3, 2019, https://www.youtube.com/watch?v=V0rIP_u1JPQ; NIH Research Matters, "3D-Printed Scaffold Engineered to Grow Complex Tissues," National Institutes of Health, April 7, 2020, https://www.nih.gov/news-events/nih-research-matters/3d-printed-scaffold-engineered-grow-complex-tissues; Luis Diaz-Gomez et al., "Fiber Engraving for Bioink Bioprinting Within 3D Printed Tissue Engineering Scaffolds," *Bioprinting* 18, article e00076 (June 2020), https://doi.org/10.1016/j.bprint.2020.e00076Get; Luke Dormehl, "Ceramic Ink Could Let Doctors 3D Print Bones Directly into a Patient's Body," *Digital Trends*, January 30, 2021, https://www.digitaltrends.com/news/ceramic-ink-3d-printed-bones.

274 有關聯合治療公司研究工作的更多資料，包括該公司執行長、我的朋友 Martine Rothblatt 的一場精彩訪問，參見 CNBC Squawk Box, "Watch CNBC's Full Interview with United Therapeutics CEO Martine Rothblatt," CNBC, June 25, 2019, https://www.cnbc.com/video/2019/06/25/watch-cnbcs-full-interview-with-united-therapeutics-ceo-martine-rothblatt.html; Antonio Regalado, "Inside the Effort to Print Lungs and Breathe Life into Them with Stem Cells," *MIT Technology Review*, June 28, 2018, https://www.technologyreview.com/2018/06/28/240446/inside-the-effort-to-print-lungs-and-breathe-life-into-them-with-stem-cells.

275 有關器官移植經常失敗的原因，進一步的解釋參見 "Why Do Organ Transplants Fail So Often," Julia Wilde, YouTube video, July 12, 2015, https://www.youtube.com/watch?v=LQ0K02m6_KM; Amy Shira Teitel, "Your Body Is Designed to Attack a New Organ, Now We Know Why," *Seeker*, YouTube video, July 22, 2017, https://www.youtube.com/watch?v=yfDL9PWubCs; "Lowering Rejection Risk in Organ

Transplants," Mayo Clinic, YouTube video, March 18, 2014, https://www.youtube.com/watch?v=bUz3X9ZYd5s.

276 Elizabeth Ferrill and Robert Yoches, "IP Law and 3D Printing: Designers Can Work Around Lack of Cover," *Wired*, September 2013; Michael K. Henry, "How 3D Printing Challenges Existing Intellectual Property Law," Henry Patent Law Firm, August 13, 2018, https://henry.law/blog/3d-printing-challenges-patent-law.

277 Jake Hanrahan, "3D-Printed Guns Are Back, and This Time They Are Unstoppable," *Wired*, May 20, 2019, https://www.wired.co.uk/article/3d-printed-guns-blueprints.

278 有關這種做法的具體操作，參見 Innovative Manufacturing and Construction Research Centre, "Future of Construction Process: 3D Concrete Printing," Concrete Printing, YouTube video, May 30, 2010, https://www.youtube.com/watch?v=EfbhdZKPHro; Nathalie Labonnote et al., "Additive Construction: State-of-the-Art, Challenges and Opportunities," *Automation in Construction* 72, no. 3 (December 2016): 347–66, https://doi.org/10.1016/j.autcon.2016.08.026.

279 有關該領域近期發展的有用概述，參見 Sriram Renganathan, "3D Printed House/Construction Materials: What Are They?," *All3DP*, April 23, 2019, https://all3dp.com/2/3d-printing-in-construction-what-are-3d-printed-houses-made-of.

280 Melissa Goldin, "Chinese Company Builds Houses Quickly with 3D Printing," *Mashable*, April 28, 2014, https://mashable.com/2014/04/28/3d-printing-houses-china.

281 有關利用 3D 列印建造整棟建築的框架，一段令人印象深刻的縮時影片參見 "The Biggest 3D Printed Building," Apis Cor, YouTube video, October 24, 2019, https://www.youtube.com/watch?v=69HrqNnrfh4.

282 Rick Stella, "It's Hideous, But This 3D-Printed Villa in China Can Withstand a Major Quake," *Digital Trends*, July 11, 2016, https://www.digitaltrends.com/home/3d-printed-chinese-villas-huashang-tenda.

283 Emma Bowman, "3D-Printed Homes Level Up with a 2-Story House in Houston," NPR, January 16, 2023, https://www.npr.org/2023/01/16/1148943607/3d-printed-homes-level-up-with-a-2-story-house-in-houston; "Habitat for Humanity Home Completed," Alquist, accessed December 6, 2022, https://web.archive.org/web/20221206002108/https://www.alquist3d.com/habitat; "How Concrete Homes Are Built with a 3D Printer," Insider Art, YouTube video, June 28, 2022, https://www.youtube.com/watch?v=vL2KoMNzGTo.

284 Wetterstrand, "The Cost of Sequencing a Human Genome"; Kris A. Wetterstrand, "DNA Sequencing Costs: Data," National Human Genome Research Institute, November 19, 2021, https://www.genome.gov/about-genomics/fact-sheets/DNA-Sequencing-Costs-Data; National Research Council Committee on Mapping and Sequencing the Human Genome, *Mapping and Sequencing the Human Genome*, chap. 5 (Washington, DC: National Academies Press, 1988), https://www.ncbi.nlm.nih.gov/books/NBK218256; E. Y. Chan (Applied Biosystems), email to author, October 7, 2008.

285 有關癌症免疫療法，較深入的討論參見 "How Does Cancer Immunotherapy Work?," MD Anderson Cancer Center, YouTube video, April 20, 2017, https://www.youtube.com/watch?v=CwaMZCu4kpI; "Tumour Immunology and Immunotherapy," Nature Video, YouTube video, September 17, 2015, https://www.youtube.com/

watch?v=K09xzIQ8zsg; Alex D. Waldman, Jill M. Fritz, and Michael J. Lenardo, "A Guide to Cancer Immunotherapy: From T Cell Basic Science to Clinical Practice," *Nature Reviews Immunology* 20 (2020): 651–68, https://doi.org/10.1038/s41577-020-0306-5.

286 有關嵌合抗原受體 T 細胞療法和它在癌症治療方面令人興奮的前景，進一步的解說參見 "CAR T-Cell Therapy: How Does It Work?," Dana-Farber Cancer Institute, YouTube video, August 31, 2017, https://www.youtube.com/watch?v=OadAW99s4Ik; Carl June, "A 'Living Drug' That Could Change the Way We Treat Cancer," TED, YouTube video, October 2, 2019, https://www.youtube.com/watch?v=7qWvVcBZzRg.

287 有關 iPSC 療法近期研究具代表性的取樣，參見 Krista Conger, "Old Human Cells Rejuvenated with Stem Cell Technology," Stanford Medicine, March 24, 2020, https://med.stanford.edu/news/all-news/2020/03/old-human-cells-rejuvenated-with-stem-cell-technology.html; Qiliang Zhou et al., "Trachea Engineering Using a Centrifugation Method and Mouse-Induced Pluripotent Stem Cells," *Tissue Engineering Part C: Methods* 24, no. 9 (September 14, 2018): 524–33, https://doi.org/10.1089/ten.TEC.2018.0115; Kazuko Kikuchi et al., "Craniofacial Bone Regeneration Using iPS Cell-Derived Neural Crest Like Cells," *Journal of Hard Tissue Biology* 27, no. 1 (January 1, 2018): 1–10, https://doi.org/10.2485/jhtb.27.1; "The World's First Allogeneic iPS-Derived Retina Cell Transplant," Japan Agency for Medical Research and Development, September 20, 2018, https://www.amed.go.jp/en/seika/fy2018-05.html; Hiroo Kimura et al., "Stem Cells Purified from Human Induced Pluripotent Stem Cell-Derived Neural Crest-Like Cells Promote Peripheral Nerve Regeneration," *Scientific Reports* 8, no. 1, article 10071 (July 3, 2018), https://doi.org/10.1038/s41598-018-27952-7; Suman Kanji and Hiranmoy Das, "Advances of Stem Cell Therapeutics in Cutaneous Wound Healing and Regeneration," *Mediators of Inflammation*, article 5217967 (October 29, 2017), https://doi.org/10.1155/2017/5217967; David Cyranoski, " 'Reprogrammed' Stem Cells Approved to Mend Human Hearts for the First Time," *Nature* 557, no. 7707 (May 29, 2018): 619–20, https://doi.org/10.1038/d41586-018-05278-8; Yue Yu et al., "Application of Induced Pluripotent Stem Cells in Liver Diseases," *Cell Medicine* 7, no. 1 (April 22, 2014): 1–13, https://doi.org/10.3727/215517914X680056; Susumu Tajiri et al., "Regenerative Potential of Induced Pluripotent Stem Cells Derived from Patients Undergoing Haemodialysis in Kidney Regeneration," *Scientific Reports* 8, no. 1, article 14919 (October 8, 2018), https://doi.org/10.1038/s41598-018-33256-7; Sharon Begley, "Cancer-Causing DNA Is Found in Some Stem Cells Being Used in Patients," *STAT News*, April 26, 2017, https://www.statnews.com/2017/04/26/stem-cells-cancer-mutations.

288 有關影響人類免疫系統演化的其他因素，較詳細的資料參見 Jorge Domínguez-Andrés and Mihai G. Netea, "Impact of Historic Migrations and Evolutionary Processes on Human Immunity," *Trends in Immunology* 40, no. 12 (November 27, 2019): P1105–P1119, https://doi.org/10.1016/j.it.2019.10.001.

289 有關第一型糖尿病如何影響人體的運作，一段清楚的說明影片參見 "Type 1 Diabetes | Nucleus Health," Nucleus Medical Media, YouTube video, January 10, 2012,

https://www.youtube.com/watch?v=jxbbBmbvu7I.

290 相關研究的非技術解釋和關鍵研究的連結參見 Todd B. Kashdan, "Why Do People Kill Themselves? New Warning Signs," *Psychology Today*, May 15, 2014, https://www.psychologytoday.com/us/blog/curious/201405/why-do-people-kill-themselves-new-warning-signs.

第 5 章

1 有關這方面的快速發展，進一步的資料參見 Alex Davies, "An Oral History of the Darpa Grand Challenge, the Grueling Robot Race That Launched the Self-Driving Car," *Wired*, August 3, 2017, https://www.wired.com/story/darpa-grand-challenge-2004-oral-history; Joshua Davies, "Say Hello to Stanley," *Wired*, January 1, 2006, https://www.wired.com/2006/01/stanley; Ronan Glon and Stephen Edelstein, "The History of Self-Driving Cars," *Digitaltrends*, July 31, 2020, https://www.digitaltrends.com/cars/history-of-self-driving-cars-milestones.

2 Kristen Korosec, "Waymo's Driverless Taxi Service Can Now Be Accessed on Google Maps," *TechCrunch*, June 3, 2021, https://techcrunch.com/2021/06/03/waymos-driverless-taxi-service-can-now-be-accessed-on-google-maps; Rebecca Bellan, "Waymo Launches Robotaxi Service in San Francisco," *TechCrunch*, August 24, 2021, https://techcrunch.com/2021/08/24/waymo-launches-robotaxi-service-in-san-francisco; Jonathan M. Gitlin, "Self-Driving Waymo Trucks to Haul Loads Between Houston and Fort Worth," *Ars Technica*, June 10, 2021, https://arstechnica.com/cars/2021/06/self-driving-waymo-trucks-to-haul-loads-between-houston-and-fort-worth; Dug Begley, "More Computer-Controlled Trucks Coming to Test-Drive I-45 Between Dallas and Houston," *Houston Chronicle*, August 25, 2022, https://www.houstonchronicle.com/news/houston-texas/transportation/article/More-computer-controlled-trucks-coming-to-17398269.php.

3 "Next Stop for Waymo One: Los Angeles," Waymo, October 19, 2022, https://waymo.com/blog/2022/10/next-stop-for-waymo-one-los-angeles.

4 Aaron Pressman, "Google's Waymo Reaches 20 Million Miles of Autonomous Driving," *Fortune*, January 7, 2020, https://fortune.com/2020/01/07/googles-waymo-reaches-20-million-miles-of-autonomous-driving.

5 Will Knight, "Waymo's Cars Drive 10 Million Miles a Day in a Perilous Virtual World," *MIT Technology Review*, October 10, 2018, https://www.technologyreview.com/s/612251/waymos-cars-drive-10-million-miles-a-day-in-a-perilous-virtual-world; Alexis C. Madrigal, "Inside Waymo's Secret World for Training Self-Driving Cars," *Atlantic*, August 23, 2017, https://www.theatlantic.com/technology/archive/2017/08/inside-waymos-secret-testing-and-simulation-facilities/537648; John Krafcik, "Waymo Livestream Unveil: The Next Step in Self-Driving," Waymo, YouTube video, March 27, 2018, https://www.youtube.com/watch?v=-EBcpIvPWnY; Mario Herger, "2020 Disengagement Reports from California," The Last Driver License Holder, February 9, 2021, https://thelastdriverlicenseholder.com/2021/02/09/2020-disengagement-reports-from-california; "Off Road, but Not Offline: How Simulation Helps Advance Our Waymo Driver," Waymo, April 28, 2020, https://waymo.com/blog/2020/04/off-road-but-not-

offline--simulation27; Kris Holt, "Waymo's Autonomous Vehicles Have Clocked 20 Million Miles on Public Roads," *Engadget*, August 19, 2021, https://www.engadget.com/waymo-autonomous-vehicles-update-san-francisco-193934150.html.

6 確切而言，「深度」類神經網路可以只有三層，但過去十年來計算能力的進步已使得提高類神經網路的深度變得切實可行。AlphaGo 的一個關鍵元素是一個 13 層的類神經網路，它在 2015-16 年使用這個網路超越了最優秀的人類圍棋手。為了使這個網路發揮作用，它需要巨量的資料，因此研究人員藉由每個電腦處理單元每秒模擬多達 1,000 盤棋來訓練它。2017 年，AlphaGo Zero 使用 79 層的網路模擬了約 2,900 萬盤棋，以 100 比 0 擊敗了最初的 AlphaGo。現在有些 AI 專案使用超過 100 層的類神經網路。層數越多不一定代表智能越強，但增加層數通常可以提高系統的精細度和抽象能力。如果一個題目足夠複雜，而且有足夠的資料可用，層數比較多的網路通常可以發現層數較少網路會忽略的微妙形態。這是 AI 領域一個非常重要的概念，也是許多領域（例如醫療和材料科學）開始轉變為一種資訊科技的核心原因。也就是說，隨著計算能力變得更便宜，使用更有深度的類神經網路變得可行。隨著蒐集和儲存資料的成本降低，餵給這些深度網路足夠的資料，使它們在更多領域發揮潛力也變得可行。而隨著深度學習技術更廣泛應用，這些領域將受惠於指數式成長的智能。參見 "AlphaGo," Google DeepMind, accessed January 30, 2023, https://deepmind.com/research/case-studies/alphago-the-story-so-far; "AlphaGo Zero: Starting from Scratch," Google DeepMind, October 18, 2017, https://deepmind.com/blog/article/alphago-zero-starting-scratch; Tom Simonite, "This More Powerful Version of AlphaGo Learns On Its Own," *Wired*, October 18, 2017, https://www.wired.com/story/this-more-powerful-version-of-alphago-learns-on-its-own; David Silver et al., "Mastering the Game of Go with Deep Neural Networks and Tree Search," *Nature* 529, no. 7587 (January 27, 2016): 484–89, https://doi.org/10.1038/nature16961; Christof Koch, "How the Computer Beat the Go Master," *Scientific American*, March 19, 2016, https://www.scientificamerican.com/article/how-the-computer-beat-the-go-master; Josh Patterson and Adam Gibson, *Deep Learning: A Practitioner's Approach* (Sebastopol, CA: O'Reilly, 2017), 6–8, https://books.google.com/books?id=qrcuDwAAQBAJ; Thomas Anthony, Zheng Tian, and David Barber, "Thinking Fast and Slow with Deep Learning and Tree Search," 31st Conference on Neural Information Processing Systems (NIPS 2017), revised December 3, 2017, https://arxiv.org/pdf/1705.08439.pdf; Kaiming He et al., "Deep Residual Learning for Image Recognition," 2016 IEEE Conference on Computer Vision and Pattern Recognition, December 10, 2015, https://arxiv.org/pdf/1512.03385.pdf.

7 Holt, "Waymo's Autonomous Vehicles Have Clocked 20 Million Miles on Public Roads."

8 2021 年，美國的受雇勞動力約有 1.55 億人，當中約有 349 萬人是各類卡車司機，載客汽車司機約有 832,600 人，兩者合計約占就業人口 2.7%。參見 US Bureau of Labor Statistics, "Employment Status of the Civilian Population by Sex and Age," US Department of Labor, accessed April 7, 2023, https://www.bls.gov/news.release/empsit.t01.htm; Jennifer Cheeseman Day and Andrew W. Hait, "America Keeps On Truckin': Number of Truckers at All-Time High," US Census Bureau, June 6, 2019, https://www.census.gov/library/stories/2019/06/america-keeps-on-trucking.html; US Bureau of Labor

Statistics, US Department of Labor, "30 Percent of Civilian Jobs Require Some Driving in 2016," *The Economics Daily*, June 27, 2017, https://www.bls.gov/opub/ted/2017/30-percent-of-civilian-jobs-require-some-driving-in-2016.htm.

9 "Economics and Industry Data," American Trucking Associations, accessed April 20, 2023, https://www.trucking.org/economics-and-industry-data; US Bureau of Labor Statistics, "Occupational Outlook Handbook, Passenger Vehicle Drivers—Summary," US Department of Labor.

10 Mark Fahey, "Driverless Cars Will Kill the Most Jobs in Select US States," CNBC, September 2, 2016, https://www.cnbc.com/2016/09/02/driverless-cars-will-kill-the-most-jobs-in-select-us-states.html.

11 Fahey, "Driverless Cars Will Kill the Most Jobs in Select US States."

12 Cheeseman Day and Hait, "America Keeps on Truckin'."

13 Bureau of Transportation Statistics , *Transportation Economic Trends*, US Department of Transportation, accessed April 20, 2023, https://data.bts.gov/stories/s/caxh-t8jd.

14 Carl Benedikt Frey and Michael A. Osborne. "The Future of Employment: How Susceptible Are Jobs to Computerisation?" (Oxford Martin School, September 17, 2013), 2, 36–38, https://www.oxfordmartin.ox.ac.uk/downloads/academic/The_Future_of_Employment.pdf.

15 Frey and Osborne, "Future of Employment: How Susceptible Are Jobs to Computerisation?," 57–72.

16 Frey and Osborne, "Future of Employment: How Susceptible Are Jobs to Computerisation?," 57–72.

17 Frey and Osborne, "Future of Employment: How Susceptible Are Jobs to Computerisation?," 57–72.

18 Frey and Osborne, "Future of Employment: How Susceptible Are Jobs to Computerisation?," 57–72.

19 Ljubica Nedelkoska and Glenda Quintini, "Automation, Skills Use and Training," OECD Social, Employment and Migration Working Papers no. 202 (March 8, 2018), 7–8, https://doi.org/10.1787/2e2f4eea-en.

20 Nedelkoska and Quintini, "Automation, Skills Use and Training," 7–8.

21 "A New Study Finds Nearly Half of Jobs Are Vulnerable to Automation," *Economist*, April 24, 2018, https://www.economist.com/graphic-detail/2018/04/24/a-study-finds-nearly-half-of-jobs-are-vulnerable-to-automation; Frey and Osborne, "Future of Employment: How Susceptible Are Jobs to Computerisation?"

22 Alexandre Georgieff and Anna Milanez, "What Happened to Jobs at High Risk of Automation?," OECD Social, Employment and Migration Working Papers no. 255 (OECD Publishing, May 21, 2021), https://doi.org/10.1787/10bc97f4-en.

23 McKinsey & Company, "The Economic Potential of Generative AI: The Next Productivity Frontier," McKinsey & Company, June 2023. 37–41, https://www.mckinsey.com/capabilities/mckinsey-digital/our-insights/the-economic-potential-of-generative-ai-the-next-productivity-frontier#introduction.

24 Richard Conniff, "What the Luddites Really Fought Against," *Smithsonian*, March

2011, https://www.smithsonianmag.com/history/what-the-luddites-really-fought-against-264412.

25 "Hidden Histories: Luddites— A Short History of One of the First Labor Movements," WRIR.org, May 23, 2010, https://www.wrir.org/2010/05/23/hidden-histories-luddites-a-short-history-of-one-of-the-first-labor-movemen; Conniff, "What the Luddites Really Fought Against"; Bill Kovarik, *Revolutions in Communication: Media History from Gutenberg to the Digital Age* (New York: Bloomsbury, 2015), 8, https://books.google.com/books?id=F6ugBQAAQBAJ; Jessica Brain, "The Luddites," Historic UK, accessed April 20, 2023, https://www.historic-uk.com/HistoryUK/HistoryofBritain/The-Luddites.

26 Conniff, "What the Luddites Really Fought Against"; Brain, "The Luddites."

27 Brain, "The Luddites"; Kevin Binfield, ed., *Writings of the Luddites* (Baltimore: Johns Hopkins University Press, 2004); Frank Peel, *The Risings of the Luddites* (Heckmondwike, UK: T. W. Senior, 1880).

28 Stanley Lebergott, "Labor Force and Employment, 1800–1960," in *Output, Employment, and Productivity in the United States After 1800*, ed. Dorothy S. Brady (Washington, DC: National Bureau of Economic Research, 1966), 119, https://www.nber.org/chapters/c1567.pdf; US Bureau of Labor Statistics, "All Employees, Manufacturing (MANEMP)," retrieved from FRED, Federal Reserve Bank of St. Louis, updated April 7, 2023, https://fred.stlouisfed.org/series/MANEMP; Organisation for Economic Co-operation and Development, "Employment by Economic Activity: Agriculture: All Persons for the United States (LFEAAGTTUSQ647S)," retrieved from FRED, Federal Reserve Bank of St. Louis, updated April 20, 2023, https://fred.stlouisfed.org/series/LFEAAGTTUSQ647S; US Bureau of Labor Statistics, "Civilian Labor Force Level (CLF16OV)," retrieved from FRED, Federal Reserve Bank of St. Louis, updated April 7, 2023, https://fred.stlouisfed.org/series/CLF16OV.

29 Lebergott, "Labor Force and Employment, 1800–1960," 118; US Census Bureau, "Historical National Population Estimates July 1, 1900 to July 1, 1999," Population Estimates Program, Population Division, US Census Bureau, revised June 28, 2000, https://www2.census.gov/programs-surveys/popest/tables/1900-1980/national/totals/popclockest.txt.

30 US Bureau of Labor Statistics, "Civilian Labor Force Level (CLF16OV)"; US Bureau of Economic Analysis, "Population (B230RC0A052NBEA)," retrieved from FRED, Federal Reserve Bank of St. Louis, updated January 26, 2023, https://fred.stlouisfed.org/series/B230RC0A052NBEA.

31 Michael Huberman and Chris Minns, "The Times They Are Not Changin': Days and Hours of Work in Old and New Worlds, 1870–2000," *Explorations in Economic History* 44, no. 4 (July 12, 2007): 548, https://personal.lse.ac.uk/minns/Huberman_Minns_EEH_2007.pdf; University of Groningen and University of California, Davis, "Average Annual Hours Worked by Persons Engaged for United States (AVHWPEUSA065NRUG)," retrieved from FRED, Federal Reserve Bank of St. Louis, updated January 21, 2021, https://fred.stlouisfed.org/series/AVHWPEUSA065NRUG; Robert C. Feenstra, Robert Inklaar, and Marcel P. Timmer, "The Next Generation of the

Penn World Table," *American Economic Review* 105, no. 10 (2015): 3150–82, https://www.rug.nl/ggdc/docs/the_next_generation_of_the_penn_world_table.pdf.

32 US Bureau of Labor Statistics, "Personal Income Per Capita (A792RC0A052NBEA)," retrieved from FRED, Federal Reserve Bank of St. Louis, updated March 30, 2023, https://fred.stlouisfed.org/series/A792RC0A052NBEA; "CPI Inflation Calculator," US Bureau of Labor Statistics, accessed April 20, 2023, https://data.bls.gov/cgi-bin/cpicalc.pl; US Bureau of Labor Statistics, "Civilian Labor Force Level (CLF16OV)"; US Bureau of Labor Statistics, "Real Median Personal Income in the United States (MEPAINUSA672N)," retrieved from FRED, Federal Reserve Bank of St. Louis, updated September 13, 2022, https://fred.stlouisfed.org/series/MEPAINUSA672N.

33 Lebergott, "Labor Force and Employment, 1800–1960," 118; US Bureau of Economic Analysis, "Population (B230RC0A052NBEA)."

34 US Bureau of Labor Statistics, "Personal Income Per Capita (A792RC0A052NBEA)"; US Bureau of Labor Statistics, "Civilian Labor Force Level (CLF16OV)"; US Bureau of Economic Analysis, "Population (B230RC0A052NBEA)."

35 US Bureau of Labor Statistics, "Real Median Personal Income in the United States (MEPAINUSA672N)."

36 Huberman and Minns, "The Times They Are Not Changin'," 548.

37 US Bureau of Labor Statistics, "Total Wages and Salaries, BLS (BA06RC1A027NBEA)," retrieved from FRED, Federal Reserve Bank of St. Louis, updated October 12, 2022, https://fred.stlouisfed.org/series/BA06RC1A027NBEA; US Bureau of Labor Statistics, "Hours Worked by Full-Time and Part-Time Employees (B4701C0A222NBEA)," retrieved from FRED, Federal Reserve Bank of St. Louis, updated October 12, 2022, https://fred.stlouisfed.org/series/B4701C0A222NBEA.

38 US Bureau of Labor Statistics, "Personal Income (PI)," retrieved from FRED, Federal Reserve Bank of St. Louis, updated March 31, 2023, https://fred.stlouisfed.org/series/PI.

39 例如參見 Microeconomix, *The App Economy in the United States* (London: Deloitte, August 17, 2018), 4, https://actonline.org/wp-content/uploads/Deloitte-The-App-Economy-in-US.pdf.

40 Lebergott, "Labor Force and Employment, 1800–1960," 119.

41 F. M. L. Thompson, "The Second Agricultural Revolution, 1815–1880," *Economic History Review* 21, no. 1 (April 1968): 62–77, https://www.jstor.org/stable/2592204; Norman E. Borlaug, "Contributions of Conventional Plant Breeding to Food Production," *Science* 219, no. 4585 (February 11, 1983): 689–93, https://science.sciencemag.org/content/sci/219/4585/689.full.pdf.

42 有關工業化如何改變農業，較深入的討論參見 "Causes of the Industrial Revolution: The Agricultural Revolution," ClickView, YouTube video, August 10, 2015, https://www.youtube.com/watch?v=BLF72K181mM; John Green, "Coal, Steam, and the Industrial Revolution: Crash Course World History #32," CrashCourse, YouTube video, August 30, 2012, https://www.youtube.com/watch?v=zhL5DCizj5c; John Green, "The Industrial Economy: Crash Course US History #23," CrashCourse, YouTube video, July 25, 2013, https://www.youtube.com/watch?v=r6tRp-zRUJs; "Mechanization on

the Farm in the Early 20th Century," Iowa PBS, YouTube video, April 28, 2015, https://www.youtube.com/watch?v=SI9K8ZJqAwE; "Cyrus McCormick," PBS, accessed April 20, 2023, https://www.pbs.org/wgbh/theymadeamerica/whomade/mccormick_hi.html; Mark Overton, *Agricultural Revolution in England: The Transformation of the Agrarian Economy 1500–1850* (Cambridge, UK: Cambridge University Press, 1996).

43 Lebergott, "Labor Force and Employment, 1800–1960," 119.

44 Hannah Ritchie and Max Roser, "Crop Yields," Our World in Data, updated 2022, https://ourworldindata.org/crop-yields; Sarah E. Cusick and Michael K. Georgieff, "The Role of Nutrition in Brain Development: The Golden Opportunity of the 'First 1000 Days,'" *Journal of Pediatrics* 175 (August 2016): 16–21, https://www.ncbi.nlm.nih.gov/pmc/articles/PMC4981537; Gary M. Walton and Hugh Rockoff, *History of the American Economy*, 11th ed. (Boston: Cengage Learning, 2009), 1–15.

45 "Provisional Cereal and Oilseed Production Estimates for England 2022," Department for Environment Food & Rural Affairs (UK), December 21, 2022, https://www.gov.uk/government/statistics/cereal-and-oilseed-rape-production/provisional-cereal-and-oilseed-production-estimates-for-england-2022.

46 "UK Population Estimates 1851 to 2014," Office for National Statistics (UK), July 6, 2015, https://www.ons.gov.uk/peoplepopulationandcommunity/populationandmigration/populationestimates/adhocs/004356ukpopulationestimates1851to2014; Central Intelligence Agency, "Explore All Countries—United Kingdom," CIA World Factbook, November 29, 2022, https://web.archive.org/web/20221207065501/https://www.cia.gov/the-world-factbook/countries/united-kingdom.

47 Organisation for Economic Co-operation and Development, "Employment by Economic Activity: Agriculture"; US Bureau of Labor Statistics, "Civilian Labor Force Level (CLF16OV)"; International Labour Organization, "Employment in Agriculture (% of Total Employment) (Modeled ILO Estimate)," Worldbank.org, January 29, 2021, https://data.worldbank.org/indicator/SL.AGR.EMPL.ZS?locations=US.

48 有關自動化農業技術，一些有趣的解說參見 Kyree Leary, "Crops Are Harvested Without Human Input, Teasing the Future of Agriculture," *Futurism*, February 26, 2018, https://futurism.com/automated-agriculture-uk; "Growing Up: How Vertical Farming Works," B1M, YouTube video, March 6, 2019, https://www.youtube.com/watch?v=QT4TWbPLrN8; "The Future of Farming," The Daily Conversation, YouTube video, May 17, 2017, https://www.youtube.com/watch?v=Qmla9NLFBvU; Michael Larkin, "Labor Terminators: Farming Robots Are About To Take Over Our Farms," *Investor's Business Daily*, August 10, 2018, https://www.investors.com/news/farming-robot-agriculture-technology.

49 Lebergott, "Labor Force and Employment, 1800–1960," 119; US Census Bureau, *Statistical Abstract of the United States: 1999* (Washington, DC: US Census Bureau, 1999): 879, https://www.census.gov/library/publications/1999/compendia/statab/119ed.html; US Bureau of Labor Statistics, "Percent of Employment in Agriculture in the United States (USAPEMANA)," retrieved from FRED, Federal Reserve Bank of St. Louis, updated June 10, 2013, https://fred.stlouisfed.org/series/USAPEMANA; International

Labour Organization, "Employment in Agriculture."

50 Lebergott, "Labor Force and Employment, 1800–1960," 119.

51 Benjamin T. Arrington, "Industry and Economy During the Civil War," National Park Service, August 23, 2017, https://www.nps.gov/articles/industry-and-economy-during-the-civil-war.htm; Lebergott, "Labor Force and Employment, 1800–1960," 119.

52 有關裝配線生產方式的發展和它在第二次工業革命中的作用，一段生動的解釋參見 John Green, "Ford, Cars, and a New Revolution: Crash Course History of Science #28," CrashCourse, YouTube video, November 12, 2018, https://www.youtube.com/watch?v=UPvwpYeOJnI.

53 Lebergott, "Labor Force and Employment, 1800–1960," 119.

54 Lebergott, "Labor Force and Employment, 1800–1960," 119; US Bureau of Labor Statistics, "Civilian Labor Force Level (CLF16OV)"; US Bureau of Labor Statistics, "All Employees, Manufacturing (MANEMP)"; US Bureau of Labor Statistics, "Manufacturing Sector: Real Output (OUTMS)," retrieved from FRED, Federal Reserve Bank of St. Louis, updated March 2, 2023, https://fred.stlouisfed.org/series/OUTMS.

55 有關貨櫃化及其影響的精彩解說，參見 *Wall Street Journal*, "How a Steel Box Changed the World: A Brief History of Shipping," YouTube video, January 24, 2018, https://www.youtube.com/watch?v=0MUkgDIQdcM; PolyMatter, "How Container Ships Work," YouTube video, November 2, 2018, https://www.youtube.com/watch?v=DY9VE3i-KcM.

56 US Bureau of Labor Statistics, "Manufacturing Sector: Real Output per Hour of All Persons (OPHMFG)," retrieved from FRED, Federal Reserve Bank of St. Louis, updated March 2, 2023, https://fred.stlouisfed.org/series/OPHMFG.

57 US Bureau of Labor Statistics, "All Employees, Manufacturing (MANEMP)."

58 US Bureau of Labor Statistics, "All Employees, Manufacturing (MANEMP)"; US Bureau of Labor Statistics, "Manufacturing Sector: Real Output (OUTMS)."

59 US Bureau of Labor Statistics, "All Employees, Manufacturing (MANEMP)."

60 US Bureau of Labor Statistics, "Manufacturing Sector: Real Output (OUTMS)."

61 US Bureau of Labor Statistics, "All Employees, Manufacturing (MANEMP)"; US Bureau of Labor Statistics, "Manufacturing Sector: Real Output (OUTMS)."

62 US Bureau of Labor Statistics, "All Employees, Manufacturing (MANEMP)"; US Bureau of Labor Statistics, "Civilian Labor Force Level (CLF16OV)"; Lebergott, "Labor Force and Employment, 1800–1960," 119–20.

63 US Bureau of Labor Statistics, "All Employees, Manufacturing (MANEMP)"; US Bureau of Labor Statistics, "Civilian Labor Force Level (CLF16OV)."

64 注意，現有數據未能正確反映大蕭條和第二次世界大戰的影響：前者很可能導致製造業就業人口比本圖所顯示的更急速萎縮，後者則導致製造業就業人數短暫急增，而美國勞動統計局的總勞動人口數據因為歷史有限，沒有上述兩段時期的資料。參見 US Bureau of Labor Statistics, "All Employees, Manufacturing (MANEMP)"; US Bureau of Labor Statistics, "Civilian Labor Force Level (CLF16OV)"; Lebergott, "Labor Force and Employment, 1800–1960," 119–20.

65 US Bureau of Labor Statistics, "Labor Force Participation Rate (CIVPART)," retrieved

from FRED, Federal Reserve Bank of St. Louis, updated September 3, 2021, https://fred.stlouisfed.org/series/CIVPART; US Bureau of Labor Statistics, "Civilian Labor Force Level (CLF16OV)."

66 International Labour Organization, "Labor Force, Female (% of Total Labor Force)—United States," retrieved from Worldbank.org, September 2019, https://data.worldbank.org/indicator/SL.TLF.TOTL.FE.ZS?locations=US; US Bureau of Labor Statistics, "Labor Force Participation Rate (CIVPART)"; US Bureau of Labor Statistics, "Civilian Labor Force Participation Rate: Women (LNS11300002)," retrieved from FRED, Federal Reserve Bank of St. Louis, updated April 7, 2023, https://fred.stlouisfed.org/series/LNS11300002.

67 US Bureau of Labor Statistics, "Labor Force Participation Rate (CIVPART)."

68 Federal Interagency Forum on Child and Family Statistics, *America's Children: Key National Indicators of Well-Being, 2021* (Washington, DC: US Government Printing Office, 2021): 81, https://web.archive.org/web/20220721170310/https://www.childstats.gov/pdf/ac2021/ac_21.pdf.

69 Federal Interagency Forum on Child and Family Statistics, *America's Children*, 81.

70 Federal Interagency Forum on Child and Family Statistics, *America's Children*, 81.

71 US Bureau of Labor Statistics, "Civilian Labor Force Level (CLF16OV)"; US Bureau of Labor Statistics, "Population, Total for United States (POPTOTUSA647NWDB)," retrieved from FRED, Federal Reserve Bank of St. Louis, updated July 5, 2022, https://fred.stlouisfed.org/series/POPTOTUSA647NWDB.

72 US Bureau of Labor Statistics, "Civilian Labor Force Level (CLF16OV)"; US Bureau of Labor Statistics, "Population, Total for United States (POPTOTUSA647NWDB)"; "U.S. and World Population Clock," US Census Bureau, updated April 20, 2023, https://www.census.gov/popclock.

73 US Bureau of Labor Statistics, "Civilian Labor Force Level (CLF16OV)"; US Census Bureau, *Statistical Abstract of the United States: 1999*, 879; Lebergott, "Labor Force and Employment, 1800–1960," 118; "U.S. and World Population Clock," US Census Bureau; US Bureau of Labor Statistics, "Population, Total for United States (POPTOTUSA647NWDB)"; US Census Bureau, "Resident Population of the United States," US Census Bureau, accessed April 20, 2023, https://www2.census.gov/library/visualizations/2000/dec/2000 resident population/unitedstates.pdf.

74 National Center for Education Statistics, "Enrollment in Elementary, Secondary, and Degree- Granting Postsecondary Institutions, by Level and Control of Institution: Selected Years, 1869–70 Through Fall 2030," US Department of Education, 2021, https://nces.ed.gov/programs/digest/d21/tables/dt21_105.30.asp; Tom Snyder, ed., *120 Years of American Education: A Statistical Portrait* (Washington, DC: National Center for Education Statistics, 1993), 64, http://web20kmg.pbworks.com/w/file/fetch/66806781/120%20Years%20of%20American%20Education%20A%20Statistical%20Portrait.pdf.

75 National Center for Education Statistics, "Enrollment in Elementary, Secondary, and Degree-Granting Postsecondary Institutions."

76 National Center for Education Statistics, "Total and Current Expenditures per Pupil in Public Elementary and Secondary Schools: Selected Years, 1919–20 Through 2018–19," US Department of Education, September 2021, https://nces.ed.gov/programs/digest/d21/tables/dt21_236.55.asp; "Consumer Price Index, 1913–," Federal Reserve Bank of Minneapolis, accessed April 20, 2023, https://www.minneapolisfed.org/about-us/monetary-policy/inflation-calculator/consumer-price-index-1913-; US Bureau of Labor Statistics, "Consumer Price Index for All Urban Consumers: All Items in U.S. City Average (CPIAUCSL)," retrieved from FRED, Federal Reserve Bank of St. Louis, updated April 12, 2023, https://fred.stlouisfed.org/series/CPIAUCSL.

77 National Center for Education Statistics, "Total and Current Expenditures per Pupil in Public Elementary and Secondary Schools"; "Consumer Price Index, 1913–," Federal Reserve Bank of Minneapolis; US Bureau of Labor Statistics, "Consumer Price Index for All Urban Consumers: All Items in U.S. City Average."

78 National Center for Education Statistics, *120 Years of American Education: A Statistical Portrait,* 65.

79 有關為什麼多數全球趨勢都正朝著好的方向發展，影響力最大的幾項近期分析參見 Max Roser, "Most of Us Are Wrong About How the World Has Changed (Especially Those Who Are Pessimistic About the Future)," Our World in Data, July 27, 2018, https://ourworldindata.org/wrong-about-the-world; "Why Are We Working on Our World in Data?," Our World in Data, July 20, 2017, https://ourworldindata.org/about; Steven Pinker, "Is the World Getting Better or Worse? A Look at the Numbers," TED video, April 2018, https://www.ted.com/talks/steven_pinker_is_the_world_getting_better_or_worse_a_look_at_the_numbers.

80 有關艾瑞克・布林優夫森的觀點，較詳細的說明參見 Erik Brynjolfsson, "The Key to Growth? Race with the Machines," TED, February 2013, https://www.ted.com/talks/erik_brynjolfsson_the_key_to_growth_race_with_the_machines, Erik Brynjolfsson et al., Mind vs Machine: Implications for Productivity, Wages and Employment from AI," The Artificial Intelligence Channel, YouTube video, November 20, 2017, https://www.youtube.com/watch?v=roemLDPy_Ww; Erik Brynjolfsson and Andrew McAfee, *The Second Machine Age: Work, Progress, and Prosperity in a Time of Brilliant Technologies* (New York. W.W. Norton, 2014).

81 有關 1950 年代以來的去技能化趨勢，通俗易懂且有數據支持的解說參見 David Kunst, "Deskilling Among Manufacturing Production Workers," VoxEU, August 9, 2019, https://voxeu.org/article/deskilling-among-manufacturing-production-workers.

82 有關技能提升和 FitMyFoot 的製鞋流程，進一步的資料參見 Pablo Illanes et al., "Retraining and Reskilling Workers in the Age of Automation," McKinsey Global Institute, January 2018, https://www.mckinsey.com/featured-insights/future-of-work/retraining-and-reskilling-workers-in-the-age-of-automation; "The Science and Technology of FitMyFoot," FitMyFoot, accessed April 20, 2023, https://fitmyfoot.com/pages/science

83 Jack Kelly, "Wells Fargo Predicts That Robots Will Steal 200,000 Banking Jobs Within the Next 10 Years," *Forbes*, October 8, 2019, https://www.forbes.com/sites/jackkelly/2019/10/08/wells-fargo-predicts-that-robots-will-steal-200000-banking-jobs-

within-the-next-10-years/#237ecaba68d7; James Bessen, "How Computer Automation Affects Occupations: Technology, Jobs, and Skills," Boston University School of Law (Law & Economics working paper no. 15–49, November 13, 2015), 5, https://www.bu.edu/law/files/2015/11/NewTech-2.pdf.

84 G. M. Filisko, "Paralegals and Legal Assistants Are Taking on Expanded Duties," *ABA Journal*, November 1, 2014, http://www.abajournal.com/magazine/article/techno_change_o_paralegal_legal_assistant_duties_expand; Jean O'Grady, "Analytics, AI and Insights: 5 Innovations That Redefined Legal Research Since 2010," Above the Law, January 2, 2020, https://abovethelaw.com/2020/01/analytics-ai-and-insights-5-innovations-that-redefined-legal-research-since-2010.

85 Kevin Roose, "A.I.-Generated Art Is Already Transforming Creative Work," *New York Times*, October 21, 2022, https://www.nytimes.com/2022/10/21/technology/ai-generated-art-jobs-dall-e-2.html.

86 有關資本與勞動的不同，一些快速易懂的解說參見 BBC, "Methods of Production: Labour and Capital," BBC Bitesize, accessed January 30, 2023, https://www.bbc.co.uk/bitesize/guides/zth78mn/revision/5; Sal Khan, "What Is Capital?," Khan Academy, accessed April 20, 2023, https://www.khanacademy.org/economics-finance-domain/macroeconomics/macroeconomics-income-inequality/piketty-capital/v/what-is-capital; Catherine Rampell, "Companies Spend on Equipment, Not Workers," *New York Times*, June 9, 2011, https://www.nytimes.com/2011/06/10/business/10capital.html; Tim Harford, "What Really Powers Innovation: High Wages," *Financial Times*, January 11, 2013, https://www.ft.com/content/b7ad1c68-59fb-11e2-b728-00144feab49a.

87 US Bureau of Labor Statistics, "Nonfarm Business Sector: Real Output per Hour of All Persons (OPHNFB)," retrieved from FRED, Federal Reserve Bank of St. Louis, updated March 2, 2023, https://fred.stlouisfed.org/series/OPHNFB.

88 US Bureau of Labor Statistics, "Nonfarm Business Sector: Real Output per Hour of All Persons (OPHNFB)."

89 Soon-Yong Choi and Andrew B. Whinston, "The IT Revolution in the USA: The Current Situation and the Problems," in *The Internet Revolution: A Global Perspective*, ed. Emanuele Giovannetti, Mitsuhiro Kagami, and Masatsugu Tsuji (Cambridge, UK: Cambridge University Press, 2003), 219, https://books.google.com/books?id=1f6wD7gezP4C.

90 US Bureau of Labor Statistics, "Nonfarm Business Sector: Real Output per Hour of All Persons (OPHNFB)."

91 "Descriptions of General Purpose Digital Computers," *Computers and Automation* 4, no. 6 (June 1965): 76, https://web.archive.org/web/20190723025854/http://www.bitsavers.org/pdf/computersAndAutomation/196506.pdf.

92 Brynjolfsson and McAfee, *The Second Machine Age*; Tim Worstall, "Trying to Understand Why Marc Andreessen and Larry Summers Disagree Using Facebook," *Forbes*, January 15, 2015, https://www.forbes.com/sites/timworstall/2015/01/15/trying-to-understand-why-marc-andreessen-and-larry-summers-disagree-using-facebook/#1ec456d05b4e.

93 有關 GDP 和邊際成本，進一步的解說參見 Tim Callen, "Gross Domestic Product:

An Economy's All," International Monetary Fund, December 18, 2018, https://www.imf.org/external/pubs/ft/fandd/basics/gdp.htm; Alicia Tuovila, "Marginal Cost of Production," Investopedia, September 20, 2019, https://www.investopedia.com/terms/m/marginalcostofproduction.asp; Sal Khan, "Marginal Revenue and Marginal Cost," Khan Academy, accessed April 20, 2023, https://www.khanacademy.org/economics-finance-domain/ap-microeconomics/production-cost-and-the-perfect-competition-model-temporary/short-run-production-costs/v/marginal-revenue-and-marginal-cost; Jeremy Rifkin, *The Zero Marginal Cost Society: The Internet of Things, the Collaborative Commons, and the Eclipse of Capitalism* (New York: St. Martin's, 2014).

94 有關本書中所有計算能力歷史成本計算所使用的資料來源，請參閱附錄。

95 "Introducing the AMD Radeon RX 7900 XT," AMD, accessed January 30, 2023, https://www.amd.com/en/products/graphics/amd-radeon-rx-7900xt; Michael Justin Allen Sexton, "AMD Radeon RX 7900 XT Review," *PC Magazine*, December 17, 2022, https://www.pcmag.com/reviews/amd-radeon-rx-7900-xt.

96 有關本書中所有計算能力歷史成本計算所使用的資料來源，請參閱附錄。

97 US Bureau of Labor Statistics, "A Review of Hedonic Price Adjustment Techniques for Products Experiencing Rapid and Complex Quality Change," US Bureau of Labor Statistics, September 15, 2022, https://www.bls.gov/cpi/quality-adjustment/hedonic-price-adjustment-techniques.htm; Dave Wasshausen and Brent R. Moulton, "The Role of Hedonic Methods in Measuring Real GDP in the United States," Bureau of Economic Analysis, October 2006, https://www.bea.gov/system/files/papers/P2006-6_0.pdf.

98 Erik Brynjolfsson, Avinash Collis, and Felix Eggers, "Using Massive Online Choice Experiments to Measure Changes in Well-Being," *Proceedings of the National Academy of Sciences* 116, no. 15 (April 9, 2019): 7250–55, https://doi.org/10.1073/pnas.1815663116.

99 Tim Worstall, "Is Facebook Worth $8 Billion, $100 Billion or $800 Billion to the US Economy?," *Forbes*, January 23, 2015, https://www.forbes.com/sites/timworstall/2015/01/23/is-facebook-worth-8-billion-100-billion-or-800-billion-to-the-us-economy/?sh=6a50df5a16ce; Worstall, "Trying to Understand Why Marc Andreessen and Larry Summers Disagree Using Facebook."

100 Worstall, "Is Facebook Worth $8 Billion."

101 Jasmine Enberg, "Social Media Update Q1 2021," eMarketer, March 30, 2021, https://www.emarketer.com/content/social-media-update-q1-2021.

102 "Social Media Fact Sheet," Pew Research Center, April 7, 2021, https://www.pewresearch.org/internet/fact-sheet/social-media; Stella U. Ogunwoleet al., "Population Under Age 18 Declined Last Decade" US Census Bureau, August 12, 2021, https://www.census.gov/library/stories/2021/08/united-states-adult-population-grew-faster-than-nations-total-population-from-2010-to-2020.html; "Minimum Wage," US Department of Labor, accessed April 20, 2023, https://www.dol.gov/general/topic/wages/minimumwage; John Gramlich, "10 Facts About Americans and Facebook," Pew Research Center, June 1, 2021, https://www.pewresearch.org/fact-tank/2021/06/01/facts-about-americans-and-facebook.

103 Simon Kemp, "Digital 2020: 3.8 Billion People Use Social Media," We Are Social, January 30, 2020, https://web.archive.org/web/20210808051917/https://wearesocial.com/blog/2020/01/digital-2020-3-8-billion-people-use-social-media; Paige Cooper, "43 Social Media Advertising Statistics That Matter to Marketers in 2020," Hootsuite, April 23, 2020, https://web.archive.org/web/20200729070657/https://blog.hootsuite.com/social-media-advertising-stats.

104 US Bureau of Labor Statistics, "Consumer Price Index for All Urban Consumers: Medical Care in U.S. City Average (CPIMEDSL)," retrieved from FRED, Federal Reserve Bank of St. Louis, updated April 12, 2023, https://fred.stlouisfed.org/series/CPIMEDSL#0; US Bureau of Labor Statistics, "Consumer Price Index for All Urban Consumers: All Items in U.S. City Average (CPIAUCSL)"; Xavier Jaravel, "The Unequal Gains from Product Innovations: Evidence from the U.S. Retail Sector," *Quarterly Journal of Economics* 134, no. 2 (May 2019): 715–83, https://doi.org/10.1093/qje/qjy031; Peter H. Diamandis and Steven Kotler, *Abundance: The Future Is Better Than You Think* (New York: Simon & Schuster, 2012).

105 US Bureau of Labor Statistics, "Labor Force Participation Rate (CIVPART)."

106 有關這些定義及其基礎數據，簡要的解說參見 Clay Halton, "Civilian Labor Force," Investopedia, July 23, 2019, https://www.investopedia.com/terms/c/civilian-labor-force.asp; US Census Bureau, "Growth in U.S. Population Shows Early Indication of Recovery amid COVID-19 Pandemic," US Census Bureau press release CB22- 214, December 22, 2022, https://www.census.gov/newsroom/press-releases/2022/2022-population-estimates.html; "Population, Total— United States," World Bank, accessed April 20, 2023, https://data.worldbank.org/indicator/SP.POP.TOTL?locations=US; US Bureau of Labor Statistics, "Civilian Labor Force Level (CLF16OV)."

107 US Census Bureau, "Growth in U.S. Population Shows Early Indication of Recovery amid COVID-19 Pandemic"; US Bureau of Labor Statistics, "Civilian Labor Force Level (CLF16OV)."

108 資料源自 US Bureau of Labor Statistics, "Labor Force Participation Rate (CIVPART)."

109 Lauren Bauer et al., "All School and No Work Becoming the Norm for American Teens," Brookings Institution, July 2, 2019, https://www.brookings.edu/blog/up-front/2019/07/02/all-school-and-no-work-becoming-the-norm-for-american-teens; Mitra Toossi, "Labor Force Projections to 2022: The Labor Force Participation Rate Continues to Fall," *Monthly Labor Review*, US Bureau of Labor Statistics, December 2013, https://www.bls.gov/opub/mlr/2013/article/labor-force-projections-to-2022-the-labor-force-participation-rate-continues-to-fall.htm.

110 Jonnelle Marte, "Aging Boomers Explain Shrinking Labor Force, NY Fed Study Says," *Bloomberg*, March 30, 2023, https://www.bloomberg.com/news/articles/2023-03-30/aging-boomers-explain-shrinking-labor-force-ny-fed-study-says; Richard Fry, "The Pace of Boomer Retirements Has Accelerated in the Past Year," Pew Research Center, November 9, 2020, https://www.pewresearch.org/short-reads/2020/11/09/the-pace-of-boomer-retirements-has-accelerated-in-the-past-year.

111 US Bureau of Labor Statistics, "Civilian Labor Force Participation Rate: 25 to 54 years

(LNU01300060)," retrieved from FRED, Federal Reserve Bank of St. Louis, updated April 7, 2023, https://fred.stlouisfed.org/series/LNU01300060.

112 Organisation for Economic Co-operation and Development, "Working Age Population: Aged 25–54: All Persons for the United States (LFWA25TTUSM647N)," retrieved from FRED, Federal Reserve Bank of St. Louis, updated April 20, 2023, https://fred.stlouisfed.org/series/LFWA25TTUSM647N.

113 US Bureau of Labor Statistics, "Civilian Labor Force Participation Rate: 25 to 54 years (LNU01300060)."

114 注意，雖然 55 歲及以上美國人口的勞動參與率近年持續上升，但淨結果是整體勞動參與率下降，因為 55 歲及以上人口的勞動參與率遠低於較為年輕的成年人，而且這一部分人口的規模正在成長，因為嬰兒潮世代的人口規模比他們的上一代大得多。參見 US Census Bureau, "65 and Older Population Grows Rapidly as Baby Boomers Age," US Census Bureau press release CB20-99, June 25, 2020, https://www.census.gov/newsroom/press-releases/2020/65-older-population-grows.html; William E. Gibson, "Age 65+ Adults Are Projected to Outnumber Children by 2030," AARP, March 14, 2018, https://www.aarp.org/home-family/friends-family/info-2018/census-baby-boomers-fd.html; US Bureau of Labor Statistics, "Civilian Labor Force Participation Rate by Age, Sex, Race, and Ethnicity," US Bureau of Labor Statistics, updated September 8, 2022, https://www.bls.gov/emp/tables/civilian-labor-force-participation-rate.htm.

115 "Life Expectancy at Birth, Total (Years)—United States," World Bank, accessed April 20, 2023, https://data.worldbank.org/indicator/SP.DYN.LE00.IN?locations=US.

116 有關美國勞動人口結構的變化，進一步的討論參見 Audrey Breitwieser, Ryan Nunn, and Jay Shambaugh, "The Recent Rebound in Prime-Age Labor Force Participation," Brookings Institution, August 2, 2018, https://www.brookings.edu/blog/up-front/2018/08/02/the-recent-rebound-in-prime-age-labor-force-participation; Jo Harper, "Automation Is Coming: Older Workers Are Most at Risk," Deutsche Welle, July 24, 2018, https://www.dw.com/en/automation-is-coming-older-workers-are-most-at-risk/a-44749804; Peter Gosselin, "If You're Over 50, Chances Are the Decision to Leave a Job Won't Be Yours," *ProPublica*, December 28, 2018, https://www.propublica.org/article/older-workers-united-states-pushed-out-of-work-forced-retirement; Karen Harris, Austin Kimson, and Andrew Schwedel, "Labor 2030: The Collision of Demographics, Automation and Inequality," Bain & Co., February 7, 2018, https://www.bain.com/insights/labor-2030-the-collision-of-demographics-automation-and-inequality; Alana Semuels, "This Is What Life Without Retirement Savings Looks Like," *Atlantic*, February 22, 2018, https://www.theatlantic.com/business/archive/2018/02/pensions-safety-net-california/553970.

117 "Top 100 Cryptocurrencies by Market Capitalization," CoinMarketCap, accessed April 20, 2023, https://coinmarketcap.com.

118 "USD Exchange Trade Volume," Blockchain.com, accessed July 31, 2023, https://www.blockchain.com/charts/trade-volume?timespan=all.

119 "USD Exchange Trade Volume," Blockchain.com.

120 Bank for International Settlements, *BIS Quarterly Review: International Banking and Financial Market Developments* (Bank for International Settlements, December 2022), 16, https://www.bis.org/publ/qtrpdf/r_qt2212.pdf.

121 "Top 100 Cryptocurrencies by Market Capitalization," CoinMarketCap; "Bitcoin Price," Coinbase, accessed April 20, 2023, https://www.coinbase.com/price/bitcoin.

122 "Bitcoin Price," Coinbase.

123 "Bitcoin Price," Coinbase.

124 "Bitcoin Price," Coinbase.

125 有關「網紅」（influencer）日益重要的經濟角色，進一步的資料參見 "How Big Is the Influencer Economy?," *TechCrunch*, YouTube video, November 13, 2019, https://www.youtube.com/watch?v=RJBn2JDfDS0.

126 Sarah Perez, "iOS App Store Has Seen Over 170B Downloads, Over $130B in Revenue Since July 2010," *TechCrunch*, May 31, 2018, https://techcrunch.com/2018/05/31/ios-app-store-has-seen-over-170b-downloads-over-130b-in-revenue-since-july-2010.

127 "Number of Available Applications in the Google Play Store from December 2009 to September 2022," Statista, updated March 2023, https://www.statista.com/statistics/266210/number-of-available-applications-in-the-google-play-store.

128 "Number of Available Applications in the Google Play Store," Statista.

129 Trevor Mogg, "App Economy Creates Nearly Half a Million US Jobs," *Digital Trends*, February 7, 2012, https://web.archive.org/web/20170422014624/https://www.digitaltrends.com/android/app-economy-creates-nearly-half-a-million-us-jobs.

130 Microeconomix, *App Economy in the United States,* 4.

131 ACT: The App Association, *State of the U.S. App Economy: 2020*, 7th ed. (Washington, DC: ACT: The App Association, 2021), 4, https://actonline.org/wp-content/uploads/2020-App-economy-Report.pdf.

132 Frey and Osborne, "Future of Employment: How Susceptible Are Jobs to Computerisation?"

133 Dusty Stowe, "Why Star Trek: The Original Series Was Cancelled After Season 3," *Screen Rant*, May 21, 2019, https://screenrant.com/star-trek-original-series-cancelled-season-3-reason-why.

134 Kayla Cobb, "From 'South Park' to 'BoJack Horseman,' Tracking the Rise of Continuity in Adult Animation," *Decider*, December 16, 2015, https://decider.com/2015/12/16/tracking-the-rise-of-continuity-in-animated-comedies; Gus Lubin, "'BoJack Horseman' Creators Explain Why Netflix Is So Much Better Than TV," *Business Insider*, October 3, 2014, https://www.businessinsider.com/why-bojack-horseman-went-to-netflix-2014-9.

135 International Telecommunication Union, "Key ICT Indicators for Developed and Developing Countries."

136 有關美國引入社會保障制度的背景及該計畫的目標，進一步的資料參見 Craig Benzine, "Social Policy: Crash Course Government and Politics #49," CrashCourse, YouTube video, February 27, 2016, https://www.youtube.com/watch?v=mlxLX8Fto_A; "Here's How the Great Depression Brought on Social Security," History, YouTube video, April 26, 2018, https://www.youtube.com/watch?v=cdE_EV3wnXM; "Historical

Background and Development of Social Security," Social Security Administration, accessed April 20, 2023, https://www.ssa.gov/history/briefhistory3.html.

137 因為 COVID-19 大流行造成的干擾，2019 年是作者撰文時可獲得良好的社會安全網支出數據的最近一年。因為疫情相關的經濟紓困支出可能被歸入不同的預算類別，各國最新數據的可比較性較差。參見 Organisation for Economic Co-operation and Development, "Social Expenditure Database (SOCX)," OECD.org, January 2023, https://www.oecd.org/social/expenditure.htm.

138 Organisation for Economic Co-operation and Development, "Social Expenditure Database."

139 Organisation for Economic Co-operation and Development, "Social Expenditure Database."

140 "GDP (Current US$)—United Kingdom," World Bank, accessed April 20, 2023, https://data.worldbank.org/indicator/NY.GDP.MKTP.CD?locations=GB; "Population, Total—United Kingdom," World Bank, accessed April 20, 2023, https://data.worldbank.org/indicator/SP.POP.TOTL?locations=GB.

141 Organisation for Economic Co-operation and Development, "Social Expenditure Database"; "GDP (Current US$)—United States," World Bank, accessed April 20, 2023, https://data.worldbank.org/indicator/NY.GDP.MKTP.CD?locations=US.

142 "Population, Total—United States," World Bank.

143 Noah Smith, "The U.S. Social Safety Net Has Improved a Lot," *Bloomberg*, May 16, 2018, https://www.bloomberg.com/opinion/articles/2018-05-16/the-u-s-social-safety-net-has-improved-a-lot.

144 地方、州和聯邦層級的美國政府支出很難精確衡量，而二十世紀早期的數據與最近的數據並非完全可以相互比較。因此，可用的最佳估計必須仰賴某種程度的推測，並在方法上作出選擇，而這方面沒有明確的單一最佳選擇。衡量作為社會安全網一部分的支出時，情況尤其如此。因此，本章提出的社會安全網支出數據不應被視為確切數據，而應該視為粗略的近似值。此外要注意的是，由於基礎資料來源的統計方法差異，美國逐年的「社會安全網」支出數據與經合組織社會支出資料庫中的美國「社會支出」數據並不完全一致。但無論哪一個政黨執政，美國的社會安全網都持續擴大，這個整體趨勢還是相當明確的。

145 US Census Bureau, "Historical National Population Estimates, July 1, 1900 to July 1, 1999"; US Bureau of Economic Analysis, "Population (B230RC0A052NBEA)"; "U.S. and World Population Clock—July 1, 2021," US Census Bureau, updated January 30, 2023, https://www.census.gov/popclock; US Bureau of Economic Analysis, "Gross Domestic Product (GDP)," retrieved from FRED, Federal Reserve Bank of St. Louis, updated March 30, 2023, https://fred.stlouisfed.org/series/GDP; "Consumer Price Index, 1913–," Federal Reserve Bank of Minneapolis; Christopher Chantrill, "Government Spending Chart," usgovernmentspending.com, accessed April 20, 2023, https://www.usgovernmentspending.com/spending_chart_1900_2021USk_22s2li011mcny_10t40t00t; "CPI Inflation Calculator" for July 2012–July 2021, US Bureau of Labor Statistics, accessed April 20, 2023, https://www.bls.gov/data/inflation_calculator.htm; Christopher Chantrill, "Government Spending Chart," usgovernmentspending.com, accessed April

20, 2023, https://www.usgovernmentspending.com/spending_chart_1900_2021USk_22s2li011mcny_F0t; Jutta Bolt and Jan Luiten van Zanden, *Maddison Project Database*, version 2020, Groningen Growth and Development Centre, November 2, 2020, https://www.rug.nl/ggdc/historicaldevelopment/maddison/releases/maddison-project-database-2020; Jutta Bolt and Jan Luiten van Zanden, "Maddison Style Estimates of the Evolution of the World Economy. A New 2020 Update" (working paper WP-15, Maddison Project, October 2020), https://www.rug.nl/ggdc/historicaldevelopment/maddison/publications/wp15.pdf; John J. McCusker, "Colonial Statistics," in *Historical Statistics of the United States: Earliest Times to the Present*, ed. Susan G. Carter et al. (Cambridge, UK: Cambridge University Press, 2006), V-671; Richard Sutch, "National Income and Product," in *Historical Statistics of the United States: Earliest Times to the Present*, ed. Susan G. Carter et al. (Cambridge, UK: Cambridge University Press, 2006), III-23–25; Leandro Prados de la Escosura, "Lost Decades? Economic Performance in Post-Independence Latin America," *Journal of Latin American Studies* 41, no. 2 (May 2009): 279–307, https://www.jstor.org/stable/27744128; "CPI Inflation Calculator" for July 2011–July 2021, US Bureau of Labor Statistics, accessed January 30, 2023, https://www.bls.gov/data/inflation_calculator.htm; US Bureau of Labor Statistics, "Consumer Price Index for All Urban Consumers: All Items in U.S. City Average (CPIAUCSL)"; US Bureau of Economic Analysis, "Real Gross Domestic Product per Capita (A939RX0Q048SBEA)," retrieved from FRED, Federal Reserve Bank of St. Louis, updated March 30, 2023, https://fred.stlouisfed.org/series/A939RX0Q048SBEA.

146 本圖使用的資料來源參見註 145。

147 本圖使用的資料來源參見註 145。

148 本圖使用的資料來源參見註 145。

149 這場對話參見 Ray Kurzweil and Chris Anderson, "Ray Kurzweil on What the Future Holds Next," *The TED Interview* podcast, December 2018, https://www.ted.com/talks/the_ted_interview_ray_kurzweil_on_what_the_future_holds_next.

150 有關日益壯大的建立全民基本收入（或相關概念「全民基本服務」）的運動，以及支持相關提案的證據，進一步的資料參見 Will Bedingfield, "Universal Basic Income, Explained," *Wired*, August 25, 2019, https://www.wired.co.uk/article/universal-basic-income-explained; Karen Yuan, "A Moral Case for Giving People Money," *Atlantic*, August 22, 2018, https://www.theatlantic.com/membership/archive/2018/08/a-moral-case-for-giving-people-money/568207; Annie Lowrey, "Stockton's Basic-Income Experiment Pays Off," *Atlantic*, March 3, 2021, https://www.theatlantic.com/ideas/archive/2021/03/stocktons-basic-income-experiment-pays-off/618174; Dylan Matthews, "Basic Income: The World's Simplest Plan to End Poverty, Explained," *Vox*, April 25, 2016, https://www.vox.com/2014/9/8/6003359/basic-income-negative-income-tax-questions-explain; Sigal Samuel, "Everywhere Basic Income Has Been Tried, in One Map," *Vox*, October 20, 2020, https://www.vox.com/future-perfect/2020/2/19/21112570/universal-basic-income-ubi-map; Ian Gough, "Move the Debate from Universal Basic Income to Universal Basic Services," UNESCO Inclusive Poverty Lab, January 19, 2021, https://en.unesco.org/inclusivepolicylab/analytics/move-

debate-universal-basic-income-universal-basic-services.

151 Derek Thompson, "A World Without Work," *Atlantic*, July/August 2015, https://www.theatlantic.com/magazine/archive/2015/07/world-without-work/395294.

152 有關本書中所有計算能力歷史成本計算所使用的資料來源，請參閱附錄；Jaravel, "The Unequal Gains from Product Innovations," 715–83; Diamandis and Kotler, *Abundance*.

153 US Bureau of Labor Statistics, "Consumer Price Index for All Urban Consumers: Medical Care in U.S. City Average (CPIMEDSL)"; US Bureau of Labor Statistics, "Consumer Price Index for All Urban Consumers: All Items in U.S. City Average (CPIAUCSL)"; "Consumer Price Index, 1913–," Federal Reserve Bank of Minneapolis; US Bureau of Labor Statistics, "Consumer Price Index for All Urban Consumers: All Items in U.S. City Average (CPIAUCSL)."

154 US Bureau of Labor Statistics, "Consumer Price Index for All Urban Consumers: Medical Care in U.S. City Average (CPIMEDSL)"; US Bureau of Labor Statistics, "Consumer Price Index for All Urban Consumers: All Items in U.S. City Average (CPIAUCSL)"; "Consumer Price Index, 1913–," Federal Reserve Bank of Minneapolis.

155 有關治理與繁榮的關係，可參考這本資訊豐富的著作：Daron Acemoglu and James A. Robinson, *Why Nations Fail: The Origins of Power, Prosperity, and Poverty* (New York: Crown, 2012).

156 有關馬斯洛需求層級及其意義，有用且生動的解說參見 "Why Maslow's Hierarchy of Needs Matters," The School of Life, YouTube video, April 10, 2019, https://www.youtube.com/watch?v=L0PKWTta7lU.

157 Sandra L. Colby and Jennifer M. Ortman, *Projections of the Size and Composition of the U.S Population: 2014 to 2060*, Current Populations Reports, P25-1143, US Census Bureau, March 2015, 6, https://www.census.gov/content/dam/Census/library/publications/2015/demo/p25-1143.pdf; US Census Bureau, "American Fact Finder, Table B24010—Sex by Occupation for the Civilian Employed Population 16 Years and Over," 2017 American Community Survey 1-Year Estimates.

158 Skip Descant, "Autonomous Vehicles to Have Huge Impact on Economy, Tech Sector," *Government Technology*, June 27, 2018, https://www.govtech.com/fs/automation/Autonomous-Vehicles-to-Have-Huge-Impact-on-Economy-Tech-Sector.html; Kirsten Korosec, "Intel Predicts a $7 Trillion Self-Driving Future," *The Verge*, June 1, 2017, https://www.theverge.com/2017/6/1/15725516/intel-7-trillion-dollar-self-driving-autonomous-cars; Adam Ozimek, "The Massive Economic Benefits of Self-Driving Cars," *Forbes*, November 8, 2014, https://www.forbes.com/sites/modeledbehavior/2014/11/08/the-massive-economic-benefits-of-self-driving-cars/#723609f53273.

159 2021 年，美國道路交通事故估計導致 42,915 人死亡。雖然這裡面有多少可歸咎於人為錯誤持續有爭論，但人為錯誤顯然是絕大多數事故的一個關鍵因素（很可能高達 90-99%）。由足夠先進的 AI 控制的自動駕駛車輛幾乎可以消除所有這些問題。參見 Bryant Walker Smith, "Human Error as a Cause of Vehicle Crashes," Center for Internet and Society, Stanford Law School, December 18, 2013,

https://cyberlaw.stanford.edu/blog/2013/12/human-error-cause-vehicle-crashes; David Zipper, "The Deadly Myth That Human Error Causes Most Car Crashes," *Atlantic*, November 26, 2021, https://www.theatlantic.com/ideas/archive/2021/11/deadly-myth-human-error-causes-most-car-crashes/620808; National Highway Traffic Safety Administration, "Critical Reasons for Crashes Investigated in the National Motor Vehicle Crash Causation Survey," NHTSA National Center for Statistics and Analysis report DOT HS 812 115, US Department of Transportation, February 2015, https://crashstats.nhtsa.dot.gov/Api/Public/ViewPublication/812115; National Highway Traffic Safety Administration, "Early Estimates of Motor Vehicle Traffic Fatalities and Fatality Rate by Sub-Categories in 2021," NHTSA National Center for Statistics and Analysis report DOT HS 813 298, US Department of Transportation, May 2022, https://crashstats.nhtsa.dot.gov/Api/Public/ViewPublication/813298.

160 Carl Benedikt Frey et al., "Political Machinery: Did Robots Swing the 2016 US Presidential Election?," *Oxford Review of Economic Policy* 34, no. 3 (2018): 418–42, https://www.oxfordmartin.ox.ac.uk/downloads/academic/Political_Machinery_July_2018.pdf.

161 有關全球暴力長期減少的趨勢，進一步的討論參見 Max Roser and Hannah Ritchie, "Homicides," Our World in Data, December 2019, https://ourworldindata.org/homicides; Manuel Eisner, "From Swords to Words: Does Macro-Level Change in Self-Control Predict Long-Term Variation in Levels of Homicide?," *Crime and Justice* 43, no. 1 (September 2014): 80–81; UN Office on Drugs and Crime, "Intentional Homicides (Per 100,000 People)—France, Netherlands, Sweden, Germany, Switzerland, Italy, United Kingdom, Spain," retrieved from Worldbank.org, accessed April 20, 2023, https://data.worldbank.org/indicator/VC.IHR.PSRC.P5?end=2020&locations=FR-NL-SE-DE-CH-IT-GB-ES&start=2020&view=bar; "Appendix Tables: Homicide in England and Wales," UK Office for National Statistics, February 9, 2023, https://www.ons.gov.uk/file?uri=/peoplepopulationandcommunity/crimeandjustice/datasets/appendixtableshomicideinenglandandwales/current/homicideyemarch22appendixtables.xlsx; European Commission, *Investing in Europe's Future: Fifth Report on Economic, Social and Territorial Cohesion* (Luxembourg: Publications Office of the European Union, 2010), https://ec.europa.eu/regional_policy/en/information/publications/reports/2010/fifth-report-on-economic-social-and-territorial-cohesion-investing-in-europe-s-future; *Global Study on Homicide*, United Nations Office on Drugs and Crime, 2019, https://www.unodc.org/documents/data-and-analysis/gsh/Booklet1.pdf; *Global Study on Homicide*, United Nations Office on Drugs and Crime, 2011, http://www.unodc.org/documents/data-and-analysis/statistics/Homicide/Globa_study_on_homicide_2011_web.pdf; Steven Pinker, *The Better Angels of Our Nature: Why Violence Has Declined* (New York: Penguin, 2011).

162 平克深入闡述此一觀點的影片參見 "Steven Pinker: Better Angels of Our Nature," Talks at Google, YouTube video, November 1, 2011, https://www.youtube.com/watch?v=_gGf7fXM3jQ.

163 這些預測大部分是我在 1990 年出版的《智慧型機器時代》一書中作出的。參見 Raymond Kurzweil, *The Age of Intelligent Machines* (Cambridge, MA: MIT Press, 1990), 429–34.

164 Kurzweil, *Age of Intelligent Machines, 432–34.*

165 Alex Shashkevich, "Meeting Online Has Become the Most Popular Way U.S. Couples Connect, Stanford Sociologist Finds," Stanford News, August 21, 2019, https://news.stanford.edu/2019/08/21/online-dating-popular-way-u-s-couples-meet; Michael J. Rosenfeld, Reuben J. Thomas, and Sonia Hausen, "Disintermediating Your Friends: How Online Dating in the United States Displaces Other Ways of Meeting," *Proceedings of the National Academy of Sciences* 116, no. 36 (September 3, 2019): 17753–58, https://doi.org/10.1073/pnas.1908630116.

166 即使 2024 年的智慧型手機在 1924 年無法使用行動通訊服務，它還是可以將英文維基百科的所有文字儲存在其本機記憶體中。視測量方式而定，下載維基百科的資料量很可能約為 150 GB，而最新的 iPhone 可提供高達 1 TB 的儲存空間。參見 Nick Lewis and Matt Klein, "How to Download Wikipedia for Offline, At-Your-Fingertips Reading," *How-To Geek*, March 25, 2022, https://www.howtogeek.com/260023/how-to-download-wikipedia-for-offline-at-your-fingertips-reading; "Buy iPhone 14 Pro," Apple, accessed April 20, 2023, https://www.apple.com/shop/buy-iphone/iphone-14-pro/6.7-inch-display-1tb-space-black-unlocked.

167 說得清楚一點，我這裡是在講人類已經與 AI 建立起日益共生的關係，而且物質已經富足的階段。而在此之前，正如本章稍早所述，隨著 AI 能取代人類執行許多任務並淘汰現行經濟模式下的許多工作，我們無疑將面臨許多混亂，也必須與 AI 競爭。

第 6 章

1 世界領先的生物模擬公司之一 Insilico Medicine 開發了一個名為 Pharma.AI 的 AI 平台，利用它創造出 INS018_055 這是一種小分子藥物，目前正在進行醫治名為特發性肺纖維化的罕見肺病的第二期臨床試驗。Insilico 的 AI 開創世界先河，並非只是增強人類研究人員的能力，而是全程設計出新藥；這意味著它不但為醫治這種疾病找出一個新的生物分子標的（biomolecular target），還找到一種可以對該標的產生作用的分子。有關 Insilico 的作為，精彩的說明參見 "How AI Is Accelerating Drug Discovery," YouTube video, April 3, 2023, https://www.youtube.com/watch?v=mqBvitxD05M; Hayden Field, "The First Fully A.I.-Generated Drug Enters Clinical Trials in Human Patients," CNBC, June 29, 2023, https://www.cnbc.com/2023/06/29/ai-generated-drug-begins-clinical-trials-in-human-patients.html.

2 有關 AI 驅動的藥物開發，進一步的資料參見 Vanessa Bates Ramirez, "Drug Discovery AI Can Do in a Day What Currently Takes Months," SingularityHub, May 7, 2017, https://singularityhub.com/2017/05/07/drug-discovery-ai-can-do-in-a-day-what-currently-takes-months; "MIT Quest for Intelligence Launch: AI-Driven Drug Discovery," Massachusetts Institute of Technology, YouTube video, March 9, 2018, https://www.youtube.com/watch?v=aqMRrRS_0JY; "Developer Spotlight: Opening a New Era of Drug Discovery with Amber," NVIDIA Developer, YouTube video, July 29, 2019, https://www.youtube.com/watch?v=FqnPGHdh7iM; "We're Teaching Robots and AI to Design

New Drugs," SciShow, YouTube video, September 30, 2021, https://www.youtube.com/watch?v=eRXqD-7FANg; Francesca Properzi et al., "Intelligent Drug Discovery: Powered by AI" (Deloitte Centre for Health Solutions, 2019), https://www2.deloitte.com/content/dam/insights/us/articles/32961_intelligent-drug-discovery/DI_Intelligent-Drug-Discovery.pdf; Nic Fleming, "How Artificial Intelligence Is Changing Drug Discovery," *Nature* 557, no. 7707 (May 31, 2018):S55–S57, https://doi.org/10.1038/d41586-018-05267-x; David H. Freedman, "Hunting for New Drugs with AI," *Nature* 576, no. 7787 (December 18, 2019): S49–S53, https://www.nature.com/articles/d41586-019-03846-0.

3 Abhimanyu S. Ahuja, Vineet Pasam Reddy, and Oge Marques, "Artificial Intelligence and COVID-19: A Multidisciplinary Approach," *Integrative Medicine Research* 9, no. 3, article 100434 (May 27, 2020), https://doi.org/10.1016/j.imr.2020.100434; Jared Sagoff, "Argonne's Researchers and Facilities Playing a Key Role in the Fight Against COVID-19," Argonne National Laboratory, April 27, 2020, https://www.anl.gov/article/argonnes-researchers-and-facilities-playing-a-key-role-in-the-fight-against-covid19.

4 Jean-Louis Reymond and Mahendra Awale, "Exploring Chemical Space for Drug Discovery Using the Chemical Universe Database," *ACS Chemical Neuroscience* 3, no. 9 (April 25, 2012): 649–57, https://doi.org/10.1021/cn3000422.

5 Chi Heem Wong, Kien Wei Siah, and Andrew W. Lo, "Estimation of Clinical Trial Success Rates and Related Parameters," *Biostatistics* 20, no. 2 (January 31, 2018): 273–86, https://doi.org/10.1093/biostatistics/kxx069.

6 "The Drug Development Process: Step 3: Clinical Research," US Food and Drug Administration, accessed October 20, 2022, https://www.fda.gov/patients/drug-development-process/step-3-clinical-research; Stuart A. Thompson, "How Long Will a Vaccine Really Take?," *New York Times*, April 30, 2020, https://www.nytimes.com/interactive/2020/04/30/opinion/coronavirus-covid-vaccine.html; Institute of Medicine Forum on Drug Discovery, Development, and Translation, "The State of Clinical Research in the United States: An Overview," in *Transforming Clinical Research in the United States* (Washington, DC: National Academies Press, 2010), https://www.ncbi.nlm.nih.gov/books/NBK50886; Thomas J. Moore et al., "Estimated Costs of Pivotal Trials for Novel Therapeutic Agents Approved by the US Food and Drug Administration, 2015–2016," *JAMA Internal Medicine* 178, no. 11 (November 2018): 1451–57, https://doi.org/10.1001/jamainternmed.2018.3931; Olivier J. Wouters, Martin McKee, Jeroen Luyten, "Estimated Research and Development Investment Needed to Bring a New Medicine to Market, 2009–2018," *Journal of the American Medical Association* 323, no. 9 (March 3, 2020): 844–53, https://doi.org/10.1001/jama.2020.1166; *Biopharmaceutical Research & Development: The Process Behind New Medicines,* PHRMA, accessed October 20, 2022, https://web.archive.org/web/20230306041340/http://phrma-docs.phrma.org/sites/default/files/pdf/rd_brochure_022307.pdf.

7 David Sparkes and Rhett Burnie, "AI Invents More Effective Flu Vaccine in World First, Adelaide Researchers Say," Australian Broadcasting Corporation, July 2, 2019, https://www.abc.net.au/news/2019-07-02/computer-invents-flu-vaccine-in-world-first/11271170; Andrew Tarantola, "How AI Is Stopping the Next Great Flu Before It Starts," *Engadget*,

February 14, 2020, https://www.engadget.com/2020/02/14/how-ai-is-helping-halt-the-flu-of-the-future.

8 Tarantola, "How AI is Stopping the Next Great Flu Before It Starts."

9 Ian Sample, "Powerful Antibiotic Discovered Using Machine Learning for First Time," *Guardian*, February 20, 2020, https://www.theguardian.com/society/2020/feb/20/antibiotic-that-kills-drug-resistant-bacteria-discovered-through-ai.

10 Sample, "Powerful Antibiotic Discovered Using Machine Learning for First Time."

11 "Moderna's Work on a Potential Vaccine Against COVID-19," Moderna, 2020, https://www.sec.gov/Archives/edgar/data/1682852/000119312520074867/d884510dex991.htm.

12 有關莫德納如何利用 AI 開發疫苗，進一步的資料參見 "AI and the COVID-19 Vaccine: Moderna's Dave Johnson," *Me, Myself, and AI* podcast, ep. 209 (July 13, 2021), https://sloanreview.mit.edu/audio/ai-and-the-COVID-19-vaccine-modernas-dave-johnson; "Moderna on AWS," Amazon Web Services, accessed October 20, 2022, https://aws.amazon.com/solutions/case-studies/innovators/moderna; Bryce Elder, "Will Big Tobacco Save Us from the Coronavirus?," *Financial Times*, April 1, 2020, https://www.ft.com/content/f909fb16-f514-47da-97dc-c03e752dd2e1.

13 Gary Polakovic, "Artificial Intelligence Aims to Outsmart the Mutating Coronavirus," *USC News*, February 5, 2021, https://news.usc.edu/181226/artificial-intelligence-ai-coronavirus-vaccines-mutations-usc-research; Zikun Yang et al., "An *In Silico* Deep Learning Approach to Multi-Epitope Vaccine Design: A SARS-CoV-2 Case Study," *Scientific Reports* 11, article 3238 (February 5, 2021), https://doi.org/10.1038/s41598-021-81749-9.

14 有關蛋白質折疊問題，深入的解說，包括內含有用視覺解說的影片，參見 "The Protein Folding Revolution," *Science Magazine*, YouTube video, July 21, 2016, https://www.youtube.com/watch?v=cAJQbSLlonI; "Protein Structure," Professor Dave Explains, YouTube video, August 27, 2016, https://www.youtube.com/watch?v=EweuU2fEgjw; Ken Dill, "The Protein Folding Problem: A Major Conundrum of Science: Ken Dill at TEDxSBU," TEDx Talks, YouTube video, October 22, 2013, https://www.youtube.com/watch?v=zm-3kovWpNQ; Ken A. Dill et al., "The Protein Folding Problem," *Annual Review of Biophysics* 37 (June 9, 2008): 289–316, https://doi.org/10.1146/annurev.biophys.37.092707.153558; Andrew W. Senior et al., "Improved Protein Structure Prediction Using Potentials from Deep Learning," *Nature* 577, no. 7792 (January 15, 2020), https://doi.org/10.1038/s41586-019-1923-7.

15 有關原始 AlphaFold 如何在預測蛋白質折疊方面取得巨大進展，進一步的資料參見 Andrew W. Senior et al., "AlphaFold: Using AI for Scientific Discovery," DeepMind, January 15, 2020, https://deepmind.com/blog/article/AlphaFold-Using-AI-for-scientific-discovery; Andrew Senior, "AlphaFold: Improved Protein Structure Prediction Using Potentials from Deep Learning," Institute for Protein Design, YouTube video, August 23, 2019, https://www.youtube.com/watch?v=uQ1uVbrIv-Q; Greg Williams, "Inside DeepMind's Epic Mission to Solve Science's Trickiest Problem," *Wired*, August 6, 2019, https://www.wired.co.uk/article/deepmind-protein-folding; Senior et al., "Improved Protein Structure Prediction Using Potentials from Deep Learning," 706–10.

16 Ian Sample, "Google's DeepMind Predicts 3D Shapes of Proteins," *Guardian*, December 2, 2018, https://www.theguardian.com/science/2018/dec/02/google-deepminds-ai-program-alphafold-predicts-3d-shapes-of-proteins; Matt Reynolds, "DeepMind's AI Is Getting Closer to Its First Big Real-World Application," *Wired*, January 15, 2020, https://www.wired.co.uk/article/deepmind-protein-folding-alphafold.

17 有關 AlphaFold 2，一些比較詳細的解說和描述它的科學論文參見 "AlphaFold: The Making of a Scientific Breakthrough," DeepMind, YouTube video, November 30, 2020, https://www.youtube.com/watch?v=gg7WjuFs8F4; "DeepMind Solves Protein Folding | AlphaFold 2," Lex Fridman, YouTube video, December 2, 2020, https://www.youtube.com/watch?v=W7wJDJ56c88; Ewen Callaway, "'It Will Change Everything': DeepMind's AI Makes Gigantic Leap in Solving Protein Structures," *Nature* 588, no. 7837 (November 30, 2020): 203–4, https://doi.org/10.1038/d41586-020-03348-4; Demis Hassabis, "Putting the Power of AlphaFold into the World's Hands," DeepMind, July 22, 2022, https://deepmind.com/blog/article/putting-the-power-of-alphafold-into-the-worlds-hands; John Jumper et al., "Highly Accurate Protein Structure Prediction with AlphaFold," *Nature* 596, no. 7873 (July 15, 2021): 583–89, https://doi.org/10.1038/s41586-021-03819-2.

18 Mohammed AlQuraishi, "Protein-Structure Prediction Revolutionized," *Nature* 596, no. 7873 (August 23, 2021): 487-88, https://doi.org/10.1038/d41586-021-02265-4.

19 Hassabis, "Putting the Power of AlphaFold into the World's Hands"; Jumper et al., "Highly Accurate Protein Structure Prediction with AlphaFold."

20 有關這些方法，相對簡單的解說參見 National Cancer Institute, "CAR T Cells: Engineering Patients' Immune Cells to Treat Their Cancers," National Institutes of Health, March 10, 2022, https://www.cancer.gov/about-cancer/treatment/research/car-t-cells; "BiTE: The Engager," Amgen, 2022, https://www.amgenoncology.com/resources/BiTE-the-Engager.pdf; "Immune Checkpoint Inhibitor Cancer Treatment," Memorial Sloan Kettering Cancer Center, accessed October 20, 2022, https://www.mskcc.org/cancer-care/diagnosis-treatment/cancer-treatments/immunotherapy/checkpoint-inhibitors.

21 Robert C. Sterner and Rosalie M. Sterner, "CAR-T Cell Therapy: Current Limitations and Potential Strategies," *Blood Cancer Journal* 11, article 69 (April 6, 2021), https://doi.org/10.1038/s41408-021-00459-7.

22 有關神經退化疾病的理論機制，簡要的概述參見 "Alzheimer's Disease," Mayo Clinic, February 19, 2022, https://www.mayoclinic.org/diseases-conditions/alzheimers-disease/symptoms-causes/syc-20350447; "Parkinson's Disease," Mayo Clinic, July 8, 2022, https://www.mayoclinic.org/diseases-conditions/parkinsons-disease/symptoms-causes/syc-20376055.

23 "About Mental Health," Centers for Disease Control and Prevention, June 28, 2021, https://www.cdc.gov/mental-health/about/index.html.

24 有關常見的精神科藥物的局限，進一步的討論參見 Melinda Wenner Moyer, "How Much Do Antidepressants Help, Really?," *New York Times*, April 21, 2022, https://www.nytimes.com/2022/04/21/well/antidepressants-ssri-effectiveness.html; Harvard Health Publishing, "What Are the Real Risks of Antidepressants?," Harvard Medical School,

August 17, 2021, https://www.health.harvard.edu/newsletter_article/what-are-the-real-risks-of-antidepressants; Krishna C. Vadodaria et al., "Altered Serotonergic Circuitry in SSRI-Resistant Major Depressive Disorder Patient-Derived Neurons," *Molecular Psychiatry* 24 (March 22, 2019): 808–18, https://doi.org/10.1038/s41380-019-0377-5.

25 有關醫療領域引入電腦模擬，進一步的資料參見 Fleming, "How Artificial Intelligence Is Changing Drug Discovery"; Madhumita Murgia, "AI-Designed Drug to Enter Human Clinical Trial for First Time," *Financial Times*, January 30, 2020, https://www.ft.com/content/fe55190c-42bf-11ea-a43a-c4b328d9061c; Osman N. Yogurtcu et al., "TCPro Simulates Immune System Response to Biotherapeutic Drugs," US Food and Drug Administration, September 17, 2019, https://www.fda.gov/vaccines-blood-biologics/science-research-biologics/tcpro-simulates-immune-system-response-biotherapeutic-drugs; Tina Morrison, "How Simulation Can Transform Regulatory Pathways," US Food and Drug Administration, August 14, 2018, https://www.fda.gov/science-research/about-science-research-fda/how-simulation-can-transform-regulatory-pathways; Anna Edney, "Computer- Simulated Tests Eyed at FDA to Cut Drug Approval Costs," *Bloomberg*, July 7, 2017, https://www.bloomberg.com/news/articles/2017-07-07/drug-agency-looks-to-computer-simulations-to-cut-testing-costs; "Virtual Bodies for Real Drugs: In Silico Clinical Trials Are the Future," *The Medical Futurist*, August 10, 2019, https://medicalfuturist.com/in-silico-trials-are-the-future; Pratik Shah et al., "Artificial Intelligence and Machine Learning in Clinical Development: A Translational Perspective," *NPJ Digital Medicine* 2, no. 69 (July 26, 2019), https://doi.org/10.1038/s41746-019-0148-3; Neil Savage, "Tapping into the Drug Discovery Potential of AI," *Biopharma Dealmakers* 15, no. 2 (May 27, 2021), https://doi.org/10.1038/d43747-021-00045-7.

26 Ray Kurzweil, "AI-Powered Biotech Can Help Deploy a Vaccine in Record Time," *Wired*, May 19, 2020, https://www.wired.com/story/opinion-ai-powered-biotech-can-help-deploy-a-vaccine-in-record time; Aaron Dubrow, "AI Fast-Tracks Drug Discovery to Fight COVID-19," Texas Advanced Computing Center, April 22, 2020, https://tacc.utexas.edu/news/latest-news/2020/04/22/ai-fast-tracks-drug-discovery-fight-covid-19; Thompson, "How Long Will a Vaccine Really Take?"; Tina Morrison et al., "Advancing Regulatory Science with Computational Modeling for Medical Devices at the FDA's Office of Science and Engineering Laboratories," *Frontiers in Medicine* 5, article 241 (September 25, 2018), https://doi.org/10.3389/fmed.2018.00241.

27 "The Drug Development Process: Step 3: Clinical Research," US Food and Drug Administration.

28 Daniel Bastardo Blanco, "Our Cells Are Filled with 'Junk DNA'—Here's Why We Need It," *Discover*, August 13, 2019, https://www.discovermagazine.com/health/our-cells-are-filled-with-junk-dna-heres-why-we-need-it.

29 Jian Zhou et al., "Whole-Genome Deep-Learning Analysis Identifies Contribution of Noncoding Mutations to Autism Risk," *Nature Genetics* 51, no. 6 (May 27, 2019): 973–80, https://doi.org/10.1038/s41588-019-0420-0; Thomas Sumner, "New Causes of Autism Found in 'Junk' DNA," Simons Foundation, May 27, 2019, https://www.simonsfoundation.org/2019/05/27/autism-noncoding-mutations.

30 Sumner, "New Causes of Autism Found in 'Junk' DNA."
31 Nancy Fliesler, "Using Multiple Data Streams and Artificial Intelligence to 'Nowcast' Local Flu Outbreaks," *Vector*, Boston Children's Hospital, January 14, 2019, https://web.archive.org/web/20210121214157/https://vector.childrenshospital.org/2019/01/local-flu-prediction-argonet.
32 Fliesler, "Using Multiple Data Streams and Artificial Intelligence to 'Nowcast' Local Flu Outbreaks."
33 Fliesler, "Using Multiple Data Streams and Artificial Intelligence to 'Nowcast' Local Flu Outbreaks."
34 Fliesler, "Using Multiple Data Streams and Artificial Intelligence to 'Nowcast' Local Flu Outbreaks"; Fred S. Lu et al., "Improved State-Level Influenza Nowcasting in the United States Leveraging Internet-Based Data and Network Approaches," *Nature Communications* 10, article 147 (January 11, 2019), https://doi.org/10.1038/s41467-018-08082-0.
35 有關 CheXNet 及其後繼者 CheXpert，進一步的資料參見 "CheXNet and Beyond," Matthew Lungren, YouTube video, November 10, 2018; Pranav Rajpurkar et al., "CheXNet: Radiologist-Level Pneumonia Detection on Chest X-Rays with Deep Learning," Stanford Machine Learning Group working paper, November 14, 2017, https://arxiv.org/pdf/1711.05225v1.pdf; Jeremy Irvin et al., "CheXpert: A Large Chest Radiograph Dataset with Uncertainty Labels and Expert Comparison," *Proceedings of the AAAI Conference on Artificial Intelligence* 33, no. 1 (July 17, 2019): AAAI-10, IAAI-19, EAAI-20, https://www.aaai.org/ojs/index.php/AAAI/article/view/3834.
36 Huiying Liang et al., "Evaluation and Accurate Diagnoses of Pediatric Diseases Using Artificial Intelligence," *Nature Medicine* 25, no. 3 (February 11, 2019): 433–38, https://doi.org/10.1038/s41591-018-0335-9.
37 Dimitrios Mathios et al., "Detection and Characterization of Lung Cancer Using Cell-Free DNA Fragmentomes," *Nature Communications* 12, article 5060 (August 20, 2021), https://doi.org/10.1038/s41467-021-24994-w.
38 Sophie Bushwick, "Algorithm That Detects Sepsis Cut Deaths by Nearly 20 Percent," *Scientific American*, August 1, 2022, https://www.scientificamerican.com/article/algorithm-that-detects-sepsis-cut-deaths-by-nearly-20-percent; Roy Adams et al., "Prospective, Multi-Site Study of Patient Outcomes After Implementation of the TREWS Machine Learning-Based Early Warning System for Sepsis," *Nature Medicine* 28 (July 21, 2022): 1455–60, https://doi.org/10.1038/s41591-022-01894-0; Katharine E. Henry et al., "Factors Driving Provider Adoption of the TREWS Machine Learning-Based Early Warning System and Its Effects on Sepsis Treatment Timing," *Nature Medicine* 28 (July 21, 2022), 1447–54, https://doi.org/10.1038/s41591-022-01895-z.
39 Rajpurkar et al., "CheXNet: Radiologist-Level Pneumonia Detection"; Irvin et al., "CheXpert: A Large Chest Radiograph Dataset with Uncertainty Labels and Expert Comparison," AAAI-10, IAAI-19, EAAI-20; Thomas Davenport and Ravi Kalakota, "The Potential for Artificial Intelligence in Healthcare," *Future Healthcare Journal* 6, no. 2 (June 2019): 94–98, https://doi.org/10.7861/futurehosp.6-2-94.

40 Dario Amodei and Danny Hernandez, "AI and Compute," OpenAI, May 16, 2018, https://openai.com/blog/ai-and-compute.

41 Eliza Strickland, "Autonomous Robot Surgeon Bests Humans in World First," *IEEE Spectrum*, May 4, 2016, https://spectrum.ieee.org/the-human-os/robotics/medical-robots/autonomous-robot-surgeon-bests-human-surgeons-in-world-first.

42 Alice Yan, "Chinese Robot Dentist Is First to Fit Implants in Patient's Mouth Without Any Human Involvement," *South China Morning Post*, September 21, 2017, https://www.scmp.com/news/china/article/2112197/chinese-robot-dentist-first-fit-implants-patients-mouth-without-any-human.

43 伊隆・馬斯克說明 Neuralink 的電極植入自動化技術的影片參見 "Neuralink: Elon Musk's Entire Brain Chip Presentation in 14 Minutes (Super-cut)," CNET, YouTube video, August 28, 2020, https://www.youtube.com/watch?v=CLUWDLKAF1M.

44 Wallace P. Ritchie Jr., Robert S. Rhodes, and Thomas W. Biester, "Work Loads and Practice Patterns of General Surgeons in the United States, 1995–1997," *Annals of Surgery* 230, no. 4 (October 1999): 533–43, https://doi.org/10.1097/00000658-199910000-00009.

45 Hans Moravec, *Mind Children: The Future of Robot and Human Intelligence* (Cambridge, MA: Harvard University Press, 1988).

46 Peter Weibel, "Virtual Worlds: The Emperor's New Bodies," in *Ars Electronica: Facing the Future*, ed. Timothy Druckery (Cambridge, MA: MIT Press, 1999), 215, https://monoskop.org/images/4/47/Ars_Electronica_Facing_the_Future_A_Survey_of_Two_Decades_1999.pdf.

47 "Neuron Firing Rates in Humans," AI Impacts, April 14, 2015, https://aiimpacts.org/rate-of-neuron-firing; Suzana Herculano-Houzel, "The Human Brain in Numbers: A Linearly Scaled-up Primate Brain," *Frontiers in Human Neuroscience* 3, no. 31 (November 9, 2009), https://doi.org/10.3389/neuro.09.031.2009; David A. Drachman, "Do We Have Brain to Spare?," *Neurology* 64, no. 12 (June 27, 2005), https://doi.org/10.1212/01.WNL.0000166914.38327.BB; Antony Leather, "Intel Fires Back at AMD with Fastest Ever Processors: Mobile CPUs with up to 8 Cores and 5.3GHz Inbound," *Forbes*, April 2, 2020, https://www.forbes.com/sites/antonyleather/2020/04/02/intel-fires-back-at-amd-with-fastest-ever-processors-mobile-cpus-with-up-to-8-cores-and-53ghz-inbound/#210c5213613d.

48 Mladen Božani and Saurabh Sinha, "Emerging Transistor Technologies Capable of Terahertz Amplification: A Way to Re-Engineer Terahertz Radar Sensors," *Sensors* 19, no. 11 (May 29, 2019), https://doi.org/10.3390/s19112454; "Intel Core i9-10900K Processor," Intel, accessed December 23, 2022, https://ark.intel.com/content/www/us/en/ark/products/199332/intel-core-i910900k-processor-20m-cache-up-to-5-30-ghz.html.

49 Ray Kurzweil, *The Singularity Is Near* (New York: Viking, 2005), 125; Moravec, *Mind Children*, 59.

50 "June 2022," Top500.org, accessed October 20, 2022, https://www.top500.org/lists/top500/2022/06.

51 一篇基於費曼 1959 年 12 月 29 日演講的文章參見 Richard Feynman, "There's Plenty of Room at the Bottom," *Engineering and Science* 23, no. 5 (February 1960):

22–26, 30–36, http://calteches.library.caltech.edu/47/2/1960Bottom.pdf.

52 Feynman, "There's Plenty of Room at the Bottom," 22–26, 30–36.

53 John von Neumann, *Theory of Self-reproducing Automata* (Urbana, IL: University of Illinois Press, 1966), https://archive.org/details/theoryofselfrepr00vonn_0/mode/2up; John G. Kemeny, "Man Viewed as a Machine," *Scientific American* 192, no. 4 (April 1955): 58–67, https://www.scientificamerican.com/article/man-viewed-as-a-machine, in nearly complete form at https://dijkstrascry.com/JohnKemeny.

54 Von Neumann, *Theory of Self-reproducing Automata,* 251–96, 377.

55 卓斯勒原本的相關著作參見 K. Eric Drexler, *Engines of Creation: The Coming Era of Nanotechnology* (New York: Anchor Press/ Doubleday, 1986); K. Eric Drexler, *Nanosystems: Molecular Machinery, Manufacturing, and Computation* (Hoboken, NJ: Wiley, 1992).

56 Drexler, *Engines of Creation*, 18–19, 105–8, 247.

57 Drexler, *Nanosystems*, 343–66.

58 Drexler, *Nanosystems*, 354–55.

59 Ralph C. Merkle, et al., "Mechanical Computing Systems Using Only Links and Rotary Joints," *Journal of Mechanisms and Robotics*, Vol. 10, no. 6, article 061006, September 17, 2018, arXiv:1801.03534v2 [cs.ET], March 25, 2019, https://arxiv.org/pdf/1801.03534.pdf.

60 默克等人設計的「分子機械邏輯閘」由 87,595 個碳原子和 33,100個氫原子構成。其體積約為 27 奈米 × 32 奈米 × 7 奈米，即 6,048 立方奈米。這相當於每公升體積約有 1.65×10^{20}（165 百京）個邏輯閘。這意味著在其設計的運作頻率 100 MHz，每公升電腦體積每秒最多可進行 10^{28} 次邏輯閘操作。記住，這些都是不考慮工程極限、高度理論化的最大值，奈米尺度電腦的表現實際上能夠多接近這些最大值仍有待觀察。參見 Merkle et al., "Mechanical Computing Systems Using Only Links and Rotary Joints," arXiv, 24–27; Drexler, *Nanosystems*, 370–71.

61 默克等人指出，上述邏輯閘每次運作將消耗約 10^{-26} 焦耳的能量（比一個旋轉接頭所消耗的 10^{-27} 焦耳多一個數量級）。因此，這台設想中體積一公升的電腦每秒進行 10^{28} 次計算將消耗約 100 瓦的電力。參見 Merkle et al., "Mechanical Computing Systems Using Only Links and Rotary Joints," arXiv, 24–27.

62 Liqun Luo, "Why Is the Human Brain So Efficient?," *Nautilus*, April 12, 2018, http://nautil.us/issue/59/connections/why-is-the-human-brain-so-efficient.

63 Ralph C. Merkle, "Design Considerations for an Assembler," *Nanotechnology* 7, no. 3 (September 1996): 210–15, https://doi.org/10.1088/0957-4484/7/3/008, mirrored in similar version at http://www.zyvex.com/nanotech/nano4/merklePaper.html.

64 Merkle, "Design Considerations for an Assembler," 210–15; Ralph. C. Merkle, "Self Replicating Systems and Molecular Manufacturing," *Journal of the British Interplanetary Society* 45, no. 12 (December 1992): 407–13, available in adapted version at http://www.zyvex.com/nanotech/selfRepJBIS.html; Neil Jacobstein, "Foresight Guidelines for Responsible Nanotechnology Development," Foresight Institute, April 2006, https://foresight.org/guidelines/current.php.

65 Robert A. Freitas Jr., "The Gray Goo Problem," KurzweilAI.net, March 20, 2001, https://

www.kurzweilai.net/the-gray-goo-problem; Robert A. Freitas Jr., "Some Limits to Global Ecophagy by Biovorous Nanoreplicators, with Public Policy Recommendations," Foresight Institute, April 2000, http://www.rfreitas.com/Nano/Ecophagy.htm.

66 James Lewis, "Ultrafast DNA Robotic Arm: A Step Toward a Nanofactory?," Foresight Institute, January 25, 2018, https://foresight.org/ultrafast-robotic-arm-step-toward-nanofactory; Kohji Tomita et al., "Self-Description for Construction and Execution in Graph Rewriting Automata," in *Advances in Artificial Life: 8th European Conference, ECAL 2005, Canterbury, UK, September 5–9, 2005, Proceedings*, ed. Mathieu S. Capcarrere et al. (Heidelberg, Germany: Springer Science & Business Media, 2005), 705–14.

67 有關製造奈米尺度機器和機器零件的成功嘗試，進一步的資料參見 Eric Drexler, "Big Nanotech: Building a New World with Atomic Precision," *Guardian*, October 21, 2013, https://www.theguardian.com/science/small-world/2013/oct/21/big-nanotech-atomically-precise-manufacturing-apm; Mark Peplow, "The Tiniest Lego: A Tale of Nanoscale Motors, Rotors, Switches and Pumps," *Nature* 525, no. 7567 (September 2, 2015): 18–21, https://doi.org/10.1038/525018a; Carlos Manzano et al., "Step-by-Step Rotation of a Molecule-Gear Mounted on an Atomic-Scale Axis," *Nature Materials* 8, no. 6 (June 14, 2009): 576–79, https://doi.org/10.1038/nmat2467; Babak Kateb and John D. Heiss, *The Textbook of Nanoneuroscience and Nanoneurosurgery* (Boca Raton, FL: CRC Press, 2013): 500–501, https://www.google.com/books/edition/The_Textbook_of_Nanoneuroscience_and_Nan/rCbOBQAAQBAJ; Torben Jasper-Toennies et al., "Rotation of Ethoxy and Ethyl Moieties on a Molecular Platform on Au(111)," *ACS Nano* 14, no. 4 (February 19, 2020): 3907–16, https://doi.org/10.1021/acsnano.0c00029; Kwanoh Kim et al., "Man-Made Rotary Nanomotors: A Review of Recent Development," *Nanoscale* 8, no. 20 (May 19, 2016): 10471–90, https://doi.org/10.1039/c5nr08768f; The Optical Society, "Nanoscale Machines Convert Light into Work," Phys.org, October 8, 2020, https://phys.org/news/2020-10-nanoscale-machines.html.

68 有關卓斯勒與斯莫利的原始辯論、我的評論、卓斯勒的兩次演講，以及為分子組裝器鋪路的一些近期研究，參見 Richard E. Smalley, "Of Chemistry, Love and Nanobots," *Scientific American*, September 2001, https://www.scientificamerican.com/article/of-chemistry-love-and-nanobots; Rudy Baum, "Nanotechnology: Drexler and Smalley Make the Case for and Against 'Molecular Assemblers,'" *Chemical & Engineering News* 81, no. 48 (September 8, 2003): 37–42, https://web.archive.org/web/20230116122623/http://pubsapp.acs.org/cen/coverstory/8148/8148counterpoint.html; Eric Drexler, "Transforming the Material Basis of Civilization | Eric Drexler | TEDxISTAlameda," TEDx Talks, YouTube video, November 16, 2015, https://www.youtube.com/watch?v=Q9RiB_o7Szs; Eric Drexler, "Dr. Eric Drexler—The Path to Atomically Precise Manufacturing," The Artificial Intelligence Channel, YouTube video, September 18, 2017, https://www.youtube.com/watch?v=dAA-HWMaF9o; UT-Battelle, *Productive Nanosystems: A Technology Roadmap*, Battelle Memorial Institute and Foresight Nanotech Institute, 2007, https://foresight.org/wp-content/uploads/2023/05/Nanotech_Roadmap_2007_main.pdf; James Lewis, "Atomically Precise Manufacturing

as the Future of Nanotechnology," Foresight Institute, March 8, 2015, https://foresight.org/atomically-precise-manufacturing-as-the-future-of-nanotechnology; Xiqiao Wang et al., "Atomic-Scale Control of Tunneling in Donor-Based Devices," *Communications Physics* 3, article 82 (May 11, 2020), https://doi.org/10.1038/s42005-020-0343-1; "Paving the Way for Atomically Precise Manufacturing," UT Dallas, YouTube video, February 9, 2018, https://www.youtube.com/watch?v=or3jYNZ6fn8; University of Texas at Dallas, "Microscopy Breakthrough Paves the Way for Atomically Precise Manufacturing," Phys.org, February 12, 2018, https://phys.org/news/2018-02-microscopy-breakthrough-paves-atomically-precise.html; Kiel University, "Towards a Light Driven Molecular Assembler," Phys.org, July 23, 2019, https://phys.org/news/2019-07-driven-molecular.html; Jonathan Wyrick et al., "Atom-by-Atom Fabrication of Single and Few Dopant Quantum Devices," *Advanced Functional Materials* 29, no. 52 (August 14, 2019), https://doi.org/10.1002/adfm.201903475; Farid Tajaddodianfar et al., "On the Effect of Local Barrier Height in Scanning Tunneling Microscopy: Measurement Methods and Control Implications," *Review of Scientific Instruments* 89, no. 1, article 013701 (January 2, 2018), https://doi.org/10.1063/1.5003851.

69 Ray Kurzweil, "The Drexler-Smalley Debate on Molecular Assembly," KurzweilAI.net, December 1, 2003, https://www.kurzweilai.net/the-drexler-smalley-debate-on-molecular-assembly.

70 Drexler, *Nanosystems*, 398–410.

71 Drexler, *Nanosystems*, 238–49, 458–68.

72 Drexler, *Engines of Creation*; Drexler, *Nanosystems*; Dexter Johnson, "Diamondoids on Verge of Key Application Breakthroughs," *IEEE Spectrum*, March 31, 2017, https://spectrum.ieee.org/nanoclast/semiconductors/materials/diamondoids-on-verge-of-key-application-breakthroughs.

73 Neal Stephenson, *The Diamond Age: Or, a Young Lady's Illustrated Primer* (New York: Bantam, 1995).

74 Matthew A. Gebbie et al., "Experimental Measurement of the Diamond Nucleation Landscape Reveals Classical and Nonclassical Features," *Proceedings of the National Academy of Sciences* 115, no. 33 (August 14, 2018): 8284–89, https://doi.org/10.1073/pnas.1803654115.

75 Hongyao Xie et al., "Large Thermal Conductivity Drops in the Diamondoid Lattice of $CuFeS_2$ by Discordant Atom Doping," *Journal of the American Chemical Society* 141, no. 472 (November 2, 2019): 18900–909, https://doi.org/10.1021/jacs.9b10983; Shenggao Liu, Jeremy Dahl, and Robert Carlson, "Heteroatom-Containing Diamondoid Transistors," U.S. Patent 7,402,835 (filed July 16, 2003; issued July 22, 2008), US Patent and Trademark Office, https://patents.google.com/patent/US7402835B2/en.

76 例如參見 Robert A. Freitas Jr., "A Simple Tool for Positional Diamond Mechanosynthesis, and Its Method of Manufacture," U.S. Patent 7,687,146 (filed February 11, 2005; issued March 30, 2010), US Patent and Trademark Office, https://patents.google.com/patent/US7687146B1/en; Samuel Stolz et al., "Molecular Motor Crossing the Frontier of Classical to Quantum Tunneling Motion," *Proceedings of the National Academy of Sciences* 117,

no. 26 (June 15, 2020): 14838–42, https://doi.org/10.1073/pnas.1918654117; Haifei Zhan et al., "From Brittle to Ductile: A Structure Dependent Ductility of Diamond Nanothread," *Nanoscale* 8, no. 21 (May 10, 2016): 11177–84, https://doi.org/10.1039/C6NR02414A.

77 有關該提案的更多資料以及默克的其他奈米技術論文的連結，參見 Ralph C. Merkle, "A Proposed 'Metabolism' for a Hydrocarbon Assembler," *Nanotechnology* 8, no. 4 (December 1997):149–62, https://iopscience.iop.org/article/10.1088/0957-4484/8/4/001/meta, mirrored at http://www.zyvex.com/nanotech/hydroCarbonMetabolism.html; "Papers by Ralph C. Merkle," https://www.ralphmerkle.com/merkleDir/papers.html.

78 Merkle, "A Proposed 'Metabolism' for a Hydrocarbon Assembler."

79 有關石墨烯、奈米碳管和奈米碳線研發進展的一些例子，包括麻省理工學院一個令人讚嘆的專案（其目標是創造一塊完全由奈米碳管製成、有 14,000 個電晶體的電腦晶片），參見 "The Graphene Times," *Nature Nanotechnology* 14, no. 10, article 903 (October 3, 2019), https://doi.org/10.1038/s41565-019-0561-4; "Nova: Car bon Nanotubes," Mangefox, YouTube video, January 28, 2011, https://www.youtube.com/watch?v=19nzPt62UPg; Elizabeth Gibney, "Biggest Carbon-Nanotube Chip Yet Says 'Hello, World!,'" *Nature*, August 28, 2019, https://doi.org/10.1038/d41586-019-02576-7; Haifei Zhan et al., "The Best Features of Diamond Nanothread for Nanofibre Applications," *Nature Communications* 8, article 14863 (March 17, 2017), https://doi.org/10.1038/ncomms14863; Haifei Zhan et al., "High Density Mechanical Energy Storage with Carbon Nanothread Bundle," *Nature Communications* 11, article 1905 (April 20, 2020), https://doi.org/10.1038/s41467-020-15807-7; Keigo Otsuka et al., "Deterministic Transfer of Optical-Quality Carbon Nanotubes for Atomically Defined Technology," *Nature Communications* 12, article 3138 (May 25, 2021), https://doi.org/10.1038/s41467-021-23413-4.

80 迄今為止關於如何進行基於鑽石烷的機械合成的最精細研究，很可能是 Robert Freitas 和拉夫・默克 2008 年針對多功能奈米製造需要的反應途徑的研究，參見 Robert A. Freitas Jr. and Ralph C. Merkle, "A Minimal Toolset for Positional Diamond Mechanosynthesis," *Journal of Computational and Theoretical Nanoscience* 5, no. 5 (May 2008): 760–862, https://doi.org/10.1166/jctn.2008.2531, mirrored at http://www.molecularassembler.com/Papers/MinToolset.pdf.

81 Masayuki Endo and Hiroshi Sugiyama, "DNA Origami Nanomachines," *Molecules* 23, no. 7 (article 1766), July 18, 2018, https://doi.org/10.3390/molecules23071766; Fei Wang et al., "Programming Motions of DNA Origami Nanomachines," *Small* 15, no. 26, article 1900013 (March 25, 2019), https://doi.org/10.1002/smll.201900013.

82 Suping Li et al., "A DNA Nanorobot Functions as a Cancer Therapeutic in Response to a Molecular Trigger *In Vivo*," *Nature Biotechnology* 36, no. 3 (February 12, 2018): 258–64, https://doi.org/10.1038/nbt.4071; Stephanie Lauback et al., "Real-Time Magnetic Actuation of DNA Nanodevices via Modular Integration with Stiff Micro-Mevers," *Nature Communications* 9, no. 1, article 1446 (April 13, 2018), https://doi.org/10.1038/s41467-018-03601-5.

83 Liang Zhang, Vanesa Marcos, and David A. Leigh, "Molecular Machines with Bio-Inspired Mechanisms," *Proceedings of the National Academy of Sciences* 115, no. 38

(February 26, 2018), https://doi.org/10.1073/pnas.1712788115.

84 Christian E. Schafmeister, "Molecular Lego," *Scientific American*, February 2007, https://www.scientificamerican.com/article/molecular-lego.

85 Matthias Koch et al., "Spin Read-Out in Atomic Qubits in an All-Epitaxial Three-Dimensional Transistor," *Nature Nanotechnology* 14, no. 2 (January 7, 2019): 137–40, https://doi.org/10.1038/s41565-018-0338-1.

86 Mukesh Tripathi et al., "Electron-Beam Manipulation of Silicon Dopants in Graphene," *Nano Letters* 18, no. 8 (June 27, 2018): 5319–23, https://doi.org/10.1021/acs.nanolett.8b02406.

87 John N. Randall et al., "Digital Atomic Scale Fabrication an Inverse Moore's Law—A Path to Atomically Precise Manufacturing," *Micro and Nano Engineering* 1 (November 2018): 1–14, https://doi.org/10.1016/j.mne.2018.11.001.

88 Roshan Achal et al., "Lithography for Robust and Editable Atomic-Scale Silicon Devices and Memories," *Nature Communications* 9, no. 1, article 2778 (July 23, 2018), https://doi.org/10.1038/s41467-018-05171-y.

89 Chalmers University of Technology, "Graphene and Other Carbon Nanomaterials Can Replace Scarce Metals," Phys.org, September 19, 2017, https://phys.org/news/2017-09-graphene-carbon-nanomaterials-scarce-metals.html; Rickard Arvisson and Björn A. Sandén, "Carbon Nanomaterials as Potential Substitutes for Scarce Metals," *Journal of Cleaner Production* 156 (July 10, 2017): 253–61, https://doi.org/10.1016/j.jclepro.2017.04.048.

90 K. Eric Drexler, *Radical Abundance: How a Revolution in Nanotechnology Will Change Civilization* (New York: PublicAffairs, 2013), 168–72.

91 Paul Sullivan, "A Battle over Diamonds: Made by Nature or in a Lab?," *New York Times*, February 9, 2018, https://www.nytimes.com/2018/02/09/your-money/synthetic-diamond-jewelry.html.

92 Milton Esterow, "Art Experts Warn of a Surging Market in Fake Prints," *New York Times*, January 24, 2020, https://www.nytimes.com/2020/01/24/arts/design/fake-art-prints.html; Kelly Crow, "Leonardo da Vinci Painting 'Salvator Mundi' Smashes Records with $450.3 Million Sale," *Wall Street Journal*, November 16, 2017, https://www.wsj.com/articles/leonardo-da-vinci-painting-salvator-mundi-sells-for-450-3-million-1510794281.

93 Ray Kurzweil and Terry Grossman, *Transcend: Nine Steps to Living Well Forever* (Emmaus, PA: Rodale, 2009).

94 有關近年旨在認識和醫治衰老的生物老年學（biogerontology）研究，進一步的資料參見 "Why Age? Should We End Aging Forever?," Kurzgesagt—In a Nutshell, YouTube video, October 20, 2017, https://www.youtube.com/watch?v=GoJsr4IwCm4; "How to Cure Aging—During Your Lifetime?," Kurzgesagt—In a Nutshell, YouTube video, November 3, 2017, https://www.youtube.com/watch?v=MjdpR-TY6QU; "Daphne Koller, Chief Computing Officer, Calico Labs," CB Insights, YouTube video, January 18, 2018, https://www.youtube.com/watch?v=0EIZ8wJYAEA; "Ray Kurzweil—Physical Immortality," Aging Reversed, YouTube video, January 3, 2017; Peter H. Diamandis, "Nanorobots: Where We Are Today and Why Their Future Has Amazing Potential,"

SingularityHub, May 16, 2016, https://singularityhub.com/2016/05/16/nanorobots-where-we-are-today-and-why-their-future-has-amazing-potential.

95 Nicola Davis, "Human Lifespan Has Hit Its Natural Limit, Research Suggests," *Guardian*, October 5, 2016, https://www.theguardian.com/science/2016/oct/05/human-lifespan-has-hit-its-natural-limit-research-suggests; Craig R. Whitney, "Jeanne Calment, World's Elder, Dies at 122," *New York Times*, August 5, 1997, https://www.nytimes.com/1997/08/05/world/jeanne-calment-world-s-elder-dies-at-122.html.

96 "Actuarial Life Table," US Social Security Administration, accessed October 20, 2022, https://www.ssa.gov/oact/STATS/table4c6.html.

97 France Meslé and Jacques Vallin, "Causes of Death at Very Old Ages, Including for Supercentenarians," in *Exceptional Lifespans*, ed. Heiner Maier et al. (Cham, Switzerland: Springer, 2020): 72–82, https://link.springer.com/content/pdf/10.1007/978-3-030-49970-9.pdf?pdf=button.

98 "Aubrey De Grey— Living to 1,000 Years Old," Aging Reversed, YouTube video, May 26, 2018; "One-on-One: An Investigative Interview with Aubrey de Grey— 44th St. Gallen Symposium," StGallenSymposium, YouTube video, May 8, 2014, https://www.youtube.com/watch?v=DkBfT_EPBIo; "Aubrey de Grey, PhD: 'The Science of Curing Aging,'" Talks at Google, YouTube video, January 4, 2018, https://www.youtube.com/watch?v=S6ARUQ5LoUo.

99 "A Reimagined Research Strategy for Aging," SENS Research Foundation, accessed December 27, 2022, https://web.archive.org/web/20221118080039/https://www.sens.org/our-research/intro-to-sens-research.

100 "Longevity: Reaching Escape Velocity," Foresight Institute, YouTube video, December 12, 2017, https://www.youtube.com/watch?v=M4b19vZ57U4.

101 Richard Zijdeman and Filipa Ribeira da Silva, "Life Expectancy at Birth (Total)," IISH Data Collection, V1 (2015), https://hdl.handle.net/10622/LKYT53.

102 Robert A. Freitas Jr., "The Life-Saving Future of Medicine," *Guardian*, March 28, 2014, https://www.theguardian.com/what-is-nano/nano-and-the-life-saving-future-of-medicine.

103 Jacqueline Krim, "Friction at the Nano-Scale," *Physics World*, February 2, 2005, https://physicsworld.com/a/friction-at-the-nano-scale.

104 Rose Eveleth, "There Are 37.2 Trillion Cells in Your Body," *Smithsonian Magazine*, October 24, 2013, https://www.smithsonianmag.com/smart-news/there-are-372-trillion-cells-in-your-body-4941473.

105 有關免疫系統和荷爾蒙，一些有用且易懂的解說參見 "How the Immune System Actually Works—Immune," Kurzgesagt—In a Nutshell, YouTube video, August 10, 2021, https://www.youtube.com/watch?v=lXfEK8G8CUI; "How Does Your Immune System Work?—Emma Bryce," TED-Ed, YouTube video, January 8, 2018, https://www.youtube.com/watch?v=PSRJfaAYkW4; "How Do Your Hormones Work?—Emma Bryce," TED-Ed, YouTube video, June 21, 2018, https://www.youtube.com/watch?v=-SPRPkLoKp8.

106 有關肺部，有用且易懂的解說參見 "How Do Lungs Work?—Emma Bryce," TED-

Ed, YouTube video, November 24, 2014, https://www.youtube.com/watch?v=8NUxvJS-_0k.

107 有關腎臟，有用且易懂的解說參見 "How Do Your Kidneys Work?—Emma Bryce," TED-Ed, YouTube video, February 9, 2015, https://www.youtube.com/watch?v=FN3MFhYPWWo.

108 有關消化系統，有用且易懂的解說參見 "How Your Digestive System Works—Emma Bryce," TED-Ed, YouTube video, December 14, 2017, https://www.youtube.com/watch?v=Og5xAdC8EUI.

109 有關胰臟的功能和作用，有用且易懂的解說參見 "What Does the Pancreas Do?—Emma Bryce," TED-Ed, YouTube video, February 19, 2015, https://www.youtube.com/watch?v=8dgoeYPoE-0.

110 George Dvorsky, "FDA Approves World's First Automated Insulin Pump for Diabetics," *Gizmodo*, September 29, 2016, https://gizmodo.com/fda-approves-worlds-first-automated-insulin-pump-for-di-1787227150.

111 有關荷爾蒙與糖尿病的關係，有用且易懂的解說參見 "Role of Hormones in Diabetes," Match Health, YouTube video, December 6, 2013, https://www.youtube.com/watch?v=sPwoMm9cv1M; Matthew McPheeters, "What Is Diabetes Mellitus? | Endocrine System Diseases | NCLEX-RN," Khan Academy Medicine, YouTube video, May 14, 2015, https://www.youtube.com/watch?v=ulxyWZf7BWc.

112 有關睡眠與荷爾蒙的關係，簡短的非技術性解說參見 Hormone Health Network, "Sleep and Circadian Rhythm," Hormone.org, Endocrine Society, June 2019.

113 有關癌症復發和癌症幹細胞，進一步的資料參見 "Why Is It So Hard to Cure Cancer?—Kyuson Yun," TED-Ed, YouTube video, October 10, 2017, https://www.youtube.com/watch?v=h2rR77VsF5c; "Recurrent Cancer: When Cancer Comes Back," National Cancer Institute, January 18, 2016, https://www.cancer.gov/types/recurrent-cancer; Kyle Davis, "Investigating Why Cancer Comes Back," National Human Genome Research Institute, September 8, 2015, https://www.genome.gov/news/news-release/Investigating-why-cancer-comes-back.

114 Zuoren Yu et al., "Cancer Stem Cells," *International Journal of Biochemical Cell Biology* 44, no. 12 (December 2012): 2144–51, https://doi.org/10.1016/j.biocel.2012.08.022.

115 "How Does Chemotherapy Work?—Hyunsoo Joshua No," TED-Ed, YouTube video, December 5, 2019, https://www.youtube.com/watch?v=RgWQCGX3MOk; "Why People with Cancer Are More Likely to Get Infections," American Cancer Society, March 13, 2020, https://www.cancer.org/treatment/treatments-and-side-effects/physical-side-effects/low-blood-counts/infections/why-people-with-cancer-are-at-risk.html.

116 Nirali Shah and Terry J. Fry, "Mechanisms of Resistance to CAR T Cell Therapy," *Nature Reviews Clinical Oncology* 16 (March 5, 2019): 372–85, https://doi.org/10.1038/s41571-019-0184-6; Robert Vander Velde et al., "Resistance to Targeted Therapies as a Multifactorial, Gradual Adaptation to Inhibitor Specific Selective Pressures," *Nature Communications* 11, article 2393 (May 14, 2020), https://doi.org/10.1038/s41467-020-16212-w.

117 有關細胞繁殖，一段非常好的非技術性解說參見 Hank Green, "Mitosis: Splitting Up Is Complicated—Crash Course Biology #12," CrashCourse, YouTube video, April 16, 2012, https://www.youtube.com/watch?v=L0k-enzoeOM.

118 有關 CRISPR（現行範式中最有前途的基因編輯方法之一），簡要的介紹參見 Brad Plumer et al., "A Simple Guide to CRISPR, One of the Biggest Science Stories of the Decade," *Vox*, updated December 27, 2018, https://www.vox.com/2018/7/23/17594864/crispr-cas9-gene-editing.

119 Eveleth, "There Are 37.2 Trillion Cells in Your Body."

120 這種過程的介紹性概述參見 "Regulation of Gene Expression: Operons, Epigenetics, and Transcription Factors," Professor Dave Explains, YouTube video, October 15, 2017, https://www.youtube.com/watch?v=J9jhg90A7Lw.

121 Bert M. Verheijen and Fred W. van Leeuwen, "Commentary: The Landscape of Transcription Errors in Eukaryotic Cells," *Frontiers in Genetics* 8, article 219 (December 14, 2017), https://doi.org/10.3389/fgene.2017.00219.

122 Patricia Mroczek, "Nanoparticle Chomps Away Plaques That Cause Heart Attacks," MSUToday, Michigan State University, January 27, 2020, https://msutoday.msu.edu/news/2020/nanoparticle-chomps-away-plaques-that-cause-heart-attacks; Alyssa M. Flores, *Nature Nanotechnology* 15, no. 2 (January 27, 2020): 154–61, https://doi.org/10.1038/s41565-019-0619-3; Ira Tabas and Andrew H. Lichtman, "Monocyte-Macrophages and T Cells in Atherosclerosis," *Immunity* 47, no. 4 (October 17, 2017): 621–34, https://doi.org/10.1016/j.immuni.2017.09.008.

123 American Stroke Association "Understanding Diagnosis and Treatment of Cryptogenic Stroke: A Health Care Professional Guide," American Heart Association, 2019, https://web.archive.org/web/20211023144019/https://www.stroke.org/-/media/stroke-files/cryptogenic-professional-resource-files/crytopgenic-professional-guide-ucm-477051.pdf.

124 有關蛋白質摺疊，生動的入門級解說參見 "Protein Structure and Folding," Amoeba Sisters, YouTube video, September 24, 2018, https://www.youtube.com/watch?v=hok2hyED9go.

125 生物神經元（非常理論性）的最大發射頻率約為 1,000 赫茲，而拉夫・默克的奈米尺度機械計算系統可以達到大約 100 百萬赫，也就是大約快 100,000 倍。人體內膠原細纖維的抗張強度約為 90 MPa，而實驗顯示多壁奈米碳管的抗張強度約為 63 GPa，鑽石奈米針的抗張強度可以高達 98 GPa，鑽石烷抗張強度的理論極限約為 100 GPa——全都比膠原細纖維的強度高 1,000 倍左右。參見 "Neuron Firing Rates in Humans," AI Impacts; Ralph C. Merkle et al., "Mechanical Computing Systems Using Only Links and Rotary Joints," 24–27; Yehe Liu, Roberto Ballarini, and Steven J. Eppell, "Tension Tests on Mammalian Collagen Fibrils," *Interface Focus* 6, no. 1, article 20150080 (February 6, 2016), https://doi.org/10.1098/rsfs.2015.0080; Min-Feng Yu et al., "Strength and Breaking Mechanism of Multiwalled Carbon Nanotubes Under Tensile Load," *Science* 287, no. 5453 (January 28, 2000): 637–40, https://doi.org/10.1126/science.287.5453.637; Amit Banerjee et al., "Ultralarge Elastic Deformation of Nanoscale Diamond," *Science* 360, no. 6386 (April 20, 2018):

300–302, https://doi.org/10.1126/science.aar4165; Drexler, *Nanosystems*, 24–35, 142–43.

126 Robert A. Freitas, "Exploratory Design in Medical Nanotechnology: A Mechanical Artificial Red Cell," *Artificial Cells, Blood Substitutes, and Biotechnology* 26, no. 4 (1998): 411–30, https://doi.org/10.3109/10731199809117682.

127 Freitas, "Exploratory Design in Medical Nanotechnology," 426; Robert A. Freitas Jr., "Respirocytes: A Mechanical Artificial Red Cell: Exploratory Design in Medical Nanotechnology," Foresight Institute/Institute for Molecular Manufacturing, April 17, 1996, https://web.archive.org/web/20210509160649/https://foresight.org/Nanomedicine/Respirocytes.php.

128 Herculano-Houzel, "The Human Brain in Numbers"; Drachman, "Do We Have Brain to Spare?"; Hervé Lemaître et al., "Normal Age-Related Brain Morphometric Changes: Non-uniformity Across Cortical Thickness, Surface Area and Grey Matter Volume?," *Neurobiology of Aging* 33, no. 3 (March 2012): 617.e1–617.e9, https://doi.org/10.1016/j.neurobiolaging.2010.07.013; Merkle et al., "Mechanical Computing Systems Using Only Links and Rotary Joints," 24–27.

129 "Neuron Firing Rates in Humans," AI Impacts; Merkle et al., "Mechanical Computing Systems Using Only Links and Rotary Joints," 24–27; Drexler, *Nanosystems*, 370–71.

130 Herculano-Houzel, "The Human Brain in Numbers"; Drachman, "Do We Have Brain to Spare?"; "Firing Behavior and Network Activity of Single Neurons in Human Epileptic Hypothalamic Hamartoma," *Frontiers in Neurology* 2, no. 210 (December 27, 2013), https://doi.org/10.3389/fneur.2013.00210; Ernest L. Abel, *Behavioral Teratogenesis and Behavioral Mutagenesis: A Primer in Abnormal Development* (New York: Plenum Press, 1989), 113, https://books.google.co.uk/books?id=gV0rBgAAQBAJ; Anders Sandberg and Nick Bostrom, *Whole Brain Emulation: A Roadmap*, technical report 2008-3, Future of Humanity Institute, Oxford University (2008), 80, https://www.fhi.ox.ac.uk/brain-emulation-roadmap-report.pdf; 有關本書中所有計算能力歷史成本計算所使用的資料來源，請參閱附錄。

131 Herculano-Houzel, "The Human Brain in Numbers"; Drachman, "Do We Have Brain to Spare?"; "Firing Behavior and Network Activity of Single Neurons in Human Epileptic Hypothalamic Hamartoma"; Abel, *Behavioral Teratogenesis and Behavioral Mutagenesis*; Sandberg and Bostrom, *Whole Brain Emulation*, 80; 有關本書中所有計算能力歷史成本計算所使用的資料來源，請參閱附錄。

第 7 章

1 Bill McKibben, "How Much Is Enough? The Environmental Movement as a Pivot Point in Human History," Harvard Seminar on Environmental Values, October 18, 2000, 11, http://docshare04.docshare.tips/files/9552/95524564.pdf.

2 Robert M. Pirsig, *Zen and the Art of Motorcycle Maintenance* (New York: Quill, 1999, 26; first published by William Morrow, 1974). 波西格這本書融合東西方思想，提出了被稱為「品質的形而上學」（Metaphysics of Quality）的哲學框架，關注人們的經歷如何產生知識和思想。它已成為史上最暢銷的哲學著作之一。亦參見

Tim Adams, "The Interview: Robert Pirsig," *Guardian*, November 19, 2006, https://www.theguardian.com/books/2006/nov/19/fiction.

3 Hans M. Kristensen and Matt Korda, "Status of World Nuclear Forces," Federation of American Scientists, March 2, 2022, https://fas.org/issues/nuclear-weapons/status-world-nuclear-forces.

4 Hans M. Kristensen, "Alert Status of Nuclear Weapons," Briefing to Short Course on Nuclear Weapon and Related Security Issues, George Washington University Elliott School of International Affairs, April 21, 2017, 2, https://uploads.fas.org/2014/05/Brief2017_GWU_2s.pdf.

5 你可以使用 Alex Wellerstein 開發的很棒的互動工具 Nukemap，自己探索一下核戰的影響，該工具可在 https://nuclearsecrecy.com/nukemap 找到。亦參見 Kyle Mizokami, "335 Million Dead: If America Launched an All-Out Nuclear War," *National Interest*, March 13, 2019, https://nationalinterest.org/blog/buzz/335-million-dead-if-america-launched-all-out-nuclear-war-57262; Dylan Matthews, "40 Years Ago Today, One Man Saved Us from World-Ending Nuclear War," *Vox*, September 26, 2023, https://www.vox.com/2018/9/26/17905796/nuclear-war-1983-stanislav-petrov-soviet-union; Owen B. Toon et al., "Rapidly Expanding Nuclear Arsenals in Pakistan and India Portend Regional and Global Catastrophe," *Science Advances* 5, no. 10 (October 2, 2019), https://advances.sciencemag.org/content/5/10/eaay5478.

6 Seth Baum, "The Risk of Nuclear Winter," Federation of American Scientists, May 29, 2015, https://fas.org/pir-pubs/risk-nuclear-winter; Bryan Walsh, "What Could a Nuclear War Do to the Climate—and Humanity?," *Vox*, August 17, 2022, https://www.vox.com/future-perfect/2022/8/17/23306861/nuclear-winter-war-climate-change-food-starvation-existential-risk-russia-united-states.

7 Anders Sandberg and Nick Bostrom, *Global Catastrophic Risks Survey*, technical report 2008-1, Future of Humanity Institute, Oxford University (2008): 1, https://www.fhi.ox.ac.uk/reports/2008-1.pdf.

8 Kristensen and Korda, "Status of World Nuclear Forces"; Arms Control Association, "Nuclear Weapons: Who Has What at a Glance," Arms Control Association, June 2023, https://www.armscontrol.org/factsheets/Nuclearweaponswhohaswhat.

9 相關軍備控制條約的有用概述參見 "U.S.-Russian Nuclear Arms Control Agreements at a Glance," Arms Control Association, August 2019, https://www.armscontrol.org/factsheets/USRussiaNuclearAgreements.

10 Max Roser and Mohamed Nagdy, "Nuclear Weapons," Our World in Data, 2019, https://ourworldindata.org/nuclear-weapons; Hans M. Kristensen and Robert S. Norris, "The Bulletin of the Atomic Scientists' Nuclear Notebook," Federation of American Scientists, 2019, https://thebulletin.org/nuclear-notebook-multimedia; Kristensen and Korda, "Status of World Nuclear Forces."

11 Treaty Banning Nuclear Weapon Tests in the Atmosphere, in Outer Space, and Under Water, October 10, 1963, https://treaties.un.org/doc/Publication/UNTS/Volume%20480/volume-480-I-6964-English.pdf.

12 相關國際法的有用概述參見 "International Legal Agreements Relevant to Space

Weapons," Union of Concerned Scientists, February 11, 2004, https://www.ucsusa.org/nuclear-weapons/space-weapons/international-legal-agreements.

13 學者數十年前開始意識到這一點，例如參見 Martin E. Hellman, "Arms Race Can Only Lead to One End: If We Don't Change Our Thinking, Someone Will Drop the Big One," *Houston Post*, April 4, 1985。與該文非常相似的另一版本可參考 https://ee.stanford.edu/~hellman/opinion/inevitability.html.

14 有關相互保證毀滅如何運作，清楚簡要的概述參見 "Mutually Assured Destruction: When the Only Winning Move Is Not to Play," *Farnam Street*, June 2017, https://fs.blog/2017/06/mutually-assured-destruction.

15 有關美國的導彈防禦計畫，進一步的資料參見 "Current U.S. Missile Defense Programs at a Glance," Arms Control Association, August 2019, https://www.armscontrol.org/factsheets/usmissiledefense.

16 Alan Robock and Owen Brian Toon, "Self-Assured Destruction: The Climate Impacts of Nuclear War," *Bulletin of the Atomic Scientists* 68, no. 5 (September 1, 2012): 66–74, https://thebulletin.org/2012/09/self-assured-destruction-the-climate-impacts-of-nuclear-war.

17 Valerie Insinna, "Russia's Nuclear Underwater Drone Is Real and in the Nuclear Posture Review," *DefenseNews*, January 12, 2018, https://www.defensenews.com/space/2018/01/12/russias-nuclear-underwater-drone-is-real-and-in-the-nuclear-posture-review; Douglas Barrie and Henry Boyd, "Burevestnik: US Intelligence and Russia's 'Unique' Cruise Missile," International Institute for Strategic Studies, February 5, 2021, https://www.iiss.org/blogs/military-balance/2021/02/burevestnik-russia-cruise-missile.

18 Richard Stone, "'National Pride Is at Stake.' Russia, China, United States Race to Build Hypersonic Weapons," *Science*, January 8, 2020, https://www.science.org/content/article/national-pride-stake-russia-china-united-states-race-build-hypersonic-weapons.

19 Joshua M. Pearce and David C. Denkenberger, "A National Pragmatic Safety Limit for Nuclear Weapon Quantities," *Safety* 4, no. 2 (2018): 25, https://www.mdpi.com/2313-576X/4/2/25.

20 "Safety Assistance System Warns of Dirty Bombs," Fraunhofer, September 1, 2017, https://www.fraunhofer.de/en/press/research-news/2017/september/safety-assistance-system-warns-of-dirty-bombs-.html.

21 Jaganath Sankaran, "A Different Use for Artificial Intelligence in Nuclear Weapons Command and Control," War on the Rocks, April 25, 2019, https://warontherocks.com/2019/04/a-different-use-for-artificial-intelligence-in-nuclear-weapons-command-and-control; Jill Hruby and M. Nina Miller, "Assessing and Managing the Benefits and Risks of Artificial Intelligence in Nuclear-Weapon Systems," Nuclear Threat Initiative, August 26, 2021, https://www.nti.org/analysis/articles/assessing-and-managing-the-benefits-and-risks-of-artificial-intelligence-in-nuclear-weapon-systems.

22 有關黑死病和其他瘟疫，快速有用的解說參見 Jenny Howard, "Plague, Explained," *National Geographic*, August 20, 2019, https://www.nationalgeographic.com/science/health-and-human-body/human-diseases/the-plague.

23 "Historical Estimates of World Population," US Census Bureau, July 5, 2018, https://

www.census.gov/data/tables/time-series/demo/international-programs/historical-est-worldpop.html.

24 Elizabeth Pennisi, "Black Death Left a Mark on Human Genome," *Science*, February 3, 2014, https://www.sciencemag.org/news/2014/02/black-death-left-mark-human-genome.

25 例如，基因療法的目的和意圖是有益的，但經常使用經改造的病毒來達成目標。相關的簡短概述參見 "Gene Therapy Inside Out," US Food and Drug Administration, YouTube video, December 19, 2017, https://www.youtube.com/watch?v=GbJasFgJkLg.

26 有關生物恐怖主義的風險，易懂的概述參見 R. Daniel Bressler and Chris Bakerlee, " 'Designer Bugs': How the Next Pandemic Might Come from a Lab," *Vox*, December 6, 2018, https://www.vox.com/future-perfect/2018/12/6/18127430/superbugs-biotech-pathogens-biorisk-pandemic.

27 有關阿西洛馬會議和它產生的準則，一個較為深入的案例研究參見 M. J. Peterson, "Asilomar Conference on Laboratory Precautions When Conducting Recombinant DNA Research—Case Summary," International Dimensions of Ethics Education in Science and Engineering Case Study Series, June 2010, https://scholarworks.umass.edu/cgi/viewcontent.cgi?article=1023&context=edethicsinscience.

28 Alan McHughen and Stuart Smyth, "US Regulatory System for Genetically Modified [Genetically Modified Organism (GMO), rDNA or Transgenic] Crop Cultivars," *Plant Biotechnology Journal* 6, no. 1 (January 2008): 2–12, https://doi.org/10.1111/j.1467-7652.2007.00300.x.

29 有關 GRRT 的活動，比較深入的資料參見 Tasha Stehling-Ariza et al., "Establishment of CDC Global Rapid Response Team to Ensure Global Health Security," *Emerging Infectious Diseases* 23, no. 13 (December 2017), https://wwwnc.cdc.gov/eid/article/23/13/17-0711_article; Centers for Disease Control and Prevention, "Global Rapid Response Team Expands Scope to U.S. Response," *Updates from the Field* 30 (Fall 2020), https://stacks.cdc.gov/view/cdc/107094.

30 有關 NICBR 和 USAMRIID 應對生物恐怖主義風險的活動，進一步的資料參見其網站 https://nicbr.health.mil 和 https://usamriid.health.mil。

31 Françoise Barré-Sinoussi et al., "Isolation of a T-Lymphotropic Retrovirus from a Patient at Risk for Acquired Immune Deficiency Syndrome (AIDS)," *Science* 220, no. 4599 (May 20, 1983): 868–71, https://www.jstor.org/stable/1690359; Jean K. Carr et al., "Full-Length Sequence and Mosaic Structure of a Human Immunodeficiency Virus Type 1 Isolate from Thailand," *Journal of Virology* 70, no. 9 (August 31, 1996): 5935–43, https://www.ncbi.nlm.nih.gov/pmc/articles/PMC190613; Kristen Philipkoski, "SARS Gene Sequence Unveiled," *Wired*, April 15, 2003, https://www.wired.com/2003/04/sars-gene-sequence-unveiled; Cameron Walker, "Rapid Sequencing Method Can Identify New Viruses Within Hours," *Discover*, December 11, 2013; "Rapid Sequencing of RNA Virus Genomes," Nanopore Technologies, 2018, https://nanoporetech.com/resource-centre/rapid-sequencing-rna-virus-genomes.

32 Darren J. Obbard et al., "The Evolution of RNAi as a Defence Against Viruses and Transposable Elements," *Philosophical Transactions of the Royal Society B: Biological Sciences* 364, no. 1513 (99–115), https://www.ncbi.nlm.nih.gov/pmc/articles/

PMC2592633.
33 有關基於抗原的傳統疫苗如何發揮作用，簡要的解說參見“Understanding How Vaccines Work,” Centers for Disease Control, July 2018, https://www.cdc.gov/vaccines/hcp/conversations/understanding-vacc-work.html.
34 Ray Kurzweil, “AI-Powered Biotech Can Help Deploy a Vaccine in Record Time,” *Wired*, May 19, 2020, https://www.wired.com/story/opinion-ai-powered-biotech-can-help-deploy-a-vaccine-in-record-time.
35 Asha Barbaschow, “Moderna Leveraging Its ‘AI Factory’ to Revolutionise the Way Diseases Are Treated,” *ZDNet*, May 17, 2021, https://www.zdnet.com/article/moderna-leveraging-its-ai-factory-to-revolutionise-the-way-diseases-are-treated.
36 Barbaschow, “Moderna Leveraging Its ‘AI Factory’ ”; “Moderna COVID-19 Vaccine,” US Food and Drug Administration, December 18, 2020, https://www.fda.gov/vaccines-blood-biologics/coronavirus-covid-19-cber-regulated-biologics/moderna-covid-19-vaccine.
37 Philip Ball, “The Lightning-Fast Quest for COVID Vaccines—and What It Means for Other Diseases,” *Nature* 589, no. 7840 (December 18, 2020): 16–18, https://www.nature.com/articles/d41586-020-03626-1.
38 有關對實驗室洩漏論的有利和不利的證據，兩篇有用的概述參見 Amy Maxmen and Smriti Mallapaty, “The COVID Lab-Leak Hypothesis: What Scientists Do and Don’t Know,” *Nature* 594, no. 7863 (June 8, 2021): 313–15, https://www.nature.com/articles/d41586-021-01529-3; Jon Cohen, “Call of the Wild,” *Science* 373, no. 6559 (September 2, 2021): 1072–77, https://www.science.org/content/article/why-many-scientists-say-unlikely-sars-cov-2-originated-lab-leak.
39 James Pearson and Ju-Min Park, “North Korea Overcomes Poverty, Sanctions with Cut-Price Nukes,” Reuters, January 11, 2016, https://www.reuters.com/article/us-northkorea-nuclear-money-idUSKCN0UP1G820160111.
40 Lord Lyell, “Chemical and Biological Weapons: The Poor Man’s Bomb,” draft general report, Science and Technology Committee (96) 8, North Atlantic Assembly, October 4, 1996, https://irp.fas.org/threat/an253stc.htm.
41 United Nations Secretary-General, “Chemical and Bacteriological (Biological) Weapons and the Effects of Their Possible Use: Report of the Secretary-General,” United Nations, August 1969; discussed in Gregory Koblentz, “Pathogens as Weapons: The International Security Implications of Biological Warfare,” *International Security* 28, no. 3 (Winter 2003/2004): 88, https://doi.org/10.1162/016228803773100084.
42 有關奈米技術潛在的有害應用，發人深省和精闢深入的討論參見 Louis A. Del Monte, *Nanoweapons: A Growing Threat to Humanity* (Lincoln: University of Nebraska Press, 2017).
43 K. Eric Drexler, *Engines of Creation: The Coming Era of Nanotechnology* (New York: Anchor Press/ Doubleday, 1986), 172.
44 Ralph C. Merkle, “Self Replicating Systems and Low Cost Manufacturing,” Zyvex.com, accessed March 5, 2023, http://www.zyvex.com/nanotech/selfRepNATO.html.
45 Yinon M. Bar-On、Rob Phillips 和 Ron Milo 估計，地球上全部生物質含有 5,500 億

噸碳，這涵蓋所有類型的生物（不包括最初來自生物物質的地下碳如煤礦）。這相當於 5.5×10^{17} 克碳。因為碳的原子量為 12.011，我們可以算出碳原子總數為 $5.5 \times 10^{17} / 12.011 = 4.6 \times 10^{16}$ 莫耳。利用這個數字，我們可以估算出地球上全部生物質含有 $(4.6 \times 10^{16}) \times (6.022 \times 10^{23})$（亞佛加厥數）$= 2.8 \times 10^{40}$ 個碳原子。包括大氣中、土壤裡和地下碳氫化合物儲量在內的有機碳總量可能多得多，但很難判斷這當中有多少是灰蠱發生時奈米機器人可以輕易取用的。參見 Yinon M. Bar-On et al., "The Biomass Distribution on Earth," *PNAS* 115, no. 25 (June 19, 2018): 6506–11, https://doi.org/10.1073/pnas.1711842115.

46 奈米技術專家羅伯·弗雷塔斯估計一個能夠自我複製的奈米機器人有約 7,000 萬個碳原子。這是推測出來的數字，但很可能是目前最好的估計值，可用來想像灰蠱發生時的情況。參見 Robert A. Freitas Jr., "Some Limits to Global Ecophagy by Biovorous Nanoreplicators, with Public Policy Recommendations," Foresight Institute, April 2000, http://www.rfreitas.com/Nano/Ecophagy.htm.

47 這是假設碳分布大致均勻和連續而得出的平均值，但實際情況會因各地情況而異。在某些地方，不需要那麼多代機器人就會耗盡當地所有的碳。在另一些地方，可能需要更多代機器人來轉化所有的碳，而時間會因此拉長。

48 Freitas, "Some Limits to Global Ecophagy by Biovorous Nanoreplicators."

49 Freitas, "Some Limits to Global Ecophagy by Biovorous Nanoreplicators."

50 Robert A. Freitas Jr. and Ralph C. Merkle, *Kinematic Self-Replicating Machines* (Austin, TX: Landes Bioscience, 2004), http://www.molecularassembler.com/KSRM/4.11.3.3.htm.

51 最新指引和一些具啟發性的相關背景，參見 Neil Jacobstein, "Foresight Guidelines for Responsible Nanotechnology Development," Foresight Institute, 2006, http://www.imm.org/policy/guidelines.

52 有關描述各種奈米技術情境的豐富多彩術語如「藍蠱」和「灰蠱」，進一步的資料參見 Chris Phoenix, "Goo vs. Paste," *Nanotechnology Now*, September 2002, https://www.nanotech-now.com/goo.htm.

53 Freitas, "Some Limits to Global Ecophagy by Biovorous Nanoreplicators."

54 Bill Joy, "Why the Future Doesn't Need Us," *Wired*, April 1, 2000, https://www.wired.com/2000/04/joy-2.

55 World Health Organization, "WHO Coronavirus Dashboard," World Health Organization, accessed October 16, 2023, https://covid19.who.int.

56 Miles Brundage et al., *The Malicious Use of Artificial Intelligence: Forecasting, Prevention, and Mitigation* (Oxford, UK: Future of Humanity Institute, February 2018), https://img1.wsimg.com/blobby/go/3d82daa4-97fe-4096-9c6b-376b92c619de/downloads/MaliciousUseofAI.pdf?ver=1553030594217.

57 Evan Hubinger, "Clarifying Inner Alignment Terminology," AI Alignment Forum, November 9, 2020, https://www.alignmentforum.org/posts/SzecSPYxqRa5GCaSF/clarifying-inner-alignment-terminology; Paul Christiano, "Current Work in AI Alignment," Effective Altruism, accessed March 5, 2023, https://www.effectivealtruism.org/articles/paul-christiano-current-work-in-ai-alignment.

58 Hubinger, "Clarifying Inner Alignment Terminology"; Christiano, "Current Work in AI Alignment."

59 有關模仿推論，相對易懂的較深入解說參見 Beth Barnes, “Imitative Generalisation (AKA ‘Learning the Prior’),” AI Alignment Forum, January 9, 2021, https://www.alignmentforum.org/posts/JKj5Krff5oKMb8TjT/imitative-generalisation-aka-learning-the-prior-1.

60 Geoffrey Irving and Dario Amodei, “AI Safety via Debate,” OpenAI, May 3, 2018, https://openai.com/blog/debate.

61 迭代放大概念的主要發起人寫了見解精闢的一系列文章解釋該概念，參見 Paul Christiano, “Iterated Amplification,” AI Alignment Forum, October 29, 2018, https://www.alignmentforum.org/s/EmDuGeRw749sD3GKd.

62 有關 AI 安全的技術挑戰，進一步的詳細資料參見 Dario Amodei et al., “Concrete Problems in AI Safety,” arXiv:1606.06565v2 [cs.AI], July 25, 2016, https://arxiv.org/pdf/1606.06565.pdf.

63 阿西洛馬 AI 準則的全文和定期更新的簽署方名單參見 “Asilomar AI Principles,” Future of Life Institute, 2019, https://futureoflife.org/ai-principles.

64 網際網路創造者之一的文頓・瑟夫寫了一篇有用的文章，詳細闡述 DARPA 在網際網路誕生中的作用。參見 Vint Cerf, “A Brief History of the Internet and Related Networks,” Internet Society, accessed March 5, 2023, https://www.internetsociety.org/internet/history-internet/brief-history-internet-related-networks.

65 “Asilomar AI Principles,” Future of Life Institute.

66 “Lethal Autonomous Weapons Pledge,” Future of Life Institute, 2019, https://futureoflife.org/lethal-autonomous-weapons-pledge.

67 Kelley M. Sayler, “Defense Primer: U.S. Policy on Lethal Autonomous Weapon Systems” (report IF11150, Congressional Research Service, updated November 14, 2022), https://crsreports.congress.gov/product/pdf/IF/IF11150.

68 *Department of Defense Directive 3000.09—Autonomy in Weapon Systems*, US Department of Defense, November 21, 2012 (effective January 25, 2023), https://www.esd.whs.mil/Portals/54/Documents/DD/issuances/dodd/300009p.pdf.

69 Erico Guizzo and Evan Ackerman, “Do We Want Robot Warriors to Decide Who Lives or Dies?,” *IEEE Spectrum*, May 31, 2016, https://spectrum.ieee.org/robotics/military-robots/do-we-want-robot-warriors-to-decide-who-lives-or-dies.

70 Guizzo and Ackerman, “Do We Want Robot Warriors to Decide Who Lives or Dies?”

71 Bureau of Arms Control, Verification and Compliance, “Political Declaration on Responsible Military Use of Artificial Intelligence and Autonomy,” US Department of State, February 16, 2023, https://www.state.gov/political-declaration-on-responsible-military-use-of-artificial-intelligence-and-autonomy.

72 Brian M. Carney, “Air Combat by Remote Control,” *Wall Street Journal*, May 12, 2008, https://www.wsj.com/articles/SB121055519404984109.

73 “Supporters of a Ban on Killer Robots,” Campaign to Stop Killer Robots, updated May 18, 2021, https://web.archive.org/web/20210518133318/https://www.stopkillerrobots.org/endorsers.

74 Brian Stauffer, “Stopping Killer Robots: Country Positions on Banning Fully Autonomous Weapons and Retaining Human Control,” Human Rights Watch, August 10, 2020, https://

www.hrw.org/report/2020/08/10/stopping-killer-robots/country-positions-banning-fully-autonomous-weapons-and.

75 要說明 AI 的透明度問題，一個有用的類比是數學中找到一個問題的答案，與驗證某個答案是否正確是不同的。在某些情況下，人類很容易驗證電腦找到的答案。例如倘若有個程式被要求找出小於 1,000,000 的最大奇數整數，那麼人類很容易就能確認 999,999 是正確答案。另一方面，如果程式被要求找出小於 1,000,000 的最大質數，人類會很難自行檢查 999,983 是否真的是質數。同樣地，如果 AI 根據其創造者設定的、定義明確的參數，以演算法產生答案，程式設計師很容易檢查 AI 的內部運作以了解確切是什麼因素決定了答案。例如一個圍棋程式根據固定規則評估棋局，可以精確地告訴其程式設計師，為什麼它認為某一步棋是最好的。但如果 AI 是採用深度學習之類的連結法技術，則人類程式設計師和 AI 本身都往往無法得知完整的「原因」。很可能沒有一種通用技術，可以為類神經網路產生的任何解決方案，驗證人類可以理解的原因。關於這個所謂的 AI 黑箱問題，進一步的資料參見 Will Knight, "The Dark Secret at the Heart of AI," *MIT Technology Review*, April 11, 2017, https://www.technologyreview.com/s/604087/the-dark-secret-at-the-heart-of-ai.

76 Paul Christiano, "Eliciting Latent Knowledge," AI Alignment, *Medium*, February 25, 2022, https://ai-alignment.com/eliciting-latent-knowledge-f977478608fc.

77 John-Clark Levin and Matthijs M. Maas, "Roadmap to a Roadmap: How Could We Tell When AGI Is a 'Manhattan Project' Away?," arXiv:2008.04701 [cs.CY], August 6, 2020, https://arxiv.org/pdf/2008.04701.pdf.

78 "The Bletchley Declaration by Countries Attending the AI Safety Summit, 1-2 November 2023," UK Government, November 1, 2023, https://www.gov.uk/government/publications/ai-safety-summit-2023-the-bletchley-declaration/the-bletchley-declaration-by-countries-attending-the-ai-safety-summit-1-2-november-2023.

79 若想深入了解暴力減少的全球長期趨勢，可以參考我朋友史迪芬・平克 2011 年出版的傑作《人性中的善良天使》，裡面有大量有用且有豐富數據支持的見解。

80 有關因為擔心新興技術構成的威脅而產生的反科技情緒，一篇有用文章參見 Lawrence Lessig, "Stamping Out Good Science," *Wired*, July 1, 2004, https://www.wired.com/2004/07/stamping-out-good-science.

81 Walter Suza, "I Fight Anti-GMO Fears in Africa to Combat Hunger," *The Conversation*, February 7, 2019, https://theconversation.com/i-fight-anti-gmo-fears-in-africa-to-combat-hunger-109632; Editorial Board, "There's No Choice: We Must Grow GM Crops Now," *Guardian*, March 16, 2014, https://www.theguardian.com/commentisfree/2014/mar/16/gm-crops-world-food-famine-starvation.

82 有關這些批評，代表性的內容參見 Joël de Rosnay, "Artificial Intelligence: Transhumanism Is Narcissistic. We Must Strive for Hyperhumanism," Crossroads to the Future, April 26, 2015, https://web.archive.org/web/20230322182945/https://www.crossroads-to-the-future.com/articles/artificial-intelligence-transhumanism-is-narcissistic-we-must-strive-for-hyperhumanism; Wesley J. Smith, "Jeffrey Epstein, a Narcissistic Transhumanist," *National Review*, August 1, 2019, https://www.nationalreview.com/corner/jeffrey-epstein-a-narcissistic-transhumanist; Sarah Spiekermann, "Why

Transhumanism Will Be a Blight on Humanity and Why It Must Be Opposed," The Privacy Surgeon, July 6, 2017, https://web.archive.org/web/20180212062523/http://www.privacysurgeon.org/blog/incision/why-transhumanism-will-be-a-blight-on-humanity-and-why-it-must-be-opposed.

83 2021 年，全球初級能源消耗總量約為 595.15 百萬兆焦耳（exajoules），相當於 165,320 兆瓦時。這相當於一整年持續消耗 18.8 兆瓦。相對之下，持續照射地球的太陽能估計為 173,000-175,000 兆瓦，而根據桑迪亞（Sandia）國家實驗室估計，其中約 89,300 兆瓦到達地球表面，其中 58,300 兆瓦理論上可用地表光電技術取用。桑迪亞國家實驗室的研究估計，利用 2006 年的技術，日照良好的陸地可產生多達 7,500 兆瓦的電力。只要建設 0.25% 的這種發電能力，就足以滿足我們現在所有的能源需求——不只是電力，還包括我們沒有先轉化為電力、直接用掉的燃料。參見 *BP Statistical Review of World Energy 2022* (London: BP, 2022), https://www.bp.com/content/dam/bp/business-sites/en/global/corporate/pdfs/energy-economics/statistical-review/bp-stats-review-2022-full-report.pdf, 9; Jeff Tsao et al., "Solar FAQs," US Department of Energy (working paper SAND 2006-2818P, Sandia National Laboratories 2006), 9, https://web.archive.org/web/20200424084337/https://www.sandia.gov/~jytsao/Solar%20FAQs.pdf.

84 有關世界頂級未來學家怎麼看極端事件毀滅文明或導致人類滅絕的風險，兩篇非常有用的概述參見 Sebastian Farquhar et al., *Existential Risk: Diplomacy and Governance*, Global Priorities Project, 2017, https://www.fhi.ox.ac.uk/wp-content/uploads/Existential-Risks-2017-01-23.pdf; Nick Bostrom, "Existential Risks: Analyzing Human Extinction Scenarios and Related Hazards," *Journal of Evolution and Technology* 9, no. 1 (2002), https://www.nickbostrom.com/existential/risks.html.

國家圖書館出版品預行編目資料

奇點已近：當人類與AI融合一體／雷・庫茲威爾（Ray Kurzweil）著；許瑞宋譯. -- 初版. -- 臺北市：經濟新潮社出版：英屬蓋曼群島商家庭傳媒股份有限公司城邦分公司發行，2025.06

面；　公分. --（經營管理；190）

譯自：The singularity is nearer: when we merge with AI.

ISBN　978-626-7736-00-5（平裝）

1. CST：未來社會　2.CST：資訊社會　3.CST：人工智慧

541.49　　　　114005942